社会学与我们

[美] 约翰·D.卡尔（John D. Carl）著

刘铎 王文卿 王修晓 等译 朱斌 崔琳 译校

THINK SOCIOLOGY

中国人民大学出版社
·北京·

代译序

自改革开放恢复学科建设以来，社会学取得了长足的发展。一方面，三十多年来，无论在共同体建设、专业研究、知识积累上，还是在人才培养上，我们都取得了很大的成就。然而，另一方面，在学科普及和公共教育上，社会学却似乎还没有建立起走出书斋的意识。跟整个学术共同体的规模相比，面向公众写作的社会学家比例太小。我们在学科普及上做的工作如此之少，以至于有人开玩笑说，社会学家写的东西，通常只有三类读者：自己、期刊编辑和同行（某个狭小的专业研究领域或者职称评审同行专家）。

这导致公众对社会学的知晓和了解程度不能令人满意。于是，当面对公众和外界诸如"社会学是什么？社会学到底研究什么？"等疑问时，社会学从业者和学生，总是摆脱不了无言以对的尴尬或者解释不清的无奈。我们常常看到，在日常生活世界里，社会学有时甚至被等同于厚黑学、关系学或者权术学——因为社会学是研究"社会"的，"社会"不就是"潜规则"、"非正式运作"、"（人际）关系"、"幕后操纵"那一套吗？

啼笑皆非和摇头叹息之余，社会学家更应该好好反思，造成这种"常人方法学"式误解的缘由是什么，为什么专业理念和生活知识之间存在如此大的鸿沟。我想，问题可能出在学科普及和公共传播上。

要普及一门学科，相关的教材与介绍性读物就很重要。事实上，中国社会学重建三十多年来，已经有一些经典教材在教学中被经常使用。与此同时，国内也引进了许多国外介绍社会学的相关读物。本书正是一本普及性质的教材，其英文原版书已经被美国多家高等院校作为社会学入门课程的教材广泛使用。

本书分 17 个专题，对社会学基本概念、研究方法、理论流派以及具体研究问题进行了详细介绍。与国内现有的同类书籍相比，本书有几个特点值得关注。

第一，专业与常识相结合。面向公众写作，把没有任何社会学专业知识基础的读者作为对象,"时尚而饶有趣味,从生活入手,将经典理论和前沿知识娓娓道来,让读者在生活中学习,在学习中更加了解生活"。可以说,与国内目前已有的其他社会学入门读物相比,本书更加浅显易懂,语言和排版更加活泼生动,是为零基础读者量身定制的普及读本。

第二,学术与生活相结合。本书行文脱离了单纯的"说教",结合了大量鲜活的生活事例进行讲解,讲身边的事,说通俗的理,因此非常适合普通大众和刚刚开始学习社会学的专业学生阅读。而且,由于本书于近年才完成,其介绍的学术成果具有一定的时代性和前沿性,这也方便读者了解国外社会学的研究进展。当然,书中介绍的研究成果主要基于当代美国社会的基本国情,这些研究结果是否适用于中国社会,还有待于进一步实证考察,读者也可以根据自己的知识储备和生活经验予以辨识。

第三,知识与思想相结合。本书的目的不仅仅在于介绍社会学的基础知识,更重要的是培养一种社会学思维方式。正如作者反复强调的,社会学对社会现象的关注总会落在现象背后的社会结构上。社会学认为,社会结构对人们的社会行为会产生重要乃至决定性影响,而且这种影响是比较稳定的。但是,在对社会现象的具体解释上,社会学有不同的理论流派。作者在书中着重介绍了功能论、冲突论和符号互动论三种主流理论流派。读者既可以尝试应用其中一种理论思想来解释丰富多彩的社会现象,也可以尝试同时运用三种不同理论思想来解释同一种社会现象。通过反复的训练,我相信读者在体会社会学专业趣味的同时,能够养成一种新的思维方式——社会学的想象力。

综上,这是一本面向大众写作的普及读本,既适合零基础的普通读者,也可作为社会科学专业学生的入门读物。希望本书的出版,能对国内社会学的普及和公共传播,起到一点积极的作用。

是为代译序。

李路路

中国人民大学社会与人口学院教授

中国人民大学国家社会发展研究院常务副院长

2013 年 12 月

致谢

事实上，这本书在我接受社会学训练之前已经通过各种方式开始了。首先，我要感谢我的父母，Helen 和 John，他们教会我努力工作和善始善终。我还要感谢我的姐妹们，Mary、Kathy 和 Laurie，是她们让我学会分享，而且在我的人生转折期一直支持我。作为一名学生，有许多好的老师给我启发、挑战和鼓励，他们教会我用批判性的眼光看待这个世界。他们也在本书里被一再引用。我尤其要感谢我的妻子，她总是支持我的梦想和目标，从来不会争吵。Keven 总是令人惊喜，能拥有这样的伴侣是我的幸运。还有我的乖女儿们，Sara 和 Caroline，感谢你们的慷慨，感谢你们允许我牺牲空闲时间用来写书而不是陪你们。

当我的名字出现在书题下时，每个人都应该知道我一个人是不可能独自完成这份工作的。我必须感谢很多支持和帮助过我的朋友。

2004 年，我的书商 Amanda Crotts 建议我考虑写一本书。她把我介绍给了 Jeanne Bronson 和社会学编辑 Chris DeJohn，这本书的种子因此开始发芽。从那时起，许多人都参与了书稿的润色。向你们呈现这本书的团队是一个令人兴奋的专业团体。这里有太多人需要感谢，但是我需要特别感谢 Dickson Musslewhite、Maggie Barbieri、Nancy Roberts、Cheryl Keenan、Vanessa Gennarelli、Susanna Lesan 和 Leah Jewell。Kaisa Mrozek 负责了本书的精美设计。我也非常高兴能在 Words & Numbers 与下列同伴们一块工作：Natalie Wright、Adam Noll、Patricia Gordon、Bernadette Enneg 和 Jennifer Plum Auvil，感谢他们致力于本书的编辑和创作。

本书的每一部分都有一个广泛的审查过程，我非常感激我的编辑审查委员会，是他们的辛勤工作使得本书的信息精确而又与时俱进，这里尤其要感谢：

Robbie Akhere，中皮德蒙特社区学院；

Angie Andrus，富勒顿学院；

Margaret Choka，派里希比州立技术社区学院；

Carlos Garcia，圣何塞州立大学；

Kevin Keating，布罗沃德社区学院；

Kathleen Lowney，瓦尔多斯塔州立大学；

Marcie Sheumaker，南伊利诺伊州大学。

在我写书的这些年里，我的许多同事都给我提供了许多有益的建议、支持和评论，我尤其要感谢 Kathy Carey、Baillie Dunlap、James Hochtritt、Michael Lovegrove、Keith Thrasher、Arnold Waggoner、Bret Wood、John Wood 和 Michelle Yelle。同时，我也非常感激学校对我的帮助，一些对教师的服务和资助使我受益匪浅。

我还想向一些在俄克拉何马大学工作的朋友和同行们表示感谢之情，特别要感谢我的朋友兼导师 Craig St. John，他让我爱上了社会学。同时还要感谢 Loretta Bass、Anne Beutel、Carlos Garcia、Tom Burns 和 Bob Franzese 的建议和指导。

最后，我要感谢我的学生们，是他们帮助我学会使用他们更易理解的沟通方式。这本书是献给你们的，这本书的语言、设计、布局和话题都是从你们那挑选出来的。老师选择是否写书，但是学生选择是否阅读。这些年，是我的学生催促我写出一本能够让他们迷上社会学的书来。

目录

第 1 章
社会学
/ 001

主题：社会学是什么？ / 003

社会学思考：三种基本的社会学范式的特征有哪些？ / 009

第 2 章
社会调查研究——如何研究社会？
/ 037

主题：什么是研究方法？ / 039

社会学思考：社会学家如何运用研究方法？ / 059

第 3 章
文化——塑造个体的框架
/ 063

主题：什么是文化？ / 065

社会学思考：文化之间有何差异？ / 082

第 4 章
社会结构与人际互动——微观和宏观的视角
/ 087

主题：社会结构的构成要素是什么？ / 089

社会学思考：三种分析范式是如何看待社会结构的？ / 108

第 5 章
社会化——适应社会的过程
/ 115

主题：什么是社会化？ / 117

社会学思考：三种理论范式如何看待社会化？ / 135

第 6 章
群体与社会——了解我们的环境
/ 141

主题：社会群体的特征有哪些？ / 143

社会学思考：社会学家是如何看待群体领导的？ / 160

第 7 章
美国的社会阶层——现代社会中的社会分层
/ 167

主题：什么是社会分层？ / 169

社会学思考：社会分层背后有哪些理论？ / 185

第 8 章
全球分层——世界财富与贫困
/ 191

主题：什么是全球分层？ / 193

社会学思考：全球分层背后的理论是什么？ / 205

第 9 章
人口与环境——社会如何应对日益增长的人口？
/ 213

主题：什么是人口学？ / 215

社会学思考：什么是环境社会学？ / 229

第 10 章
种族和民族——这是个肤色问题吗？
/ 235

主题：种族和民族之间有何不同之处？ / 237

社会学思考：哪些因素导致种族观念的产生？这种观念是如何影响人们的？ / 252

第 11 章
性别分层——性别的社会性
/ 257

主题：生理性别和社会性别之间的差异是什么？ / 260

社会学思考：观察社会性别和性别不平等的视角有哪些？ / 276

第 12 章
衰老与健康——社会的老龄化
/ 283

主题：健康和衰老如何影响社会分层？ / 286

社会学思考：关于衰老过程有哪些理论？ / 302

第 13 章
犯罪和法律体系——社会如何回应犯罪和越轨？
/ 309

主题：什么是犯罪？ / 311

社会学思考：犯罪为什么会存在？ / 322

第 14 章
婚姻与家庭——社会是如何延续的？

/ 331

主题：家庭是什么？ / 333

社会学思考：家庭在走向衰落吗？ / 348

第 15 章
教育与宗教——社会如何传递信息？

/ 353

主题：社会如何传递信息？ / 355

第 16 章
经济与政治——社会是如何组织与管理的？

/ 365

主题：什么是经济与政治体制？ / 367

社会学思考：社会学家如何看待经济与政治体制？ / 382

第 17 章
社会运动、集体行为和社会变迁——社会是如何变化的？

/ 387

主题：社会变迁的动力是什么？ / 389

社会学思考：社会运动背后隐藏着哪些理论解释？ / 402

译后记

/ 409

第 1 章
社会学

- 社会学是什么?
- 三种基本的社会学范式的特征有哪些?

那些在街头巷尾闲逛或在拥挤的桥下生活的人常常被视为无名字、无身份、无话语权的无家可归者。当我们感觉与那些在人行道上行乞的男人或者在轻薄的纸箱下寻求温暖的女人没有任何关联时，我们就很容易对这些现象视而不见。

里布写道，没有人会主动选择做一个无家可归者，但有些时候周遭环境会逼迫他们如此。无家可归的现象可以在任何一个地方出现，我发现校园里也存在同样的情况。我了解到我的一个学生经常待在图书馆，直到闭馆的时候才离开。她没有地方可住，所以她常在图书馆读书读到关门之时，之后去当地的一个商店，睡在挂满衣物的过道上。她曾经因为怀孕而被父母赶出家门。当然，所有这些并不是事先规划好的，但它就是这样发生了。我和里布一样，都在思考为何在美国这样一个高度发达的国度里，还允许无家可归的现象成为其文化中"正常"的一部分。

里布的书是关于社会学是什么的蓝图。他搜集信息、解释发现、思考问题、质疑社会政策并得出结论。像里布这样的社会学家，不是去试图准确地解释美国无家可归现象的具体原因，而是从多种角度来解决问题。

主题：社会学是什么？

◎ 社会学的定义

你如何定义社会学？或许你会说它是研究整个社会，研究人们如何生活，或是研究人们彼此间互动的学科。这些答案都对，但是只触及了皮毛。根据美国社会学学会的说法，**社会学**是一门科学，它被以下基本共识所引导："社会问题也即我们的生活不仅受到我们个体特征的影响，还受到我们所处社会地位的影响。"（ASA，2007）像其他科学一样，社会学家以一种开放的思维方式来研究事物，并寻求对社会事实的理解。除此之外，我们尽力避免个人情感掺杂其中。

> ### 链接　通过电子游戏来了解社会学
>
> 　　你想过要控制其他人的行动吗？那就到电子游戏中去实现它吧！最为流行的一款游戏叫做《模拟人生》（The Sims），是一款模拟真实生活的极具策略性的电脑游戏。你可以决定你的角色何时睡觉、吃饭，甚至是洗澡。最近流行的《侧面》（Facade）游戏也基于类似的想法。《模拟人生》和《侧面》在宣扬娱乐性的同时，也为人们上了一堂社会学的课程。
>
> 　　《模拟人生》和《侧面》游戏的玩家通过控制虚拟世界中的角色来观察特定行为对个体生活的影响。同现实生活一样，当你的角色们很少与其他人互动时，他们会感到沮丧。
>
> 　　《模拟人生》和《侧面》游戏使人了解到人们的行为对自己及他人所产生的影响。游戏最好的一面就在于，在模拟世界里，结果都不是真实的，因此，当你想要检验极端行为是如何影响你的角色时，你不必为此而担心。
>
> 　　**活动**　想出一个你喜欢的现实世界的理论，并用《模拟人生》或《侧面》游戏来检验它。你将如何用游戏来检验理论？你认为研究结果会是什么？写下几段话来描述你计划中的社会学研究。如果你接触过这些游戏中的任何一款，那就行动起来检验你的理论吧！

社会学： 它是一门科学，被以下基本共识所引导："社会问题也即我们的生活不仅受到我们个体特征的影响，还受到我们所处社会地位的影响。"

◎ 发挥社会学的想象力

最近,我的一个学生失去了在附近汽车公司的工作。她白天上课,晚上在一家便利店工作。她是一个有两个孩子的单身母亲,没人会在她工作时帮她照看孩子。由于缺乏监管,她的孩子在学校里成绩很差,常常游荡在街头巷尾,总是惹事生非。像其他单身父母一样,她没有别的选择,也不知道还能做些什么。

当我们想到那些经常惹事的孩子时,大多数人会将责任归咎于父母。但是,在这种情况下,我们能将责任全部归咎于她吗?著名社会学家C·赖特·米尔斯(C. Wright Mills,1916—1962)会持反对意见。米尔斯认为,人们必须理解外在力量是如何作用于个体状况的。换言之,米尔斯希望我们能够发挥**社会学的想象力**,即透过个体,将个体之外的因素视为其成功或失败的原因,并能观察到个人所处的社会环境对其结局的影响。

发挥社会学的想象力有助于我们认识自己在复杂世界中所处的位置。我们必须理解特定状况的历史过程以产生这种想象力。米尔斯认为我们中的大多数人通过历史、传记来理解社会问题并形成个人观点(C. Wright Mills,1959)。这种**微观视角**或者说小尺度视角将我们的注意力聚焦在个体身上。我们还必须理解历史和社会结构是如何影响个体的。通过将这种**宏观视角**即大尺度视角纳入关于社会世界的想象力之中,我们能够把问题理解得更为透彻、清晰。这些因素既影响了我们的个体选择,也影响了我们对事物的解释。因此,发挥了社会学的想象力,我们对社会的理解和认识就比个体视角更为全面和深刻(C. Wright Mills,1959)。

现在让我们运用社会学的想象力来思考一下我学生的处境。外包工作应该对她的处境负责吗?当美国的公司因为海外廉价劳动力的存在而倒闭时,美国的工人遭受了巨大打击。最终,大多数企业的目标是尽可能地追逐利益

社会学的想象力:指这样一种能力,即透过个体,将个体之外的因素视为其成功或失败的原因,并能观察到个人所处的社会环境对其结局的影响。

微观视角:小尺度视角。

宏观视角:大尺度视角。

最大化，因此企业老板难以抗拒雇用廉价劳动力的诱惑。随着燃气和食物价格不断飞涨，许多企业必须相应地调整预算并寻求最低的支出。像我的那个学生一样，有些人成了赢家，而有些人则失败了。如果我的学生没有丢掉工作，她的孩子还会像现在一样常常遇到麻烦吗？或许不会。她曾经说过，当她做原来那份工作时，每天孩子从学校放学回家后她都在家。而现在，她很少见到他们。显然，当用社会学的视角来思考某一社会问题时，简单的答案就难以解释人们所处的复杂的社会状况了。

◎ 埃米尔·涂尔干的自杀论

通常情况下，从无家可归到失业，再到自杀，这些事件的产生都有许多个体生命历程的、社会的以及历史的原因。发挥社会学的想象力，意味着我们要从这些视角出发来思考外在力量对个体的影响和作用。你曾经对为什么有些人会选择自杀而感到困惑吗？自杀或许是死亡类型中最具个体性的一类情况了，在1897年出版的《自杀论》（Suicide）一书中，社会学家埃米尔·涂尔干（Emile Durkheim，1858—1917）曾提出两种社会力量——社会整合和社会控制影响了个体的自杀行为（Emile Durkheim，1897/1966）。**社会整合**指在社会环境中一个人能够感受到的与他人联系和融合在一起的水平或程度，**社会控制**指调节个体行为的社会性机制（Emile Durkheim，1897/1966）。这两种社会力量是帮助我们预测个体自杀行为类型的独立因素。

当社会整合较低时，**利己型自杀**就会发生。采取这种自杀方式的人往往与外界联系较少，常感到孤独和寂寞，因而容易陷入绝望之中。当然，这并不意味着所有"孤独的人"都会选择自杀，而仅仅是说较低的社会整合会增

社会整合：指在社会环境中一个人能够感受到的与他人联系和融合在一起的水平或程度。

社会控制：指调节个体行为的社会性机制。

利己型自杀：社会整合较低时发生的一种自杀类型，采取这种自杀方式的人往往与外界联系较少，常感到孤独和寂寞，因而容易陷入绝望之中。

加利己型自杀的可能性。

社会整合同样也会影响**利他型自杀**发生的可能性。当社会整合极高的时候，这种类型的自杀方式就会出现。因为个体已完全与他所处的群体联系在一起，他或她将集体利益放在至高无上的位置。这种独特的分析或许可以解释"神风敢死队"（*Kamikaze*）以及自杀式炸弹袭击背后的道理。

与利他型自杀不同，**宿命型自杀**与个体的社会控制程度有关。当一个人认为他或她的未来毫无希望，且没有任何能够改善这种状况的途径时，那些生活在绝望环境中的个体——例如囚犯、长期靠辅助工具维持生存的人——更有可能采取宿命型自杀的方式。

在社会动荡不安的时期，**失范型自杀**现象会增多。失范是指由社会规范缺失所导致的社会不稳定现象。涂尔干曾预测现代化和工业化将导致失范型自杀的增加，因为对适度的社会行为有约束作用的社会规则正在发生变化。因此，许多曾一度控制着社会的制度，例如宗教，就失去了它们的作用（Emile Durkheim，1897/1966；Robert Travis，1990）。社会骚乱之际，有些个体认为在动乱中生存是难以忍受的，因此他们会走向自杀的道路。

尽管涂尔干的理论距今已有一个世纪之久，但它依然是思考社会控制与个体选择之间的张力的一种重要途径。

自杀可以被视为是一种个体性选择，但也有许多社会性因素在影响自杀率。我们不能使用这些因素去逐个预测谁会选择自杀，谁不会选择自杀，但我们可以知晓，个体所处的社会环境会影响这个社会的自杀率。其他的因素例如个体的家庭构成、在同一时期出生人群的相对规模等也会影响自杀率。（Jean Stockard and Robert M. O'Brien，2002）

利他型自杀：社会整合极高并且个体将集体利益视为最高利益时发生的一种自杀类型。

宿命型自杀：由社会控制的弱化所导致的一种自杀类型。

失范型自杀：由社会骚乱所带来的一种自杀类型。

个体选择与社会强制

至此，你可能会猜到社会因素通常会影响我们的个体选择。这些社会因素为我们营造了一个做出决策的环境。再来思考一下自杀行为。我的大部分学生都认为这完全是一种个体选择行为，并且事实上它也的确如此。但是，自杀数据的上升趋势，表明人们处在自杀的高风险期。

在一年之中，根据职业、年龄都能预测自杀发生可能性的高低，据疾病

社会学思考　无家可归现象——个体选择 vs. 社会因素

你听说过所谓的"人们会自己选择成为一个无家可归者"的观点吗？你可能自己就有过这样的想法。在《告诉他们我是谁：无家可归的妇女们的生活》这本书中，作者里布说："沦落为无家可归者或许是件很容易的事情，但在里面待着则是件非常不容易的事情。"（Elliot Liebow, 1995）当许许多多的人靠领工资生存时，不难想象有些人会在某天突然醒悟并发现他们无力支付房贷或购买生活用品。

里布发现，绝大多数无家可归的妇女事实上都是落入困境的工薪阶层的妇女。一旦这些妇女进入无家可归者行列，她们就很难走出这一泥潭。找工作对她们来说是件极其困难的事情，因为雇主们不愿雇用这些无家可归的人。即使一个无家可归的妇女找到了一份工作，多数情况下，她的薪水仍无法支付房费，尤其是当她必须将薪水的一大部分用在去往工作场所的交通上时，这种情况会更糟糕。她剩余的钱可能花费在为家人购买食物和其他生活必需品上面。因此，她的孩子就在一个没有隐私、没有成功典型的环境中成长。

尽管里布没有说无家可归状况难以克服，但他确实承认社会对他们提供的帮助微乎其微。各种式样的缴费卡堆积在无家可归者周围，他们还能有什么选择呢？

活动　拜访一处你所在社区的无家可归者的避难所，同那儿的人进行交谈并发现社会因素是如何作用于他们的状况的。他们是如何来到这个地方的？他们以前的生活是怎样的？写一段话描述你所遇到的某个人的情况，分析导致他无家可归的因素。

控制与预防中心研究：

● 美国的自杀率在冬天最低，春天最高。冬天的假期里，大多数人都跟朋友和家人在一起；但是到春天，这种社会化途径结束了，社会整合的降低会增加利己型自杀发生的可能性。

● 警察这一职业有较高的自杀风险，可能是因为他们工作时间过长并经常面对暴力的具体场景。再加上他们能轻易地接触到枪支，从中你可以看到一些导致他们产生利他型思考和利他型自杀行为的结构性特征。

● 一般情况下，自杀率随年龄的增加而升高。更进一步，男性比女性更倾向于自杀。在美国，65岁以上的男性自杀率最高，这也可能缘于宿命主义，因为当他们逐渐衰老时，就会出现更多的疾病和身体局限，而这些都会增加自杀的风险。

对于你来说，意识到以下这一道理是非常重要的：这些因素不会导致个体产生自杀行为，但通过它们确实可以预测哪些群体处在高自杀风险的边缘。当社会学家审视某一社会问题，比如自杀、无家可归或其他社会现象时，他们通过发挥社会学的想象力来思考社会因素是如何影响个体的行为选择的。社会学家如何通过社会学的想象力来研究更大范围的世界？让我们来了解一下三种重要的理论视角以及发展了这些理论视角的社会学家们。

社会学思考：三种基本的社会学范式的特征有哪些？

在了解社会学的任何知识之前，我已经有了世界观。我出生在美国一个信奉宗教的工人阶层家庭，我父母的教导塑造了我的世界观。假如我出生在中国、乍得或智利，我对世界的认识和看法会有所不同。你如何看待这个世界？你最看重的个人的信念和观点是什么？回答这些问题是比较困难的，但我可以打赌你肯定有一些相当明确的答案。当社会学家观察社会时，他们采用了范式这一途径，**范式**是科学家借以研究社会的一种理论框架。

在美国，大多数社会学家通过三种基本的范式认识世界——功能论、冲突论和符号互动论。**功能论**是指这样一种理论框架，它将社会看做一个由相互关联的各部分构成的体系。对社会学研究而言，这一范式是一种宏观视角，因为它将目光聚焦在大的社会结构而非个体。当你想到功能论时，你可以通过想象人的身体来加深对这一概念的理解。人的身体构建了帮助维持正常体温的机制。如果你暴露在冰冷的外部环境中，你会不停地颤抖以调节体温。一个社会在许多方面也有类似之处，当某些事物的发生导致社会系统性失衡时，一定的社会力量会随之出现，帮助社会恢复平衡状态。

冲突论是指这样一种理论框架，它认为社会始终处于为占有稀缺资源而不断斗争的状态。这种持续的斗争不可避免地导致社会不平等制度的出现。与功能论类似，冲突论也是一种宏观研究视角，因为该理论关注复杂多样的利益群体之间的权力斗争。财富和权力的不平等是现代冲突理论关注的焦点话题。例如，冲突理论家研究贫富差距如何影响人们在社会中的机会。来自特权家庭的孩子能得到最好的教育，能参与有组织的体育运动，能学习音乐课程等；但是，那些来自贫困家庭的孩子就难以享受同样的机会，而机会的缺乏进一步将他们推向了弱势和不利的地位。

符号互动论是指这样一种理论框架，它着眼于个体互动如何影响他们自身以及整个社会。对社会学而言，符号互动论基本上是一种微观视角，因为它关注个体在创造社会中所扮演的角色。"符号"的使用，比如语言、手势、身体语言及面部表情等，影响了人们的交往。我们的行动传递着某种含义，例如，如果你遇到了"坏天气"，这意味着什么呢？我的一个学生曾告诉我

范式：科学家借以研究社会的一种理论框架。

功能论：指这样一种理论框架，它将社会看做一个由相互关联的各部分构成的体系。

冲突论：指这样一种理论框架，它将社会看做一种导致冲突和变迁发生的不平等体系。

符号互动论：指这样一种理论框架，它关注人们在日常生活中如何与他人互动。

下雨对他来说是个"坏天气"。如果这是个案例，那么这个有关现实状况的描述会影响到你在工作场所或教室里与他人的交往行为吗？他所谓的"坏天气"是如何影响到其他人的"天气"的？互动论者就是在不断地寻求解释细微的互动是如何影响较大范围的社会的。

正如你所看到的那样，社会学家或者从宏观视角或者从微观视角去研究社会。在社会学中，宏观视角最为常用，因为它关注的是较大的社会群体、制度以及它们对社会的影响。这是社会学与心理学的区别所在，因为心理学从微观视角入手研究人类心智的作用方式。尽管一些社会学研究也关注个体，但其主要兴趣点在于这些个体对社会中其他人的影响以及社会对个体的影响。每一个社会学范式都可以将宏观研究和微观研究融合在一起，并且它们试图解释个体影响社会以及社会作用于个体的过程。

秉持不同研究范式的社会学家常常分析类似的社会问题，比如无家可归现象为何存在、儿童如何认识周围的世界等。但是，他们对这些问题的提问方式及分析的过程都是不同的。下表说明了功能论者、冲突理论家和符号互动论者是如何就社会问题展开研究和分析的。

社会学家借助这些社会问题来构建他们关于世界的理论。因此，一个理论流派的解释好于另外一个吗？不一定。实际上，大多数社会学家的世界观都是相当"中庸"或变化多样的。他们可能用同一范式来解释不同问题，也可能用这三种范式来综合地分析单独的问题。举个例子，如果你思考一下埃利奥特·里布的著作，你将看到，他在分析无家可归现象时运用的每个范式都比较少。里布发现一个社会的结构导致了无家可归现象的发生（功能论）；有钱有势的人掌控了社会结构并且经常羞辱那些贫困的人（冲突论）；那些有过无家可归经历的人常常会预设自我实现预言，从而陷入贫困的泥沼而难以脱身（符号互动论）。里布运用了每一种分析范式，在分析无家可归现象为何存在这一问题上形成了一种全面的分析视角。

既然你已经对每一分析范式都有了大致的了解并且知道了他们提出问题的类型，那么我们就来仔细地分析每一种范式，首先从最古老的社会学范式——功能论入手。

理论范式的对比

	功能论	冲突论	符号互动论
分析层面	宏观	宏观	微观
核心问题	• 哪些因素使社会保持正常运转？ • 社会的构成部分有哪些？有何关联？ • 某一事件显性和潜在的结果是什么？	• 社会中的财富和权力是如何分配的？ • 有钱有势者如何维持其优势地位？ • 社会中是否有获得成功的群体？为什么？ • 社会中的资源和机会是如何划分的？	• 人们如何共同创造了这个社会？ • 社会互动如何影响、创造并且维持了人际关系？ • 人们从一个制度环境来到另一个制度环境中时，他们的行为有没有发生变化？如果有，原因是什么？

◎ 功能论者的世界观

尽管有无数哲学家常常就个人与社会如何融合在一起这一问题展开研究和讨论，但是，直到法国哲学家奥古斯特·孔德（Auguste Comte，1798—1857）提出社会学这一概念为止，这一学科才正式获得了名称（Kenneth Thompson，1975）。功能论范式的出现在很大程度上要归功于孔德这位被称为社会学之父的人。

孔德认为社会学应该努力发现**社会法则**——一种对社会事实的陈述，它在特定条件下不会发生变化，并且能够作为任何社会研究的基本法则。为发现这些社会法则，孔德提议研究**社会静力要素**和**社会动力要素**，前者指社会中存在的结构性因素，后者指那些因素的变迁。他认为，通过发现社会结构与社会变迁之间的相互作用关系，我们能够发展出一套有助于完善现有社会

社会法则：一种对社会事实的陈述，它在特定条件下不会发生变化，并且能够作为任何社会研究的基本法则。

社会静力要素：社会中存在的结构性因素。

社会动力要素：社会中存在的结构性因素的变迁。

的法则。至今我们都没有什么社会法则，但是一些社会学家仍在试图寻找和发展这些法则。尽管在今天已很少有人再遵循孔德理论的分析路径，但他的基本观点仍是功能论赖以存在的基石。

正如我们已经讨论的那样，功能论是这样一种理论框架，它将社会视为由相互关联的各部分构成的一个体系。这些部分保持运转一致，共同满足社会作为一个整体的各方面需求。按照功能论者的说法，社会是相对稳定的，这意味着社会中事物的发生都有其特定的功能，而这些功能的发挥有助于维持社会的稳定。

社会制度比如家庭、经济、教育和政治等都对社会的正常运转发挥着至关重要的作用。

理解这些制度及其他制度在社会中的作用机理是功能论者最大的兴趣所在。这些部分都是相关联的，因此每一个部分都对其他部分产生影响。还记得我那个丢掉工作的学生吗？经济系统影响了家庭系统，而如果她的孩子继续制造各种麻烦，还会与司法系统发生联系。通过这个例子你可以看到，功能分析可以开展得非常复杂。

功能论认为一个社会的价值规范为它创设的制度和规则奠定了基础。这些规范调节着社会制度之间的关系。因此，为保持一个社会的稳定和平衡，在这些规范上达成广泛的一致是必不可少的。

所有的社会结构——从细微的朋友间的日常互动到复杂的文化传统和习俗——共同发挥着作用，以维持社会的运转。但是，功能论者对于这些结构如何彼此协调有着不同的观点。有些人将社会比作活着的、正在呼吸的有机体，其他人则分析社会事件的预期的和非预期的结果，还有些人在思索将社会整合在一起的确切因素是什么。尽管功能论是最为古老的研究范式，但它至今仍是思考和认识社会的一种重要途径。在接下来的几页，我们将拜访几位早期的功能论者，从中你可以看到这些观点的渊源何在。早期理论家如斯宾塞和埃米尔·涂尔干等人，都对功能论范式的成长和发展做出过重要贡献。

赫伯特·斯宾塞

赫伯特·斯宾塞（Herbert Spencer，1820—1903）是一位英国知识分子，他的观点深化了功能论的发展。斯宾塞关于社会学的研究从查尔斯·达尔文（Charles Darwin）的自然选择理论中受益颇多。达尔文认为自然选择——一个导致生物有机体进化以"最好地"适应其所在环境的过程——导致进化的发生。

斯宾塞将社会视为一个生物有机体，并一样能够进化、繁荣或者死亡。对斯宾塞来说，有些社会比其他社会进化得要好，因为它们能较好地适应变化的环境。从他那里，你可以看到一个常被称为"**社会达尔文主义**"的思想类型，该观点认为强大的社会种群能够生存下来，而弱小的种群则只能走向灭亡（Jonathan Turner, Leonard Beeghily, and Charles H. Powers, 1988）。

斯宾塞的观点中隐含着这么一种社会理论，即就本质而言，对一个社会中优势及劣势阶层的评价建立在它们是否强大和是否有生存能力的基础上。举个例子，在最近关于无家可归者的课堂讨论上，我的一个学生说："无家可归的人难以遵守其他人都能够遵守的规则，无家可归是他们自身的错。"从她的评论中你能看到斯宾塞观点的影子吗？她的话语如何反映了社会达尔文主义的观点？在宏观层面上，你认为一些种群优于其他种群吗？你认为美国达到今天的成就是缘于她自身的优点吗？如果你这样认为，你的想法就有点类似社会达尔文主义者。

埃米尔·涂尔干

与斯宾塞一样，法国学者埃米尔·涂尔干同样视社会为一个有机体。你应该记得涂尔干的名字，因为我们在前面的内容里讨论自杀问题时提到过他。涂尔干是早期真正的社会学家之一，因为他使用数据来检验理论，为功能论思想奠定了基础。

涂尔干认为社会团结是社会整合中至关重要的一个组成部分。社会团结整合、维持着社会的统一，因为人们把他们自己看作是统一的。他指出社会的类型影响着团结的类型。涂尔干划分了两种不同的社会团结类型：机械团

社会达尔文主义：一种主张强者生存、弱者灭亡的观念。

结和有机团结。**机械团结**指传统社会中的共同体纽带，在其中，人们共享同一信念和价值观，从事共同的活动。正是这一纽带在维系着社会的平稳运转（Emile Durkheim，1893/1997）。

随着社会变得越来越复杂，社会团结的类型也从机械团结变为有机团结。在一个高度劳动分工的社会里，**有机团结**就出现了。劳动分工指我们今天所拥有的许多不同的职业类型，它迫使人们为了生存而彼此依赖。问一下你自己，你最后吃要么让你长大，要么让你死掉的东西是什么时候？答案是从来没有这样的时刻。食物是维持生存的必需品，我们中的绝大多数人都需要复杂的劳动分工来维持生存。卡车司机、杂货商和农民都为我们的食物贡献了一份力量（Emile Durkheim，1893/1997）。这种有机联系确保我们获得所需要的东西并维持社会的统一。信仰在现代社会中依然重要，但将人们联系在一起的是他们之间的有机团结（Emile Durkheim，1893/1997）。

虽然涂尔干有关社会团结的观点只是功能论宏大体系中的冰山一角，但一大批美国思想家从涂尔干那里获得了灵感并将其观点扩展至功能论思想。

◎ 美国的功能论

自从阿尔比恩·斯莫尔（Albion Small）于1892年在芝加哥大学创立了首个社会学系之后，一个新的学科开始在美国出现（Vernon K. Dibble，1975）。这一处于萌芽期的学科给社会思想家提供了一个研究社会运转的场所，其中有一位著名思想家名叫塔尔科特·帕森斯。

塔尔科特·帕森斯

功能论者塔尔科特·帕森斯（Talcott Parsons，1902—1979）是美国社

机械团结：指传统社会中的共同体纽带，在其中，人们共享同一信念和价值观，从事共同的活动。

有机团结：它出现在有高度劳动分工的社会中。

会学领域的一位巨匠。帕森斯对构建这样一种宏大的理论深感兴趣,该理论试图解释人类经验的每一个方面以及社会系统如何相互联系。对帕森斯而言,社会很像一个自行车的车轮,它由独立的但相互依存的各部分构成。当它适度平衡时,每一个独立的部分都会告诉轮毂联结良好,从而车轮维持正常运转。但是如果你的车轮上哪怕只有一处破裂,整个轮子也会最终失去平衡。同样的道理,社会也是一个相互关联的系统,如果某一个部分的运转出现了问题,整个系统都会受影响(Talcott Parsons,1951)。

帕森斯也指出社会系统的惯性,这意味着如果社会处于静止状态,它会倾向于维持静止状态;或者如果它已处在运动状态,那么它将倾向于维持运动。举个例子,当你打保龄球时,你必须拿起一个保龄球并用你自己的力量使它在球道上滚动。一旦球开始滚动,它倾向于一直滚动下去,直到木瓶和球道末端阻止它为止。帕森斯指出社会也遵循同样的道理。因此,若要改变一个社会,就必须对社会系统施加强大的外在力量,不然它将继续保持稳定。这是因为社会会自然地寻求一种平衡,这样变迁就很难发生并且通常会中断。当然,一旦变迁开始,社会系统将一直保持这一路径,直到社会惯性导致的一些反作用力的出现(Talcott Parsons,1951)。

罗伯特·默顿

功能论者罗伯特·默顿(Robert Merton,1910—2003),是一个与帕森斯同时代的大师,他寻求创建一种能够弥合宏大理论和个体层面研究的中层理论。

他通过以下步骤实现这一理论构想,即将社会划分为两大部分,分别对它们进行研究以达到对总体的较好理解(Robert K. Merton,1957)。这一观点被今天的社会学家广泛接受,大多数社会学家都有其专门的研究领域,如种族、性别、犯罪、不平等、人口或其他社会问题。做到以下这一点是有可能的,即在整个研究生涯中探寻某一领域的知识,创建一种描述这些问题以及它们如何影响社会的中层理论。默顿的工作也表明,在任何领域都是"纯粹"理论家的社会学家是多么稀少!

默顿对功能论最大的理论贡献之一是他对社会实在同时拥有显性功能

和潜在功能的论述。**功能**是指社会因素对人们的影响。默顿区分了两种类型：**显性功能**即那些导致预期影响和结果的功能，而**潜在功能**是指导致未预见到或不期望发生的结果出现的功能。默顿认为在观察任何社会现象时，社会学家都应该问这样一个问题："它对谁发挥了功能？"通过这样做，我们就能做出一个全面的分析，因为我们同时考虑到了显性的和潜在的功能。举个例子，有人可能会说将工作外包出去的显性功能是提高了公司利润，同时为消费者提供了更廉价的物品。但是，这一系统的潜在功能在于它给那些丢掉工作的家庭制造了紧张状况，就像我学生的家庭那样。对于默顿来说，不同时考虑显性和潜在功能，研究者就不能完成完整的功能分析（Robert K. Merton，1957）。

对功能论的批评

在20世纪中期，功能论是居于统治地位的理论范式。但是，其统治地位在近些年逐渐衰落。功能论的批评者通常声称这一范式没有考虑财富和权力对于社会构成的影响。从一个纯正的功能论者的观点来看，所有社会结构的存在都是有原因的，因为它们满足了某种需求。举个例子，多年以前在我居住的小镇上，镇中心的商店前面都有系马的钩子和木桩。现在这些都已不复存在，因为没有人再骑马代步了。如果汽车都已过时，社会会寻找一些其他的途径来解决交通问题。但是在此之前，汽车仍在社会中发挥着至关重要的作用。

功能论者被指责为总是在维持现状，即使这有可能产生有害的结果，他们仍在这么做。思考一下汽车的出现，当然它增加了社会的流动性，也为成百上千万人提供了出行的方便和自由。但是，如果我们不从汽车出现的潜在功能来思考问题，就难以完全理解这一现象。因此，鼓励汽车的出现和使用就意味着鼓励与之相伴随的空气污染、大量停车场地的丧失以及许多潜在的

功能：指对人们产生影响的社会因素。
显性功能：指导致预期结果或影响出现的功能。
潜在功能：指导致未预见到或不期望发生的结果出现的功能。

交通事故的发生。

功能论者认为社会有一种天然的为自身寻求平衡点的能力。如果出现了变迁，那么变迁的步伐也会很缓慢，这实际上维护了社会的最大利益。但是，如果你想一想那些诸如无家可归的社会问题，这些问题应该被慢点解决还是快点解决？尽管我们可以很容易地指出特定的个人特征是导致他们露宿街头的原因，但对任何人来说，让他人露宿街头这种行为真的是很好的做法吗？无力购房仍然是社会的一大问题。尽管里布说美国没有给其公民提供足够多便宜的住房或足够多高薪的工作，但他同时也指出劳动者缺乏一份能够摆脱贫困的体面的薪金，而正是这一原因导致了无家可归现象的出现。以这种方式，他批判了功能论所谓的平衡点是公平的这一论调。由此来看，美国真的对每个人来说都是"机会的天堂"吗？

当你思考无家可归或其他社会问题时，问一下自己：社会系统对谁发挥了功能？或者，谁是系统功能发挥的受益者？功能论者可能会辩称社会的运转是为了维护最多数人的利益，当社会问题变得"足够大"时，变迁就会发生。但是，批评者会争辩说这一观点忽略了许多少数群体的利益。谁为那些无家可归者代言？面对全球化和失去工作的状况，我的学生能做出什么样的选择？功能论视角常常忽略社会阶级、种族和性别上的不平等是如何导致社会失衡这一问题的。

作为对功能论存在缺陷的回应，冲突论范式逐渐兴起。冲突论者试图分析这些社会不平等是如何影响整个社会的。

◎ 冲突论者的世界观

记住，冲突论是指这样一种理论框架，它认为社会处于为占有稀缺资源而不断斗争的状态。那么，何为稀缺？冲突论者关注的稀缺资源主要有两种：经济财富和权力。这些理论家承认我们生活在一个不平等的社会里。为什么？可能是因为没有足够多的"物品"，也可能是因为那些占有"物品"的人不想放手。在上述任何一种状况中，冲突论认为我们都是为了争夺更多的"物品"，无论是婚姻中的权力还是社会中的财富。

冲突论者同功能论者一样，也将注意力放在宏观社会问题上，观察社会结构如何导致冲突的产生。现代冲突论者通常研究资本主义经济制度的不平等。这种制度是不平等滋生的温床，因为它所获取的收益建立在剥夺他人的基础之上。一旦你拥有了权力，你就想一直保持权力。由此，财富精英们更倾向于为自身谋取更多利益和优势，尽管他们这样做会把他人推向不利的地位。

通常情况下，冲突论的精髓所在就是指出了在社会中存在一个权力和财富的金字塔结构。处在金字塔顶尖的精英为处在下方的人确立了规则。在这一体系里，法律、制度以及传统都在维护他们的权威。当里布讨论到适当的薪金以及为允许存在无家可归现象而感到耻辱时，他指出了问题的实质，那就是我们这些有家可回的人应该为无家可归者的出现负一部分责任，因为我们允许忽视他人的制度存在。

大多数使用冲突范式的理论家会研究社会中不同群体、不同国家以及不同社会阶级间宏观层面的冲突。社会学有关不平等的研究常常会牵涉冲突理论，所以，你可以看到这一范式常被运用在对社会阶级、种族、性别、婚姻、宗教、人口、环境及其他对社会现象的分析中。如果你认为社会中存在歧视，包括老年歧视、性别歧视、种族歧视、阶级歧视等现象的原因在于一些人运用权力将自身利益凌驾在他人之上，那么你的思维方式就和冲突论者一致了。

现代女权主义理论或者有关性别如何影响了男女不同经历和机会的研究，通常会采用冲突论导向的视角。女性在整个社会中仍然处在从属于男性的位置上。在一些国家，这可能意味着女性不能选择她们的丈夫；但是在美国这个国家，这与提供给女性的机会问题更为相关。你很难在最大公司里寻找到女性 CEO 的身影。在美国的 500 强企业里，女性领导人还不到 20 个（David A. Cotter, Joan M. Hermsen, Seth Ovadia, and Reeve Vanneman, 2001）。女权主义者通常认为这一现象的出现是因为男性试图维持其在社会中的权力地位并尽力将女性排除在外，从中你看到冲突论的影子了吗？

一个学生曾指出妇女经常处在"经济指挥棒"的劣势位置，有权势的人剥夺穷人的利益。她坚持自己的观点并拒绝任何改变。当我给她的观点贴上了"马克思主义"的标签时，她立马生气并拒绝我贴的标签。但是对我来说如下事实是显而易见的,即她的观点源自冲突论创始人马克思的理论。

卡尔·马克思

卡尔·马克思(Karl Marx,1818—1883)是一位德国理论家、社会活动家和作家,分析了资本主义制度的影响。资本主义是一种私人占有所有权并控制经济的制度。秉持资本主义腐蚀人的本性的信念,马克思希望找到一个奉行平等的乌托邦社会。在其核心论点上,马克思与孔德并无不同之处,因为他试图认识社会并完善社会。

马克思认为在资本主义制度里,资本家即**资产阶级**成员,控制着绝大多数财富,因为他们控制着企业。因为追逐利益是他们的首要目标,所以所有者付给工人尽可能低的工资。里布在分析他所遇到的无家可归的妇女时也曾提到过这一点,这些妇女有的拥有工作,但无法赚到足够多的钱来购买房屋。雇主们通常付给这些妇女尽量少的工资,而妇女却无力反抗这一制度。

马克思将资本主义制度中的工人称为**无产阶级**,即贫苦的工人阶级成员。他们付出了大量劳动,而所有者却掠夺了所有的利润。无产阶级生活在一个无休止的循环怪圈中,他们凭劳动只得到很低的薪水并且靠微薄的薪水维持生计。根据马克思的说法,工人如果不能享有他们所创造的财富,那么他们将永远难以摆脱这一怪圈。

工人们为何不采取措施改变他们的命运呢?马克思认为这是因为人们有一种**错误的意识**,即他们难以认清自己在社会中所处的地位。工人们能够感觉到他们在贫困中是势单力薄的。马克思提出工人必须产生一种**阶级意识**,即认清在社会中所处的位置。他认为绝大多数工人没有真正地理解资本主义制度是如何奴役和剥削他们的。工人们所思考的仅仅是如果努力工作就能维持生活并可能富裕起来,马克思称这些想法是一种幻想。

资产阶级:指资本家阶级成员。
无产阶级:指贫苦的工人阶级成员。
错误的意识:指一个人缺乏对其所处社会地位的了解和认识。
阶级意识:指人们对其所处的阶级位置有清晰的了解和认识。

马克思认为，一旦工人们认清了他们所处的位置，他们就会联合起来推翻暴政。他倡议推翻资本主义私人所有制，代之以社会主义制度。在该制度中，政府控制经济系统，确保所有人都能享有由他们自己的劳动所创造的利润。

但是，马克思并不认为以下情况是必要的，即为了将共产主义强加于人们，需要长期的政府镇压。他知道，政府在一开始必须强迫资产阶级放弃他们的财产，因为需要迫使有权者放弃他们的权力。

2008年，美联银行的CEO肯·汤普森（Ken Thompson）在银行老板的压力下被迫辞职。几个月后，老板对汤普森的工作进行了批评，责备他致使公司亏损了7亿美元。汤普森在恢复投资者及老板信心上实施了损害管理制，但他的努力以失败告终。汤普森不情愿地下台了，那些位居高位的人则想尽一切办法保留住自己的位置。（Ieva M. Augstums，2008）

虽然马克思认为社会中也存在同样的道理，但他同时也指出，一旦资产阶级在公共事务中看到了利润，他们将乐于与他人分享财富。我们人类的真实本性就是和谐地生活，平等地享有一切。（Karl Marx，1964）

社会学家们对待马克思理论的态度迥然不同。一些人可能期望阶级意识出现并取代我们现有的制度，其他人则认为马克思将阶级斗争简单化了。他的简单的社会阶级制度很难在一个复杂的后工业资本主义社会实现，即使你试图这样做，你如何划分所有者和工人之间的界限呢？我的学生事实上拥有公司的股票而这个公司让她离开，那么她是一个工人还是所有者呢？看起来好像两者都是。

马克思的理论在当今的社会研究中仍然有强大的活力。马克思认为经济权力应该由人民来掌握，因为财富会腐蚀人的本性。

这些观点对社会学家仍有启示意义。接下来我们看其他四位冲突理论家的思想，他们是马蒂诺、杜波依斯、亚当斯和福斯特，从他们的思想中我们来研究性别、种族以及阶级是如何影响一个社会的。

哈丽雅特·马蒂诺

哈丽雅特·马蒂诺（Harriet Martineau，1802—1876）跟马克思一样，

出生于一个资产阶级家庭并且因家庭出身而获得了一定的利益和地位。但是，她期望资本主义和工业化能够带来更多的公平和机会。马蒂诺是最早的女性社会学家之一，她不仅研究经济制度的不平等，还关注性别间的不平等现象。

在《美国社会》（*Society in America*）一书中，马蒂诺分析了奴隶制的影响、妇女在社会中的地位以及美国政治和经济制度中的社会习俗（Susan Hoecker-Drysdale，1992）。她指出了这些制度是如何偏袒掌握着社会权力的男性的。

W.E.B. 杜波依斯

W.E.B. 杜波依斯（W.E.B. Du Bois，1868—1963）是一位非洲裔冲突理论家。他赞同马克思的许多观点。在进入斯克大学后，杜波依斯转学去了哈佛，在那里他最终完成了本科学业和科研工作。杜波依斯著述颇丰，但他最为人称誉之处在于他是第一位研究美国种族问题的学者。他对美国的种族不平等问题有独特的兴趣。

在他的著作《费城黑人》（*The Philadelphia Negro*）里，杜波依斯指出非洲裔美国人的贫困主要是偏见和歧视导致的结果（W.E.B. Du Bois，1899/2004）。在这本书中，他评论了费城非洲裔美国人的历史并将历史与他们当前面临的问题联系在一起。通过暗指奴隶制和资本主义制度导致了非洲裔美国人面临的困境，杜波依斯指出历史影响着现在。他还指出他所在时代的黑人不得不生活在两个世界里——白人世界和黑人世界。在白人世界里，他们是二等公民；在黑人世界里，他们地位平等。杜波依斯提出"双重意识"的概念，认为正是"双重意识"的存在给非洲裔美国人带来了紧张和冲突。他指出只有更好地融入到主流文化之中，黑人才能过上高质量的生活（Tukufu Zuberi，2004）。

他在很多方面都称得上是第一位，可能也是最有影响力的一位研究美国种族问题的社会学家。他还是一位社会活动家，对从事改善非洲人生活的工作越来越有兴趣，而对美国人的生活则关注得越来越少。杜波依斯开始相信这样一种观点，即非洲裔美国人将永远难以取得与白人平等的地位，因为白人不会允许这种情况出现。因此他离开了美国，在非洲度过了余生。

简·亚当斯

简·亚当斯（Jane Addams，1860—1935）出生于伊利诺伊州的塞达维尔。她的父亲是一位商人和政治家，曾为林肯的总统选举出过力并坚定地反对奴隶制度。亚当斯于1882年获得了洛克福德女子学院的艺术学士学位，之后她去了欧洲，在那里她看到了改变了她一生的事物。

在汤因比馆，亚当斯目睹了社会服务所运动（Allen F. Davis，1973）。这一运动提倡如下观点，即是无知和结构性障碍而非个人的道德沦丧导致了贫困出现。社会服务所的工作者在贫民窟居住和工作。亚当斯和一个叫埃伦·盖茨·斯塔尔（Ellen Gates Starr）的朋友决定在芝加哥创建一个社会服务所。1889年，他们创办的赫尔馆开业，该馆秉持以下三大原则：

第一，工作者要居住在贫民窟以更好地理解那里的社会问题；

第二，不论种族、宗教信仰、性别和社会阶级，每个人都有尊严和价值；

第三，奉献精神、教育和服务能够克服愚昧无知、疾病及其他常与贫困相连的社会问题。

通过提供从医疗到教育的服务，亚当斯还利用她在赫尔馆的地位撰写了大量有关妇女及穷人权利的论文和书籍。在很多方面，赫尔馆成了实践社会学准则的一个实验室。1931年，简·亚当斯因毕生服务和奉献于和平而获得诺贝尔和平奖（Mary Jo Deegan，1988）。

通过教导、写作以及行动，简·亚当斯完美地践行了社会学准则。与阿尔比恩·斯莫尔一道，她帮助创建了美国社会学学会并经常被芝加哥大学社会学学生请去做讲演嘉宾。为更好地认识贫困人群，亚当斯感觉到必须和他们生活在一起。一旦了解了相关状况，她会写出来告知大家，而这些理论深深地影响了她在赫尔馆的工作。以上这些都是你们学着像社会学家那样思考问题的必经之路。

约翰·贝拉米·福斯特

约翰·贝拉米·福斯特（John Bellamy Foster）是一位经常用冲突范式

思考和写作的当代社会学教授。他主要的关注点在于资本主义对社会和对作为一个整体的地球的影响。在他的论文《理性资本主义的灭亡》(*The End of Rational Capitalism*)中，他指出，纯粹的资本主义经济即市场完全自由的经济，正在世界范围内消失。

在自由市场资本主义里，商人通过扩展市场来获取短期回报，他们不关心长远的后果和影响。福斯特指出商人的逐利行为最终会导致环境和全球问题的产生以及全球极端贫困和不平等现象的存在。

福斯特指出市场并不能"解决问题"，因为做出这样的努力并没有任何利润可言。通常情况下，人们认为美国是世界上最富有的国家，因为美国人工作更努力，同时利用资本主义制度给人们提供机会和激励。福斯特提醒我们，这样一种视角忽视了历史，换句话说，二战以后大部分"工业化世界"遭到严重破坏（除了美国），美国经济的扩张在很大程度上与重建这些被摧毁的国家有关，而与美国资本主义制度的优越性无关。苏联解体及中国建立市场经济体制等事件的发生看起来似乎表明资本主义取得了"胜利"并且"优于"社会主义，但是，自由市场资本主义会导致全世界范围内环境的破坏和对工人的剥削（John Bellamy Foster，2008）。总而言之，按照福斯特的说法，资本主义难以持续扩张，因为即将面临停滞的境况。

对冲突论的批评

冲突论的批评者们常常指责它过于激进，这一范式常常成了有权势的人压迫弱者的代名词。但是，绝大多数人似乎都同意，社会的职责和规则才"有意义"。举个例子，尽管我们已经讨论了全球化以及美国的失业问题，但我那个失业的学生仍然感觉美国的制度是"公平"的。她说："尽管我受到了伤害，但对我来说它仍然是有道理的。"这表明如下事实，即社会上的绝大多数人都倾向于认同现状。当然，有些人遭受过种族歧视、性别歧视以及其他的偏见，但是大多数社会成员似乎都认为这种状况大体上是好的。

对冲突论的简单解读同样可以使得冲突的概念看起来似乎像"坏的"事情一样。但是，不竞争哪来的精彩？我打棒球时从未表现得如此卖力，只因当时队里来了一个与我打同一位置的新成员。我努力表现来保持我在队中的位置。首发位置是很稀缺的，"冲突"实际上提高了我的水平。

在了解了功能论者和冲突论者的思想之后，你可能会从一个宏观的视角来思考和看待问题。无论使用功能论还是冲突论，你都能像社会学家那样思考问题。但是还有一种范式存在，如果你认为改变世界的途径在于通过个体，你会发现符号互动论很有吸引力。

◎ 符号互动论者的世界观

符号互动论关注交往对人们彼此间互动方式的影响如何创造了我们生活于其中的社会世界。符号互动论者认为社会的根基来自它的符号。他们认为我们使用的符号是任意的，这意味着不同文化中的符号有着显著差异。

很久以前，我在墨西哥参加了一个语言学校。我和一个不会讲英语的室友住在一起，并且老师只对我们说西班牙语。一开始我完全懵了，我完全依靠室友，就好像我是个很小的孩子。但是，我不久就开始学习这门语言。我们同他人交流的迫切需求有助于我们的语言学习，这太令人不可思议了。尽管词汇或发音不同，但对所有人类的互动来说，交流才是最重要的。

当然，语言并不是唯一的符号。想一下世界各国的国旗图案，可能对你有一定意义的国旗是美国国旗。但是，那些来自中国、巴西、比利时及英国的人对他们的国旗有着与你对自己国家的国旗一样的感觉。每个符号代表了一个国家，你很难将它们区分开，而且它们或许并不能激发起你的兴趣，这是因为符号的重要性深深植根于它所属的文化之中。如同语言在不同人之间有差异一样，他们的符号系统也是如此。

正如你将在下面看到的那样，对互动论者来说，社会始终处于变化之中，因为我们怎样使用符号以及它们对我们的意义是什么都是持续变动的。例如，当我上学时，老师可能会开宗教的玩笑，比如"波兰人"的笑话。当然，现在你们中的大多数人并没有听说过这个笑话。为什么？因为人们开始将这种笑话视为不被允许的。

你可以看到，我们对什么是有价值的这一问题的定义依赖于我们对它的认识和理解。背景和环境影响了我们对社会事物的理解。你在教堂的行为与在酒吧或高尔夫球场的行为肯定是大不相同的。当社会成员对什么是"合适的"持有统一定义时，我们的社会规则就产生了。

当我们的定义不同时，争执便会发生。回忆一下你最近与其他人发生的争执，斗争是否起源于对意义的不同理解？例如，如果你的室友在没有经过你同意的情况下吃了你的食物，你可能会把这种行为理解为没有礼貌或粗鲁。但是，他可能会认为他的行为显示了你们两人之间亲密的关系，因而彼此可以共享任何物品。

符号互动论是社会学研究中最为微观的视角，因为它通常研究个体的活动，并由此与更大的社会联系在一起。对亲属关系、种族、异常行为乃至社会运动的研究都可以运用符号互动的视角。

互动论者认为个体有能力共同创造世界，将它变成他们希望的那样。人们在与他人互动的过程中发展出了标准和规范。这样，我们就习得了什么是"正常的"和被人接受的行为。社会范围内对某一行为方式的接受和认可在说明它是"正常的"的同时，也表明它是这个社会的主要标准，我们很快就能习得不同场合所要求的不同行为方式。例如，如果你正在和别人约会，那么吻别、道声晚安是一种完全可以被接受的行为；但是，试图去和同事吻别可能会被认为是性骚扰。

符号互动论是一种独具美国特色的观察社会的方式，在很多方面，它常被社会学和心理学拿来使用。让我们先来看一下这一理论的创始人——乔治·赫伯特·米德的思想。

乔治·赫伯特·米德

符号互动论是乔治·赫伯特·米德（George Herbert Mead，1863—1931）的思想火花，他是从芝加哥大学走出来的美国社会学家。在他1931年去世之后，米德早期的学生整理了米德生前的论文、笔记以及讲稿，并集结出版了《心灵、自我与社会》（*Mind, Self, and Society*）一书，该书介绍了一种新理论——符号互动论（George H. Mead，1934/1962）。

在他的《心灵、自我与社会》一书中，米德提出社会的根基是教会我们如何理解社会的符号，然后我们根据这些符号产生出一种自我感觉或认同。

我们将这种认同带入现实世界并与其他人互动，由此才创造了这个社会。因此，构建社会的基础材料始于我们用来解释各种符号的心灵。

你如何习得对符号的解释？米德建议我们通过日常的微观互动来实现这一目标。我出生时，父母给我取名约翰。当我长大后，如果有人喊"约翰"，我会回头。最终，我习得了约翰这个符号的细微差别。举个例子，如果我母亲大声喊我的名字，我就知道我有麻烦了。米德指出，所有的这些形式各异的符号都进入了我们的心灵，在那里，它们的意义被我们理解，并且我们被告知如何做出反应。米德认为这一过程永不停息，所以我们对自己是谁有一种不断变动的感觉。我们自己可以产生变化，但该变化确实建立在我们如何通过自己的方式解释符号的基础之上。

这样，你的自我就会处在不断发展之中。**自我**就是你对自身的认同，它让你知道你是谁并将你与他人区分开来。根据米德的说法，脱离了符号和那些将符号传递给你的人，你就难以拥有自我。换言之，你通过他人认识自己是谁。

在中学时，你曾在你父母面前感到过尴尬吗？今天你还会有同样程度的尴尬吗？两个问题的答案或许是"是"和"否"。当我在课堂上提出这个问题时，大多数学生报告说他们不像以前那样在父母面前感到尴尬了。为何会出现这样的情况？这是因为在你小的时候，你还没有形成一种良好的自我感觉。当你从其他人那里习得什么是"酷"和可接受的行为时，你会感到焦虑和担忧。你担心父母的行为会对自己产生不利影响。当你长大后，你已经经历了成千上万的交往和互动，它们告诉你你是谁。这就是为什么年龄越大，你在父母面前越不感到尴尬的原因。你对自己的认识比在中学时多多了。

米德提出，是符号建构了这个社会。符号包含意义，而意义导演着我们的生活。一个社会中使用的符号帮助我们理解社会中的人。在美国，我们已经接受了如下事实，即我们需要"无家可归者"这一词来指代那些无力购买房子的人。符号帮助我们描述社会状况并决定我们应该怎么办。例如，里布发现人们经常将诸如"瘾君子""酒鬼""精神病"等标签贴在无家可归者身

自我：指一个人对自身的认同，它将个人与他人区分开来。

> **全球视野　世界范围内的无家可归者标签**
>
> 　　给无家可归者贴上负面的标签这种现象并不仅仅出现在美国，世界上其他国家也同样如此。在20世纪80年代的芬兰，无家可归现象被与酗酒联系在一起。人们将二者看成几乎一样的，以至于芬兰政府不得不出面阻止这种负面刻板印象的发生。在中国和印度，人们将无家可归现象与没有政府部门的登记联系在一起，这意味着无家可归者不能被视为真正的市民。在秘鲁，那些流浪街头的小孩被称为"小食人鱼"或"小虎鱼"，这表示他们是危险人物，可能会采取犯罪行为。孟加拉国人将无家可归现象与道德沦丧联系在一起。（Suzanne Speak and Dr.Graham Tipple，2006）
>
> 　　罪犯、酒鬼、无德——在世界范围内对无家可归者所贴的标签能数得上来的就有这么多。正如里布所指出的那样，负面标签的存在使那些无家可归的个体改变自身处境的努力倍受打击。如果哪个无家可归者获得了机会和适当的支援，他就能像社会中其他成员那样取得成功，过上稳定的生活。

上，而很少把这些标签贴在有工作的人身上。有些人甚至以吸毒上瘾为由拒绝给无家可归者提供帮助——"哦，他或她只是个瘾君子。"如果潜在的雇主也相信这些标签，那么他们将不太可能雇用无家可归者，从而让无家可归者继续无家可归的社会制度长期存在。

赫伯特·布鲁默

符号互动论者赫伯特·布鲁默（Herbert Blumer，1900—1987），是乔治·赫伯特·米德的学生，加州大学伯克利分校社会学系的前系主任。他提出了定义符号互动论视角的三个基本前提：

第一，人类对于某一客体所采取的行动，是基于他们对客体所赋予的意义；

第二，人们赋予事物的这种意义产生于人们与他人、与社会的互动之中；

第三，这些意义在解释的过程中是可以改变和修正的，解释过程中人们使用它来处理所遇到的事物（Herbert Blumer，1969）。

他表达的是什么意思呢？ 首先，我们都对客观状况和他人的行为有所反应，而这种反应建立在我们如何感知他们的基础上。你是否注意过以下情况，即你可以冒犯你的母亲，但如果其他人也这样做，你会进行防卫？这是因为你给冒犯行为赋予了以下意义：自己的家人之间可以这样做，一旦外人加入，你会起身捍卫这一群体。

你的感觉是怎么出现的呢？ 它们来自多年来你母亲对你的呵护和关爱。虽然她有些时候会让你发狂，但她确实养育了你，在晚上抱着你睡觉，当你生病时守护在旁边照顾你……换言之，你与她的社会互动影响着你赋予"谁能和谁不能冒犯她"的意义。

布鲁默指出，互动论的主要关注点在于研究个体用符号进行的互动。这一微观视角在以下观点中发挥着至关重要的作用，即符号强有力地影响着整个社会。我们处理某事的方式源于我们谈论它的方式。想一想下面这个例子：20世纪50年代，许多白人的话语中带着种族歧视的语气。今天，这些语言已不被社会所接纳。这对消除种族主义有什么改变吗？当然没有，但是美国种族歧视的程度确实降低了。这两者之间有关系吗？布鲁默会回答说有关系。语言传递意义，而意义创造现实。种族歧视语言的消除使社会离消除种族主义更近了一步。

正常情况下，人们解释周围人的词汇和行为，并在解释的基础上决定自己的行为。这导致理性行为的产生，意味着我们在理解了他人的反应之后，我们会调整自己的反应来适应周围环境。但是，在一个群体环境中，我们的行为多少会有些不同。布鲁默指出，一般而言，我们在一个群体环境中的反应与在个体决策中的想法是不同的。在某种程度上，人们不再理性思考，而是以可能在另一个不同的环境中不被接受的方式展开行动。上一个橄榄球赛季，我们的大学生队输掉了一场关键的比赛。看台上的一个人变得极端狂躁，四字词汇就像蒸汽从老实泉里迸发出来一样从他的口中骂出。看台上坐的不是水手，而是男人、女人和孩子。我确信这个人绝对不会以这种方式在家庭—教师协会上讲话。那么为何会出现这样的情况呢？布鲁默或许会说这是集体兴奋所致，强烈的情绪化行为使我们很难去理性地思考和行动。这就是布鲁默所谓的**感染**——一种人们在其中非理性、非清晰思考的快速、非理性的模式。在这种环境中，他们"迷失了自我"并且做出的反应是情绪化和非理性的。由此你可以看到，个体互动能够创造出社会现实。我很庆幸在那场球赛中没有带上我的小孩，但人群中的某个人还是告诉那个破口大骂的人管好自己的嘴巴，因为旁边有儿童。一开始，说脏话的那个人似乎对在公共场合被责骂感到不快，但当他注意到周围的很多人在关注着他的行为时，他很快冷静下来。当他人注视着我们的时候，我们会做出怎样的反应？社会学家欧文·戈夫曼提出了一套与此有关的理论。

欧文·戈夫曼

加拿大社会学家欧文·戈夫曼（Erving Goffman，1922—1982）提出了一种他称之为**戏剧论**的理论，这是一种互动论，认为所有的生活都像是在表演。戈夫曼运用该理论比较日常社会互动和演员在舞台上的动作。通过持续地"表演"，演员们确保所扮演的角色与外界的预期相吻合。与其说人们一直在"假装"这样，不如说人们在关心其他人如何看待他们并据此调整他们的互动方式。

我们经常在没有经过深思熟虑的情况下改变我们的行为。例如，如果你们是第一次约会，你是否会表现出不同于与老朋友见面的行为？通常，第一次约会时，你会穿不同的衣服，说不同的话，并且小心翼翼地吃饭。你可能会感到紧张，但你也会不经意间改变自己的行为。为什么呢？因为你格外重视给对方留下良好的第一印象，尽管这可能并不是真实、完整的你。戈夫曼指出，控制别人对自己所留下的印象涉及一系列复杂的行为和反应。当一个人逐渐变老并在社交上拥有更多的"实践"经历时，他或她就能很好地"测量"出自己的行为可能会获得的反应（Erving Goffman，1958）第 4 章会详细介绍戏剧论。

霍华德·贝克尔

来自芝加哥的社会学家霍华德·贝克尔（Howard Becker）认为，人们

感染：一种人们在其中非理性、非清晰思考的快速、非理性的模式。
戏剧论：一种有关互动的理论，认为所有的日常行为都是在"表演"。

的行为与贴在他身上的标签有某种关联。在他的著作《局外人：越轨的社会学研究》（Outsiders：Studies in the Sociology of Deviance）中，贝克尔指出，当权势集团给特定的行为贴上"越轨"的标签时，它就被贴上了标签。他认为，越轨行为深深植根于其他人对个体行为的反应之中。

看一下下面的例子，一个五岁大的小女孩被贴上了"好女孩"的标签。标签理论指出，她会逐渐去做其他人期望她做的事情，这些人控制着她。父母让她去洗澡她就会去洗澡，她获得了一个正面的称赞——"好女孩"。在她整个人生中，经过类似事件的不断重复，她就会产生一种自我意识，由此，她从不做任何与"危险"或出格有关的事情并经常去洗澡。但是，如果将"好女孩"换成"可怕的小鬼"，甚至她的父母给她贴上"少年犯"的标签，她就会停止洗澡并开始吸烟。贝克尔认为，我们赋予他人的标签会对他们的行为产生很大的影响。

对符号互动论的批评

符号互动论的批评者们认为这一视角过于关注个体在创造他或她的社会中所发挥的作用，而忽略了社会结构的强制影响。举个例子，如果你是一个奴隶，那么不论你是否反抗所有权符号，都是无济于事的，只要你要逃跑，你就要受到惩罚。

当然，我们都在一定的文化和社会环境中出生。在前行的道路上，我们没有创造这些东西。结果，你的父母、邻居以及你出生的国别都会影响你看待事物的方式。假如你出生在一个不同的时间点或不同的文化中，你可能会相信完全不同的事物。

◎ 三种范式——它们是如何彼此相关的？

在体育竞技领域，我们很容易将出色的球员与他所效力的球队联系在一起。球员的名字就是球队名字的同义词：迈克尔·乔丹（Michael Jordan）和芝加哥公牛队，汤姆·布雷迪（Tom Brady）和新英格兰爱国者队，德雷克·基特（Derek Jeter）和纽约扬基队。至此你可能有了一些想法。这一道理对社会学家来说也是正确的——我们将理论家与他或她喜好或参与发展的范式联系在一起。例如，马克思是冲突论的代表人物，而孔德和功能论有紧密联系。但是，有些时候将社会学家限定在这么一个狭小的领域里并不是明智之举。实际上，我的同事中没有谁是"纯粹主义者"，因为没有一个单一的范式能够完美地解释所有的情况。为获得一个完整的画面，许多社会学家同时运用这三种研究范式。这样，这三种范式彼此相关并通力合作，来帮助我们理解社会为何是这个样子的。

想一下社会学家罗伯特·默顿以及他有关显性功能和潜在功能的概念。他站在功能论的立场上分析问题，但他加入了预期和非预期的结果会发生的观点。那么，我们应该提问，事物对谁发挥了功能？在此你是否看到了一点冲突论的影子？跟默顿一样，符号互动论者霍华德·贝克尔也模糊了各范式间的界限。

贝克尔的标签理论可以和冲突论联系在一起，因为贴标签的传统表明那些有权势的人决定了贴上"越轨"或"罪犯"标签的意义是什么。换言之，标签的力量影响了个体的结果，但是那些有能力获取他想要的东西的人确实给我们贴上了标签。像一个冲突论者一样，贝克尔承认一个不平等的制度存在于我们的社会中。考虑一下这个问题：为何香烟合法，而大麻是非法的？标签理论认为，这是因为有权势的人而不是穷人在抽烟。如果有权势的人开始吸食大麻，这种行为就会变成合法的。

我们已经看到冲突论是如何与功能论和符号互动论产生交集的，功能论和符号互动论有交集吗？当埃米尔·涂尔干指出同一价值观将人们联合在一起时，听起来有点像乔治·赫伯特·米德的话。涂尔干的社会团结与团结所注重的事物是密切相连的，并且他承认随着社会变得更加现代，价值观也会发生改变。

对于社会学专业的学生而言，要知晓如下要点：一个社会学家被划分为一个功能论者、冲突论者或符号互动论者，并不表明他或她不会运用其他观点来分析这个社会。实际上，在很多情况下，一个理论家的观点是如此的中立，以至于很难将他划分到一个单独的类别里。在我们学习社会学家马克斯·韦伯（Max Weber，1864—1920）的思想时，这种感觉会尤其强烈。

重合的理论

功能论		冲突论		符号互动论	
社会世界中存在一切事物，因为这些事物同时具有预期的和非预期的功能。	权力上的差异（冲突论）通常表明，事物对有些人是有功能的，而对有些人则没有（功能论）。	社会世界中存在不平等，因为不同群体的财富和权力有差异。	有权势的人制造了标签并将它贴到他人身上（冲突论），这些标签影响了个体的结局（符号互动论）。	标签被用来贴到特定的个体身上；这一行为设置了一个自我实现预言，因为人们努力使自己的行为符合于自己身上的标签。

社会学思考　马克斯·韦伯——跨越范式分类的社会学家

对我来说，马克斯·韦伯是与涂尔干齐名的一位德国社会学家，因为他研究的主题异常丰富，他运用数据进行分析，并且为高质量的社会学研究奠定了基础。在他的作品中，学生通常可以看到似乎混合了不同思想流派的各式各样的观点。但是，他写作的年代要早于许多"学派"被明确地界定和创建的时间。

因为韦伯的作品中有些部分是为了回应卡尔·马克思的一些观点，所以很多人认为他是一个冲突论者。韦伯同意社会阶级影响我们的观点，但是他认为马克思的社会阶级体系过于单一。他提出，所有人都有与他们的相对社会地位有关的经济、政治和文化冲突。这样，所有者身份并不必然地使你成为社会中重要的一员。财富很重要，但政治权力和社会声望也同样重要。

在其他方面，韦伯从事了一些更近似于功能论的研究，尤其是当他讨论了科层制在社会中的作用时，这种倾向更加明显。科层制或曰官僚机构是一种正式组织，它被纳入到由许多小部门构成的等级体系之中，关于这一概念，我们会在第6章更深入地探讨。你或许会把一个较大的公司或一个政府机构看做一个科层制。韦伯提出理性和理想的科层制会自然地出现，因为我们需要这种组织。官僚机构内部的权威和职责分工都界定得很清楚，这样，工作人员就能够专门、清晰地制定规则和预期目标。在这样一种领导权下，社会群体和大的组织就能稳定地发挥功能，从而提高整个社会的功能。尽管韦伯清醒地意识到很少有完美的科层组织存在，但他指出，负责任的领导会倾向于这种理想型的组织结构，因为西方社会越来越关注于目标的实现，而理性的科层制就是实现这些目标的一种有效途径（Jonathan Turner，1998）。

我的其他同事认为韦伯似乎也为符号互动论学派的思想奠定了基础。为何这样说呢？因为他指出了价值观影响我们的目标和行为的方式。在他的《新教伦理与资本主义精神》（*The Protestant Ethic and the Spirit of Capitalism*）这本书中，韦伯非常明确地将个人的宗教价值观与资本主义经济的社会创造连接在一起。他认为，资本主义能够在西方世界出现的最主要原因在于他称之为"新教伦理"的宗教价值体系强调财富的积累，而财富的积累正是一种荣耀上帝的行为。

更进一步，韦伯也探讨了价值观在社会学研究中的重要性问题。例如，他认为社会学家在实现其职业目标的过程中存在一定的风险，因为研究者的个人价值观可能会影响到他研究的结论。韦伯强调，社会学应该是价值中立的。也就是说，社会学家应该研究"社会是什么"的问题，而不是"社会应该是什么"的问题。当研究一个主题时，他们应该将自身的偏见放在一边。韦伯暗示个人的价值观会影响他所做的社会研究，因此，社会学家在分析问题时必须努力地抛开个人的价值观念。

这样来看，让你们的教授把韦伯放在哪里呢？你所阅读的社会学理论越多，越会发现他们中的大多数人融合了各种流派的思想。

理论沉思

功能论

功能论者认为，社会作为一个由相互关联的各部分构成的系统，在不断运转着。共产主义者认为，如果社会想要平稳运转，政府、基层社区以及经济部门就必须通力合作，以实现所有人的幸福。基层社区是社会的根基，维持着社会这棵大树的稳定。政府将人们的意愿寄放在经济制度上，因此政府发挥着作为一个树干的功能。树叶提供养分维持整个植物的生存。当然，没有根基的树叶会被逐渐吹落，而没有叶子的树根也会死去。

冲突论

冲突论者会把无家可归现象视为社会不平等的一个信号。他们关注社会阶级和各阶级在财富、权力及声望上的巨大差异。他们认为，上层阶级控制着社会的财富和资源，并且剥削下层阶级。冲突论者指出，如果上层阶级能够与其他阶级分享财富，那么无家可归现象会显著地减少。

什么因素导致了无家可归现象的发生？

符号互动论

因为符号互动论者从微观视角看待问题，所以他们的研究兴趣在于无家可归现象如何影响个体的行为方式。这些理论家会提出以下问题：个体间是怎样交往的？人们给无家可归现象贴了什么标签？非无家可归者是如何与无家可归的人互动的？

将社会学理论付诸实践

现在到了像社会学家一样思考的时候了。像社会学家一样思考意味着你理解某一主题,并能从本章提到的三种社会学理论中选取一个或多个视角来展开研究。思考一下社会中无家可归的问题。一个功能论者会怎样看待无家可归现象?冲突论者和符号互动论者又是如何看待无家可归现象的?

总结

社会学是什么?

- 社会学是一门科学,它被以下基本共识所引导,社会问题也即我们的生活不仅受我们个体特征的影响,还受到我们在社会中所处的地位的影响

三种基本的社会学范式的特征有哪些?

- 功能论:将社会看做由相互关联的各部分组成的一个系统;主要采取宏观的分析视角,因为它将注意力放在较大的社会结构而非个体上

- 冲突论:将社会看做一个导致冲突和变迁发生的不平等系统;其着眼于宏观社会问题,认为对稀缺资源的争夺将一个社会团结在一起;关注不平等问题,因为它与财富及权力有关

- 符号互动论:着眼于个体在日常生活中如何与他人互动上;研究"符号"的使用怎样影响人们的交往;采用微观的研究视角,因为它关注个体在创造社会中的作用

第 2 章

社会调查研究
——如何研究社会？

- 什么是研究方法？
- 社会学家如何运用研究方法？

第 2 章 社会调查研究——如何研究社会？ | 039

政治和丑闻往往是同步的，在 2007 年，全世界都知道了美国的参议员拉里·克雷格（Larry Craig）去了"茶室"——在这里指男洗手间，那是男性之间发生性行为的地点。在他被捕后，克雷格对于他在机场洗手间所做的混乱行为认了罪。（Carl Hulse and David Stout，2007）社会学家立刻指出劳德·汉弗莱斯在《公厕交易》（*Laud Humphreys*，1970）一书中对公厕的研究，认为他的发现在某种程度上是令人惊讶的。54%参与公厕活动的男人是已婚并且和妻子儿女一起生活的，而只有 14%的参与者是公开的同性恋。

尽管汉弗莱斯的研究引起了很多关于研究伦理的讨论，但他的研究说明社会学家只有通过有效的科学方法才能获得真实情况。在我们不断追求用一个社会学家的思维来考虑问题的过程中，这一章节将会让你对研究方法有一种清晰的了解。

主题：什么是研究方法？

每当听到"社会学研究""数据分析"之类的行话时，人们往往会想象一副恐怖的场景：在捣弄数据、学习术语、背诵各种公式中，几个小时就过去了。然而，调查方法的具体细节跟这个很不一样。虽然调查需要和数据、测量打交道，但它也要求你深入社会的各种行为。**研究方法**是社会学家针对一个特定的话题进行研究和发现新知识的科学过程。所以，为了更全面地了解什么是社会学，你得意识到社会学家所做的工作是什么，而那正意味着学会像一个社会学家一样思考和行动。

正如我们在第 1 章中所谈及的，像一个社会学家一样思考的第一步就是

研究方法：社会学家针对一个特定的话题进行研究和发现新知识的科学过程。

理解主题，而这其中的一部分就包括清晰地了解术语和研究方法。

◎ 客观性

第一个出现在社会学家词典里的应该是客观性，这是所有社会学调查研究安身立命的基础。对于社会学家来说，**客观性**是一种能够避免个人偏见或者歧视影响他们进行研究的能力。他们必须避免他们自身的观点和先入的观念，从而客观地研究人类行为。保持客观看起来很简单，但在实际操作的过程中却有可能十分困难。打个比方，如果你正在研究种族歧视对 NBA 裁判的影响，当你感觉到某个裁判对你最喜欢的队伍判决不公，那么你的研究就有可能因此摇摆。如果是那样，在你支持的球队获得一个不利的走步判定之后才开始你的研究也许就是不明智的。

无论你是在研究 NBA 裁判还是在调查公厕的遭遇者，保持客观性都是十分重要的。社会学家马克斯·韦伯应用了理解的概念——从行动者的角度出发理解行动的意义（Max Weber, 1978/2004）。他指出，一个研究者只有完全把自己从课题中分离出来，才能得出确切的结论。当你在进行一项社会学研究时，你必须进入你所研究课题的世界中，并把你的个人偏见拒之门外。

◎ 变量

也许完全消除你个人的偏见是不可能的，但是你可以意识到它们的存在并且训练自己看得更高远一些。如果你交代了你的偏见，你就能集中到你观察的变量中去。在所有的研究中，存在着两类变量：自变量和因变量。**自变量**是指那些在实验中被有目的地操纵的变量。**因变量**是那些对自变量做出反应的变量。换句话说，因变量依赖于自变量的变化。比如说你想知道演奏乐

客观性：一种能够避免个人偏见或者歧视影响他们进行研究的能力。
自变量：指那些在实验中被有目的地操纵的变量。
因变量：那些对自变量做出反应的变量。

器与成绩好坏是否有关系，在这个例子中，演奏乐器是一个自变量，而你的GPA就是一个因变量。当测定这两个变量的时候，一个人在学业上是否取得成绩，取决于他是否演奏一种乐器。

然而，想要更加准确地确定演奏乐器对于GPA的影响，你必须控制一些变量。**控制变量**是用来准确检测自变量影响的常量。之所以要控制变量，是因为它们会影响研究结果，导致研究者得出一个错误的结论。当你比较会玩乐器的学生的GPA和那些不玩乐器的学生的GPA时，你必须确保其他因素是相同的。如果那些不玩乐器的学生还有学习障碍，那么你将得到一个错误的结果。你无法判断是学生的学习障碍还是音乐天赋的缺乏导致了GPA的不理想。控制变量能够保证你只对自变量做出检验。

◎ 因果和相关

因果关系是指这样一种关系，即某种因素的出现会导致一种确定结果。为了更好地理解因果关系，我们需要区分因果关系和相关关系之间的差异。**因果**是原因和结果之间的关系。比如我放开一支铅笔，地球引力会使铅笔掉到地上。根据万有引力定律，每次相同的原因都会导致相同的结果。相关关系跟因果关系不一样，它不构成一种规律，因为它无法保证一个确定的结果。**相关关系**的存在说明一个因素可能是另一个因素的原因。用我们讨论过的例子来讨论相关关系：那些演奏乐器的学生的GPA总体上高于那些不玩乐器的学生的GPA。在学习音乐和GPA之间存在着一种相关关系。然而，那并不意味着演奏乐器必然导致一个更高的GPA。其中可能还有其他因素发挥作用，比如你的努力程度以及你是否很好地运用了你所学到的知识。与万有引力定律不同，乐器和分数之间的相关关系并不是一种固定的规律。

因果通常会引发同样的结果，但是相关不会。虽然取得好成绩和演奏乐

控制变量：用来准确检测自变量影响的常量。
因果关系：指这样一种关系，即某种因素的出现会导致一种确定结果。
因果：原因和结果之间的关系。
相关关系：说明一个因素可能是另一个因素的原因。

器之间很有可能有关系，但那并不是确定的。

相关关系有三种类型：正相关、负相关和伪相关。**正相关关系**是指两个变量沿着相同的方向变化。换句话说，当两个变量的值同时增加或者同时减少时，就称为正相关关系。比如一个人的受教育水平和收入之间的关系。相关研究表明，受教育水平越高的人收入越高（Elizabeth Lanthier，2008）。这是一个正相关关系，因为两个因素都朝着同一方向发展。第二种相关关系被称为**负相关关系**，指两个变量沿着相反的方向变化。所以，如果你发现你的学习成绩下滑的同时，你的上网冲浪和看电视的时间增加了，这就是负相关。第三种是伪相关，"伪"意味着不真实或非权威。当两个变量看起来相关但实质上是由不同原因引起的，就是**伪相关关系**。例如，当你看一个分析数据的时候发现冰淇淋的销售量与溺水率同时上涨，那并不意味着吃巧克力圣代的人注定会掉进游泳池里，其他因素可能会影响这些数据。在这个例子上，这些参数的增加很有可能是在炎热的夏季出现的，那时人们更有可能同时去买冰淇淋和跑去游泳。这个例子告诉我们，研究者应该时刻保持对伪相关的警惕。

◎ 科学方法：何为社会科学研究的六大步骤？

社会学研究和其他科学研究一样，遵循着许多相同的程序。毕竟，社会学是对社会的科学研究。通过一系列系统的、有组织的步骤，社会学家确保得到准确的数据。在这一章的下一部分，我们将回顾社会研究或者说是社会学家进行**社会调查**的六大步骤。同所有类型的研究一样，你首先需要确定你想要深入挖掘的问题。

1 确定问题。研究模式的第一步是决定你想要研究的问题。为了做好这一步，研究者需要详细阐述他们想要回答的问题。社会学家通常在重要性、

正相关关系：两个变量沿着相同的方向变化。
负相关关系：指两个变量沿着相反的方向变化。
伪相关关系：指两个变量看起来相关但实质上是由不同原因引起的。
社会调查：指由社会学家进行的调查研究。

个人兴趣以及研究可行性的基础上选择问题。

2 文献回顾。在确定了选题之后,你需要做一个文献回顾,这是对相关学术论文和信息的研究,是研究问题时很重要的一次有组织的努力。**文献回顾**让你了解其他研究者对特定问题的想法以及他们通过各自的研究都有哪些发现。打个比方,如果你还在检验玩乐器是如何影响一个人的 GPA 的,那么你应该回顾那些已经检验过相同问题的学术论文。浏览他们的论文能帮助你在他们的基础上提高并避免犯他们犯过的错误。

3 提出假设。在你完成了你的问题的初始研究之后,是时候建立一个假设了。在这期间,避免混淆假设和理论是很重要的。**理论**是对现象做出的综合的、系统的解释,它可以推导出一些可检验的预测。这些可检验的预测是我们所说的假设的基础(Earl Babbie,1998)。**假设**包含着对变量之间的关系的阐述。比如,得高分的学生更有可能演奏乐器的假设是依赖于这样的理论,即得高分的学生比那些得低分的学生更可能演奏乐器,而音乐是他们能做得更好的部分原因。这一假设使我能够通过操作变量来检测理论。在这种情况下,演奏乐器和学生成绩是两个变量。

概念和操作化变量

那么我们应该如何测量这些变量呢?你应该发现上述两个变量都不是很明确。什么叫演奏乐器?一个星期演奏一次够不够呢?你必须成为一个出色的音乐家,还是说你的音乐很平庸也可以?再者,多高才意味着一个好的 GPA?3.1 算不算?为了创建一个可测的假设,我们应该更准确一点。现在,演奏乐器和拿高分都是**概念**,或者说是无法测量的抽象性陈述。把变量**操作化**是把一个抽象性的概念变为可测量的东西。如果你把"演奏乐器"操作化成"花好几个小时演奏乐器",你就有了一个在几分钟之内可以测量的变量。

文献回顾:对相关的学术论文和信息的研究。

理论:对现象做出的综合的、系统的解释,它可以推导出一些可检验的预测。

假设:对变量之间的关系的阐述。

概念:无法测量的抽象性陈述。

操作化:把一个抽象性的概念变为可测量的东西。

同样地，我们可以把相对应的概念"好的成绩"变成可测量的概念"GPA 得 A"。既然已经有了假设，我们就可以进入调查阶段了。

4 收集数据。你已经有了一个研究假设，那么接下来该怎么办呢？现在你应该检验你的假设，看看数据是否支持你的想法。收集数据意味着运用研究设计来帮助你。**研究设计**是指搜集信息的过程。设计必须要有逻辑，有板有眼，才能使研究可信并且可用，但这并不是保证你的研究达到标准的唯一要素。为了使研究能够**可靠**，或者说可信，每一次测量你都必须使用同样的方法。如果你以任何方式改变你的测量技术，你的结果就很容易不一致。**效度**能够保证你所测量的正是你最开始想要测量的东西。比如上面的例子，你不会想让你的老师用你的音乐品位来决定你该获得怎样的成绩。为了能够确保收集到的数据有效并且可信，社会学家在研究过程中会运用一系列策略。

比较研究、截面研究和历时研究

比较研究运用不同来源的数据来进行相互评价。国际间的比较通常运用不同国家的数据，并放在一起比较。我们需要注意的是，跨文化的数据比较通常伴有方法论上的问题。比如，在毒品犯罪的定义上，荷兰和美国就有很大的差异。那些在一个国家中被禁止的，也许在另一个国家却被完全允许。

在社会学中大部分可用的数据都是通过截面比较得来的。**截面研究**看到的是某一事件在某个时点的状态，就好比一个照相机抓住了一个单独的瞬间。社会学家通常运用一系列的截面研究来跟踪社会的趋势。然而，这通常不包括从同样的人身上收集来的数据。为了了解特定的社会人群随着社会变迁是如何发生改变的，社会学家需要运用历时研究。

历时研究使用的数据，是在不同的时期对同样的人群进行调查收集的

研究设计：指搜集信息的过程。
可靠：可信。
效度：能够保证你所测量的正是你最开始想要测量的东西。
比较研究：运用不同来源的数据来进行相互评价。
截面研究：看到的是某一事件在某个时点的状态。
历时研究：指使用的数据是在不同的时期对同样的人群进行调查收集的数据。

数据。这一特定的人群被称为一个**队列**。这种研究方式使得研究者能够获得特定人群在一个时间段内变化的变量。虽然纵向信息的收集需要的经费和时间较多，但是这对于描述社会发展的趋势和显示社会某一片段的变化是很有用的。

调查

调查是指通过问题探索一个人群的观点和经验。在社会学研究中，调查对于测量变量的信息是非常必要的。无论你是政府部门还是市场团队，都依赖调查来确定社会公众对他们的政策或产品的感受如何。调查包括访谈和问卷调查。当认识到调查特定人群中的每一个个体几乎是不可能的时候，社会学家就需要集中在某些人身上。

如何进行一项调查

社会学家通常用以下七个步骤来进行一项调查：

（1）明确你的目的——我到底想要发现什么？

（2）界定你的总体——哪些是我想要研究的对象？

（3）选择一个样本——我无法研究所有人，因此我必须选择一些人来代表总体。

（4）准备问题。

（5）决定如何收集数据——我是想要通过面对面访谈，还是发放问卷？

（6）收集数据。

（7）记录、分析和阐释数据。

总体

对于初学者来说，研究需要确定特定的**总体**，或者说目标群体，他们希望获得关于总体的信息。也许你对通勤学生对于校园中停车环境的看法感兴

队列：指在研究中所用到的特定的人群。
调查：指通过问题探索一个人群的观点和经验。
总体：指调查者希望从中获得信息的目标群体。

链接　乡村音乐和自杀

早在1992年，研究者就想要研究乡村音乐和它的听众之间的关系。研究者史蒂文·斯塔克（Steven Stack）和吉姆·岗拉克（Jim Gundlach）发现，在大都市中，乡村音乐的单曲和白人男性的自杀率呈正相关关系（Steven Stack and Jim Gundlach, 1992）。根据他们的研究，乡村音乐中的共同主题创建了一种亚文化，这种亚文化会从根本上导致男性自杀。这些主题包括人际交往的问题，如离婚、无神论、酗酒以及一般的工作问题和死亡。比如萨拉·埃文斯（Sara Evans）的 *Cheatin'*、托比·基思（Toby Keith）的 *Get Drunk and Be Somebody*、约翰尼·佩谢克（Johnny Paycheck）的 *Take This Job and Shove It* 都是这些主题的歌。

研究者从49个美国大城市中获得他们需要的数据。为了防止结果的偏离，他们运用了贫困、离婚、可用的枪支和地区作为控制变量。比如，因为离婚对于自杀率有很大的影响，所以研究者必须确保这个变量不会影响他们的结果。在他们的分析中，他们认为白人男性的自杀率与乡村音乐的广播时长呈正相关关系。

他们的结论是乡村音乐有助于形成支持自杀的思想。因为当人们重复听这些歌的时候，这种主题思想的威力就比其他媒体的威力大得多。这些主题有助于形成一种亚文化，在这种亚文化中，个体会感觉这个世界充满了悲伤、酗酒和剥削。

随着这个研究的发布，一场关于统计和方法论上的论战激烈地展开了。社会学家马圭尔（Maguire）和斯奈普斯（Snipes）都尝试重新检测数据，但是无法复制1992斯塔克和岗拉克得出的结论（Jeffery B. Snipes and Edward R. Maguire, 1994）。马圭尔和斯奈普斯声称原先的研究者是错的，因为他们没有考虑他们的研究对象生活中的那些会影响研究对象行为的其他因素。斯塔克和岗拉克的研究陷入了困境。在一系列的文章当中，每一篇都对另外一方加以回应，这两个阵营讨论的焦点是到底哪一方的研究是有效的。

你可以看到研究中存在的问题吗？特别是同伪相关和相关相联系的。是不是还有另外一种关系可以被描绘呢？比如说，既然白人男性比其他种族人群更倾向于听乡村音乐，也许在大都市地区就有更多的乡村音乐在白人男性中被高频度地播放（Jeffery B. Snipes and Edward R. Maguire，1994/1995；Steven Stack and Jim Gundlach，1992/1994/1995）。

活动在特定的类型中挑选三首歌（比如 hip-hop、摇滚、通俗），考察它们的歌词。这些歌曲有没有表达我们文化中的东西呢？如果有，你觉得这会不会影响听这类音乐的受众呢？会不会是一种伪相关呢？

≫ 乡村音乐是否会把人带入边缘？

全球视野　严重的毒品问题：美国 vs. 荷兰

仅仅基于下面的统计，美国看起来似乎比荷兰有着更为严重的毒品问题。但真的是这么回事吗？好吧，这取决于你如何定义毒品犯罪。美国和荷兰在毒品政策上很不一样，被定义为"过度严苛 vs. 过度宽松"（United States Department of State，2008）。

荷兰人认为对待毒品的最好行动是实施减少危害的方法，这能够把毒品使用的相关危险降到最小，而不是单纯地抑制毒品（Drug Policy Alliance，2008）。在荷兰，减少危害的办法包括增加戒毒治疗和针头交换项目。毒品使用是一个公共健康问题，但并不构成犯罪。自从荷兰当局认为类似于大麻之类的"软性"毒品最终是无害的并且只与年轻人的轻率相关，少量的大麻就合法化了。而且，关于这些软性毒品的主流意见是，它们不太可能与诸如可卡因或者海洛因之类的硬性毒品混合起来。因此，焦点更多地集中在治疗和预防而不是监禁上（Drug Policy Alliance，2008）。

而美国已经逮捕了成千上万的拥有或者使用大麻的人。2006 年，超过 180 万的州或地方的罪犯因为毒品被逮捕。其中，39.1% 的人或者说 738 915 名被捕者是因为拥有大麻，而只有 4.8% 的人是因为贩卖和生产大麻（Office of National Drug Control Policy，2008）。对拥有大麻者的拘捕在荷兰一般不会出现，这就反映出了一个方法论上的问题。毒品犯罪的数量通常反映出不同国家对毒品的强制或预防的政策思想。

每 100 000 人中的毒品罪犯

国别	人数
美国	560.1
荷兰	47

资料来源：Based on The Eighth United Nations Survey on Crime Trends and the Operations of Criminal Justice Systems, 2002, *United Nations Office on Drugs and Crime, Centre for International Crime Prevention*.

趣，理想的方法是你询问校园里每一个有车的同学，但那会耗费大量的时间和经费。由于研究者的资源有限，因此他们不得不表现得**吝啬**，或者说用最少的资源，努力获得最多的信息。

样本

为了获得最大收益，社会学家只能对一个**样本**进行研究，样本是指为研究挑选出来的总体的子集。为了产生一个可信的结果，样本必须能够展现出一个总体的精确图景。

当社会学家研究一部分人口的时候，样本中的百分比应该反映出妇女、少数民族和其他人群在总体中的比率。**一般化**是从一个样本中所得到的结果可以运用到总体中的程度。将汉弗莱斯的研究结果运用到美国或中国所有进入洗手间的男性中是否合理呢？显然不是。为什么？汉弗莱斯的研究是在圣路易斯进行的，这意味着他的研究也许可能、也许不可能反映出加利福尼亚州、得克萨斯州和纽约的公共厕所行为。汉弗莱斯没有说可以将他得到的结果运用到整个国家。如果要那样做，需要一种特殊类型的抽样。

随机抽样是从一个已经确定的总体中任意抽取一群个体。这种类型的抽样增加了样本代表总体的几率。任意意味着总体中的每一个个体都有相同的几率被选中成为样本。然而，真正的随机样本是很少存在的，特别是当整个

吝啬：指非常节省地使用资源。
样本：总体的子集。
一般化：从一个样本中所得到的结果可以运用到总体中的程度。
随机抽样：从一个已经确定的总体中任意抽取一群个体。

国家是一个目标总体的时候。但是随机抽样是一种真正的研究方法，踏实的社会学家能够知道他的样本是否符合总体。

许多全国性的研究都依赖于随机抽样，并且可以用少到 1 000 人的样本对美国人关于某一话题的看法做出预测。虽然样本容量会影响预测的准确性，但是在某一临界点之后更大样本量的优势就显得微乎其微了。因此，样本通常越小越好。但是，如果你的调查有很多目的，那么聪明一点的做法还是使样本量稍微大一点。这就叫**过采样**。若你想要调查的群体构成了总体人口中一个很小的百分比，你就需要用到过采样。比如说投票站调查员所做的一个调查，想要知道在 2008 年总统大选中有多少拉美裔人支持了奥巴马，那么一个 1 000 人的随机样本中应该有 130 个拉美裔人。这个样本的容量太小了，以至于没有意义。因此，需要一个更大的样本来增加能够准确代表拉美裔人的可能性。

选择效果和方便样本

虽然随机抽样是首选，但其他类型的抽样方法也经常被用到。研究者也许会只用**方便样本**，这不是随机抽样得来的样本，而仅仅是我们可以找到来进行研究的人。这些样本常常会有**选择效果**的问题，也就是说这些不具有代表性的样本往往会导致一个不准确的结果。

回想一下汉弗莱斯在公厕所做的研究。他的结果证明 54% 的参与公厕活动的人是已婚者。这是不是就意味着过半的参与公厕活动的男性都是已婚的呢？不，这只能意味着参与他的研究的 54% 的男性是已婚的。然而，他的发现意味着参加所有公厕活动的男性大部分都会是已婚的。为什么？因为汉弗莱斯用了方便样本。当然，非随机样本也是很有价值的，它们可以帮助阐述问题、使问题更加明确、检验理论，但是不能将从它们身上所发现的结论推广到更大的人群中去。因此，所有经常参与公厕活动的男性也许看起来不

过采样：当你想要调查的群体构成了总体人口中一个很小的百分比时所采取的得到更大的样本的程序。

方便样本：通过非随机抽样得来的样本。

选择效果：不具有代表性的样本往往会导致一个不准确的结果。

像汉弗莱斯的研究中的那样。

实验

像其他强大的科学家一样，社会学家运用实验来检验他们的想法。在实验中，研究者希望控制变量，从而检测出原因和结果。社会学实验也做同样的事情，但是有些会测试到人们之间的相互作用以及影响人类行为的其他社会因素。阅读"社会学思考"部分来获悉斯坦利·米尔格兰姆（Stanley Milgram）在 20 世纪 60 年代所做的一系列实验。

霍桑效应

米尔格兰姆精确的实验记录了个体在没有意识到自己是在被实验的情况下所发生的情况。那么如果人们意识到那是一个实验呢？在 19 世纪 30 年代，一家电力公司雇用研究团队来检测位于芝加哥郊外的霍桑工厂的工人生产率。在提前测试工人的工作表现之后，研究者把灯光调得更加明亮。他们很快发现更亮的灯光让工人们更加努力工作了。然而，在随后他们把灯光调暗了之后，生产率又一次提高了。事实上，研究者们所采取的每一步行动都使工人们的生产率激增。

为什么每一次改变都会取得同样的效果，即使是那些看起来会阻碍生产率的举动呢？研究者们认为那是因为研究对象知道他们正在被研究。因此，**霍桑效应**是指当人们知道他们是实验的一部分时会表现得很不一样的一种状况（Fritz J. Roethlisberger and William J. Dickson，1939）。跟霍桑工厂中的实验不一样，米尔格兰姆的实验使用的对象并不知道他们正在被研究。当进行实验或者研究时，社会学家必须确保霍桑效应不会影响他们的发现。

田野调查

如果没有真正地对你的研究对象进行采风，那么你进行的社会研究将会

霍桑效应：指当人们知道他们是实验的一部分时会表现得很不一样的一种状况。

变得十分困难。因此，研究者需要走出去，在自然条件下进行研究。**田野调查**就是让社会学家走到大街上去。田野调查通常有三种类型：参与观察、个案研究和民族志。

参与观察

在《公厕交易》中，劳德·汉弗莱斯描述了他是如何在没有亲自参与的情况下作为一个偷窥者对发生公共性行为的男性进行观察的。汉弗莱斯进行了一项**参与观察**，在这一类型的田野调查中，研究者扮演的是一个环境中的普通人。参与观察减少了霍桑效应的可能，因为研究对象不知道他们正在被观察。

作为一个偷窥者，汉弗莱斯学会了通知参与者警察来了或者有路人突然经过。如果想要了解这些男性的更多情况，汉弗莱斯需要更深入地开拓样本。这使他暗中记下了很多参与者的个人信息。大概一年之后，汉弗莱斯假扮成一个健康研究者，对他们中的一部分人进行了访问。通过成为这些男性活动中的参与者并且通过误导他们来进入他们的私人生活，汉弗莱斯取得了这些男性的信任，从而能够更加自如地进行研究。

个案研究

不像参与观察，**个案研究**是对一个人或者一个事件的详细调查。这一类研究能够通过一个个案的镜头使得一个复杂的课题更加清楚。伊莎贝拉（Isabelle），一个野孩，曾在一个黑屋子中待过六年时间，基本断绝了与人类之间的沟通，这就是一个案例研究的例子（Anthony R. Ward，2008）。这个案例研究包括的不仅是情感上和身体上被人忽视的历史，还提供了一个关于专家开发她潜能的引人瞩目的故事。当伊莎贝拉被发现时，她只能通过咕噜声和自己发明的手势与人交流。令人惊讶的是，伊莎贝拉最终通过提高社会技能而完全融入到主流社会中。有些评论家认为案例研究是主观的，因为把个案研究的发现推广到一个更大的群体时很难（Robert Yin，2003）。比如

田野调查：就是在自然条件下进行研究。
参与观察：指研究者作为一个环境中的普通人进行的田野调查。
个案研究：对一个人或者一个事件的详细调查。

说，伊莎贝拉的案例中的发现可能并不适合其他野孩，因为有一些野孩的智力并不能完全得以开发。

民族志

民族志是一种通过参与或者详细了解一个特定群体的活动，以理解该群体的社会观点和文化价值的研究方法。1991 年，拉尔夫·魏斯海特（Ralph Weisheit）认为，伊利诺伊州非法种植大麻除了支持非法毒品交易之外，还有其他原因。在采访了大约 30 个该州乡村地区的大麻种植者后，拉尔夫·魏斯海特通过分析种植者的不同动机，呈现出这个现象的复杂情况。大麻种植者属于以下三种群体之一：骗子、实用主义者和公共栽培者。骗子很明显是受金钱的驱使，为了获取大量利润而种植大麻。实用主义者作为种植者中的大部分人，通常不种植这种毒品，只有当他们的合法经济作物过于廉价或者为了在发生经济困难时更好地维持家庭生活时，才会种植大麻。公共栽培者种植大麻是因为他们自己想要使用，这是保证自己能够得到大麻的一种方式。他们会卖掉剩余的，但他们最基本的目标是自用。在每种情况中，监禁的威胁都不足以构成一种足够大的威慑力使这些人停止他们的非法行径。（Ralph A. Weisheit，1991/1998）

二手数据分析

社会学家并不总是收集新的数据，反而有时候需要获得**二手数据**，或者说是那些其他人已经收集好并且发布了的数据。运用和分析其他人已经收集的数据就是我们通常所说的**二手数据分析**。存在着各种各样的数据源可供社会学家使用，这并不奇怪，互联网上就包含了很多这样的数据。人口普查数据、犯罪分析、日记和演讲的文字记录都是在网上可以找到的一些二手数据的例子。

民族志：一种通过参与或者详细了解一个特定群体的活动，以理解该群体的社会观点和文化价值的研究方法。

二手数据：其他人已经收集好并且发布了的数据。

二手数据分析：运用和分析其他人已收集的数据。

5 分析结果。科学研究的第五步，分析结果，包含着令人恐惧的"S-word"。不，不是那个"word"。我所想到的词是数据分析。因为社会学研究会深入非常复杂的数据，因此你学一点基础，会帮助你很自信地分析任

> ### 社会学思考　米尔格兰姆的服从研究
>
> 社会心理学家斯坦利·米尔格兰姆构建了一系列实验来检验主体拒绝长官命令的能力。在实验中，两个研究个体进入一间房间，里面有一个身着白大褂的男人会见他们。这个人称为"实验者"，扮演着一种权威角色。实验对象被告知他们将会参与一项检测学习中的惩罚效果的研究。其中一个研究对象扮演"教师"，另外一个——暗地里是米尔格兰姆的助手——扮演"学习者"的角色。
>
> 研究对象被引进一间房间，房间里面的"学习者"被绑在一张椅子上，连接着电极。实验者对研究对象双方都保证，虽然电击会导致疼痛，但是不会有永久性的伤害。
>
> "教师"被安置在电击机器前面，和"学习者"隔离开来。如果"学习者"无法回忆起一些配对单词，"教师"就要进行一次电击。每发生一次错误，"教师"都被要求增加电压。事实上，"学习者"只是在演戏，从没有受到电击，但"教师"并不知道这回事。
>
> 在整个实验过程中，有些研究对象会在他们听到"学习者"喊"啊"或者"我想放弃"的时候暂停。脚本中的反映还包括呻吟、尖叫，甚至是沉默。当"教师"询问他们是否要继续惩罚这些"学习者"时，他们被告知"请继续"或者"你必须继续"。
>
> 米尔格兰姆发现65%的"教师"增加到了450伏的电压，即使"学习者"已经没有回应，而且也无视机器上的刻度盘已经显示这个电压数到达了"危险"状态。
>
> 米尔格兰姆指出，在一个陌生但是代表权威的人的指引下，研究对象会把其他人电击到昏迷甚至死亡。因此，米尔格兰姆认为当遇到一个权威人士时，大部分人会服从指令，即使那些指令已经与他们自身更正确的判断相悖。(Stanley Milgram, 1974)

研究方法：如何衡量他们？			
方法	例子	优点	缺点
调查	访谈	● 抽样过程让研究者将少量的研究个体推广到整个总体中去	● 花费时间 ● 很难找到参与者
实验	操纵变量来研究人类行为	● 给研究者具体的定量数据	● 伦理问题对人类受试者做出了限制
田野调查	个案研究	● 可以在自然情况下研究行为 ● 花费不多	● 花费时间 ● 伦理问题对人类受试者做出了限制
二手数据分析	另一个社会学家的人口数据分析	● 花费不多 ● 节省了收集数据的时间	● 数据不符合你的研究目的 ● 收集者所用的数据可能带有偏见

何你现在或以后遇到的数据。

中心趋势的测量

你知道报刊是如何发布全国汽油每加仑价格的报道的吗？有时候你在收音机中听到的价格更低，或者比加油的时候更高。这是因为播报员仅仅报的是测量**中心趋势**的数据。简单来说，研究者查看了一大批数据，找到那些处于中间位置的数。中心趋势有三种测量方式：均值、中位数和众数。设想一个学生收到了像上图所列的成绩单，你如何计算其中的均值、中位数和众数呢？

均值

均值就是平均数。即把所有分数相加，再除以考试的次数。约翰的平均成绩是 68 分。这个平均成绩是否准确地衡量了他的表现呢？他在一次考试

> **中心趋势**：指一系列数据中处于中间位置的那个。
> **均值**：平均数。

中不及格，但是在其他考试中都得了 C 或者以上。一次不佳的成绩让约翰在班上的成绩变成了平均是 D，看起来似乎不公平。这就是计算平均分的问题。极高或者极低的成绩都会对算术平均值有着戏剧性的影响。

约翰的测验成绩
测验1：90
测验2：70
测验3：80
测验4：20
测验5：80

90+70+80+20+80=340
340÷5=68
均值=68

中位数

当你在高速公路上游荡的时候——在你吹嘘你已经蓄积了一整缸汽油之后——你会发现北行线和南行线被一个中位数分开。在统计分析中，**中位数**是参照数据分布的中点确定的。如果你把所有的数据从小到大排列起来，中位数就是位于中间的那个数。中位数不会因为极大值或者极小值的改变而改变。因此，约翰的中位数成绩是 80 分。

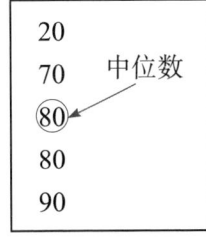

20
70 中位数
⑧⓪
80
90

众数

众数是在一列数据分布中出现最多的数。极大数或者极小数也不会影响这个测量值。在一组数据的分布中有可能存在两个众数。还是上面这个例子，80 分出现了两次，因而它是众数。你也许会发现本例中的众数和中位数是一样的，都给了约翰一个 B 的最终成绩。哪一个中心趋势的测量能够最好地展现约翰的考试成绩呢？

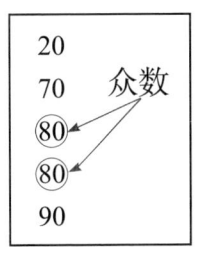

20
70 众数
⑧⓪
⑧⓪
90

大部分大学都采用了以平均数来计算成绩的政策。然而，在我学期末复查成绩的时候，我往往都会考虑这三种中心趋势的测量方式。在大部分情况下，均值是接近于中位数和众数的，但

中位数：参照数据分布的中点确定的。

众数：在一列数据分布中出现最多的数。

是，一个极端值会戏剧性地改变均值，就像约翰的案例一样。如果你在考试中有一个很低的成绩，可以考虑请求你的教授运用其他中心趋势的测量方式来评估你的成绩，这也许会提高你的成绩呢！

评估数据

评估和解释数据是研究中的一个重要部分。如果你不知道运用数据，那么收集它们有什么用呢？因此，能够理解你所收集的数据是最基本的。在研究过程中你将遇到的表格和图标一开始看起来可能会令人生畏，但是只要你知道应该采取什么样的步骤，它们看起来就不会像想象中那么难。

如何阅读图表

下页的表格显示了 2007 年的 HIV（艾滋病病毒）和 AIDS（艾滋病）的地区性统计报告。在 20 世纪 80 年代 HIV 和 AIDS 开始爆发之前，劳德·汉弗莱斯就在 70 年代写了《公厕交易》。如果汉弗莱斯在这之后进行研究的话，他也许可以检验这种疾病如何影响他的研究，如果有的话。那么，表格中的数据会告诉你什么呢？

如果你觉得理解数据很费力，不用担心，这是正常的。接下来的四个步骤将帮助你使阅读这种或者其他的表格成为你的第二天性。

（1）认真阅读表头。自问：我期待这张表格给我呈现什么？

（2）注意表格结构。该表格是由列和行构成的。列展示了一个特定的目录，比如"携带 HIV 的成人及儿童"；而行则列出了不同地理区域的数据。

（3）该表格有一个很重要的副标题。你可以看到"统计单位为百万"的字样。在数值较大的表格中，缩短数值，将它放在目录中是一种非常常见的方法。这表示撒哈拉以南非洲地区有 2 000 多万成人和儿童携带有 HIV（WHO，2007）。

（4）阅读表格下的文本和注意事项。

- 表格中"大洋洲"旁边的星号标志指的是该词会在下面进行定义。
- 注意事项提供了表格中数据的信息。在该表格中，2007 年的数据没有完全确定，此年的数据将在 2008 年的课题中发布。

● 资料来源表明原始数据的所在位置。

现在重新回顾数据。是不是数据看起来更容易理解了?

6 分享和发布结果。进行研究很重要,但是,如果我们没有把我们学到的东西和其他人分享,我们的工作就没有意义了。分享能够让别人阅读并在他们的研究中应用你的发现,而那最终将会扩展知识基础。

发表论文需要有合适的写作风格。大部分社会学研究仿照的是美国社会学学会(the American Sociological Association,简称 ASA)的风格。在 ASA 风格的指导下,你会发现运用语言的标准和正确引用文献的格式。如果你需要一个风格指导,可以去访问他们的网站 http://www.asanet.org/。

2007 年的 HIV 和 AIDS 地区统计数据(统计单位为百万)			
地区	携带 HIV 的成人及儿童	新感染上 HIV 的成人及儿童	AIDS 导致的成人及儿童死亡人数
撒哈拉以南非洲地区	22.5	1.7	1.6
中东和南非地区	0.38	0.035	0.025
南亚和东南亚地区	4.0	0.34	0.27
东亚地区	0.80	0.092	0.032
大洋洲*	0.075	0.014	0.0012
拉丁美洲	1.6	0.1	0.058
加勒比地区	0.23	0.017	0.011
东欧和中亚地区	1.6	0.15	0.055
西欧和中欧地区	0.76	0.031	0.012
北美地区	1.3	0.046	0.021
总计	33.2	2.5	2.1

* 大洋洲指的是太平洋中部和南部的岛屿和群岛,包括澳大利亚、马来群岛和梅拉尼西亚、密克罗尼西亚、新西兰和波利尼西亚。

注:该数据正在不断更新中。最终的对 2007 年地区的统计数据将会在 2008 年报告中的世界艾滋病章节公布出来。

资料来源:"2007 AIDS Epidemic Update," *Joint United Nations Programme on HIV/AIDS and World Health Organization*.

道德关怀

你有没有做过一些违反你的个人信仰和价值观的事情呢？社会学家一直在为这个话题奋斗。有时候，社会学家的一项发现有可能对于特定研究对象造成伤害或者带来尴尬。决定如何保护研究对象是社会学研究中一个需要着重考虑的地方。在《公厕交易》中，汉弗莱斯探讨了围绕他的研究出现的一些道德问题。

伦理是指导一个人的行为的价值或原则体系。对于有些人来说，这就意味着守法；对另外一些人来说，就是信任别人的勇气。美国社会学学会所列的伦理准则成为社会学研究的标准。五个普遍原则构成了社会学中的伦理实践（America Sociological Association，2008）。

1 专业资格是指把我们的研究、教学或者其他行动限制在专业领域内的能力。社会学家通过不断的专业训练从而保证权限。能够胜任的研究者知道他们的限制并且在必要的时候咨询那些拥有更多专业知识的人。

2 正直意味着在研究、教学和提供服务的时候，社会学家应该表现得诚实公正。误导研究对象或者故意制造错误的言论都是不道德的。

3 专业和科学责任是指用专业礼节来对待他人是一个研究者的义务。在回顾其他社会学家的研究时，我们面对理论或者方法上的问题，都应基于诚实的态度而非敌对的态度。

4 尊重人的权利、尊严和不同意见是一个基本的社会学信仰。社会学家相信人与人之间因为不同意见造成的冲突是与纪律的核心价值相矛盾的。

5 社会责任是为社区服务的专业责任。在理解社会学不仅仅是在课堂中或者实验室中的活动之后，我们要把我们所学到的应用到对所有人有益的地方去。

汉弗莱斯的伦理

在回顾了伦理行为的五大支柱之后，你觉得汉弗莱斯所致力做的研究是

> **伦理**：指导一个人的行为的价值或原则体系。

不是不道德的呢？汉弗莱斯在研究对象一无所知的情况下进行了调查。他记录了研究对象的个人信息，使得他们的匿名性存在风险。汉弗莱斯认为，为了获得知识，这是合理的。另外一些人则会认为他没有尊重研究对象的尊严和价值。

在汉弗莱斯的辩解当中，伦理准则并不适用于他的研究。事实上，这些准则是在汉弗莱斯这样的研究之后才诞生的。汉弗莱斯这样的调查也促使联邦政府在研究伦理上扮演重要角色。政府建立了一个指导性的审查委员会，专门审查那些学院或者综合性大学中想要得到联邦政府资金从事关于人的研究的申请人。

然而，那些研究人类反常行为的研究者认为骗局在收集准确数据的过程中是必不可少的。关于如何运用骗局的话题是田野调查中的一个批判性议题。如果你完全暴露了你想要做的事情，你如何能保证霍桑效应不会影响你的结果呢？如果你对此加以隐瞒，你又该如何保护研究对象的尊严和价值呢？这就是现在在社会学研究团体中对于职业伦理存在激烈争论的原因。

问题是如何避免在伦理上处于进退两难的境地呢？其中一个方法就是获得你的研究对象的同意。在开始研究之前分发知情同意书，知情同意书意味着研究对象明白研究的大致目的和主要特征。如果研究者使用了诡计，研究对象理应知道他们何时会发现事实真相。研究对象必须知道他们可以随时中止他们的参与，并且不会给他们自身带来任何风险。

社会学思考：社会学家如何运用研究方法？

没有一个单纯的研究方法仅仅应用于功能论、冲突论或者符号互动论。但是这些理论框架使得研究者通过不同方法运用不同类型的数据。这些差异的基础通常是定量和定性数据。

◎ 定量和定性方法

如果有人要你把你的动力设置为一个 1~5 的分数，其中 5 是极强，你的回答就将成为一个定量数据的例子。简单地说，**定量数据**的概念是指基于数值之上的数据。来看看另一个有关研究数据的例子，比如亚裔美国学生进入历史上是黑人学院的人数。劳德·汉弗莱斯用他在研究对象那里收集到的信息创建了定量数据。在对他的研究对象进行访谈之后，汉弗莱斯计算了他们的反应，并发现他的全部研究对象中只有 14% 的人是公开的同性恋——这个数据远比他预想的要低。

定性数据一般包括文本、图片、照片或者其他以一种非数字的形式出现在研究者面前的形式。当汉弗莱斯伪装成一个市场调查者去访问研究对象的时候，他就是在收集定性数据。定性数据的一个共同特性是**内容分析**——一种社会学家在报纸、书籍或者结构性访谈中寻找共同言辞或者主题的研究方式。

定量数据和定性数据都需要评估。虽然这两种数据的评估方式不同，但它们都能够让社会学家对问题有一个更好的了解。

虽然到底是选用定性还是定量数据涉及理论视角的问题，但是出现了一些普遍的趋势。功能论和冲突论的理论家偏向于发表理论性的观点，所以他们经常使用定量测量方法。相反，符号互动论学派往往更倾向于使用定性数据，因为这些数据包含了言辞和与特定事件有关的意义。无论你用哪一种方法切入都可以，并没有硬性规定说一种特定的理论范式就要和某一种特定的研究方式绑在一起。无论是定性数据还是定量数据，都会是恰当的。

我们可以回想在本章前部分我们讨论过的研究方法的问题。你如何对这些方法加以划分呢？它们是定量的还是定性的？

定量数据：基于数值之上的数据。
定性数据：一般包括文本、图片、照片或者其他以一种非数字的形式出现在研究者面前的形式。
内容分析：社会学家在报纸、书籍或者结构性访谈中寻找共同言辞或者主题的一种研究方式。

◎ 三角测量

三角测量是综合运用多种方法对一种现象进行研究的过程。就像一个中间派政客通过在左右两极政治光谱之间周旋来甄选议题，社会学家经常运用三角测量增加定性测量和定量测量两方面的分析。打个比方，如果你想要研究 hip-hop 音乐对于黑人、青少年、郊区文化的影响，你可以看看 hip-hop CD 在白人青少年中的销售量。在这之后，你可以对那些购买 hip-hop CD 的顾客进行一项深入的定性访谈来评估该音乐是如何影响他们的生活的。当你进行这些步骤的时候，你就在对一个课题进行三角测量，或者说从不同的角度来研究它。三角测量能够让你更好地对一个社会事件做出解释，因为你用了两种或者更多的方法来对它进行研究。（Norman K. Denzin，1970）

如果你只依靠一种方法，你也许会对一个社会议题得到一个不恰当的结论，因为你所认为的事实也许是不适合的。而三角测量则帮助研究对象运用一种方法的优势来补充另外一种的不足。

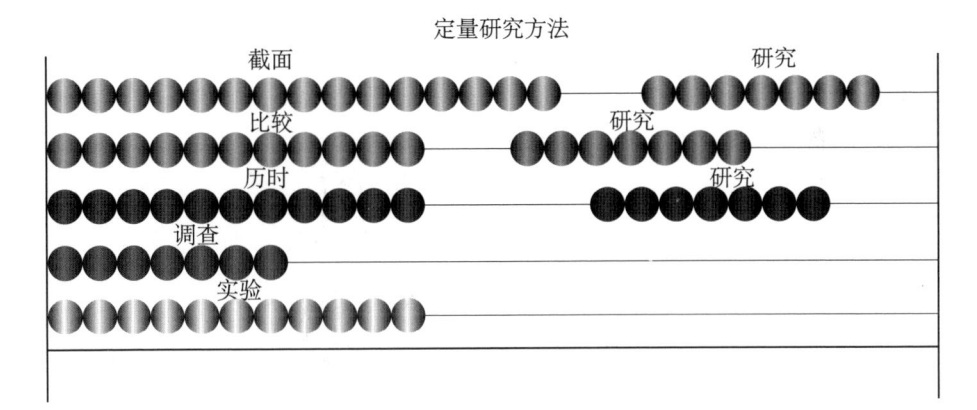

定量研究方法

截面　　　　　　　　　　研究
比较　　　　　　　研究
历时　　　　　　　　研究
调查
实验

◎ 研究方法和三种范式

虽然我们的理论范式没有命令我们运用特定的研究方法，但是它们影响我们理解数据的角度。冲突论者和功能论者看一样的数据会得出不一样的结论。想象一下一个冲突论者和一个功能论者研究一个社区中收入不平等增加

三角测量：综合运用多种方法对一种现象进行研究的过程。

的数据。也就是说，社区中"富人"和"穷人"之间的差距正在扩大。两个学派的社会学家会怎样来阐述该数据呢？记住，功能论者和冲突论者都有一个宏观的方向，所以他们研究的是一个特定议题是如何影响整个社会而不是个体的。然而，功能论者验证的是特定议题在社会中所起的作用，而冲突论者则研究资源的不平衡分布如何影响社会运行。

研究过数据的功能论者也许会认为收入不平等有助于社会运转，因为更多的富人能够开展生意并且投资长期项目，那将雇用社区中的穷人，帮助他们改善生存状态。功能论者不会将收入不平等看成消极现象。与此同时，冲突论者会认为同样的数据显示出富人剥夺了穷人，并且剥夺的程度越来越深。由此你可以见到两个不同学派的研究者对待同一个数据会得出怎样不同的结论。

因为符号互动论者有一个微观视角，所以他们也许会聚焦于收入不平等在个人层面如何影响人们。这些研究者往往会研究富人对于穷人的感受和穷人对于富人的感受。他们往往会探讨贫困如何影响个体的生活方式。比如，钱财的缺乏如何影响一个人穿衣的种类和他居住的地方。在这里，我们也可以看到，同样一组数据会由于在不同的理论视角下观察而被做出很不一样的解读。

总 结

什么是研究方法？
- 社会学家用来指导研究和发现新问题的科学方法

社会学家如何运用研究方法？
- 通过定量数据的分析，运用截面比较和历时比较研究，调查，实验；通过运用定性数据分析，运用参与观察、个案研究和民族志的方法

第 3 章

文化——塑造个体的框架

- 什么是文化?
- 文化之间有何差异?

我们越来越关注社会中的琐事，我们都知道好莱坞谁在和谁约会，哪个电视明星最近被逮捕，但是我们能说出副总统的名字吗？波兹曼认为，如果我们醉心于不需要动脑子的娱乐文化，我们就会将注意力集中于毫无意义的琐事并且忽略重要问题。由于人们太忙于关注无意义的事，我们正面临文化毁灭的风险。

波兹曼的警告是否太夸张了呢？未必。最近，我注意到一个坐在桌子旁吃冰淇淋的家庭。母亲在听随身听，里面播放着令儿子着迷的任天堂游戏节目。父亲正在打电话。而他们5岁的女儿看起来十分无聊，因为她没有电子玩具，也没有人可以说话。这个电子化的家庭很显然沉浸于我们国家随时随地的娱乐文化中。

正如波兹曼指出的那样，娱乐并不是都不好，但是不惜代价地追求娱乐影响了我们的人际关系和我们的国家。很显然，文化意味着的比电影、投币机、电子小玩意儿更多。事实上，文化塑造着我们社会的基础，引导着我们对生活的观念。

主题：什么是文化？

我们所讲的语言和遵循的行为规范对我们来说可能看起来是完全自然而然的，但是文化没有"自然而然"的：它是由人类社会创造也是为人类社会创造的一个框架。我们从先于我们来到这个世界的人那里接受**文化**。

如果你想如同社会学家一样思考，你不仅需要理解文化的定义，还要理

> **文化**：包括语言、信仰、价值观、规范、行为方式以及一个社会中传承给后代的重要物质遗产。

解文化如何影响我们的生活。因为我们是通过文化之镜来看世界的,所以我们很容易想当然地、不假思索地沿我们文化指引的方向去思考。所以,实际上我们通常不会清醒地意识到我们文化对我们思想和行动的引导(或误导)。比如,你可能只说英语这个事实就暗示了你生长的文化环境。在 17 世纪的美国,除了英语之外,可能会听到西班牙语和法语,你可能和你的朋友打招呼:"I,Hola"(西班牙语,你好)或者"Bonjour"(法语,你好)。有形和无形的文化对你的日常生活有着重要的影响。

◎ 物质文化

文化的一大类是**物质文化**,即一个社会中你能品尝、触摸和感觉到的东西。珠宝、艺术品、音乐、衣服、建筑和社会创造的工艺品都属于物质文化。当然,对一种文化有用的自然资源能够影响物质文化的创造。例如,尽管七个国家(美国、日本、俄罗斯、加拿大、德国、法国和英国)消耗了世界上超过 46% 的电力和石油,但这些国家的人口加起来仅仅占世界总人口的 12%。这些统计能够告诉你有关物质文化的什么呢?在这些国家旅行时,你不经意就会发现大量的汽车、空调、电暖器、电吹风和其他大量的现代便利设施。如果你去尼日利亚旅行,你会注意到它缺乏使用能源的机会,这进而影响它的物质文化。尼日利亚是世界第九大国家,但是它的电力使用排在世界第 71 位,而它的原油使用排在世界第 42 位。很少有人拥有汽车,而且很多人在生活中都不能经常性地使用电力。(The World Factbook,2006)

◎ 非物质文化

并不是所有的文化要素都是你能看到、触摸或在当地超市能够买到的东西。**非物质文化**指社会中的非物质产品,包括我们的象征符号、价值观、规则和法规。

物质文化:包括一个文化中你能品尝、触摸和感觉到的东西。
非物质文化:社会中的非物质产品,包括我们的象征符号、价值观、规则和法规。

象征符号

当你看到美国国旗的时候你想到了什么呢？对我们大多数人来说，它不只是一块布——它是一个象征符号。

象征符号能表现、暗示或代表其他东西。它们可以是语词、手势或者其他东西，并且经常表达抽象或复杂的观念。比如，婚戒不仅代表了两个人婚姻的合法，而且代表了两个人爱情的结合。每种文化都决定它自己象征符号的意义，并且用这些象征符号和其他人分享思想和观念。在2008年总统选举期间，一枚美国国旗形状的金属翻领别针带来了很多让人惊奇的象征意义。当时民主党总统候选人巴拉克·奥巴马（Barack Obama）选择了不配戴国旗别针，而对一些美国人来说，空荡荡的衣襟表明他缺乏爱国精神。这种偶尔不戴别针的行为刺激了不少人，于是奥巴马被迫在公开场合佩戴上这个物件。象征符号是有力量的东西。

语言

语言是说或写出来的符号体系，用来传达意义和交流。有些语言仅仅存在于口头，然而另一些语言不仅通过口语表达出来，而且通过书写系统表达出来，不管怎样，所有的文化都用某种形式的语言来表达。联合国报告认为地球上现有超过6 000种不同的语言。由于征服、商业和一些语言不能被记录下来，大约半数的语言正濒临消失（Jan Kavan，2008）。

有两个因素决定着说某种语言的人数：人口规模和殖民历史。中国和印度是世界上人口最多的两个国家，这个事实就解释了说汉语和印度印地语的人口比例之大。英语是世界各地广泛使用的语言，但是这和英国的人口规模关系很小。如果你听说过这个词组——"日不落大英帝国"——你就知道大英帝国曾经在每块大陆都拥有领土。因为英国从16世纪到20世纪在世界各地开拓殖民地，所以英语就被传播到了这些地方。

象征符号：表现、暗示或代表其他东西。
语言：说或写出来的符号体系，用来传达意义和交流。

普遍语法

著名的语言学家诺姆·乔姆斯基（Noam Chomsky）认为人类使用语言的能力是天生的（Noam Chomsky，1975）。所有的语言都包括他所说的"普遍语法"。这个词不是指向特殊的语言规则，而是指语言被建构的方式。乔姆斯基的理论认为：和其他事物一样，句子构造和连接语言的词语发音所具有的共同特点遍及世界。而且他说，不管文化是否相同，普遍语法都是从相同的儿童年龄开始出现的。乔姆斯基的观察表明人类对语言有天生的需要。

科波拉（Coppla）和纽波特（Newport）的研究支持了乔姆斯基的大部分理论。他们对耳聋患者进行了研究，这些患者离群索居，而且不懂正式的手语。他们发现了这些人的"内部手语"（一种他们自己创造出来的语言），这种语言遵循可预期的语法风格（Marie Coppola and Elissa L. Newport，2005）。例如，句子的主语一般出现在陈述的开头。这样的发现指出了语言生成的内在逻辑，并且支持了乔姆斯基普遍语法的理论。

文化传播

语言是一种有用的工具，但是它是决定性的文化吗？有大量的证据支持这样一种观点：事实上传播交流系统是文化的决定性的一面。文化常常通过语言从一代传递给下一代。我们称这种现象为**文化传播**。正是由于文化传播，你才能使用其他人获得的信息以改善你自己的生活。文化传播还有利于传播技术的发展：电力科学研究、微波技术以及微芯片的发展，使今天的手机和计算机成为可能。

语言不仅增进了我们的知识，而且帮助我们产生社会共识或者达成协议，以此将我们连在一起。如果你和我相遇，我们就能用语言交换想法、辩论或者许下诺言。语言天然是社会性的：它是人们分享过去的记忆、制订计划和巩固关系的服务工具。

萨丕尔—沃尔夫假设

怎么强调语言在我们生活中的重要性都不为过。人类学家爱德华·萨丕

文化传播：通过语言把文化从一代传递到下一代。

尔（Edward Sapir）的学生本杰明·沃尔夫（Benjamin Whorf）认为，语言和思考的方式有直接的联系。萨丕尔和沃尔夫在研究了大量的不同语言和说不同语言的人们之后得出了这个结论，这就是人们熟知的**萨丕尔—沃尔夫假设**（Benjamin Whorf，1956）。这个假设提出了两个主要观点：

（1）语言结构的差异对应于使用这种语言的人们的思维方式之间的差异。

（2）语言的结构有力地影响着使用者的世界观。

你曾经想过语言实际上对我们的思维有多大影响吗？想象一下，如果英语中没有"左右前后"这些词，你还能理解这些概念吗？可能不行了吧。在澳大利亚，来自约克半岛的土著人群没有表示相对位置的词汇，他们代之以表示绝对位置的词汇，比如东西南北。这个群体的许多成员确实学习了英语，因而他们也理解相对位置。但是，他们在早先的时代里没有学习英语，当要求用相对词汇描述他们的位置时，他们得费劲儿解释（Richard Monastersky，2002）。对萨丕尔—沃尔夫假设的深入研究表明：语言因为影响思维，因而也影响文化。

体态语

语言并不是非物质文化的唯一部分，另一个不同的符号系统是**体态语**。所谓体态语是我们运用身体来表达的象征符号，比如面部表情、手势动作、眼神交流以及其他一些类似的身体语言。体态语的象征意义可以在不同文化中发生相当大的变化：当我给一个美洲印第安人做顾问工作时，我把我的顾客表示拒绝的眼神当作不信任的信号，直到我明白在他的文化里，直视别人的眼睛被认为是粗鲁的。

萨丕尔—沃尔夫假设：1929年首次由爱德华·萨丕尔提出，随后由本杰明·沃尔夫发展的一个假设。他们认为，一个语言的结构决定了本土语言使用者的认知以及经验分类方式。

体态语：我们运用身体来表达的象征符号，比如面部表情、手势动作、眼神交流以及其他一些类似的身体语言。

> **全球视野** 国际体态语小测验
>
> 思考一下，你知道在洪都拉斯举手击掌和在泰国伸大拇指表示什么意思吗？测一下你的体态语智商来考查你的文化理解力。
>
> 1. 你怎样让一个法国人知道他让你很不耐烦了？
> a. 拍拍你的嘴唇并且打一个长长的哈欠
> b. 无声地模仿吹长笛
> c. 用中指和食指按你的鼻子
> 2. 波多黎各的朋友对你摇动他的鼻子的时候，他在说什么呢？
> a. "发生什么事了？"
> b. "我感到不妙，真的。"
> c. "我鼻子痒！"
> 3. 在埃及，什么体态被看作是令人不快的？
> a. 用右手吃东西
> b. 给人看你的鞋底
> c. 和某些人手挽手散步
>
> 答案：1.b 2.a 3.b
>
> "语言结构的差异对应于使用这种语言的人们的思维方式间的差异。"

价值观

价值观是一个社会非物质文化的一部分，它表现出我们判断好坏对错的文化标准。有时这些价值观用一些教导我们如何生活的格言或者谚语来表达。你记得这些句子吗？"生活就像一盒巧克力，你永远不知道你将拿到的是什么样的。"这个当代谚语现在在那些信奉生活不可预测的人当中很流行。

> **价值观**：社会非物质文化的一部分，它表现出我们判断好坏对错的文化标准。

文化可以成长和变化，因此它也会改变那些过时的价值观。

价值观念帮助我们定义价值观，通常用一组意义相反的词汇来表达。对应于每一个肯定的价值观词，我们也有一个否定的价值观词。我们也会通过支持或否定其他的价值观来维护我们的价值观。**价值观念丛**是两个或更多的相互支持的价值观。比如说你认为平等和宽容都是有价值的。这些价值观组成了一组价值观念丛，因为它们是相互加强的相似概念。但是，当两个或更多的价值观不一致的时候，**价值冲突**就出现了。比如平等和种族主义就是互相冲突的价值观。

十五种美国价值观——来源于美国社会学家罗宾·威廉姆斯（Robin M. Williams）

1 成就和成功。你在一生中想完成什么呢？我们每个人对成功都有自己的定义。成功对一些人来说就是有一份高收入，而对另一些人来说可能是有大学学位，还有一些人只想拥有比他们父母更好的生活。由于成功是一个抽象的概念，我们经常使用成就来判定我们是否成功。

2 积极性和工作。可能你会这样描述美国梦：只要努力工作，每个人都能够成功。在某种程度上得益于这个广泛拥有的观念，"工作"在美国已经变成了一个强有力的价值观。我们不喜欢别人说我们"懒惰"或者"懒散"，因此我们会用各种业余爱好和社会活动填满空余时间。事实上，与其他工业化国家的人们相比，我们在工作上花了更多的时间（OECD，2008）。

3 道德取向。美国公民有一种天生的绝对道德取向，并以此来判断好坏对错。例如，2003年乔治·布什总统认为在朝鲜、伊朗和以色列形成了一个"邪恶轴心"，他就是在运用绝对道德取向。

4 人道主义。在美国，许多人是宽厚和博爱的。在危难期间我们愿意帮助别人。2005年卡特里娜飓风之后，全国都在帮助新奥尔良以及墨西哥湾沿

价值观念：帮助我们定义价值观，通常用一组意义相反的词汇来表达。
价值观念丛：两个或更多的相互支持的价值观。
价值冲突：发生于两个或更多的价值观不一致的时候。

岸地区的居民。慈善机构追加了超过32.7亿美元的支出，包括在最初三个星期内支出的大约10亿美元（Jacqueline L. Salmon and Leef Smith，2008）。

5 效率和实用主义。美国人追求用最小的努力获取最大的利益。他们相信效率能帮助他们更快和更容易地达到目标。

6 进步。持有进步价值观的人相信，做出改变和提出改善社会的想法能让社会"前进"。比如说，你（和你认识的大部分人）可能相信，在某种程度上，新技术改善了我们的生活。这个信念是隐含在"每个孩子一台笔记本电脑"计划背后的动力之一。这个计划发放非常适合儿童的、支持无线网络的笔记本给发展中国家，意在增加儿童的受教育机会。（OLPCF，2008）

7 物质享受。如果你曾经感觉到你拥有太多的"东西"——并且你还想要更多——那么你并不是孤单的。追求物质舒适促使我们许多人买更大的住宅，并且用那些使我们生活更方便的东西——如无线网络——装满它们。美国要比英国、俄罗斯、中国台湾有更多相互联结的无线热点覆盖。

8 平等。从《独立宣言》草拟的时候起，美国人就信奉这种观念：不管人们的种族、性别、社会阶层或者宗教背景如何，所有人都应当被平等对待。但是，我们并不总是在践行平等主义的价值观。例如，2007年，在500强企业中仅有12家的CEO是女性。这个性别差异折射出女性尚需为职场平等而努力。

9 自由。一般来说，美国公民把公民自由和个人权利的价值观放在很高的位置上。公民自由约束政府在我们日常生活中的权力。美国的价值观认可公民有表达思想、保持个人信仰和参与宗教活动的自由。

10 外部认同（从众）。不要低估了影响你选择的群体的力量。如果你赞成外部认同的价值观，你就可能渴望融入你周围的那些群体。比如说，当你在高中的时候，其他学生可能影响你，使你想要有最新潮最好的衣服、鞋子和发型。

11 科学和世俗理性。在美国，科学论证和理性思考是不可忽视的。科学方法的本质是运用逻辑、规则和理性思考来获取知识。我们当中的许多人相信，逻辑和科学能够解决一切问题，包括治愈癌症和解决全球气候变暖等复杂问题。

12 民族主义和爱国主义。当置于宗教背景时，我们用公民宗教来描述国家自豪感和爱国主义。（Robert N. Bellah，Richard Madsen，William M. Sullivan，Ann Swidler，and Steven M.Tipton，1996）在日常生活中你和我都会不假思索地参与爱国主义仪式。例如：

- 运动会比赛开始前唱国歌时必须做什么事？
- 学校开学宣誓的时候我们必须学习做什么事？

13 民主。每一个参与竞选公职的政治家都可能会很高兴地告诉你，投票是我们公民民主参与的重要价值。对相当数量的美国公民来说，鼓励其他国家的政府采用民主体制也是重要的价值观。在过去的18年里，世界上的选举民主已经成倍增长。尽管世界上超过半数的国家拥有民主，但并不是所有的这些国家都给他们的公民以美国公民所想象的自由。2005年的"自由之家"报告说，122个选举民主国家里仅有89个国家和美国一样是"自由"的（Freedom House，2006）。

14 个体个性。威廉姆斯在讨论个体个性时，他是在谈论个人主义，或者说是在用不同于家庭和团体的视角来看世界。如果你有个人主义的世界观，你就会相信人们是独立自主的——换句话说，人们的选择和行动不是被他们在社会中的位置预先决定的。因为个人主义倾向于把个人目标置于群体目标之前，所以由个人主义者组成的群体通常会有紧张感（Harry C. Triandis，1995）。

15 种族主义和群体优势。根据威廉姆斯的说法，种族主义是美国的价值观之一，尽管它不是正面的价值观。虽说针对非白人公民的种族主义历史事例大量存在，但是种族主义却是一个当代问题。2006年，路易斯安那的耶拿小镇成了全国性头条新闻，当时象征种族隔离时期对黑人处以私刑的绞索被悬挂在树上，并且六名美国黑人学生被指控毒打谋杀一名白人学生。让人痛心的"耶拿六学生"案例告诉我们，美国需要继续与种族问题做斗争（Darryl Fears，2007）。

◎ 其他价值观念

威廉姆斯列出美国价值观已经30多年了，我认为今天的社会肯定增加了两条新的价值观。看看任何一本杂志的封面，你可以看到青春健康的身体图片以及摆出性感挑逗姿势的人们。这是因为当今社会看重以下品质。

1 健康和青春活力。 美国人看重年轻的外表和健康的身体。这可能对那些肥胖症比例迅速提高的国家来说有些奇怪（CDC，2008）。但是，当你描述美丽时，很可能会用年轻和健康这样的词汇。

全球视野　个人主义和集体主义的观点

个人主义可能是美国价值观的核心，然而就全球而言很难说它是普遍的。有些国家，比如日本，更倾向于从集体主义的角度来看问题（Peijia Zha, Jeffrey J. Walczyk, Diana A. Griffith-Ross, Jerome J. Tobacyk, Daniel F. Walczyk, 2006）。在集体主义文化中，相互依赖的价值优先于独立自主，集体的目标优先于个人的欲望和需要（B.Quiroz, P.M.Greenfield, and M. Altchech, 1999）。

我们的个人主义或者集体主义观点实际上怎样影响着我们呢？对初学者而言，让我们思考一下如何回答这个问题。已有的研究表明，调查中来自集体主义倾向的社会，比如中国和日本的人们很少做出极端的回答。在一个调查中，允许参与者选择"非常赞同"、"赞同"、"不赞同"和"非常不赞同"四种答案，美国公民更喜欢选择"非常赞同"和"非常不赞同"，而中国和日本的参与者倾向于选择不那么极端的回答（Chuansheng Chen, Shin-ying Lee, and Harold W.Stevenson, 1995）。

类似于这样的重要文化差异能影响商业环境。例如，研究表明，一种文化不管是个人主义还是集体主义取向，都影响了经济发展，反之亦然。当个人主义取向的美国商业进入集体主义取向的国家，而这些国家又没有完备的法律法规和司法体系时，这些美国公司可能会发现他们的商业战略同样不能取得成功。集体主义取向国家的商业文化常常不同于那些美国公司。比如在中国，商业人员非常看重"关系"或者是友谊的发展。在美国工作的人可能不习惯在开始一项计划之前就和潜在的商业伙伴建立密切的个人关系，而这种深入的个人关系在中国却很重要。美国公司必须敏锐地察觉这些文化差异，并且适应他们的商业习惯以取得成功（Richard Ball, 2001）。

2 性感和浪漫。约翰·戴米利奥和埃斯特尔·B·弗里德曼描述了美国的性历史（John D'Emilio and Estelle B.Freedman，1997）。检视过去有关性的数据，他们得出结论：我们正在变成一个"涉性化"的社会。这个论断并不让人惊奇——音乐、电视和杂志都有吹捧性的倾向。和性相关的感觉是浪漫的爱，它包括性吸引和亲密的感觉。在我们的社会里，情人节很好地表达了我们浪漫的价值观。每年2月14日，大约一半的成年消费者购买了130亿美元的玫瑰和其他礼物来表达他们的爱。（NRF，2008）

◎ 规范和规矩

日常生活中人们如何维护和实施他们的价值观呢？首先，他们可能会发展出一些在他们的价值观看来合适的行为规则。我们称这些规则为规范。**规范**是有条件的，它们能在不同的地方发生变化。2003年拉斯维加斯风俗和游客局首创出旅游行动口号的广告："不管那儿发生什么，待在那儿。"旅游部门想让游客常去光顾他们城市的赌场、酒吧、电影院和餐馆，而且使游客到这些与他们文化价值观相抵触的地方时不感到有负罪感。拉斯维加斯现在以摆脱其他城市拥有的文化规范而闻名；拉斯维加斯的规范是为那些尽情享受、不留遗憾的人设置的。

规范为规矩提供了正当理由。**规矩**是当你遵守或违反规范时受到的奖励和惩罚措施。当你做了你被允许的事时，你就践行了一个鼓励性的规矩；当你违反了规则的时候，你就践行了一个禁止性的规矩。

许多规矩是非正式的，比如当你的朋友们听到你糟糕的笑话时的眼神。但是如果我们违反法律或者一些写下来的正式规则，我们就践行了一个正式的禁止性的规矩。超速罚款就是一个正式规矩的例子。不管是鼓励性的还是禁止性的，规矩能强化一个文化的价值观。这些价值观由奖励遵守它的人们和惩罚那些有相反价值观的人们而得到强化。

> **规范**：有条件的规则，是在特殊的价值观基础上为合适的行为发展出来的。
> **规矩**：当你遵守或违反规范时受到的奖励和惩罚措施。

习俗

习俗是一种非正式的规范。它们提供我们行为的框架并且建立在社会预期之上。因为它们是并不重大的规范，所以适用的规矩比起其他规范来说也不那么严厉。比如你看到一个人吃力地背着重物，你可能会为他或她拉开门。如果你使劲关门时碰到另一个人，你可能会被认为粗鲁，但是你不会因此入狱。习俗是这样一种社会惯例，当你违反的时候，常常只换来微小的、非正式的负面惩罚。

道德

尽管习俗是非正式规范，但是道德要更加严厉。**道德**是体现一个社区群体重要价值观的规范。**禁忌**是一种不能被社会接受的行为。比如说，如果你谋杀了一个人，你就严重违背了社会的道德。违背道德的人将得到正式的、特别严厉的惩罚。那些引起我们厌恶的行为比如谋杀就是禁忌。（William Sumner，1911/1979）

◎ 文化研究

当你研究文化时，有这样的疑问是很好的：一个特殊的行为或事件是否是一个文化的普遍现象或者对所有文化来说都是普遍的。例如，葬礼仪式是一个普遍的文化现象，因为所有的文化都有处置死者的方式。许多特殊的文化规范都围绕着葬礼和死亡，但是这些规范从一个文化到另一个文化会有很大的变化。在现在已经闻名的密克罗尼西亚，人类学家布罗尼斯拉夫·马林诺夫斯基（Bronislaw Malinowski）目睹了一种葬礼仪式，在仪式上，土著居民吃一点死者的肉来延续和死者的关系（Bronislaw Malinowski，1954）。吃过之后，他们会呕吐以远离死者。这个密克罗尼西亚的葬礼规范极大地不同于美国的文化的规范。

习俗：非正式的规范。
道德：体现一个社区群体重要价值观的规范。
禁忌：一种不能被社会接受的行为。

民族优越感和文化相对主义

从社会学角度研究文化时，你不能允许你的个人偏见扭曲你的理解。当一个人用他或她自己的文化去判定其他文化时，**民族优越感**就产生了。几乎世界上所有人都有民族中心倾向，但是民族优越感对社会学家有潜在的危险，因为它会导致对不同文化的错误假设（Elizabeth Cashdan，2001）。

排外是指对那些来自其他国家或文化的人们所产生的恐惧和敌意。美国有很长的排外历史。1941年在日本轰炸珍珠港之后，美国卷入了第二次世界大战，美国人也开始害怕日裔美国人并且在拘禁营关押了许多日裔美国人。

透视美国中部旅馆房间

当我们到美洲中部旅行时，我注意到甚至在很好的宾馆房间里都没有一部电视。我认为这个观察是从我的文化预期产生的民族优越感造成的。但是我也能通过文化相对主义用客观的、无歧视的眼光认识到这一点。

并不是所有的个人偏见会导向对外国文化的负面观点。有时，当认为其他群体或社会优于我们自己时，我们就陷入**外族中心主义**了。在墨西哥生活的时候，我注意到我的房东家庭很少看电视。相反，他们花时间去讨论各种想法。我记得当时我希望我们自己文化中的人也能照此行事并且影响更多的人。

当我们研究其他文化时，像一个社会学家那样思考意味着努力去实践文化相对主义。**文化相对主义**指经过深思熟虑后，不带偏见地在一个群体自己的文化背景下理解他们的生活方式。哲学家有时提到这种努力时称作

民族优越感	我的房间没有电视？这个地方真垃圾！
文化相对主义	美洲中部的旅馆通常在每个房间都有一部电视吗？

> **民族优越感**：产生于一个人用他或她自己的文化去判定其他文化的时候。
> **排外**：指的是对来自其他国家或文化的人们所产生的恐惧和敌意。
> **外族中心主义**：认为其他群体或社会优于自己所在的群体或社会。
> **文化相对主义**：指经过深思熟虑后，努力不带偏见地去理解一个群体的生活方式。

规范相对主义，因为它用一个社会自己的规范标准去评价那个社会。比如，一些伊斯兰教国家不鼓励妇女接受教育。在这些国家的背景之下，这种做法可能被解释为那种文化的正常现象。但是，不允许美国妇女接受教育，这种做法可能被看作是不公平的，因为它违反了美国的文化规范。当我们提及规范相对主义时，我们在对方的文化背景下评价他们的行为。

但是，有些人会争辩说有一些普遍适用的人类价值观，这些价值观给我们提供了评价文化的标准（Robert B.Edgerton，1992）。根据这种观点，任何一个文化背景下的妇女都应当接受教育，不允许这样做的文化就是更低级的，并且是剥削妇女的文化。

文化滞后和文化震惊

当社会和文化的变化步伐落后于科技的变化时，**文化滞后**就出现了。当新技术进入并且改变一种文化时，这是很常见的例子。20世纪70年代后期，科学家忧虑世界贫困地区滥伐林木的问题。人们曾经砍伐大量的树木生炉火做饭。为了解决这个问题，太阳灶被发明出来了。但是在非洲和海地的初次实验表明，人们并不情愿使用这些太阳灶。当认识到太阳灶的好处时，人们的不情愿情绪消失了。至1995年，世界各地已经有了超过1.2亿的太阳灶（Daniel M. Kammen，1995）。

你曾经去过国外并因为他们的文化迥异于你的文化而感到过惊讶吗？如果确实如此，那你就曾经历过文化震惊。**文化震惊**就是当一个人面对不同于他或她自己的文化的外来文化时，对两种文化的差异有较强的情绪反应。在墨西哥期间，我惊讶地发现每天下午停电。我的房东按可预料到的断电情况来安排做饭计划。虽然花了些时间，但最终我还是接受了这种文化上的差异。

理想与现实的文化

我们希望拥有的文化与现实的文化有什么区别吗？答案常常是肯定的。

规范相对主义：按一个社会的规范标准评价那个社会。
文化滞后：指社会和文化的变化步伐落后于科技的变化。
文化震惊：就是当一个人面对外来文化时对两种文化的差异有较强的情绪反应。

理想文化表达出一种文化所期望的价值观，而现实文化代表了一种文化中的实际行为。比如说，民主一直是美国理想文化的一部分，但是1996年、2000年和2004年的总统选举投票数表明，许多人并不去投票以表达他们的民主价值观。

亚文化和反文化

有着共同利益的群体可能会形成一种亚文化。**亚文化**就是主流文化之下拥有不同价值观、信仰和规范的一种子文化。在复杂的社会里，亚文化允许人们和另一群有着共同利益的人互相联系。教堂、公民组织、俱乐部甚至在线社区都能形成亚文化。

当你读到反文化这个词的时候，黑手党和飞车帮可能会浮现在你的脑海里。这些群体确实是**反文化**的，因为他们所拥有的价值观与主流群体拥有的价值观相反。有时反文化能融入并且改变主流文化。例如在罗马帝国，基督教一度被禁止，并且信仰基督教的人曾被关进笼子里。但是，基督教最后成了帝国的官方宗教。

> 如果一种亚文化所表达的价值观或者信仰是直接反对主流文化的，亚文化就变成了反文化。

多元文化主义和同化

当你搬到一个新的国家时，你随身携带的行李就不单是物质意义上的行李了，它也是一个潜在的文化行李。"卸下"那行李是很棘手的，你需要找出一个办法去适应新的文化。**多元文化主义**是指赞同社会中不同文化内在价值观的一种观念。拥护多元文化主义的人认为，即使融入了新的文化，移民也应该保留他们原有文化的那一面——比如语言、文化信仰、习惯以及宗教。但是多元文化主义的反对者担心这种做法会阻碍这些群体适应主流文化。

亚文化：就是主流文化之下拥有不同价值观、信仰和规范的一种子文化。
反文化：指某一群体所拥有的价值观，它与主流群体拥有的价值观相反。
多元文化主义：指赞同社会中不同文化内在价值观的一种观念。

> ### 链接　Facebook 的亚文化
>
> 你是 Facebook 亚文化的一员吗？Facebook——一个在线社交网站——帮助人们通过互联网进行联系。当你使用这个网站时，你的朋友就在你的指尖下。
>
> 当你加入 Facebook 时，就生成了一份包括你的个人信息、兴趣、信仰或者业余爱好的简历。你的简历包含的信息越多，你的世界就会变得越大，因为 Facebook 会联系网内和你有相同性格的其他人。比如，你可以和有相同课程表的人、属于同一兄弟会或姐妹会的人联系。你和那些拥有相似价值观的人或者拥有相似亚文化的朋友是互相联系着的。
>
> 和其他的文化或亚文化一样，Facebook 也有规范和规矩。许多 Facebook 的用户相信，你的朋友越多，你就越受欢迎。在网站里一种联系朋友的方法是"请求添加"一个人。你请求添加的人会回请或者忽略你的请求。当你请求添加却没有获得回应时，一个非正式的规矩就产生了。当一个朋友把你从他的或她的朋友列表中删除时，正式的规矩就产生了。通过这种非传统方式，Facebook 创建了一个虚拟社区，在这里人们与其他共享规范和价值观的人进行互动。

同化是少数群体接受主流文化模式的一种过程。当一个少数群体完全放弃他们原有的文化而重新喜欢上一种新文化时，那个群体就是在经历迅速同化的过程。美国政府试图强制印第安人快速同化的一个办法是：把他们的小孩从父母身边接进寄宿学校里，并且以"白人方式"教他们。但是，许多印第安学生在离开寄宿学校时，丝毫没有做好生活在主流文化里或是他们自己的文化里的准备（David Wallace Adams，1995）。

地球村

在 20 世纪 60 年代，马歇尔·麦克卢汉（Marshall McLuhan）使**"地球村"**

同化：少数群体接受主流文化模式的一种过程。
地球村：指世界因为有了即时电子通信而"缩小"。

社会学思考　科技和文化变迁

在《娱乐至死》一书中，尼尔·波兹曼讨论了电视对美国文化的影响。在美国，电视是传递新闻和信息的最主要的工具，很少人阅读报纸和杂志。那么媒介会影响信息吗？

马歇尔·菲什威克（Marshall Fishwick）曾经说确实如此。根据他的说法，生活的多面性使我们人类的生活并非是可以计算的（Marshall Fishwick，2004）。你的手提电脑不能感觉，不能创造美丽，也不能思考。你的MP3播放器能对你说话，但是不能倾听。和菲什威克一样，波兹曼认为科技——例如电视——为使用者提供了被动的联系方式，而这种方式会造就一个不再思考的民族。这种不思考的行为还大大增加了发生以下情况的概率：我们会接受过度简单的解决方案来应对非常复杂的问题，而长此以往这会破坏我们的文化。

当然，并不是每个人都相信技术会破坏我们的文化。在《文化和技术》（Culture and Technology）一书中，安德鲁·墨菲（Andrew Murphie）和约翰·波茨（John Potts）主张技术推动了社会进步。例如，他们认为写作技术"改变了人类意识"，因为它带来了新的思考方式。技术的发展——比如互联网和电视——激发了创造力并创造出新事物，而且为一个社会打开了更广阔的世界。他们宣称，技术并不像菲什威克和波兹曼说的那样会限制一个社会，相反，它给人们提供了工具以继续改善他们的生活（Andrew Murphie and John Potts，2003）。我们的文化正在变成被技术垄断的文化吗？一个技术垄断的社会评价技术变革时只会从自己的利益出发。在这样的文化里，拥有最新最高级别的技术是最重要的事。菲什威克认为，我们的文化正在经历着技术暴政，但是墨菲和波兹曼表达了不同的看法，他们认为文化和技术联系紧密，我们很难把它们彼此分开。你如何看待这些问题呢？技术真的推动了社会进步吗？

这个词变得流行起来，这个词传达了世界因为有了即时电子通信而"缩小"的意思（Marshall McLuhan，1962）。麦克卢汉的研究认为，科技的运用使得时间和空间的差异显得并不那么重要了。但是科技真的使人们更接近了吗?

在互联网发明以前,斯坦利·米尔格拉姆做了一个试验,这个试验的目的是试图弄清我们的世界是否很小(Stanley Milgram,1967)。米尔格拉姆找了来自美国不同地区的人们,然后让他们寻找不认识的人。他要求他们寄一封信给目标人——这个人他们并不认识——并且只能用他们的社会关系网来送达。他只提供试验者的名字和居住的城镇,除此之外一概没有。经过两个至十个人的传递之后,信就能送达目标人的手里了。既然互联网在我们的生活中扮演了如此重要的角色,那么我们之间的分隔距离是不是比20世纪60年代更小了呢?你和一名日本学生建立联系需要多少环节呢?

多兹(Dodds)等人用互联网做了一个类似的研究(Peter Sheridan Dodds,2003)。多兹给6万人发电子邮件,让他们寻找在13个不同国家的18个人。他们获得的结果与米尔格拉姆的结果惊人地相似。尽管这些发现在一定程度上支持了世界变小的观点,但是他们并不认为现在的世界要比米尔格拉姆时代的世界更小。

社会学思考:文化之间有何差异?

现在我们将转向关于文化问题的主要理论视角。理论视角影响着社会学家如何看待一种文化中的语言、体态语和价值观。

◎ 符号互动论——价值观的危机

符号互动论探讨了语言、体态语和价值观是如何影响一种文化的。如果一个符号互动论者来研究美国社会的价值观,他或她会问道:在美国,价值观是如何定义的?美国价值观正在被削弱吗?美国是否正在经历道德沦丧?

传统价值观和世俗价值观

在《美国的价值观危机》（America's Crisis of Values）一书中，作者韦恩·贝克（Wayne Baker）调查了价值观危机是非真实存在于美国社会（Wayne Baker，2005）。他推测，支持"价值观正在削弱"的人通常支持以下三个观点中的一个：趋势性假设、比较性假设或者是分布假设。他对过去的传统价值观和世俗价值观作了一个比较。

传统价值观包括：宗教和上帝的重要性，善与恶的绝对标准，家庭的重要性，遵从权威，经济和政治生活中的男性统治地位，对某些道德问题不能容忍——例如堕胎、同性恋、离婚和自杀。世俗价值观强调理性和逻辑。以下都是体现世俗价值观的例子：政府和社会做决定时可以避开宗教和习俗的干扰，接受最低限度的宗教信仰，接受关于善与恶的相对标准，对权威保留质疑的态度。

三个假设

比较性假设认为，美国社会的价值观比其他现代民主国家的标准更低。相关的支持理由是：美国的个人主义和传统价值观导致了更高的自杀率、贫困率和非婚生率。当贝克比较了一些国家的价值观主张后，他发现这些国家之间有更多的相似而非相异，这就无法支持比较性假设。

分布假设，也就是贝克提到的"文化战争假设"认为，美国已经卷入一场文化战争。根据这个理论，两个持有不同道德立场的群体（信奉自由主义的一群人和信奉保守主义的一群人）互相对抗，争夺对媒体、政府和社会的控制权。贝克再次发现，没有证据支持美国已经分裂为互相对立的两个群体，并且他们之间为了占据道德优势地位而互相争斗。

贝克的结论

根据对美国公众横跨30年的调查数据，贝克得出结论：美国公民变得更加传统而不是更加世俗。他的结论可能会让那些津津乐道于文化战争的学者们感到惊奇。他的发现表明美国公民之间比30年前有更相似的价值观。事实上，过去这个国家的传统价值观得到强化了。但是，许多支持这些价值观的人认为世俗的理性价值观获得了"胜利",虽然事实上并非如此。贝克认为,美国公民支持"价值观危机"的说法只不过是被花言巧语引起的幻觉罢了。

◎ 功能论——社群主义

在考察文化的重要性时,功能论者常常会思考文化怎样使社会联结在一起。他们认为,通过共享的价值观、规范以及社会结构的相互作用,文化把社会紧紧联结成一体。著名的社会学家阿米塔伊·埃齐奥尼(Amitai Etzioni)对美国社会的文化系统做了探究。

阿米塔伊·埃齐奥尼是社群主义的奠基者之一,他的社群主义也是理解美国文化的功能论方法(Amitai Etzioni,1994)。这个理论认为,社会要想正常运转,就必须平衡社区、市场和政府的关系。埃齐奥尼强调,为了建立一个有序运转的社会,它的成员必须同时把自己视为个人主义者和社区中的一分子。社群主义者并不是共产主义者。和共产主义者不同的是,社群主义者相信自由市场和企业的私有产权。但是他们强调,社区意识必须存在,以便阻止政府和市场的越位。

◎ 冲突论——美国的麦当劳化

冲突论认为,一个社会中充满了对稀缺资源的斗争。财富的不平等分配意味着一部分人获得而另一些人则失去了。但是你是怎么获得这些财富的呢?有什么交往的可预测的路径能给你带来金钱上的成功吗?麦当劳快餐连锁店成功了,因为它讲究效率、务实、定价合理。社会学家乔治·瑞泽尔(George Ritzer)认为,美国社会已经追随麦当劳把自己标准化了,他称这个过程为"麦当劳化"(George Ritzer,2004)。

借鉴经济学家、社会学家、政治学家马克斯·韦伯的冲突理论,瑞泽尔强调效率高的科层组织才能在商业上获得成功。在资本主义体系里,那些遵循麦当劳化过程的人更有可能获得金钱上的成功。

1 效率。当一个企业追求效率时，消费者就能从企业提供的低价格商品或服务中获益。效率的麦当劳化意味着消费者在做着雇员的工作。当你走进麦当劳，通常是你自己端着食物到餐桌，在某些地方，你还可以自己灌装饮料。

2 可计算性。麦当劳计算每个环节，从汉堡上的腌菜到装在盒子里的鸡块的数量。数量得到考虑而质量相对无关紧要。麦当劳化的社会用按时完成任务的数量来衡量成功。即使完成任务的质量一般，只要是按程序完成，我们通常也会接受。

3 可预测性。找到一种可预测的产品能够降低商业失败的风险。就这样，我们的文化掀开了快餐工业的一页。不管你是在圣安东尼奥还是在波士顿买到的塔可钟，吃起来味道都一样。不管是对企业老板还是对消费者来说，可预测性都提高了回报，降低了风险。

4 技术。当人们运用技术来控制人类的错误时，企业也获得了对他们的产品更多的控制。这个趋势有助于提高企业的利润，因为老板们可以雇用更少的人工作。

麦当劳化的负面影响

瑞泽尔警告，技术的运用使我们的文化非人性化了。人们为了便利而使用柜员机或者自助结账系统。但是，使用这些技术方式表明，社会价值观越过了人与人之间的互动而通过自助系统得到推动。从长远的观点看，这对社会是有益的吗？

麦当劳化使高质量的交易很方便，并且使企业老板确保了高额利润。虽然短期利润提高了，但是创新和创造受到了损害。随着技术替代工人，薪水下降，不平等程度提高，老板和工人之间的冲突也会爆发。

理论沉思

功能论

功能论者认为,社会如相互关联的系统一样运行。社群主义者理解为,要使社会运转良好,政府、本地社区以及商业部门必须为了全体社会的福利一起工作。社会根源于本地社区,而本地社区停靠在社会这棵大树上。政府把人们的意愿带给经济系统,在那里它们像大树的躯干一样发挥作用。树叶制造出糖分以便让整个植物存活。当然,树叶离开了根部就会被吹落,而根部离开了树叶也会死掉。

冲突论

冲突论指出,社会成员为了稀缺资源而斗争。在我们的社会里,因为麦当劳化的过程,稀缺资源一般指财富和权力。短期的获益增加了少数人的财富和权力。而社会付出的代价是不相干的。拉斯维加斯的赌场常常从并不富裕的人们身上赚钱。这些消费者为娱乐的价值观而赌博,并且相信赌博可以让他们变得富有。实际上,这就是赌场老板为什么更加富有的原因。

> 你的国家正失去传统价值观而转向世俗价值观吗?

符号互动论

符号互动论者认为文化植根于生活于其中的人们所表达的价值观中。政治家们用语言清晰地传达出他们认为重要的东西。成功的候选人能从广泛的人群中拉到选票。因此,一般来说,他们没有极端的价值观。在今天的社会里,许多人从电视新闻里获得有关政治家的信息。尼尔·波兹曼指出,新闻节目采用政治家的声音节录并用简单的短语来概括他们复杂的观点。人们真的能从简单句子中理解政治家的价值观吗?

总 结

什么是文化?

- 语言、信仰、价值观、规范、行为方式以及一个社会中传承给后代的重要物质遗产

文化之间有何差异?

- 语言、体态语、价值观、观念、类别化的经验、行为、规范、社会结构的相互作用、稀缺资源的争斗

第4章
社会结构与人际互动
——微观和宏观的视角

- 社会结构的构成要素是什么？
- 三种分析范式是如何看待社会结构的？

上大学时，我曾经兼职做过园林维护工，期间，我亲身体会到了拉蒙在《劳动者的尊严：伦理道德与种族、阶级、移民的界线》(The Dignity of Working Men: Morality and the Boundaries of Race, Class, and Immigration)一书中所描述的这种联系。大多数与我一起工作的人都有高中文凭，但他们从未想过去做一些非体力劳动的工作。虽然那个时候我们都很穷，但我能注意到在生活机会的理解和解释上，白人与少数群体有着明显的差异。有一天，过来一个乞丐，伸手向我们要1美元。我的一个白人同事工友立即进入一种勃然大怒的状态，用尖酸刻薄的语气指责那个乞丐生性懒惰，不肯自食其力，差点没动手打他。这时，我看到一个墨西哥裔的美国人把手伸进了口袋，掏出1美元给了那个乞丐。我一直弄不明白，怎么会有这么明显的差异？现在，我知道了，这就是拉蒙所说的道理：个体决策取决于一些大的宏观要素，在这个例子里，宏观要素就是种族。

拉蒙认为，一个人的种族出身可以左右他或她对一些大的社会问题，比如贫困的看法。举例来说，美国白人更倾向于把经济上的成功与否归因于个体或道德因素，而非洲裔美国劳工则会把贫困看作社会结构不合理的结果。不管观察哪个社会，你都会发现小范围的人际互动和大规模的社会结构要素之间存在一种关联，共同构成一个社会世界。

主题：社会结构的构成要素是什么？

◎ 宏观社会学和微观社会学

在热播电视剧《迷失》(Lost)的开篇，大洋航空公司的815次航班在海面上坠落，机上的幸存者被海水冲刷到一个无名小岛上。惊魂未定之余，一些人开始搜寻这个小岛，以期发现一些生命或危险的迹象。另外一些人在飞机残骸里寻找食物和水。还有一部分人竭力扑灭来源不明的滚滚黑烟，同时还要驱赶入侵的北极熊。这是一部虚构的电视剧，但你可以设想当时的情景。很快，分工职位和社会角色就建立起来了。这些幸存的人都有了自己的职业：猎人、战士、建筑工人、厨师等。

不久，人们就发现，援救不可能在短时间内出现，所以他们千方百计救人治病，防止犯罪，抵御外来的危险。规则制度一一建立起来。接着，领袖也选出来了。他们各尽其能，用自己的医学、户外和军事技能互相帮助，以求共同生存下来。

这个故事告诉我们一个什么道理？它突出了社会的两个重要构成要素：（大的）宏观结构以及（小的）微观互动。在那个荒岛上，幸存者建立起宏观结构来完成一些必须完成的任务，还发展出一些微观机制来保证整个群体正常运转。**宏观社会学**研究的是大规模的社会现象，重点关注社会结构，以及这些结构是如何形塑整个社会环境的。**微观社会学**研究的主要是日常生活中小范围的人际互动。

社会结构

你或许从未费脑筋想过一个社会是如何运转的。原因在于，我们通常都对社会结构有一个想当然的理解。**社会结构**指的是那些代代相传的（人际）关系模式。它们合理安排社会的各个系统，比如婚姻、教育和工作，有了这些安排，人们就可以合理有效地相互沟通，彼此之间才能融洽共处。

以你的角色——大学生为例。第一次上学报道之后，你很快就会明白，招生人员不是辅导员，找教授咨询经济资助的事可能得不到正确的信息。这些关系模式决定了他们各自的职能。学术信息找教员，学生贷款咨询找经济资助办公室的工作人员。这些关系模式不会随着时间的推移而改变，渐渐

宏观社会学：研究大规模的社会现象，重点关注的是一个社会的各种社会结构，以及这些结构是如何型塑整个社会环境的。
微观社会学：研究的是日常生活中小范围的人际互动。
社会结构：指的是具有某种固定模式的人际关系，相对稳定，代代相传。

地，成了一个大学独特文化的组成部分。

文化

文化（详见第 3 章）指的是语言、信仰、价值观、规范、行为和一些需要传给下一代的重要物件。文化嵌入在社会结构之中，与我们的日常生活息息相关，是社会的一个重要组成部分。

群体

群体指的是具有类似规范、价值观和行为方式，并且经常在一起交流、互动的一群人。俱乐部、政府机构、宗教团体，都是一个个群体。住在同一栋公寓楼里的人不一定是一个群体，因为他们可能很少一起活动。

社会学家查尔斯·库利（Charles H. Cooley）认为有两种类型的群体：初级群体和次级群体（Charles H. Cooley，1922）。**初级群体**是指规模小、人与人之间关系亲密而持久的人群。家庭和好朋友就是初级群体。**次级群体**是那些正式、人与人之间关系较为肤浅并且持续时间较短的人群。你和同学之间的关系可能就属于次级群体。这两种类型之间的界线通常并不明显，但在数量上，次级群体要远远多于初级群体。有关群体以及群际互动的更多内容，请参见第 6 章。

社会阶层

社会阶层（详见第 7 章）指的是权力、财富和地位相似的一群人。社会不同，阶层的重要性也不同。例如，在美国，工人阶级约占总人口的 30%（Dennis Gilbert，2003）。在大选期间，这个阶层往往摇摆不定。尽管我们通常都认为这是一个统一的联合体，但拉蒙的研究发现，工人阶级内部也存在分化，造成这种分化的原因很大一部分是种族差异。

群体：指的是具有类似规范、价值观和行为方式，并且经常在一起交流、互动的一群人。

初级群体：指的是规模小、人与人之间关系亲密而持久的人群。

次级群体：指的是正式、人与人之间关系较肤浅并且持续时间较短的人群。

社会阶层：指的是权力、财富和地位相似的一群人。

社会阶层归属对一个人的生活具有十分深刻的影响，尤其是寿命。有研究表明，阶层归属可以影响一个人的健康、幸福感和寿命长短。在英国，研究人员发现，职业女性的预期寿命要比非熟练女工高很多。

社会地位

到好莱坞任何一个著名的餐厅看看，比如 Spago's，你可能要等上好几个小时才能等到一张餐桌，前提是你首先要挤进去。当然，如果你是布拉德·皮特（Brad Pitt），或者安吉丽娜·朱莉（Angelina Jolie），那么你会被众星拱月一般簇拥着从正门入内，身边围着一大堆娱乐记者，一刻不停地狂按相机，恨不得把你的每一个动作都定格下来载入史册。那么，为什么会有这么大的差异？皮特和朱莉是当红影星，而你不是。你生活在一个被名望冲昏了头脑的社会里，名人具有某种特定的社会地位。**社会地位**指的是一个人在社会结构中所处的位置，通常与其社会阶层息息相关。一个人越富有、权力越大，社会地位就越高。一般来说，一个人的社会地位并不取决于他或她对社会的价值或贡献。例如，医生的社会地位很高，而清洁工常常被人看不起。但是，如果没有清洁工，那么社会危机要比没有医生出现得更早。

85.1 岁
社会阶层高的女性，比如医生、律师或会计，预期寿命为85.1岁

78.1 岁
社会阶层低的女性，比如非熟练手工劳动者、女佣或邮递员，预期寿命是78.1岁

资料来源：Data from the "Wealthy, Healthy, and Aged 85: The Women Living Even Longer" by Jill heerman.

社会地位：指的是一个人在社会结构中所处的位置，通常与其社会阶层息息相关。

社会学家把地位分成两种类型：自致的和先赋的。**自致地位**指的是一个人通过自己的努力获得的地位。读完大学，你就获得了大学毕业生的地位。**先赋地位**指的是被赋予或指派的社会地位。例如，帕丽斯·希尔顿（Paris Hillton）的名气就是先赋地位。她出生在一个声名显赫的亿万富翁家庭，她的名气是在红地毯上获得的，就这样毫不费力地当上了一个名流。这种名气不是她自己选择的，就像你不能选择自己的性别、种族和民族一样。先赋地位是我们一出生就具备的——我们无法选择。

大多数人一生都有好几个身份。例如，我是一个作家、大学教授、丈夫、儿子和哥哥，而这还只是一小部分。由于每一人在一生中都具有不同的身份，所以我们一般都只专注于其中一个**主要地位**。主要地位指的是对我们自己来说最为重要的一个地位角色，比如家长；或者是对他人来说最重要的一个地位，比如你的种族和经济条件。

一般来说，人们通常会张冠李戴，不顾专业领域的差异，认为那些地位高的人不管在哪方面都是专家。奥尔德梅多（Oldmeadow）等人的研究表明，一个人所处的地位往往会影响他人的印象（Julian A. Oldmeadow, Michael J. Platow, Margaret Foddy, and Donna Anderson, 2003）。通过对学生运动员的研究，奥尔德梅多等人发现，队长的地位往往高于其他队员（Julian A. Oldmeadow, Michael J. Platow, Margaret Foddy, and Donna Anderson, 2003）。并且，队员一般都会听从队长的建议，即使那些建议与他们所从事的运动毫无关系（Julian A. Oldmeadow, Michael J. Platow, Margaret Foddy, and Donna Anderson, 2003）。队长这个职位具有一定的权力。社会上的某些职位带有一种不容置疑的权威，比如法官、医生和教授。处于其他地位的人给出的意见则要打上一些折扣。例如，尽管学生更为了解某个特定领域的情况，但他或她还是会选择遵从教授的看法，因为教授处在一个特定的位置上，被想当然地认为是学识渊博的。

自致地位：指的是一个人靠自己的努力获得的地位。
先赋地位：指的是社会赋予一个人的地位。
主要地位：指的是我们倾注心血最多的地位。

地位和身份是一种十分重要的社会构造，原因在于，我们所处的位置决定我们应该扮演什么样的角色。

社会角色

一到教室，你会像平常一样来到自己的座位上坐下来。你不会走到教室的前面，站在讲台后面。你心里明白，自己的身份是一个学生，于是你就扮演学生的角色，而不是老师。**角色**指的是某个特定地位或身份的行为表现，你的地位和身份影响你所扮演的角色。如果在没有提前通知的情况下，教授要你上台做报告，你可能会觉得什么地方出了问题。这是因为我们一般都对怎么扮演自己所承担的角色有特定的期待。

角色期待指的是人们对某个特定角色有具体的行为期待。去医院看病时，你会按照医生的要求做，即使你以前没有见过这个大夫。这是因为双方所处的位置规定了各自的角色。但是，如果那个大夫语气粗鲁，或者对你的病明显不感兴趣，你就会说，他或她的"职业态度不好"。当一个人没有满足我们对他或她的角色期待，其行为没有我们想象的那么得体，那么我们就会觉得这个人能力不行。

生活中充满了角色期待。当你说"日子不好"的时候，通常是因为你期待这个日子会发生一个特定的事件，结果却没有。我们会根据一个人是否按照我们的期望来扮演其角色来评估他们的**角色表现**。角色期待有时候是合情合理的，有时却不可理喻，记住这一点很重要。如果你期望你的老师把这门课讲得像步态舞一样，那你可能就会失望，因为你的期待不合情理。如果课后你到评师网把你的老师说得一无是处，那是因为你根据自己的角色期待对你老师的表现作出了负面的评价。

罗伯特·默顿还分析了角色的其他一些组成要素（Robert K. Merton, 1968）。我们都在同时扮演着各种不同的角色，这些角色加在一起，构成了我们的角色丛。作为一个大学生，你还可能扮演着其他一些角色，比如父

角色：指的是一个具体地位的行为模式。
角色期待：指的是对某个具体角色的行为期待。
角色表现：指的是一个人的行为是否符合角色期待的要求。

母的宝贝孩子、员工、家长或者配偶，此外，当扮演这些角色的时候，你可能会发现有时候这些角色的要求之间会发生对立和冲突，而你必须作出选择——这种现象就是所谓的**角色冲突**。比如，作为一个学生，为了第二天的期末考试，你必须熬夜复习；碰巧，当晚是你父亲的退休庆祝晚会，作为一个儿子，你必须赶去参加，这个时候，角色冲突就发生了。

除此之外，我们还可能感受到**角色紧张**。这指的是对某个角色的要求和期待过高，我们无法达到或满足的情况。比如，星期六你想去参加一个舞会，但你又要准备下周一的期中考试，这时你感受到的就是一种角色紧张。

我们通常都感受不到地位、身份和角色对我们生活的影响。在一个杂货店，我们会期待收银员把钱拿走，然后马上找还零钱。如果他或她嘟嘟囔囔，闲话很多，我们就会不耐烦。这里，环境影响了我们的角色期待。

举个例子，在伊朗，国家的最高领导人是宗教领袖，同时还拥有政府的最高决策权。而总统的政治权力很小，尤其是在政府决策上。这与美国形成鲜明的对比，在后者的国土上，宗教领袖可以影响政治决策，但不能直接制定法律和政策。不同的社会拥有不同的地位、身份和角色设置。

污名

坐过牢的人都会跟你说，"外边的"生活十分不容易。这是因为，这些刑满释放的人身上一辈子都贴着"有前科"的标签。换句话说，我们在这些有前科的人身上标上了一种**污名**，或者说是一个不光彩的标签，把他们和某种特定的地位、身份、特征或某个具体的人联系在一起。有时候，一个人的年龄、宗教信仰、性取向、经济条件或种族也会导致污名化。

社会学家埃文·戈夫曼认为，我们都有一个希望别人接受的理想身份（Erving Goffman，1963）。不幸的是，污名把我们拉回到现实生活，告诉我

角色冲突：*指的是多个角色的要求之间发生矛盾、对立的情况。*
角色紧张：*指的是一个角色的要求和期待无法实现的情况。*
污名：*指的是一种与某种特定的地位、身份、特征或某个具体的人相联系的不光彩的标记。*

们理想和现实是有差距的。污名分两种——**显性污名**和**隐性污名**。无法掩饰，或者无须对人隐瞒的是显性污名。身体残疾的人就带有显性污名。隐性污名可以隐瞒，比如一个人的性取向、性病和犯罪记录等。

社会变迁阶段

随着时间的推移，社会也在向前发展，人与人之间的社会互动变得越来越复杂。人口膨胀，技术进步，导致社会更加多元，各种社会结构也随之发生变化。有少数学者坚持用进化论的观点来看待社会的变化，美国社会学家格哈德·伦斯基（Gerhard E. Lenski）就是其中之一。在这些学者看来，社会的进化分为四个阶段——狩猎和采集社会、农耕社会、工业社会和后工业社会（Gerhard Lenski, Jean Lenski, and Patrick Nolan, 1990）。

狩猎和采集社会

你有没有想过这样一个问题：假如你被迫成为一个猎人或者采集者，你怎么想办法让自己活下去？前阵子，我和几个朋友去明尼苏达州北部的边界水域泛舟区野营。在那种地方，你身边只有你自己带来的一些东西。肚子饿了想吃东西，就得学捕鱼。在那里，我们的日子过得并不好，我费了好大劲才抓到一条鱼，但根本不够吃。幸运的是，我们的背包里有脱水食物，够我们吃饱肚子。

当然，原始的猎人和采集者没有脱水食物可以吃，但还是艰难地生存了下来，他们把大部分时间和精力都用在寻找食物上。考古发现证明，大概距今50 000年前，人类就开始靠狩猎和采集食物生活。从新石器时代开始，早期的人类过着群居生活，大约150人一群，一起打猎、采集食物，这样过了差不多2 000代。期间，他们的文化和人口变化都很缓慢。（Douglas S. Massey, 2002）

在狩猎和采集社会，一个人的地位和角色是紧密联系在一起的。因此，部落领袖一般都是最强壮的人或最优秀的猎手。伦斯基认为，由于这种类型

显性污名：指的是无法掩饰或者无须隐藏的污名。

隐性污名：指的是可以隐藏、不让别人知晓的污名。

的社会角色很少，所以劳动分工也很有限（Gerhard Lenski，1966）。为了生存，每个社会成员都必须参与食物的生产。

适应环境变化的猎人和采集者成功地活了下来。地理学教授贾雷德·戴蒙德（Jared Diamond）向我们展示了这样一个关系：食物的供给和自然资源在很大程度上决定了一个社会的形态（Jared Diamond，2005）。与生活在寒冷气候里的人相比，生活在食物充足地区的人可以靠打猎和采集生活更长的时间。地理环境的差异促使人类开始创新。例如，在适合庄稼生长、气候适宜、动物可以繁衍的地方，人类就开始从事农业劳动，驯养动物。这种转变把人类带进了农耕社会。

农耕社会

大约距今10 000年前，人类开始从狩猎和采集社会过渡到农耕社会（Douglas S. Massey，2002）。这个变化导致社会变得更加复杂。伦斯基等人把农耕社会分为两组：（1）园艺和驯养社会；（2）耕作群体。（Gerhard Lenski, Jean Lenski, and Patrick Nolan，1990）

狩猎和采集社会	园艺和驯养社会		农耕社会
猎人和采集者学会了制作石器和青铜工具，为自己修筑简单的栖居之处	人类学会了养殖一些动植物	食物的增加导致人口规模扩大	城市开始增加，技术工人出现，文明之间的贸易往来越来越多
一个个小规模的游牧部落，为了寻找食物四处迁移	猎人和采集者开始在气候适宜的地方种植作物	早期的农民和牧人慢慢定居下来，永久性建筑出现	耕犁的发明开启了农耕社会的大门

△ 社会变迁阶段

园艺和驯养社会出现在人类学会驯化动物和植物之后。一开始，为了获得食物，人类学着用简单的工具耕刨土壤，把种子埋进去。慢慢地就发现，有一些植物可以在松软的土壤里生长。类似的，他们还发现可以把一些动物圈养起来，像奶牛、山羊、鸡等，这些动物增加了食物的供应，人类不用像以前那样为了搜寻吃的东西而到处颠沛流离了。（Gerhard Lenski, Jean Lenski, and Patrick Nolan, 1990）

大约距今 5 000 到 7 000 年前，有一些部落进一步向前发展。最早的犁由坚硬的石块、木头或金属制成，由动物拉着来掘挖土地，这以后，以前不能使用的土地也可以用来耕种了。食物骤增导致了城市高速发展（Gerhard Lenski, Jean Lenski, and Patrick Nolan, 1990）。这些农耕性质的城邦—国家一般规模都很大，人口可达 100 多万。农耕社会大约延续了 500 代。（Douglas S. Massey, 2002）

工业社会

17 到 18 世纪之间，西方社会经历了一场工业革命。复杂的机器，比如蒸汽机，促进了工业的发展。用蒸汽机来驱动的机器可以一刻不停地重复一个简单的动作，速度很快，从而提高了人类的劳动效率（Gerhard Lenski, Jean Lenski, and Patrick Nolan, 1990）。纺织业得到了革命性的发展，人类再也不必用手工来纺纱织布了。机器替代人工，大批量地生产布匹，从而极大地降低了劳动成本。

用技术来生产商品这一基本理念大大地增加了工业社会的剩余产品。早期的拖拉机让可耕种的土地越来越多，机械化大幅度提高了农业技术。现在，人类用较少的劳动力就可以生产出足够的粮食来养活所有人口，这进一步促进了劳动的专业分工。结果是，新的工作岗位不断涌现，最终导致了新的地位、身份和角色。

伦斯基等人认为，实际上，工业社会的不平等程度要比农业社会低很多（Gerhard Lenski, Jean Lenski, and Patrick Nolan, 1990）。这主要是因为技术的进步和剩余产品的增加普遍改善了生活的水平。在工业社会，即使是最贫穷的人也可以享受在农业社会无法得到的商品和服务。工业社会导致了工人阶级的出现，拉蒙的《劳动者的尊严：伦理道德与种族、阶级、移民的界线》一书研究的就是这一类人群。

在一些地方，工业社会只持续了 9 代，其他地方可能要更长一些。随着一种全新社会形式的出现，一些地方进入了后工业社会（Douglas S. Massey,

2002）。

后工业社会

后工业社会这个概念指的是以服务和技术创新为基础，而不再以生产和制造为主的经济形态。这种类型的社会依然需要基本的食物和商品，但都从其他国家进口。在此之前，一个社会完全依靠自身的自然资源就能维持正常运转。但后工业社会无法实现自给自足，而必须从其他国家进口能源、食物和商品。这些社会的一个显著特征，就是高度倚重电子技术，随着微电子芯片或者集成电路的发明，后者呈现指数级的增长。

社会学家丹尼尔·贝尔（Daniel Bell）认为，后工业社会具有三个主要特点：（1）从制造业转向服务业；（2）整个社会都建立在科学创新的基础之上；（3）出现技术精英群体。这些特征导致社会的地位、身份和权力结构都发生了深刻的变化（Daniel Bell，1973，1999）。财富的创造不再仅限于控制土地或者建造工厂。权力和财富集中在那些控制和开发最新技术的人手里。所以，比尔·盖茨（Bill Gates）才能通过开发电脑软件成为全世界最富有的人。

	新的职业出现，比如科学家等，提高了人类对物理世界的认识	城市化提高了安全等级，人类开始管理废物、垃圾和资源		经济的基础从制造业转向服务业和新技术	国与国之间对资源的争夺加剧，谁掌握了新技术，谁就拥有主导权力
技术发明，比如蒸汽机，解放了人类劳动，机器大生产代替了手工劳动	食物的增加，以及对疾病的理解的加深，延长了人类的寿命		工业化的扩张增加了对资源和能源的需求	微电子芯片促进了生物医学和基因工程学的进步，人类寿命得到进一步提高	
	工业社会				后工业社会

在后工业社会里，财富和商品大量剩余。在所有的社会形态里，它们的物质文化最为发达。想一想，就连你最穷的邻居家里都配上了电话和电视。尽管这些社会在居住地点或管理方式上没有太多新颖之处，但技术的进步扩

大了劳动分工，国与国之间的相互依赖程度大大增加。

社会制度

狩猎采集社会、农耕社会、工业社会和后工业社会在形式上迥然各异，但它们也有共同点，就是都有社会制度。**社会制度**就是提供模式化关系的结构。

换句话说，角色、地位和身份都是预先设定好的，社会成员只需像穿衣服一样，"钻"进去就行。社会制度的具体内容会因社会和文化的差异而有所不同，认识到这一点十分重要。

家庭

我们要在第14章详细讨论的家庭，是一种具有文化普遍性的社会制度。纵观人类历史，家庭的形式或许发生了很大的变化，但家庭这个制度一直延续至今（Stephanie Coontz，2005）。家庭教会我们人与人之间要互相分享、互相帮助。它是我们获得安全和保障的地方，也是社会传递重要价值规范的途径，更是抚育孩子、赡养老人的场所。

教育和宗教系统

另外还有两个具有文化普遍性的社会化制度：教育和宗教（详见第15章）。教育系统可以把知识和信息传递给社会的新成员，并且形式多样，既有正式的教育，也有非正式的教育。

每一种宗教都带有某种教育系统，尽管并不是每一个孩子都会加入这种教育系统。

文化不同，宗教信仰也存在极大的差异，但是，大多数宗教都是通过一个有组织的信仰体系把信徒团结在一起的。由此，宗教可以促进社会稳定，给人们提供一个生活的参照框架。

社会制度：提供模式化关系的结构。

经济系统

从最早的狩猎采集社会一直到现在，社会都需要一种制度，来帮助人们获得他们需要的东西。经济系统（详见第 16 章）就是这样一种制度，有了它，消费、生产以及商品的流通就能井然有序地进行。举个例子，你想要一台新电视，你知道怎么用钱从商家手里买。没有经济系统，人们要么干脆不要，要么就去偷。这两种选择都会给社会造成危害和混乱。

最初，经济系统就是以物换物。随着社会变得越来越复杂，可以流通的硬币和纸钞成了价值的唯一评估标准，这使得商品和服务的交易变得更加快捷和便利。尽管以物换物被看作一种古老的经济系统，但在现代社会，我们也可以在网络上看到类似的例子，比如 Craigslist。这个美国分类广告网站给网友提供了一个免费张贴分类广告的平台，包括招聘、实习、房地产、个人信息，无所不有。

要使一个社会的经济系统正常有效地运转，我们必须设立一些必要的规则。这就是为什么每个社会都有政治和法律系统来专门制定各种规则。

政治和法律系统

自从狩猎—采集部落推选出第一个酋长以来，人类就一直在和政治打交道（详见第 16 章）。政治系统指的是社会的权力分配体系，无论独裁制还是民主制，权力都是必不可少的一个组成部分。政治是如此之重要，如何行使权力同样很关键。

为了明辨是非，政治权力制定了法律和规则。所以，政治和法律系统是一个相互联系的整体。当掌握权力的人看到一些事情不合情理，他或她就可能会制定一个法律来弥补这种缺陷。法律系统的作用是执行政治系统指定的法律，以维持社会秩序，促进社会团结。

每个社会都会有家庭、教育、宗教、经济、政治和法律，尽管具体形式各不相同。这使得这些社会制度成了一种社会事实。我们已经看到，社会越是向前发展，它的形式就变得越复杂；这种复杂性中包含了对原有生活和思维方式的替代。

2006 年世界各地初中净入学率	
发达地区	92%
发展中地区	54%
非洲撒哈拉以南地区	25%
大洋洲	33%
南亚	54%
西亚	58%
北非	60%
非洲东南部	63%
拉丁美洲和加勒比海沿岸	67%
东亚	68%
欧洲东部和南部的转型国家	84%

资料来源:Data from the United Nations, *The Millennium Development Goals Report*, 2007.

把社会凝聚在一起

1999 年 5 月 3 日,龙卷风肆虐美国中西部地区。灾难刚刚结束,我就志愿报名去帮助那些受灾的人。作为一个社会学家,我对于人们的慷慨感到十分惊讶。我们所要做的,就是告诉媒体我们需要什么东西,一旦消息传出去,东西很快就会运抵灾区。为什么?因为这场席卷一切的龙卷风把中西部地区的人们团结了起来。

到底是什么把一个社会凝聚在一起?团结。团结是把一个社会结合在一起的"黏合剂"。

机械团结和有机团结

回顾一下前面的内容,我们在第 1 章里讲到埃米尔·涂尔干,以及他关于团结、共享价值、社会需求和信仰的观点。他认为,简单社会的特征是机械团结,而复杂社会则需要有机团结才能把社会各个部分凝聚在一起。在靠机械团结结合起来的社会里,团结的基础是共享的信仰和实践。

而在有机团结的社会里，社会是靠人与人之间的相互依赖结合在一起的。涂尔干的思想激发了德国社会学家费迪南德·滕尼斯（Ferdinand Tonnies）去分析社会的形式是如何影响人与人之间的互动模式的。

共同体与社会

社会可以分为两个互不相同的种类：共同体和社会（Ferdinand Tonnies，1887）。共同体指的是基于友谊和亲属等私人亲密关系的群体，比如家庭。社会的形式也会影响群体的类型。比如，一小群猎人和采集者就可以生活在一起，因为他们基本没有劳动分工。这种社会形式导致他们发展出共享的价值、目标和信仰。

我们通常还跟一种叫做社会的群体打交道。在社会里，人际关系更为正式和非人格化。城市生活到处充斥着非人格化的互动和交换，这种情况多见于工业社会和后工业社会。在这类社会里，社会地位、身份、角色和社会阶级变得非常重要。你会注意打扫教室的清洁员吗？一般不会，你注意到的是座位和地板都是干净的。滕尼斯认为，随着社会变得越来越复杂，很多人际互动都会不可避免地变得非人格化。

仔细分析这些观点，你会发现，大城市的人际关系一般都是社会，而小地方则更接近共同体。也就是说，和你直接打交道的人群的多少和大小会影响你的日常生活（Steven Brint，2001）。这个现象促使社会学家去寻找其他一些共同的行为模式。要做到这一点，我们就应该把目光从大规模的宏观观察转向对小规模现象的社会学研究。

◎ 微观视角：社会互动

一般来说，宏观视角想当然地认为社会是存在的。此外，相对来说，宏观视角对于社会的凝聚方式不怎么重视。因此，符号互动论学者一般都研究这个社会是"如何"成为现在这个样子的，而不怎么关注它现在是"什么样子"。他们不去挖掘是什么把社会黏合在一起，而是去研究社会是如何凝聚在一起的。

人际沟通就是这"如何"的一个组成部分。然而，人际沟通不仅仅是简单的交谈和说话。要做到有效的沟通，我们需要很多信息，包括语言、身体距离，等等。其中，个人空间就是我们每个人身体周围的一个无形肥皂泡，这个空间把我们与其他人隔离开来。

个人空间

如果在说话的时候，一个人和你站得很近，你会有什么感觉？有点不舒服，是不是？即使他或她是你的一个朋友，你还是会本能地往后退。

我们对个人空间的感觉一般取决于场合和交往的对象。例如，检查身体时，医生就要进入你的**个人空间**。换一个场合，你就不会允许别人这么做。文化不同，个人空间的大小也不一样。爱德华·霍尔（Edward Hall）认为，美国人的个人空间分为四类（Edward T. Hall，1966，1982）。

1 亲密距离是留给我们非常亲近的人。这个距离大约在 0 到 0.5 米之间。一般来说，只有在亲密接触时我们才会和人靠得这么近，但这也会随着环境、场合的改变而变化。

2 私人距离大概在 0.5 米到 1.2 米之间。我们常见的一般性谈话都发生在私人距离之间。和朋友说一个秘密时，你会自然地把身体靠近对方，这时私人距离就可能变成亲密距离。一旦结束了窃窃私语，你会自动回到私人距离。

3 社交距离大约在 1.2 米到 3.7 米之间，这通常发生在正式场合。例如求职面试时，你就会坐在社会学家爱德华·霍尔所谓的"社交距离"之间（Edward T. Hall，1966，1982）。在这个距离里发生的社会互动通常都不涉及个人隐私。交谈的双方可以听见彼此说话，但都不认为会和对方发生什么友谊。

个人空间：指的是我们每个人身体周围的一个无形肥皂泡，这个空间把我们与其他人隔离开来。
亲密距离：指的是好友之间的空间距离。
私人距离：范围从 0.5 米到 1.2 米之间，这是最常见的人际交往距离。
社交距离：范围从 1.2 米到 3.7 米之间，一般出现在正式交谈场合。

4 公共距离指的是在非常正式的场合里互动时人与人之间的距离，一般都超过 3.7 米。上课时，你坐在教室的后面，这时你和老师之间的距离就是公共距离。还有就是政治演讲、教会的礼拜，以及其他一些正式的活动。说话的人和受众是分开的，而且，一般来说，受众都十分尊重和敬仰在台上说话的人。

戏剧理论

"世界就是一个大舞台。"莎士比亚（Shakespeare）在《皆大欢喜》（*As You Like It*）中如是说。虽然不是一个社会学家，但这位诗人的比喻可以说是精妙绝伦、恰到好处的，尽管他自己可能没有意识到这一点。欧文·戈夫曼建立了一套戏剧理论，用来解释人与人之间的日常互动行为。他认为，生活就好比是在舞台上演戏（Erving Goffman, 1958）。不管是什么场合和情形，社会行动者都会带着两个不同的自我进行表演。第一个自我就是上台表演的人，总是试图给人留下一个他或她自己喜欢的印象。戈夫曼把这种努力和做法叫做**印象管理**。

例如，在一家咖啡馆，当你发现一个坐在角落里喝冰镇摩卡的人很性感，你可能会想过去搭讪。你起身向他或她走去，装作"很酷的样子"。这时，你就来到了**前台**，大家都能看见你的表现。我们的大部分时间都是在前台度过的。

当然，除了在前台的表演，我们还会有一些其他的行为。**后台**就是我们真实的情感、想法和行为。大多数人都不会让别人看见自己在后台的表现。只有在非常要好的朋友和家人面前，我们才会做回真实的自我。

回到咖啡馆的例子，我们假设当你向那个人走去的时候绊了一跤，摔倒在地上。很显然，你会感到很尴尬。当意识到自己的表演失败时，我们就会

公共距离：指的是非常正式的场合里人与人之间的距离，一般都大于 3.7 米。
印象管理：我们有意识地管理别人对自己印象。
前台：观众看见的部分，或者是我们展现给人们的一面。
后台：我们真实的情感、信仰和行为。

感到**尴尬**。一个人很难做到在摔倒的时候还看上去很酷。当出现这情况时，我们会进行一些弥补工作，来**挽回脸面**。一般来说，我们会通过三种方式来达到这一目的：幽默、愤怒或者抽身而退。

幽默能让你把尴尬的场合变成一个自嘲的笑话。这会引起对方的注意，因为你在嘲笑你自己。

第二种方式是生气和发怒，比如咒骂。这是在向周围的人传递一个信号：我是很有能力的，虽然我跌倒在地上。

第三种方法很简单，就是起身离开。毕竟，表演失败了。这时，我们恨不得立马消失，离开这个地方。基于这种方法，美国西南航空公司拍摄了一个题为《只想离开》的系列广告，表现了人们在一些不自在的场合下的

社会学思考　　社会阶级和角色特征

在《劳动者的尊严：伦理道德与种族、阶级、移民的界线》一书中，拉蒙向我们描述了劳动者阶级是怎么看待上层阶级的。许多工人认为，一个人的阶级属性带有一系列具体的特征。比如，一个"汽车技师认为自己属于中产阶级，因为他赞同'这样一种观念，即我对与自己切身相关的东西不感兴趣，而是更关心其他一些事物'。对于我来说，这就是中产阶级的定义"（Michèle Lamont, 2000）。工人阶级从中产阶级身上接触到这些观念，认为自己在道德上不够高尚。他们认为，中产阶级有意识地和那些"与自己不是一路的人"保持距离（Michèle Lamont, 2000）。他们可以给中产阶级描述一系列特征，比如反应迟钝、势利、心胸狭隘等。

一般来说，当听到类似于工薪阶级、中产阶级和上层阶级的概念时，人们一般会联想到职业、收入，而不是某些具体的特征。但问题是，职业和收入是不是也带有某些具体的人格特征呢？

> **尴尬**：指的是表演失败的情况。
> **挽回脸面**：就是一个人在尴尬时的表现，比如幽默、愤怒或者离开。

链接　通过印象管理获得工作上的成功

不管是在哪里开始职业生涯，我们都希望能够在那儿攀上成功的阶梯。方法其实很简单，你只要按照下面的几个步骤做，就能引起老板的注意，获得他或她的好感，最后一步步实现搬进梦想中的办公室的愿望。

通过研究，韦恩和利登向我们展示了这样一个结果：成功的印象管理技巧与员工的绩效评估之间存在一种正相关关系（Sandy J. Wayne and Robert C.Liden, 1995）。他们发现，有三个因素影响一个员工的绩效评估：人们的相似程度、以老板为中心的印象管理和以自我为中心的印象管理。**人们的相似程度**说的是你的种族、性别或者年龄与你的老板、同事或其他人的相似程度。**以老板为中心的印象管理**指的是拍老板马屁，与老板保持意见一致（或者至少尽可能地避免与他或她发生冲突）。**以自我为中心的印象管理**包括低调处世，不夸耀自己的成就（即使这些都是假装出来给别人看的）；偶尔适当地吹吹牛，说说自己有多厉害；以及与人为善，用微笑和眼神向别人展示你的友好与自信。

大多数人喜欢那些喜欢自己的人，老板也不例外。用上面的以老板为中心的印象管理，加上以自我为中心的印象管理技巧，你的职业生涯就会像芝麻开花节节高，有朝一日，也会有员工使用印象管理来讨好你。

活动　下次你和朋友一起玩的时候，把你的朋友当做你的老板，然后试试上面所述的印象管理技巧。把你朋友的反应记录下来，下次课上与同学一起分享你的发现。

人们的相似程度：说的是你的种族、性别或者年龄与你的老板、同事或其他人的相似程度。

以老板为中心的印象管理：指的是拍老板马屁，与老板保持意见一致（或者至少尽可能地避免与他或她发生冲突）。

以自我为中心的印象管理：包括低调处世，不夸耀自己的成就（即使这些都是假装出来给别人看的）；偶尔适当地吹吹牛，说说自己有多厉害；以及与人为善，用微笑和眼神向别人展示你的友好与自信。

感受。

戈夫曼指出，聪明人一般都不会轻易相信自己看到的东西，因为这其中的大多数都是前台行为。学会了其中的奥妙，我们就能利用印象管理来获得成功。看看韦恩（Wayne）和利登（Liden）的研究项目"与人建立关系"（Sandy J. Wayne and Robert C. Liden，1995），我们就能明白其中的道理。

社会学思考：三种分析范式是如何看待社会结构的？

现在，让我们把注意力转移一下，从具体的术语和概念转向用社会学的三种分析范式来透视宏观/微观世界。

◎ 符号互动论的一个例子：托马斯定理和现实的社会建构

从符号互动论的视角出发，我们可以得出托马斯（Thomas）定理："如果人们在主观上认为某种场合或者情境是真实的，那么它就是真实的。"（W.I. Thomas and Dorothy Swaine Thomas，1928）这个定理说的是现实的社会建构。

回顾一下本章一开始提到过的内容，讲的是种族归属可以影响一个人看待事物的角度。白人一般都把成功看作一种个体的成就，对于机会不平等或者扶持行动之类的话题则不是很感兴趣。很多非洲裔美国人也相信"美国梦"，但他们心里明白，要想实现自己的美国梦，必须克服很多障碍。两类群体都相信，只要努力，就能成功；但对于实现成功所要付出的代价和成本，则有各自不同的看法。什么是社会现实，这个问题取决于每个人是怎么建构这个世界的。建构论强调个体的力量，但不否认社会结构及其影响的重要性。社会结构的意义是我们赋予的。

◎ 功能论的一个例子：社会结构的功能及其基本特征

一般来说，在研究一个问题时，功能论者关心的是：各个不同的要素之间是如何协调配合，从而形成一个有机整体的。各种社会制度和社会结构承担了一个社会正常运转所必需的基本功能。你们在后面的章节里将会看到，几乎所有的社会领域都可以用一套一般性的功能主义框架来分析。涂尔干把这些基本的功能及其特征叫做"功能先决条件"（Emile Durkheim, 1895）。在塑造社会结构时，一个社会必须完成五个基本的任务或者说步骤，分别是：（1）适应和置换；（2）社会化和培训；（3）生产和经济；（4）社会秩序；（5）整合和目标。

适应和置换 一个社会要想有效运转，满足各种必需的功能，就必须依赖一些资源来生存下去。贾雷德·戴蒙德认为，社会必须完成一些具体的任务，比如适应环境的变化，要不然就会分崩离析（Jared Diamond, 2005）。适应环境的重要性还体现在，社会与社会之间的关系是在不断变化的，因此，社会的适应功能应该能容纳这种变动的关系。

除了适应自然环境和政治变革之外，社会还必须有置换功能，即用新的人口来替代那些死亡或退出、离开的成员。没有这个置换过程，一个社会是不能长久生存下去的。

社会化和培训 与人口置换密切联系在一起的，是新成员的社会化和培训。孩子出生后，需要通过社会化让他们融入整个群体。社会化和培训对于一个社会来说至关重要，因为孩子们就是通过这些过程才学会如何做一个合格的成员，社会的各种角色和职位就是这样分配和传递下去的。在"传统社会"，角色的分配带有很浓厚的性别分工，男人打猎，女人在家照顾孩子。在后工业社会，社会化和培训在形式上更加正规，比如通过学校教育，让新成员学习一些必要的社会规范。

没有意义和符号，人与人之间就无法交流，社会也就无法维持正常的运转。为此，社会创造出了一个符号系统（包括语言和手势）让新成员来学习，由此把必要的信息一代代地传下去。社会化的场所有很多，如学校、家庭，以及媒体、宗教和其他一些形式不同的社会结构。

生产和经济 通过自然环境来获取一些必要的资源以维持社会的正常运转，是最重要的一个任务。简单社会只需就地取材，就能建立自己的物质文化；而复杂社会则需要与其他社会交换，才能获得自己所需的商品和服务（Jared Diamond，1999）。因此，后者需要建立一个经济系统，来简化商品和服务的交换过程。经济系统究竟有什么本质特征？不同的社会有不同的回答。尽管这样，人们都需要建立一种途径，来获得自己需要的商品和服务。

社会秩序 每个社会都有一些不守规则的人，所以，社会就设立了一些规则和惩罚措施，来对付这些违法者。在早期的简单社会，人们一般通过武力或者暴力来统治别人；但在复杂社会，纠纷都是通过法律程序来解决的。并不是所有的社会都会有成文的法律文本，但都会对自己的成员进行社会化训练，以促进社会秩序，维护稳定。

整合和目标 人类通过共同的思想、信仰和态度来实现社会的整合。美国的社会基础是共同的理想，而不是共同的文化传统。共同的理想把人们凝聚起来，为创建一个新的国家而奋斗。整合的另一个途径是某种目的感，即一个社会想要实现的目标。这种目标把人们团结起来，共同努力，克服困难（Emile Durkheim，1895）。

◎ 冲突论的一个例子：瓦解印第安人土著之社会结构和文化的计划与措施

要想理解微观和宏观要素之间的互动，我们可以以冲突论视角为例，来解释北美印第安人土著和欧洲殖民者之间的交往过程。需要注意的是，印第安人和白人之间的关系非常复杂，没有固定统一的模式，所以要想对其进行历史学和社会学的概括，是一项十分棘手的工作。

早在白人到来的很久之前，北美大陆就出现了各种土著部落文化。尽管彼此之间也有争斗，但这些部落还是联合起来，共同对抗欧洲人的入侵。到了后来，新来的白人傲慢地假设，这个大陆上的每一寸土地都是可以用来殖民的，这导致了冲突的升级。

在所谓的印第安战争之后，北美印第安人土著被迫开始进入美国化的过程。美国政府花了大力气，试图在微观和宏观层面同时改变土著人的生活，目的是让他们学会"美国人的生活方式"。这个同化的过程，就是要把土著人投入美国的"大熔炉"，重新改造他们的思维和生活方式（Evon Z. Vogt，1957）。

白人压制各种土著文化的目的，是为了控制土地和财富。为了应对这种做法，美国特意制定了一部《道斯法案》来帮助和保护美国土著。不过，这个法案却允许白人享有对黑人土地的监管权。所以，这些政策的结果，只不过是废除了保护区，目的是把土著改造成定居的农民。

最彻底的美国化形式或许是寄宿学校。这些学校的目的，是通过破坏土著的文化来"教育"他们学会"白人"的生活方式。印第安人小孩在很小的时候就离开父母，住进学校，接受"教育"。在学校里，他们不能说自己部落的语言。一般来说，孩子们不能回家看望自己的父母，一次也不行。这种美国化做法的目的，是要把土著的下一代改造成守法、听话的美国良民。在丧失控制自己生活的权利的情况下，这些孩子失去了自我，既不能融入白人主流文化，也回不到自己原来的土著生活（Colin G. Calloway，2004）。

就这样，土著的家庭和人口结构遭到了破坏，因为孩子被白人带走了，所以父母失去了自己的角色，孩子也得不到家长的爱护。这样做的后果是，整整一代人没有受到自己文化的教育。在白人看来，美国化是一个社会工程，目的是帮助土著融入主流文化；但土著却认为，这是一种文化意义上的种族大屠杀（Colin G. Calloway，2004）。

理论沉思

符号互动论

符号互动论者认为,要想弄清楚一个人对社会现实的看法,我们首先必须了解一些大的社会议题,比如工作机会、福利政策和失业状况。这些问题会对一个人的想法产生重要的影响,甚至可以改变他们对这个世界的看法。我们在前文提到,印象管理可以帮助你在事业上取得成功。你的老板可能还会考虑人口学因素。例如,在 2004 年的电影《撞车》(*Crash*) 里,一个名叫法尔哈德 (Farhad) 的波斯人开了一家小店,他固执地认为,一个西班牙裔的锁匠偷了他店里的东西。他坚持认为,西班牙人不可靠,这导致他自以为是,做出了一系列十分夸张的事情。

功能主义

社会设置和结构是一个社会必不可少的基本要素。社会学家相信,一个社会要想正常运转,就必须有五个基本的结构。然而,社会的需要得到满足并不意味着个人的要求也相应地得到了满足。美国有一个稳定的社会结构,但是,在美国,还有成千上万的人生活在贫困线以下或处于贫困状态。功能论者或许会觉得这很正常:经济系统就是要奖励那些有能力、积极向上的人,而那些相对来说懒散一些的人,则被甩在了后头。在拉蒙的书里,白人工人一般都倾向于站在功能论的立场上看问题,而少数民族工人则有另外一套想法。你觉得这是为什么呢?我们是不是应该重新思考贫困的根源?

为什么在美国,工人阶级和其他阶级之间存在如此明显的差异?

冲突论

冲突论者研究种族、社会阶级和不平等等问题。2005 年,卡特丽娜飓风席卷墨西哥湾沿岸地区,造成路易斯安那、密西西比和亚拉巴马州部分地区洪水肆虐。灾难过后,美国联邦政府的救援措施遭到了大量的批评。很多人认为,援助不够及时,是因为大部分受灾的人是黑人。一个人的社会阶级归属真的会影响他或她所受到的待遇吗?在《劳动者的尊严:伦理道德与种族、阶级、移民的界线》一书里,拉蒙一针见血地指出,在当下的美国,穷人与主流社会隔绝,成为一个弱势的边缘群体。在美国,大多数的公共住房项目里住的都是单一的种族。而在其他国家,比如法国,公共住房在种族和经济收入上更加多元。冲突论学者认为,美国存在一个其他国家所没有的不平等模式。

总 结

社会结构的构成要素是什么?

- 宏观社会学和微观社会学

三种分析范式是如何看待社会结构的?

- 功能论:社会设置和结构是一个社会的基本要素和功能
- 冲突论:一个社会存在一些特殊的结构和文化,损害弱势群体的利益,来为强势群体服务
- 符号互动论:现实是社会建构出来的,"如果我们认为某件事情是真实的,那么它就是真实的"

第5章

社会化——适应社会的过程

- 什么是社会化?
- 三种理论范式如何看待社会化?

在一个黑暗、阴沉的房间里，一个 13 岁的女孩被绑在一个儿童便溺座椅上。她几乎不能见到阳光，也不能与其他人接触。所有她能集中起来的就是喉音和几个认识的单词。不幸的是，这个女孩不是电影中虚构的人物；她是一个真实的女孩，科学家们把她叫做"吉妮"。吉妮完全没有任何社交技巧，就突然从她的房间来到了她没有任何经验的人类社会。

当吉妮最后在 1970 年 11 月获救时，专家们发现由于缺少照顾和关心，她无法与其他人交流。

一想到吉妮，我就想起了我自己的孩子，以及与他说话、给他读书、和他交流是多么的重要。这样的互动对于让一个孩子知道他是谁是非常重要的。里默揭示了这个问题：如果一个人在早年完全孤单地成长，那么会发生什么？科学能为这些做些什么？并且，缺乏早期社会化会对一个人造成长期的问题吗？

主题：什么是社会化？

你怎么知道说什么语言？红灯意味着什么？从你出生的那一刻起，你就被周围的世界社会化了。在我最近参加的一场足球赛中，一个年轻人在奏国歌时没有摘下他的帽子。一位老人被触怒了，他伸过手，从那个年轻人头上夺走了帽子。每个人的爱国主义观念都是不同的。人们如何学习这些不同的价值观？当然是通过社会化。

社会化是教会新的群体成员规则、价值观和文化的其他方面的过程。所以这是一个创造和保持团体成员关系的终生过程。无数的社会学家和心理学

社会化：是教会新的群体成员规则、价值观和文化的其他方面的过程。

家研究人们是如何社会化的,这使多种社会化理论得以发展。

社会化理论指出,我们成为什么样的人是我们周围环境的结果。第 1 章中提过,社会学家塔尔科特·帕森斯认为,社会化要求人们学习和内化社会的价值观(Talcott Parsons,1951)。 换句话说,我们将团体的价值观接受和整合为自己的价值观。这些社会价值观经常无处不在,不过它们常常是未被检验的。

社会化什么时候发生?帕森斯和贝尔斯(Bales)认为大部分社会化发生在儿童时期(Talcott Parsons,1955)。 奥维尔(Orville)将这个早期的社会化叫做**初级社会化**(Orville G. Brim,1966)。家长是孩子最早的老师,他们教会孩子价值观、社会规则、语言方式、宗教信仰以及一系列社会规范。然而,因为孩子也会影响他们的父母,所以社会化是相互的。在我有孩子之前,我以为我知道如何做好家长,但是当我试图去社会化他们的时候,每一个孩子都教给了我一些新的东西。因为社会化是无止境的循环过程,我们有时候是"社会化者",另一些时候又是"被社会化者"(Theodore E. Long and Jeffrey K. Hadden,1985)。这个动态的、持续贯穿于我们一生的社会化被称为**二次社会化**(Orville G. Brim,1966)。当你经历了使生活变化的事件——例如上大学、开始工作,或结婚——新的社会化就发生了。在我们生活的每个阶段,我们都会遇到新的规则、价值观和期望。我们学着去接受和整合它们以适应环境。在某种意义上,社会化过程造就了我们。这就是为什么吉妮的缺少初级社会化对她的一生有持续的影响。

◎ 自然和养育的争论——什么造就了我们?

正如一个理论家所说:"我们和其他动物,都是基因的产物。"(Richard Dawkins,1989)纯粹的"**自然理论**"理论家认为,我们在胚胎时就从父母那里继承的基因是人类行为的主要原因——简而言之,我们基因的组成决定

> **初级社会化**:是在儿童时期发生的社会化。
> **二次社会化**:是动态的、持续的贯穿于我们一生的社会化。
> **自然理论**:认为我们在胚胎中时从父母那里继承的基因是人类行为的首要原因。

了我们是谁。例如，如果一个生物学家研究吉妮，他就可能认为，吉妮的基因决定了她如何对付困境和从困境中逃生。如果她的基因组成是不同的，她从那间房间出现后就可能没有或较少有不好的影响。

在20世纪，社会学家们开始挑战生物学家们关于自然是决定我们是谁的唯一因素的观点。那些相信"**养育理论**"的人，例如哲学家约翰·洛克（John Locke）提出，我们的环境影响了我们思考、感觉和行为的方式（W. L. Reese，1987）。这种观点的支持者断言，社会化就像塑造一块泥土一样塑造了我们，特别是在儿童时期。许多养育理论家们相信是社会过程教会了人们他们是谁以及他们如何适应他们的世界。例如吉妮，她缺少这样的养育，

社会学思考　恒河猴研究

自然和养育哪个对于我们的生存更重要？为了找出答案，研究者哈里（Harry）和玛格丽特·哈洛夫妇（Margaret Harlow）对恒河猴进行了无数的实验（Harry F. Harlow and Margaret Harlow, 1962）。其中一个最著名的实验设计是测试哪一种需要更强烈：是对身体接触的需要还是对食物的需要。哈洛将猴子单独饲养，最后展现给它们两个人造的"妈妈"。第一个"妈妈"是一个简单的有着木头脑袋的铁丝框架，仅仅用来提供食物。另一个"妈妈"不提供食物，但是由柔软的材料制成。哈洛发现受到惊吓的小猴子在柔软的"妈妈"那里寻找安慰，而不是在喂它们的"妈妈"那里。他们得出了结论，母婴关系的关键因素不是提供食物，而是提供安慰。哈洛的发现虽然不能直接应用于人类的发展，但是支持了社会化的观点，即养育在正常发展中是一个重要的因素。

哈洛的结论支持吉妮的故事。吉妮的研究组认为，吉妮在出生时没有受到阻滞，但是由于她在早期生活中所失去的，因此她可能永远不能"正常"。她被拘禁的成长证明了对于人类的成长来说食物只是第二位的构成要素，而安慰是第一位的构成要素。吉妮因为没有社会化，所以她的成长过程受到了阻碍。

养育理论：认为社会环境影响我们思考、感觉和行为的方式。

因而她适应社会的能力就被严重影响了。

两方的极端拥护者都很难解决这个问题。虽然我们的基因确实并不必然支配我们的命运，但是我们的生物构成在与环境的相互作用中也确实是最重要的。发现这一点的生物学家和作家保罗·埃利希（Paul Ehrlich）支持一个混合的观点。在埃利希的书里，他写道："对于侵略行为、利他主义或非凡的领导能力，我们无法在 DNA 和养育之间区分责任。在许多这样的案例中，试图去区分自然和养育的贡献就像试图去区分长和高对一个三角形面积的贡献。这初看起来很简单，但是当你仔细地考虑时，会发现这是不可能的。"（Paul R. Ehrlich，2000）

野生和孤独的孩子

有关**野生**、被动物养大的孩子的传说，并不仅仅限于小说，如《人猿泰山》（*Tarzan*）或《丛林之书》（*The Jungle Book*）中。报纸和小报经常用耸人听闻的标题对发现这样的儿童进行特别报道。不幸的是，儿童被虐待他们的或者精神不稳定的父母监禁，这样的故事太多了。尽管这些故事经常出现在晚间新闻中，但我们很少发现甚至思考这些孩子的孤独会对他们产生什么影响。人际交往，或者缺少人际交往，会怎样影响我们成为什么样的人？

2008 年 4 月，关于约瑟夫·弗里齐（Josef Fritzl）的故事——一个澳大利亚的父亲将他的女儿监禁在地下室里长达 24 年——吸引了全世界的新闻报道和所有的有线电视新闻网络。在这段时间里，弗里齐不断虐待和强奸被他监禁的女儿伊丽莎白，甚至使她怀孕了 7 次。一个孩子死了，弗里齐和他的妻子养育了其中三个孩子，剩下的三个留在地牢里，很少与人接触。直到获救时，这三个孤独的孩子从没见过日光，他们只能用简单的咕哝和手势交流（Susan Donaldson James，2008）。孩子和他们的妈妈的未来可想而知。他们肯定要接受高强度的治疗，并且经过长时间的挣扎。这些孩子可能被社会化么？

当我们回头看吉妮的故事时，我们可以发现一些线索。她是 1970 年在

野生：意味着未开化的。

加利福尼亚被发现的。当官方将这个孩子带出房间的时候，他们立即为她进行治疗（Russ Rymer，1993）。一组被称为"吉妮小组"的专家发现吉妮不能正常走路，并且只能理解很少的词语。此外，她不能吃固体食物，还依然需要尿布。然而，在她获救后，吉妮迅速进步。她很快学会了穿衣服和自己去厕所，也学会了更正常地行走。她的语言能力也有所进步，并且在几个月内，她的词汇量从仅有的5到10个扩展到100个以上（Russ Rymer，1993）。

不幸的是，尽管花了大量的努力去帮助吉妮，但她永远无法赶上她的同龄人。"吉妮小组"总结称，她的发育被耽搁是因为在她的社会发展中缺少了一些关键点。社会化的缺失使她的大脑不能完全发育，吉妮现在必须生活在智障的人群中（Russ Rymer，1993）。

并不是所有野孩都这么难以社会化。伊莎贝尔（Isabelle）是一个野孩，她的祖父将她和她又聋又哑的妈妈锁在一个黑屋里。被发现的时候她已经六岁了。她只能通过她妈妈教给她的手势进行交流。专家们将伊莎贝尔带入了一个严格的社会化过程。令人惊讶的是，伊莎贝尔学习得很快。在两个月以后，她已经能够说句子，18个月后她掌握了1 500～2 000个单词。最后，伊莎贝尔能够去上学，并且与她的同龄人相比功能正常（Louis De Maio，2008）。

为了生活和正常发展，人们需要其他人。我们人类的自然不是必然出于本能的——如果是这样，吉妮就能够赶上她同龄人的发展。

对人们来说，被剥夺了人际交往可能比营养不良或身体上的虐待更有害。如果我们要获得全部的潜能，我们就需要别人来对我们进行社会化。在人生早期对我们的培养最终会影响我们是谁以及我们会变成谁。

◎ 社会化的理论家们

社会化这个过程被理论家们研究了几十年。许多理论家，从社会学家到心理学家，都已经对我们理解自身道德的发展做出了重要的贡献。就像一个永远不会结束的大学课程，我们卷入"社会化"中直到我们去世。在这个意

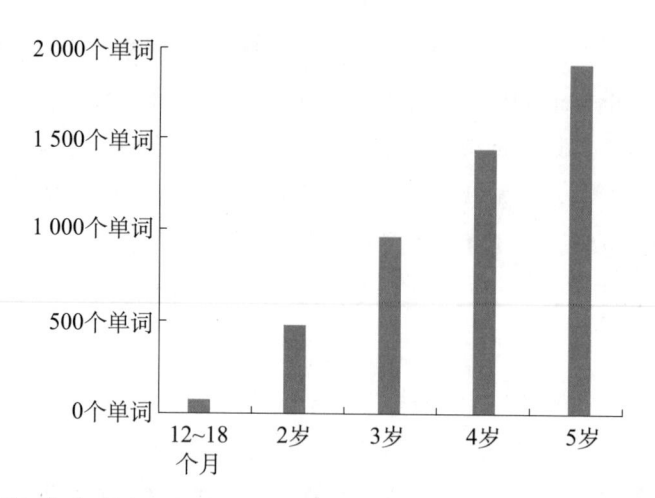

资料来源：Cacioppo, J. T., Gardner, W. L., &Berntson, G. G. (1997). Beyond bipolar conceptualizations and measures: The case of attitudes and evaluative space. *Personality and Social Psychology Review, 1*, 3-25.

> 在吉妮被营救之后，她的词汇发展到 100 个词以上。吉妮的词汇量与普通儿童的词汇量相比有什么不同？

义上，我们是在不断地了解我们自身。

库利的"镜中我"

查尔斯·库利是有关自我发展的中心理论家之一。他的"**镜中我**"概念指出，自我的发展是一个反射的过程，就好像镜子一样。这就是说，个人的自我也是通过与他人的互动建立起来的。根据库利的理论，这个过程包括三步：

（1）我们想象他人会怎样看待我们的行动。

（2）我们解释他人对我们行动的反应。

（3）我们发展出一个自我概念。（Charles H. Cooley，1902，1964）

虽然库利的观点是一个世纪以前产生的，但现代学者仍然感兴趣。当代研究"镜中我"过程的社会学家杨金图（King-To Yeung）和约翰·利瓦伊·马丁（John Lévi Martin），用库利的理论来检验自我理解的内在化

镜中我：认为自我的发展是一个像镜子一样的反射过程的理论。

(King-To Yeung and John L. Martin，2003）。他们的研究发现在总体上支持了这一理论。也就是，对他人对我们的认识的解释和内化构成了我们的自我概念。杨和马丁表明，关系的重要性是决定我们如何内化他人对我们的认识的重要因素。这就是父母对我们的影响比当地银行销售员对我们的影响大得多的原因（King-To Yeung and John L. Martin，2003）。

乔治·赫伯特·米德——自我的三个阶段

关于人类如何发展自我的另一个理论在符号互动者乔治·赫伯特·米德的《心灵、自我与社会》中得到发展。米德认为，自我是个人身份的一部分，包括自我知觉和自我形象（George Herbert Mead，1934，1962）。正如库利一样，米德也同意自我的发展包含着与他人的互动。

然而，对米德而言，自我包括两部分：主我和客我。这两部分通过互动，从本质上创造了自我。**主我**是一个积极的主体，是对于我们是谁的主体感觉。它追求自我实现，询问"做什么？希望什么？"相对的，**客我**是自我的客体部分；这部分自我的问题是他人会怎样解释我们的行动。客我理解别人给我们的符号，并且寻求他人对我们行为的赞同反应（George Herbert Mead，1934，1962）。

根据米德的理论，自我发展有三个阶段。第一个阶段是**模仿阶段**，这个阶段是从出生到2岁左右。在这个阶段，孩子们仅仅复制他们周围人的行为，不能考虑他们行为的意义归因，也不能理解他们行为的含义。例如，当你看到你孩子拍手时，她可能仅仅是在模仿她看到的某事而不是给你喝彩。

在2~4岁，孩子进入**游戏阶段**。这时，孩子扮演角色并开始模仿他们生

主我：自我的主体部分。

客我：自我的宾体部分。

模仿阶段：是米德的发展的第一阶段，这一阶段从出生到2岁，是儿童仅仅复制周围人的行为的阶段。

游戏阶段：是米德的发展的第二阶段，这一阶段出现在2~4岁，在这一阶段，孩子扮演角色并开始模仿他们生活中重要人物的特征。

活中重要人物的特征。通过扮演角色，孩子看到了他人与自己的区别。他们理解了他们的行动可以影响其他人，反之亦然。米德认为，通过游戏，孩子们学着发现他们是谁以及怎样更好地与他人互动。在这个阶段，你有可能看到小男孩在他们的脖子上系上毯子假装成为超级英雄。

在我们刚刚上学的时候，我们进入了米德所谓的**竞赛阶段**，这个阶段永远不会真正结束。在竞赛阶段我们开始理解他人对自己有期望和要求。米德将这种对他人的感觉称作"**一般化的他人**"。

通过理解他人，我们才能基于文化或社会的因素，调整或评价我们自己的行为。发展出"一般化的他人"的概念帮助我们理解其他人的角色、规范和期望。如果我们要适应社会并且与他人亲密地生活，这个概念是重要的（George Herbert Mead，1934，1962）。小体育联赛的想法最好地体现了这个阶段。

当孩子们进入了一个运动小组，例如棒球队或篮球队，他们必须了解每一个位置的作用和责任才能赢得比赛。并不是每一个人都可以击球或投球，每一个人都有他自己的任务，否则我们就不能打比赛了。

埃里克·埃里克森的发展八阶段

埃里克·埃里克森（Eric Erikson）提出人类是在八个社会心理阶段、或者说是心理的和社会的阶段上发展的。（见92、93页的各个阶段的完整清单。）在每一个阶段中，我们经历的一个特殊**社会心理危机**，将会被积极或消极地解决，每一种结果都将影响我们处理下一个危机的能力（Eric Erikson，1963）。

埃里克森认为，发展的每一个阶段的危机必须被积极地解决，这样我们才能成功地控制下一个阶段。回想吉妮，她在婴儿到小学阶段被囚禁着，所

竞赛阶段：是米德的发展的第三阶段，永远不会真正结束，是我们开始理解他人对我们的期望和要求的阶段。

一般化的他人：我们对他人的感觉。

社会心理危机：是出现在埃里克森的每一个阶段的一种危机，将会被积极地或者消极地解决，每一种结果都将影响我们处理下一个危机的能力。

以她有没有真正开始社会化呢？答案是没有。虽然吉妮开始有了一些进步，但当她养父由于她呕吐而严厉地惩罚她之后，她倒退了。因为害怕惩罚再次发生，吉妮拒绝张开嘴，并且用她所知道的唯一一个办法来回应：安静。吉妮的个案例证了埃里克森的理论，即一个阶段的失败可能意味着一个人将会在下一个阶段继续失败。

让·皮亚杰的认知发展理论

当埃里克森的研究关注个性发展时，让·皮亚杰（Jean Piaget）的工作则关注**认知发展**，这与个人思维和推理的能力相关。因为我们思维的方式帮助塑造了我们的自我概念，认知（思考）在社会化中起到了一个重要的作用。简单地说，皮亚杰发现孩子们不像成人那样思考。他的认知发展四阶段理论已经成为了教育理论的一个重要基础，特别是被应用于如何教育孩子。

当我的女儿还是一个婴儿的时候，几乎所有她能够拿到的东西都被直接放进嘴里，不管是填充玩具熊猫、硬皮书还是一条红色的节肢动物。如果她能够拿到它，它就会被塞进嘴里。根据皮亚杰的理论，这是婴儿学习的方式。在**感觉动力的阶段**（从出生到2岁），婴儿学会了通过他们的感官和原始的技能来体验和思考这个世界。在这个阶段，孩子发展出了一种"物体永久性"的感觉，这是一种有关即使他们看不到，外在的物体也依然存在的理解（Jean Piaget and Barbel Inhelder，1969，2000）。例如，和一个婴儿玩"躲猫猫"游戏，你会发现当你遮住你的脸时，婴儿会表现出惊奇，当你露出脸时，婴儿会非常高兴。在感觉动力阶段的末尾，"躲猫猫"游戏失去了它的诱惑力，这是因为孩子知道物体永久性存在了。

在**前操作阶段**（2~7岁），说话的能力发展得很快。虽然孩子已经学会了一些单词和短语，但他们使用和解释符号的能力还是有限的。孩子通常会

认知发展：一个人思考和推理的能力。
感觉动力的阶段：在这个阶段（从出生到2岁），婴儿学会了通过他们的感官和原始的技能来体验和思考这个世界。
前操作阶段：在这个阶段（2~7岁），说话的能力发展得很快。

通过单独的特征识别物体。例如，如果你给一个孩子看字母 C-A-T，孩子可能会将每一个字母大声地读出来。但是她不会将它们联系起来成为单词 cat。将复合的符号联系起来对一个处于前操作阶段的思考者来说太难了。然而，在这个阶段的最后，孩子可能念出单词"球"，画出一张球的画，指着地上的球，并且明白这些都意味着同一件事（Jean Piaget and Barbel Inhelder，1969，2000）。

在**实在的操作阶段**（7~12岁），孩子可以用多种方式思考世界上的物体，并且开始理解他们周围的因果联系。他们可以逻辑地思考一些物体和事件。例如，他们知道即使一张白纸被叠成了飞机，它依然是一张白纸。孩子在这个阶段能够想象其他人的思维或者感觉。皮亚杰认为，只有经过了一些发展阶段，我们才能理解他人的"位置"。孩子们在实际的操作阶段获得这个能力（Jean Piaget and Barbel Inhelder，1969，2000）。

只有在**正式的操作阶段**（12岁及以上），人们才开始可以理解抽象的想法。因为抽象的想法会考验他们推理和理解世界复杂性的能力，所以在这个阶段的孩子经常与权威者进行争论。因为不相信自己，他们会检验自己的想法。理解抽象的数学原则，例如代数，在这个阶段成为可能，并且我们可以深入地理解现实和抽象之间的联系（Jean Piaget and Barbel Inhelder，1969，2000）。

皮亚杰认为在孩子认知能力发展之前强迫他们学习是令其沮丧和使其精神受到损伤的。换句话说，没有必要试图教一年级学生几何学。期望一个孩子像成人那样行动既是不可能的也是不公平的（Jean Piaget and Barbel Inhelder，1969，2000）。

道德发展的理论

我们是怎样知道什么是对和什么是错的？女孩了解的道德与男孩一样吗？这有两个问题需要道德发展理论家来解释。

实在的操作阶段： 在这个阶段（7 ~ 12 岁），孩子可以用一种以上的方式思考世界上的物体并且开始理解他们周围的因果联系。

正式的操作阶段： 在这个阶段（12 岁及以上），人们开始可以理解抽象的想法。

① 信任vs.不信任

当婴儿的所有需要都被满足了，信任就发展了。虽然埃里克森认为不信任的存在是必要的，但学会了不信任，缺乏自信的婴儿最终会变得失败、孤僻、多疑。在婴儿时期，由于吉妮的基本需要没有被满足，因此她没有积极地解决这个危机。结果，她没有准备好积极地解决下一个生活阶段的问题。

② 自治vs.羞耻和怀疑

创造出积极环境的父母让孩子学会自信和得到信心。过度保护或者非难孩子的父母会导致孩子第二次怀疑自己。

③ 主动性vs.内疚

得到支持并遵守纪律的孩子获得尊敬而不是学会碰运气。如果孩子得到的只有责骂，他们就可能发展出一种高于一切的罪恶感。在这个阶段的孩子发展了他们的原动力技巧，并且开始对社会交往更感兴趣。因为吉妮被锁在一个房间里，所以她被剥夺了这种权利，因此专家们发现她的原动力技巧严重缺乏。吉妮的步态经常被比喻为小兔子的跳跃。

④ 勤奋vs.劣等

在学校中做得好并且结交朋友帮助孩子发展了一种胜任或者勤奋的感觉。然而，如果孩子在社会化方面遇到困难，他们可能会产生一种不胜任的感觉。

⑤ 个性vs.角色混淆

如果青少年成功地回答了"我是谁？"的问题，他们就发展了强烈的自我感觉。然而，如果他们仍然混淆自己的身份，他们的成长就可能会伴随着缺乏做出重要决定的能力。

⑥ 亲密vs.孤立

亲密（包括性的和无性的）可能或多或少地与在早期阶段获得的身份感觉有关。如果年轻人仍然怀疑他们是谁，那么他们可能会变得孤独，害怕承担义务，并且在他们自身中根植着利己主义。

⑦ 生育vs.停滞

成年人在这个阶段可能致力于养育孩子，他们从事工作，或者一些特殊的事业，都是为了能在世界上留下"标记"。人们通过将自己的一些东西给予未来的下一代来解决生育与停滞的冲突。如果成年人不能为世界做贡献，那么他们仍然陷于利己主义和以自己为中心的生活方式中。

⑧ 完整vs.绝望

在人生的这一阶段，成年人回顾他们的生活并且评价他们对世界的影响。如果以前的阶段已经积极地解决了，成年人就可能以一种健康的观点迎接死亡。然而，如果他们不能成功地解决之前的发展阶段中的危机，那么他们可能怕死并懊悔他们的人生。

资料来源：Based on *Childhood and Society* by Erik Rikson.

科尔伯格的道德发展理论

在皮亚杰的研究基础上,劳伦斯·科尔伯格(Lawrence Kohlberg)提出道德的发展出现在三个特殊的阶段:前习惯、习惯和后习惯。每一个阶段都描述了我们做出道德决定的不同方式(Lawrence Kohlberg,1981)。

前习惯阶段贯穿整个小学期间,孩子在**快乐主义**原则的框架下做出他们的道德判断——追求快乐,避免痛苦(Lawrence Kohlberg,1981)。换句话说,孩子判断对错基于感觉好不好或者对不对,如果一个小男孩注意到在墙上画画会导致被邀请坐在"淘气的凳子"上,他可能就不会再用蜡笔在墙上画画。

习惯阶段出现在青春期之前,并使用规范和规则决定什么是对和错(Lawrence Kohlberg,1981)。在根本上,"什么是对的"就是遵循规则,而不是质疑那些规则得以确立的背后逻辑。一个孩子只是做大人让他做的事。孩子可能不理解为什么踢他姐姐是错的;他仅仅知道他不应该这样做,因为"妈妈说不能做"。按照家庭或群体的期望去做对于他自己来说是有价值的。完成他的义务并且尊重权威是这个阶段发展的证明。

科尔伯格的道德发展第三阶段,**后习惯阶段**,将道德归因于抽象原则的基础上。这可能根植于政治信仰、宗教信仰,或者是两者的结合。科尔伯格认为"好"包括遵循在同意之上的原则而不是规则(Lawrence Kohlberg,1981)。这样的原则指引所有的决定,并为我们所有人提供了一个道德的无缝网络。例如,在20世纪五六十年代的民权运动中,无数的非洲裔美国大学生在实行种族隔离政策的便餐馆、博物馆、图书馆和许多其他公共地点静坐抗议。虽然他们的行为打破了当时的宗族隔离法律,但这些学生相信他们

前习惯阶段:是道德发展的第一个阶段,一直贯穿整个小学期间;在这个阶段,孩子在快乐主义原则的框架下做出他们的道德判断。

快乐主义:追求快乐,避免痛苦。

习惯阶段:是道德发展的第二个阶段,出现在青春期之前,并使用规范和规则决定什么是对和错。

后习惯阶段:是道德发展的第三个阶段,将道德归因于抽象原则的基础上。

的行为是"对的",因为他们在吸引人们注意那些在道德上错误的法律。

虽然科尔伯格自己的研究支持他的理论,但最近很多的学者质疑他的一些假设。例如,查尔斯·赫尔维格(Charles Helwig)和厄斯祖拉(Urszula Jasiobedzka)发现孩子有关法律和违法的道德判断出现的时间早于劳伦斯的理论(Charles Helwig and Urszula Jasiobedzka,2001)。学龄前儿童可能遵守规则,因为他们相信违反规则是错的。此外,道德推理不总是与道德行为相关的。使用科尔伯格的先验图式,科尔比(Colby)和达蒙(Damon)展示出人们在道德发展的最高阶段时表现得与他们在道德发展的较低阶段时一样。但是,境遇会影响人们的行为(Anne Colby and William Damon,1992)。例如超速,虽然每一个人都知道这是违法的,但还是有许多人在他们认为不会被发现的时候超速。这些和其他有关科尔伯格的道德发展理论的问题导致卡罗尔·吉利根在 1982 年提出了另一个观点。

卡罗尔·吉利根与"关怀的道德"

卡罗尔·吉利根(Carol Gilligan)认为科尔伯格的理论仅在讨论男性的道德发展的时候是有效的。吉利根认为,因为科尔伯格在开始的时候仅仅研究了男性,所以他的理论对于女性来说是存有偏见的(Carol Gilligan,1982)。这导致他在实际没有研究女性的情况下,错误地假设男性和女性同时发展道德决定。男性和女性做出道德决定是不同的吗?

> "男孩和女孩都经过相同的三个阶段——前习惯、习惯和后习惯——来发展他们的道德。"
> ——劳伦斯·科尔伯格

> "男孩和女孩不同地发展他们的道德。男孩一般发展正义的道德,而女孩发展关怀的道德。"
> ——卡罗尔·吉利根

最近,当我在附近的小商店买东西时,我遇到了一件需要做出道德决定的事。出纳多给了我 10 美元零钱。因为有一点守财奴意识,我立刻发现了她的错误。我是一个普通人,所以我决定留着这钱,但是后来我开始怀疑如果我拿走了这钱会发生什么。出纳的失误是我的错吗?当换班的时候她会不会遇到麻烦?所有这些想法冲进了我的大脑。当然,我把钱还给了她。吉利根会认为我的性别影响了我做决定的方式:女性会有一些不同的过程。

在调查了女性有关道德的经验之后，吉利根得出结论，道德决定产生于两个不同的原则：正义的道德和关怀的道德。她认为男孩主要遵从她所谓的**正义的道德**，这种道德建立在法律规定的基础上。然而，女孩学会的是**关怀的道德**，这使她们能够以如何最好地帮助需要帮助的人为标准，做出道德决定（Carol Gilligan，1982）。

为了研究男孩和女孩之间的不同，吉利根对年轻的男性和女性受访者提出了一个真实生活中的道德困境。吉利根使用了"海因茨先生和药剂师"的故事，科尔伯格斯也用了这个故事。这个故事的大意是：海因茨先生的太太得了可能致命的疾病。幸运的是，他们小镇上的药店是周围唯一有挽救他太太生命的药的地方。问题是买药需要昂贵的 10 000 美元，并且药剂师拒绝减价，那么海因茨先生是否应该偷药呢？

吉利根发现当回答这个问题的时候，男性受访者使用逻辑。许多男性受访者相信海因茨先生应该偷药，即使这在法律上是错误的。男性受访者推理出，考虑到环境条件的因素，法官对于海因茨先生会宽大处理。简而言之，男性受访者回答这个问题就像解答一个数学问题：$X+Y=Z$。然而，女性受访者将人际关系考虑在内。女性受访者担心海因茨先生可能会进监狱，这可能使他的妻子病情恶化，并且没人照顾她也没人喂她吃药。她们也试图想出其他的办法让海因茨先生拿到药，这样他就不用离开他的妻子。女性受访者更关心海因茨先生的行动会怎样动态地影响他和他的妻子。

现代研究为吉利根的性别差异在道德推理方面的主张提供了混合的支持。简而言之，它证明男孩和女孩都学会了关怀的道德和正义的道德。这两种道德并不是某一个性别所独有的（Elliott Turiel，1998）。一些发现显示，由于女孩比男孩更早进入道德发展的阶段，因此她们实际上在更小的年龄就发展了后习惯的道德（Eva A. Skoe and Alethia Gooden，1993）。最重要的是

正义的道德：基于法律规则的道德。
关怀的道德：根据怎样才能最好地帮助那些需要帮助的人的标准来决定的道德。

自我发展与关怀和正义的道德之间的联系。因为女孩比男孩发展得快，所以比男孩更快地表现出了关怀的道德（Eva A. Skoe and Rhett Diessner，1994；Eva A. Skoe and Anna L.von der Lippe，2002）。

不管是哪个方法，吉利根和科尔伯格都认为道德推理跟随着发展的过程，并且环境影响着这个过程。虽然精确的性别差异并不像吉利根开始相信的那样显著，科尔伯格的年龄分组也比他提出的更加灵活，但这两个理论都显示了我们以不同的方式学会做出道德决定。

◎ 社会化机构

通过不同的社会化机构的外部帮助，我们学会了社会化。**社会化机构**是帮助我们塑造了自我概念、信仰和行为的群体和组织。那么是哪些社会结构或者机构帮助我们被社会化的？

家庭：养育风格和相互的社会化

生活中很少有什么比父母更能塑造我们。因为我父母都全职工作，所以我在很小的时候就知道为了生活必须工作。我从 13 岁开始工作并且现在还在工作。我写这本书用的是晚上、周末和暑假的时间。我的父母也重视教育。虽然他们没有上大学，但是他们鼓励我们这些孩子们去上学。有的时候，我怀疑如果我有不同的父母，我的生活会是什么样子。例如，如果我的父母是吸毒者，或者是文盲，或者他们是最富有的国家精英（我个人最喜欢的）。我的意思是孩子不能选择他们的父母，但是家庭是一个最重要的社会化机构。

当父母社会化他们的孩子时，有两种不同的方式。第一，他们通过爱、感情和关怀提供情感的支持，以此来营造安全的环境。第二，父母通过教给孩子正确的行为来进行社会控制。父母通过使用武力、强迫、恐吓或奖赏来教会孩子正确的行为（Andrew J. Cherlin，1999）。如果父母不能成功地为他

社会化机构：是塑造了我们的自我概念、信仰和行为的群体和组织。

们的孩子提供这些，结果将是严重的。例如，吉妮的父亲将她终日锁在一个黑屋子里的便盆上，她接受不到作为一个孩子所需要的爱和关怀，这导致了她获救以后的社会化问题。

社会学家黛安娜·鲍姆林德（Diana Baumrind）发现了父母的训练如何影响孩子。虽然训练孩子是一个普遍的文化现象，但是它所呈现的方式依文化和家庭风格而异。鲍姆林德观察到父母的风格对个人的社会化结果有重要的影响（Diana Baumrind，1971，1996）。实施**权威风格**的父母，既听取孩子们的意见，同时也不断强调事先制定好的规则。在这样的环境中被养育的孩子最容易融入世界，因为他们有很强的自尊并拥有自主及合作的能力（Diana Baumrind，1971，1996）。

当权威型父母在孩子的养育上实施一种平衡的风格时，宽容型和独裁型父母却展示出了相反的极端，并且都不能产生积极的结果。**宽容风格**的父母提供高度的支持，但是实施的规则不一致。这对孩子的结果就是，使他不懂得边界和期望。在MTV《我的超级甜蜜的16岁》（*My Super Sweet 16*）中的少年，他们富裕的父母给他们非常多的礼物和奢侈的聚会，这可能使他们无法很好地处理在他们以后的生活中肯定会遇到的失望和责任。相反地，**独裁风格**的父母养育的孩子经历了高度的社会控制，但是只获得了低度的感情支持。这样的孩子理解规则，但是当他们的父母不看着他们的时候，他们就会缺乏遵守规则的理由。最反叛的年轻人往往是非常严格的家庭教育的产物。鲍姆林德认为在这两种风格下教育出的孩子都具有更低的自尊心和更少的自信心。

社会阶层：社会化的机会

家庭并不是社会化的唯一机构，社会阶层也会影响我们。大量的研究显示了社会阶层和社会化之间的联系。梅尔文·科恩（Melvin Kohn）的研究发现，工薪阶层的父母关注于让他们的孩子服从权威，而中产阶层的父母更

权威风格：父母听取孩子们的意见，同时也不断强调事先制定好的规则。
宽容风格：父母提供高度的支持，但是实施的规则不一致。
独裁风格：父母养育的孩子经历了高度的社会控制，但只获得了低度的感情支持。

关注孩子的行为动机（Melvin L Kohn，1963）。因为工薪阶层的父母在工作中被密切地监督，所以他们更可能对他们的孩子要求同样的遵从。因此，一个在流水线上给时钟打孔的母亲更可能期望，在家庭中她的孩子们也在固定的时间做他们的家务杂事。

我们的社会阶层以我们无法预测的各种方式影响我们，这甚至是我们没有意识到的。参加钢琴课、艺术课和小组的体育运动都能使孩子们社会化；然而，这些经历往往只有在中等收入或高收入的家庭中才可能得到。生活在不富裕的家庭中的孩子可能会错过这些社会化的机会。社会阶层不仅在经历的类型方面影响我们，而且也在它们的数量和质量方面影响我们。

邻居

任何先去宿舍楼再决定是否住进去的人都认为"正确"的宿舍才是最

> **全球视野　亚洲文化中的教育**
>
> 鲍姆林德描述的父母风格在所有的文化中都是适用的吗？路斯·赵（Ruth K. Chao）研究了中国家庭中的父母风格如何影响孩子（Ruth K. Chao, 1994）。为了探究中国学生在学校中为何总是成功并且表现好，赵观察了中国父母如何与他们的孩子互动（Ruth K. Chao, 1994）。她观察的妈妈表现了高度的控制，但是也有高度的奉献并与她们的孩子非常亲密。中国的父母期望他们的孩子取得优秀的个人成就并且符合社会规范。总的来说，中国孩子符合这些标准。这个文化中的父母是权威型的，孩子得到了充分的情感支持并且知道他们的辛苦工作将会获得家庭的赞赏。
>
> 在其他的研究中，社会学家周敏提出，儒家的哲学强调对家族的忠诚，像一个社会控制机制一样起作用，这保障了亚洲孩子们的成功（Min Zhou, 1992）。对生活在美国的越南移民孩子的研究展示出了与赵的研究相似的发现。研究显示，移民的第二代孩子仍然与他们的家庭和文化有联系，在学校教育中取得了更好的结果。文化在心理学家和社会学家对家庭社会化的解释中起到了一个重要的作用（Min Zhou and Carl L. Bankston, 1996）。

重要的。选择一个好邻居也同样重要，因为你的社会阶层和邻居紧密相关。发现这一问题的社会学家威廉·J.威尔逊（William J. Wilson）着眼于市中心的贫困区带来的种种不利因素，包括贫困的学校、弱社会结构、高犯罪率和吸毒（William J. Wilson，1987）。威尔逊认为穷人确实处于弱势地位，因为他们的社区只能提供很少的其他角色模型。在这些社区中长大的孩子很可能继续贫困。研究显示，邻居对 IQ 分数、早孕率和高退学率有显著的负面影响（Jeanne Brooks-Gunn, Greg Duncan, Pamela Klebanove, and Naomi Sealand, 1993）。

邻居也影响孩子们的经济权利。在更富裕的邻居们中间长大的孩子们经常在学校中表现更好，有更低的早孕率和更高的 IQ 分数（Jeanne Brooks-Gunn, Greg Duncan, Pamela Klebanove, and Naomi Sealand, 1993）。邻居也可以预示你在学校念书方面能取得多大的进步，这表明邻居们的经济社会地位越高，你的受教育水平就越高（Gary Solon, Marianne Page, and Greg J. Duncan, 2000）。邻居也会影响孩子们参加的志愿团体。孩子们喜欢的运动也与邻居有关（John D. Carl, 2002）。例如，滑雪运动需要昂贵的装备，只有家庭条件好的孩子才能玩，因为他们可以承担得起维修装备和去滑雪地点旅游的费用。

当然，父母富裕，并不意味着他们将会是优秀的父母或者他们的孩子将会成功地社会化。反之亦然，经济上拮据的父母也有可能是非常好的父母。

◎ 我们可能被"再社会化"吗？经历全控机构

再社会化是学习新的规则、价值观、态度和行为，并且丢弃旧的规则、价值观、态度和行为的过程。当我们结婚或者入职的时候，这个过程包括各种各样的再社会化。著名的绝地大师尤达（Yoda）在电影《星球大战》（*The Empire Strikes Back*）中说得很好，有时候，"你必须不知道

再社会化：是学习新的规则观、价值观、态度和行为，并且丢弃旧的规则、价值观、态度和行为的过程。

你已经知道的"。

最有效的再社会化发生在**全控机构**中，这些机构将人们与外界的影响隔离，以便他们可以被改造和控制（Erving Goffman，1961）。人们可能是自愿进入全控机构的，例如被应征入伍；也有可能不是自愿的，例如精神病医院的患者和监狱的囚犯。不管怎样，全控机构有特定的特征：

（1）有一个权威，并且活动发生在特定的地点。

（2）用经过仔细构建的活动控制参与者。

（3）权威会仔细筛选来自公共机构之外的信息。

（4）清楚地界定规则和角色。

（5）在公共机构内部存在严格的等级制度。

（6）全控机构限制个人选择。

社会学思考：三种理论范式如何看待社会化？

◎ 符号互动论和再社会化

我们已经看到了符号互动论如何将社会的符号解释为人们建立自我感觉的一种手段。我们也已经知道了在一般情况下如何实现自我发展。但是在全控机构中的发展如何影响一个人的自我感觉呢？

社会学家哈罗德·加芬克尔（Harold Garfinkel）发现了监狱中的囚犯和军队中的士兵进入这些全控机构中再社会化的相似点（Harold Garfinkel，

全控机构：最有效的再社会化发生在总的公共机构中，因为这些机构将人们与外界的影响隔离，以便他们可以被改造和控制。

1956）。哈罗德指出这些机构"欢迎"新成员的方式是，通过某些形式的降级仪式来羞辱新成员。这种羞辱要求"制服他们"以便实现再社会化。囚犯和士兵都被剃了头，并且收走了"便装"。穿上制服之后，他们个人的服装风格被抹去了，以便看起来和其他人都一样。在军营中，在机构的控制之下，新兵不能选择吃饭、睡觉或者洗澡的时间。同样，监狱中的囚犯也被换掉名字、穿上统一的制服，并被规定在哪里睡觉、什么时间吃饭，以及他们将怎样度过分配给他们的"闲暇"时间。两个案例的目的都是去除以前的身份，使他们再社会化为遵守命令的人。

通过再社会化，公共机构控制了人们的生活（Howard S. Becker, 2003）。全控机构的方法是改变囚犯或士兵的内在思维，这也就改变了他的自我感觉。

◎ 功能论

当符号互动论者们研究公共机构对个人的影响时，功能论者考察了特定的公共机构，尤其是宗教和教育在社会中的作用。一个公共机构的作用，以及个人与机构的联系，能够帮助我们确定它在自我发展中起了什么作用。

宗教

在每一次美国竞选中，信奉正统派基督教的人都是投票的关键集团，因此参加竞选活动的政治家们都强调"家庭价值"。虽然这种价值观的想法是根据问题可延展的，但是很明显这个团体的成员共享一系列共同的信仰，并可以在宗教中找到基础。

从伊斯兰教信徒到正统犹太教信徒和佛教的僧侣，世界上的所有宗教都提供了有关信仰的框架。这些框架包括信仰、价值观和遵守教义的行为。宗教教授有关生命、死亡，以及所有生活中的转变的问题。由这种教授过程产生的宗教社会化有很大的影响。

社会学家查尔斯·蒂特尔（Charles Tittle）和迈克尔·韦尔奇（Michael Welch）研究了信教和青少年犯罪之间的关系，并发现它们是负相关的。青少年信仰宗教越虔诚,就越不可能犯罪(Charles Tittle and Michael Welch,1983)。在宗教与成年人的行为例如偷税和乱丢垃圾之间,哈罗德和他的同事们也发现了较弱但类似的负相关(Harold Grasmick,Karyl Kinsey,and Kent Smith,1991)。这个研究表明,宗教在塑造我们的行为方面会起到一定作用。

教育

在典型的七小时的学校教育之外,美国的中学生只花三小时的时间进行学术活动(Education Commission of the States,1994)。此外,学生学习**"非正式课程"**——与学术知识无关的课程。学校教授你如何与冷酷的人相处(Annette Hemmings,2000)。如果学生成功地解决了邻里纠纷或是学校中的权利争斗,他们就会感到很满意。模拟选举和向国旗敬礼有助于在学生中培养公民感。学校也通过制定日常准则来使学生社会化。学生们必须按时上学,与他人友好相处,遵循老师的期望,排队等候,并且遵守纪律(Philip Jackson,1968)。

当家庭和学校一起教育孩子遵守规则的时候,有助于降低社会的犯罪率。当邻居们也支持这些想法的时候,孩子在成长中会感觉到自身的重要性。家庭的功能失调,或者学校不起作用,又或者邻居们以对社会的负面观点影响他们,这些也会让孩子们社会化,但经常产生负面的结果。当社会的各个机构相互合作时,社会的功能才最好。

◎ 冲突论——什么使我们社会化?

冲突论认为权力关系影响我们的观念。为了引导我们的行为,社会用**性别社会化**来教导社会成员表现他们的男性身份和女性身份。**性别**,指的是一个社会对男性和女性的行为和态度的期望,我们将会在第11章详细

非正式课程:指在学校里教授的与学术知识无关的课程。
性别社会化:教育社会成员如何去表现他们的男性或女性身份。
性别:是社会认为合适的对男性和女性的行为和态度的期望。

讨论。如果当这些期望限制一种性别而有利于另一种时，这是权力差异的结果。

媒体的性别偏见

当联邦参议员希拉里·克林顿参加 2008 年美国总统大选时，涉及的主要问题是学者和政党如何对待第一个参加最高公职竞选的女性。希拉里的支持者们指出，人们过多关注了她的外貌，而且在她的竞选活动中存在着性别

链接　虚构的传说和性别

从《伊索寓言》到《格林兄弟》，民间故事象征年少无知。但是最近的分析显示了这些民间故事如何塑造孩子的性别观。很多民间故事都遵循一个典型的模式，在这个模式中，女人依靠强壮的男人来远离伤害。想想长发公主的故事——这个女孩有着长长的金色头发，她被一个巫婆囚禁在高塔上。在这个故事中，长发公主仅仅是财产，她的父亲为了自己的生命把她送掉了。长发公主被巫婆囚禁在塔中且不能逃跑。由于害怕巫婆，她拒绝王子帮助她逃跑，独自待在塔里。王子因为不能救出这个美人而失明了。年轻的孩子，特别是年轻的女孩，读了这个故事后内化了顺从和依赖男人是正确的观念。

这些陈旧的观念不仅是古老的民间故事的一部分，也出现在现代的小说作品中。而像《实习医生格蕾》(*Gray's Anatomy*) 和《绝望主妇》(*Desperate Housewives*) 这样的电视节目中所描写的女性特征加强了性别角色普遍化。也就是说，出现了很多打破了老套性别观念的新人物，像那些在《吸血鬼猎人巴菲》(*Buffy The Vampire Slayer*) 和《迷失》中出现的角色。甚至在《哈利·波特》(*Harry Potter*) 中，哈利的伙伴赫敏，虽然是配角，却总能扭转败局。现实的生活和小说不一样，并不是所有的男人都能成为英雄；并且在现代世界中，被动性和依赖性很少给女人带来成功。

活动　想想你最近看过的电影或电视节目，或者是你最近读过的书。荧屏上或者书本中描写了什么样的性别观念？这个作品是不是否定了传统的性别观念？写一段话分析你的选择。

偏见。

任何被用于与广大受众沟通的印刷或电子资源都被称为**大众传媒**。

我们可以通过性别的形象考虑媒体在决定性别成见中的影响。科斯特·法勒（Kirstie Farrar）和她的同事回顾了在黄金时间播出的电视节目。他们发现电视节目中的人物形象，例如《亿万未婚夫》(*The Bachelor*)和《篮球兄弟》(*Ohe Tree Hill*)，可能会加强女性观念（Kirstie Farrar, Dale Kunkel, Erica Biely, Keren Eyal, Rena Fandrich, and Edward Donnerstein, 2003）。有许多其他的形象支持男性支配/女性顺从的模式。他们也发现在2000—2001年度，64%的电视节目包含性的信息，并且14%的节目出现了性交。对于冲突论者来说，这些发现说明形象的设置是为了维护权力。男性是大型媒体公司的主要决策者，所以他们是否应该对保持性别观念负责？

由于社会中定义性别的方式，改变性别社会化需要很多年来普及。在我刚上大学的时候，父亲从没和我拥抱过，这主要是因为有关男性相互接触的性别观念。在我第二次回家时，父亲一开门我就给了他一个拥抱。从那时起，拥抱不再是我家的禁忌。以这样简单的方式，我的父亲和我改变了我们的性别社会化。

大众传媒：包括任何被用于与广大受众沟通的印刷或电子资源。

理论沉思

功能论

根据功能论者的观点，当人们内化社会并且遵守它的规则、价值观和角色的时候，社会化就产生了。在美国的中学中，学生们都在遵守和实践"正常的"行为与在条框之外思考的选择之间挣扎。那些跨出条框之外的人常常被打上"与众不同"的烙印。这些个人不是"有用的"，因为他们不遵守社会机构制定的规则。社会机构，例如宗教和教育，发挥了功能。为了保证社会的顺利运行，人们适应了他们的特殊机构的规则和价值观。简而言之，当人们知道并接受了社会对他们的期望时，他们就已经被社会化了。

冲突论

冲突论者们相信"富人"和"穷人"的社会化是不同的。来自中层和上层家庭的孩子更可能参加有组织的运动，上音乐和艺术课，并且能在家上网。参与这些活动能让孩子们学会如何与他人交往，并且知道社会对他们的期望。贫穷的孩子有时会发现他们处于劣势，因为他们不太可能有这些经历。当然，物质财富不是社会化的唯一决定因素。然而，父母的物质财富的确使一些孩子处于优势。

人们如何被社会化？

符号互动论

符号互动论者相信社会化是人类天性的主要决定因素。人们通过接受别人如何评价自己的行为，来发展自我认知。我们遇到的符号，例如他人对我们行为的解释，帮助塑造了我将成为谁和我的职业。1970年被发现的野孩吉妮，小时候没有和他人接触的机会。结果，当她忽然进入社会时，她不能完全地发展她自己的个性。正如我们看到的米德"主我"和"客我"的理论，人们通过与他人接触来发展他们的自我感觉。

总结

什么是社会化？

- 新的群体成员学习规则、价值观和文化的其他方面的过程

三种理论范式如何看待社会化？

- 功能论：社会机构，例如宗教和教育，在对个人的社会化中很有用

- 冲突论：社会运用性别的社会化来教育成员如何表现他们的女性和男性身份

- 符号互动论：社会机构通过改变人们的自我感觉，成功地将人们再社会化

第6章

群体与社会
——了解我们的环境

- 社会群体的特征有哪些?
- 社会学家是如何看待群体领导的?

在一个没有原罪的世界里，多配偶制盛行，而正式的宗教却难以寻觅。一个被他的追随者奉为上帝的人，是用铁腕来进行领导的。这听起来像是电影预告片里低沉的旁白，但它却是约翰·汉弗莱·诺伊斯的真实生活故事。

即使你并不熟悉诺伊斯和他的奥奈达群体，但这个群体遗留下来的东西已经渗透到你的日常生活中。当你用奥奈达银制餐具吃饭时，你所使用的器具就来自奥奈达公社。在这个公社中，人们相信自己过着没有罪恶的生活，对这里的男人和女人来说，一夫一妻制是一种反常的社会现象。1879 年，这个公社解散了，而它所留存下来的所有家当就是著名的奥奈达银器公司。

想了解是什么导致了一个群体的成功或者失败，我们只需要对诺伊斯的领导、成员的互动以及他们最终的解散进行考察便可以知晓。

主题：社会群体的特征有哪些？

2008 年，在亚利桑那州举行的"超级碗"决赛中，大约 73 000 人坐在看台上观看了弱队"巨人"队艰难战胜强大的"爱国者"队的比赛。同年，超过 10 万人的美国军队被部署到伊拉克。我们可以有把握地说，"超级碗"决赛的观众数量和在伊拉克的军队的人数都很多，但是，你能把两者都看作社会群体吗？军队的价值观和目标是统一的，而观看球赛的人群，尤其在被划分为不同球队的支持者时，他们的价值观和目标就不是统一的。当 73 000 人聚在一起观看决赛时，他们仅仅被看成一个人群。而一起战斗和工作在战场前线的 10 万军队呢？他们才是一个**社会群体**。

不管我们是否意识到，通过这样或那样的方式，我们都从属于某一个

社会群体：由相互间持续互动且拥有共同认同感的两个或更多人构成的群体。

社会群体——家庭、朋友、队友、同学、俱乐部和组织等。很少有人能完全独立地生存,因此,我们寻找可以依附的群体。当然,并非所有群体都是一样的。从意图和目的来看,家庭成员间的关系是永久的,不像你与同事间的关系,因为你不会永远与某个同事一起工作。虽然没有两个群体是完全一样的,但是群体间仍然存在两个共同点:群体里的成员有着某些共同的特质,以及他们都彼此认同对方是群体的一员。

初级群体和次级群体

我们所建立的班级就具备社会群体的资格,因为它有共同的目标和价值观。如果你和同学有这种关系,那么,为什么在你的化学实验室同伴面前,你不敢显示自己的胆量呢?因为,面对不同的群体类型,我们会选择不同的交往方式。

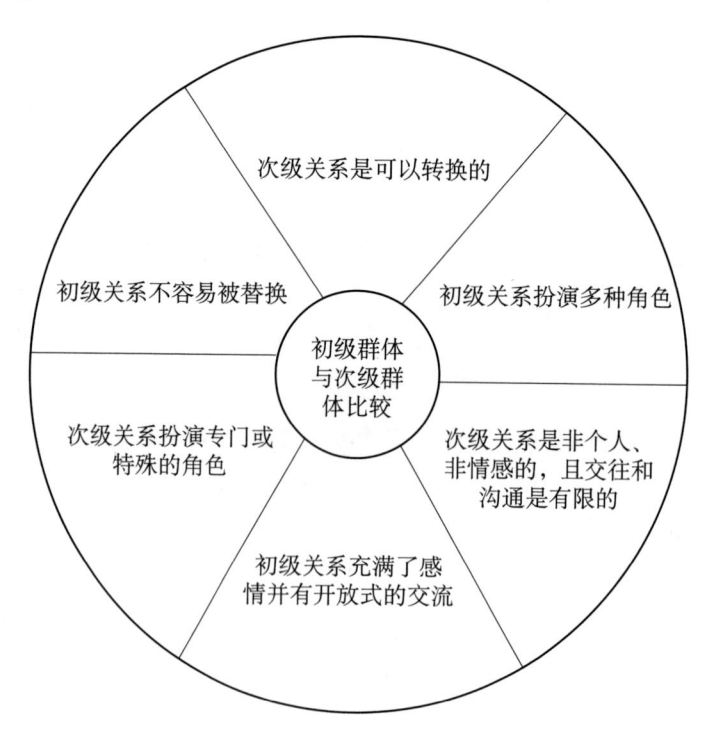

初级群体与次级群体比较
- 次级关系是可以转换的
- 初级关系扮演多种角色
- 次级关系是非个人、非情感的,且交往和沟通是有限的
- 初级关系充满了感情并有开放式的交流
- 次级关系扮演专门或特殊的角色
- 初级关系不容易被替换

社会学家查尔斯·H·库利认为,群体主要分为两种——初级群体和次级群体。初级群体的规模小,成员间关系亲密,并且维持的时间长(Charles H. Cooley,1902/1964)。我们最亲密的关系,如与家庭成员和好朋友的关系

等，构成了初级群体。奥奈达公社是一个共享一切的初级群体，包括配偶及孩子。它是一个公有制社会，在其中，所有成年人之间相互结婚并且由公社来共同抚养孩子。

更重要的是，初级群体帮助我们确定我们是谁。因为初级群体通常由亲属和亲密的朋友组成，他们的存在和产生的影响在不断提醒我们该如何看待自己。通过这些关系，我们形成了"镜中我"这个已在第5章被详细讨论过了的概念。通过将他人的看法反映给我们，初级关系提供了有重要价值的反馈。

另一方面，次级群体是正式的、表面的，并且持续时间较短或是只在特定的一段时间里存在（Charles H. Cooley，1902/1964）。通常，这类群体是成员为了达到某种特定目标或目的而聚到一起形成的。如果你为了帮助开展一个游行而加入一个市民组织，那么你就加入了一个次级群体。这类群体提供了一种仅在特殊情况下才存在的**有限关系**。例如，你和你的合作者可能会一起吃午餐，但是你不太可能邀请他们到你家里去。合作者所构成的群体，一般情况下对你来说都是次级群体。

正式的社会规范极大地影响了我们在次级群体中的互动方式。这些规范指导着我们的行动，限定了我们的沟通范围。例如，你可能会向邮递员询问天气情况，但是你不太可能就气候变化问题与他展开辩论。此外，我们在互动过程中所遵循的规范类型往往会影响我们对群体的感知方式。如果我们是亲密的非正式关系，我们就会配合这个群体，使它更像一个初级群体。如果不这样的话，我们就会很快地感觉到自己是个局外人。

内群体和外群体

引用《天桥骄子》（*Project Runway*）这一真人秀节目的主持人——超级名模海蒂·克卢姆（Heidi Klum）的话："第一天你还跟得上，但是第二天，你就已经落伍了。"克卢姆的名言被用于讨论一个有抱负的设计师所设计的时装是否流行。她的话不仅对时装而言是正确的，对一个社会群体来说也是

有限关系：仅在特殊情况下才存在的关系。

如此。如果你曾经在边界线处等了好几个小时——而那些打扮新潮的孩子都被挑选进队里了——这时你就会希望尽快被选进那些不用等到最后一个被挑中的内群体中。

一个**内群体**是指我们能感受到亲和力或亲密关系的群体。由于这个原因，我们经常对内群体有强烈的忠诚感。很多人都持有一种**内群体偏见**，即他们认为自己的群体要优于其他群体（Henry Tajfel，1978）。ABC 现实系列剧《交换夫妻》（*Wife Swap*）完美地演绎了一些家庭是怎样形成内群体偏见的。在这个电视节目中，两个来自完全不同家庭的妈妈相互交换了一段时间的角色。一般情况下，她们都认为自己照顾家庭的方式是最好的。后来，她们都遇到了对方家庭奇怪的交往方式，从而，她们都将对方家庭视作外群体。

一个**外群体**是指我们与之没有任何联系的群体。我们经常对外群体抱有消极的偏见，甚至认为与他们之间存在着竞争。在体育竞技场上，我们通常会遇到这种现象，即向任何一个红袜队的球迷询问有关扬基队的情况，你所听到的很可能都是刻薄的话。当你向扬基队的球迷询问有关红袜队的问题时，同样的情况也会发生。在这两种情况里，每个队的球迷都对另一球队的球迷持有一种外群体的偏见。这种现象在政党政治中尤其普遍，即便是针对最普通的社会问题，民主党和共和党之间也可能爆发小小的冲突。奥奈达公社的成员们聚在一起，形成了一个内群体。群体内的成员们相互之间非常忠诚，但他们会避开那些生活在"外面"世界的人。

社会学家罗伯特·默顿认为，偏见源于我们在社会中所处的地位（Robert K. Merton，1968）。我们将自己所属群体的特征视为可接受的，而将外群体的一切都视为不合理的。通常情况下，人们会对外群体存有偏见；然而，有许多因素在"左右"这些偏见到底是积极的还是消极的（Daan Scheeners, Russell Spears, Bertjan Doosje, and Antony S.R. Manstead,

---

内群体：我们能感受到亲和力及亲密感的群体。

内群体偏见：认为本群体要优于其他群体的心理。

外群体：我们与之没有任何联系的群体。

2006）。例如，高中里那些被群体抛弃了的学生对"流行群体"所持的偏见可能是积极的，也可能是消极的。但是，当这些"弃儿"知道任何事情都无法改变他们的局外人地位时，他们可能会鄙视这些很酷的小孩。另一方面，如果一个"弃儿"希望某天能加入到这个酷的群体中，他或她就会对这一群体持积极的偏见。从某种意义上来说，如果"弃儿"认为他们能加入到流行群体中，他们就会支持这一内群体；相反，如果他们认为无法加入到流行群体中，他们便会对这个群体加以指责和排斥（B. Ann Bettencourt, Kelly Charlton, and Nancy Dorr, 2001）。

社会学家亨利·塔杰菲尔（Henry Tajfel）和约翰·特纳（John Turner）认为，每个人都在追求一种积极的社会认同（Henry Tajfel and John Turner, 1986）。这种追求是内群体和外群体偏见产生的根源。为提高自己的认同感，我们会指出与其他人之间的负面差异，尽管这种差异并不重要。在互联网的留言板上，留言者们正在讨论一场假设在"超人"和"神奇绿巨人"之间发生的战争。你会发现，每个阵营各持己见，针对对方的愤怒言语会不断增加。看似无害的言论立马会演变成一场愤怒的影迷之间的激烈较量。在否定别人的同时，群体内的成员会获得一种优越感。

地位和权力是影响我们对内群体和外群体的感知的其他因素。工作场所常常是这些偏见出现的地方。考特尼·希普尔（Courtney D. Von Hippel）研究了临时雇员的外群体偏见现象（Courtney D. Von Hippel, 2006）。那些想获得全职工作的临时雇员希望得到合作者的认可和接受（Courtney D. Von Hippel, 2006）。而那些不期望获得全职工作的临时雇员常常厌恶全职员工，因为他们没必要获得这些人的认可（Courtney D. Von Hippel, 2006）。换句话说，要全职员工带这些临时雇员出去吃午饭是件极不可能发生的事。

参照群体

几乎在每种场合，我们都会将自己同其他人或群体进行比较。例如，你可能并不需要一个新的手机，但如果你的一个好朋友总是谈论他的新手机，你可能就会拜访你们当地的无线手机经销商，以避免自己落伍。因为我们不能孤立地判断自己的行为，所以我们经常通过其他人来判断自己的行为（Charles H. Cooley, 1902/1964）。社会学家将这种被用来评价自己的群体称为**参照群体**。

群体的规模、结构及互动

群体都有自己的形式和规模。奥奈达公社在1849年成立时，只有87个成员（Richard T. Schaefer and William W.Zellner，2007）；在19世纪晚期解散时，其成员发展到306人。奥奈达公社解散的部分原因在于它的规模——群体规模过大导致内部成员间的内讧。当一个群体的规模变大时，维持内群体的感觉就变得困难了。而群体越小，内部成员之间的关系越亲密，正式性也越少，从而群体更容易维持。

最小和最稳定的群体形式是**二人群体**，即仅由两个人构成的群体。两个人会走得很近，关系亲密，并时常保持联系。稳定的二人群体中最典型的例子就是幸福的婚姻。这种亲密程度在大的群体里是不可能达到的。自相矛盾的是，二人群体也是不稳定的，因为其中任何一方都能单方面地决定解散这个群体（Georg Simmel，1902/1950）。如果你曾经被人甩过，你就会理解这个道理。

当第三者进入到二人群体中，就形成了**三人群体**。在其中，仲裁、联盟、竞争等都可能存在。例如，如果其中两个成员出现了矛盾，第三个人就能扮演仲裁者的角色来解决冲突。三人群体中也可能出现两个成员的联盟，以暗地里对付第三个人，这会削弱这个群体的凝聚力。如果曾经有两个朋友联合起来对付你，你就会明白这种情况。当联盟出现时，成员间相互竞争的可能性会增大，这会导致群体的解体。因此，社会学家乔治·齐美尔（Georg Simmel）认为三人群体是最脆弱的群体规模（Georg Simmel，1902/1950）。

随着群体规模逐渐变大，成员间潜在的互动机会会增多，但同时这也会使群体成员间的关系变得更加正式，亲密感会降低。在现实生活中，家庭

参照群体：我们用以评价自己的群体。
二人群体：仅由两人构成的群体。
三人群体：仅由三人构成的群体。

全球视野　日本的"内"与"外"

仇外，即对外来者的恐惧，是一个对外群体偏见很有说服力的例子。在日本，只有那些具有100%日本直系血统的人才被称为日本人（Ron Adams, 2008）。搬到日本并在日本居住了很多年的外国人，即使最终能获得公民身份，他们以及他们的孩子也不可能"变成日本人"（Ron Adams, 2008）。通过这种方式，日本社会将自身同其他文化隔离开来。"真正的"日本人在其国土上形成了一个内群体，而所有非本土或其他民族的人形成了一个外群体。

纵观日本历史，创造出一个外群体，驱逐他们，并把他们当作当前社会问题的替罪羊，这是日本人惯用的伎俩（Ron Adams, 2008）。在20世纪早期，许多韩国人作为外来务工人员被引入日本，以满足工业化需要（Ron Adams, 2008）。日本社会立即将韩国人视为外来者，与韩国人有交往的人会遭他人唾弃。这样，文化间的融合就变得不可能了。事实上，即使在今天，韩国人在日本还是不能获得完全的公民身份。不过，为了承认韩国人为完全的日本公民，日本领导人正努力修改法律。

活动　研究一个日本以外的国家。内群体和外群体分别是这个社会中的哪部分人？人们如何对待外群体？与同学讨论你的发现。

聚会就是一个验证该理论现实解释力的很好的场合。在近期的一次家庭聚会中，我仔细观察了人们依次到达时发生的互动。当群体规模很小时，人们聚集在一个房间里，谈论同一个话题。然而，当群体人数超过10个人时，讨论同一个话题就变得不可能了。我注意到人们开始分成几个小群体，一些人玩游戏，一些人走出房间，还有一些人待在厨房里谈论假日里有趣的见闻。即使在一个关系密切的家庭里，这种分隔也是很正常的事情，因为这个群体太大，以至于无法谈论同一个话题了。

如果你参加一个场面很大的音乐会，你很可能只会同与你一起来的人交谈，对吧？你和其他人一起被卷入这个拥挤的环境中，在身体上你可能同某个你不认识的人离得很近，但是你不太可能同那个人交谈。具有讽刺意味的是，当我们在一个大的群体中时，我们的群体意识反而会变得狭隘。群体规模和人口密度越大，我们的群体意识越狭隘（James Tucker and S. Thomas Friedman，1972）。因为人群规模越大，它对我们施加的压力也就越大。为减少这种压力，我们常退缩到较小和较安全的群体里，这样，群体内的互动和在人群中产生的压力都被限制了。

领导风格

在很多群体里，那些离人群较远的人通常会成为正式的或非正式的领导。如果你看过任何一季《幸存者》（Survivor），你就会知道里面经常出现部落首领。部落首领给族群提供食物，提供搭建住所的指导意见，维持族群成员的团结，等等。由于处于领导地位的人常受到他人的"额外"关注，所以，尽管《幸存者》中领导者的贡献对族群有着至关重要的作用，但他们经常在"后台"坐镇指挥。

莱文（Lewin）等人将领导类型归纳为三种不同的风格（Kurt Lewin, Ronald Lippit, and Ralph K. White, 1939）。**领导风格**是指领导用来影响群体成员的行动模式，它在专制型、民主型和自由放任型三种形式之间变化。**专制型领导**决定了群体的策略并分派好工作任务（Kurt Lewin, Ronald Lippit, and Ralph K. White, 1939）。严格的专制型领导会告诉你，"这是我的领导方式"。相反，**民主型领导**会通过讨论和协商来设定群体策略（Kurt Lewin, Ronald Lippit, and Ralph K. White, 1939）。他们希望达成共识，而且可能会询问你关于某件事的看法。最后是**自由放任型领导**，这是一种领导缺位的领导方式，而且一般情况下这种领导人根本就不希望成为领导（Kurt Lewin, Ronald Lippit, and Ralph K. White, 1939）。他们很少设定目标，并且仅做那些必须做的事情。

不管你遇到哪种类型的领导，你都需要记住适用于不同社会群体的有关

领导风格：领导用来影响群体成员的行动模式。
专制型领导：决定群体政策和布置工作任务的领导。
民主型领导：努力通过讨论和协商来确定群体政策的领导。
自由放任型领导：缺席领导的领导者，事实上，这类领导者可能根本不希望成为领导。

领导风格的几个要点：

（1）领导风格没有对错之分。

（2）成功的领导会根据情况的变化选择不同的风格。

（3）领导的过程对群体成员和领导者都有影响。

（4）领导风格是可以学习的。

（5）不同的领导风格在特定的情况下，针对特定的群体成员才有效。
（Litsa Nicolaou-Smokovita，2004）

从众

因为只有少数人能站出来成为领导，而群体中其他的大部分人都以某种方式追随他。**从众**是指为符合我们所察觉到的合适的期望，我们改变自己行为、态度及观点的程度。每个人都期望能"符合"，但是你会改变你所认为正确的观点来符合一个群体的期望吗？

1952年，心理学家所罗门·阿希（Solomon Asch）做了一个测量群体对个人认知的影响的实验（Solomon Asch，1952）。在他设置的实验群体中，只有一个成员是真正的被观察者，但他不知道其他人都是配合实验的"演员"。随后，阿希给那些假的成员一系列卡片（如右图所示），让他们将第一张卡片上的线段与第二张卡片上的线段进行匹配。刚开始，那些假的成员都做出了正确的选择，小组也能很快做出一致的决定。然

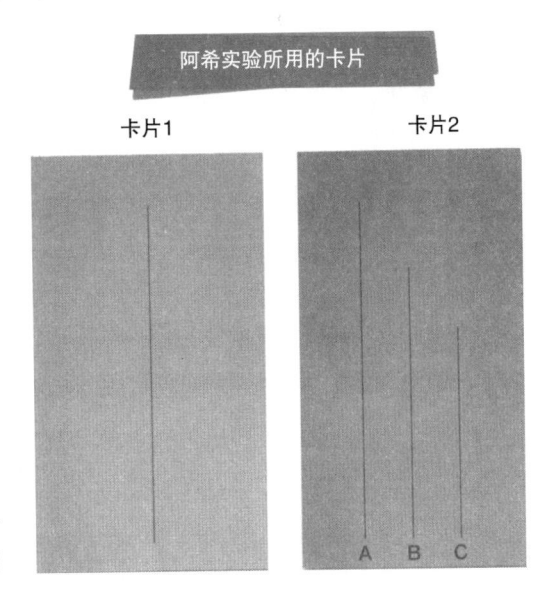

从众：为了符合我们所察觉到的合适的期望，我们改变自己行为、态度及观点的程度。

而，随着时间的推移，为了测量获得群体一致性的期望，那些假成员故意说出错误的结果。令人吃惊的是，即使该决定是错误的，也有大约 1/3 的被观察者会附和群体的选择。这种现象其实比你所想象的更为普遍。当人们处于群体之中时，他们经常遵从大多数人的意见而不会提出异议。

群体思维

有时，群体压力太大会使群体不再考虑其他人的观点或影响。群体凝聚力过强或由强势的领导带领群体时，就会出现用群体思维来做决定的现象（Irving L. Janis，1972，1983）。**群体思维**这一概念用来说明没有经过客观思考而做出的决定。当一个群体处于这种状况时，人们会遵从小组其他成员所做出的一致决定，即使他们单个人是不会做出该决定的。极端的群体遵从会导致群体思维的出现，其结果通常是群体做出之后大家都会认为错误的决策。当下列条件存在时，群体思维更容易出现。

- **凝聚力**：关系密切的群体更容易陷入群体思维。例如，如果你加入一个由同一个人领导了 10 年的董事会，可能的情形就是群体思维正在生成。这个群体内部联系得非常紧密，并且他们认为已经找到了解决所有潜在问题的可能办法。

- **威胁**：当群体面临外在威胁时，群体凝聚力就会增强，因为共同的敌人使大家团结在一起。

- **强势的领导**：如果领导是个极权的人或者有足够的个人魅力，群体通常就会接受领导的意志。虽然强势领导对群体的进步有重要作用，但这也增加了群体思维发生的概率，因为很少有人敢于挑战领导的权威。（Irving L. Janis，1983）

社会资本和社会网络

当你思考所有可能将你引入现在所处生活位置的因素时，基本上你会想到的就是社会资本。**社会资本**是一个社会学概念，指一个人可以使用的个人

群体思维：用来表示未经过客观思考就做出群体决策的术语。

社会资本：是一个社会学概念，指我们可以使用的个人或集体资源。

链接　群体思维的历史

社会学家欧文·贾尼斯（Irving L. Janis）总结了八个运用群体思维做决定时的缺陷（Irving L. Janis, 1972）。我们可以以此为标准评价任何群体决策以及群体思维是否参与其中。群体思维在美国政治中算不上什么新闻。贾尼斯指出，由于存在这种现象，美国的政治领袖们经常会冒着做出错误决定的风险。美国入侵古巴失败，即著名的"猪猡湾"事件，就很符合这种理论（Irving L. Janis, 1972）。想一想美国领导者做出入侵其他国家如伊拉克的决定，其背后是群体性思维在起作用吗？

1　无懈可击的错觉　群体思维对"期望的结果即将出现"抱有过度乐观的态度。一些人认为2003年美国对伊拉克的入侵就源于这种无懈可击的错觉。2003年，美国发起了"震撼与威慑"行动，媒体的报道给国民的印象就是战争很快就能赢了。军队似乎很快就能控制伊拉克，从而迅速打赢反恐战争，而且能保证死伤人员极少。

2　集体理性　成员会忽视不相关的警告，也不会重新考虑所做决定的假设条件。有些人认为2003年入侵伊拉克是源于集体理性。批评家认为总统布什所说的"放马过来"和副总统切尼的宣言"我们将会成为受欢迎的解放者"等都是这种群体思维的例子（Dan Glasiter, 2001）。

3　内在的道德信仰　群体成员认为他们的理由是公平合理的。在2001年的一次演讲中，总统乔治·W.布什宣称："要么你和我们站在一边，要么你和恐怖分子站在一边。"（Goerge W. Bush, 2001）这就使得很多人重新思考其反对战争的立场。

4　对外群体的刻板印象　当成员把自己视为"好人"而将他们的反对者视为"坏人"时，也会产生群体思维。美国入侵伊拉克并推翻萨达姆政权时，我的很多学生对伊拉克人抱有负面的刻板印象，认为伊拉克人都是"冷血的恐怖分子"。

5　对反对者的直接压力　那些持不同意见的群体成员会因群体压力而保持沉默。一般情况下，群体不容许有任何反对的意见。在2004年的《袭击计划》（*Plan of Attack*）一书中，记者鲍勃·伍德沃德（Bob Woodward）指出，乔治·W.布什总统的内阁成员有效地孤立了那些对伊拉克战争持反对意见的人（Bob Woodward，2004）。另外，对政府持批评意见的人都被贴上了"不爱国"的标签，而那些表达相反意见的人也会被指责为"不支持军队"。

6 自我审视 群体成员打消了自己的顾虑，没有表达出自己对某一提议所持的保留意见。当群体成员看到持不同意见的人被惩罚或是被孤立之后，他们往往会自我审视以避免来自强势领导的惩罚。在伊拉克战争爆发时，诸多媒体如《纽约时报》和 NBC 新闻等在布什政府的压力下，都对反战现象予以轻描淡写（Mike Celizic，2008）。

7 一致性错觉 在特定情况下，群体领导会错误地将在压力下产生的多数人的意见看做群体一致性的体现。例如，在一次 ABC 的新闻采访中，前国务卿科林·鲍威尔（Colin Powell）坦承，他对伊拉克战争的公开支持源于他对总统布什的忠诚，而非自己的真实信念。当鲍威尔对自己的意见保持沉默时，他就传达了一种一致性的表象。

8 自我任命的思想保护者 一些特定的成员会扮演领导者保护人的角色，让领导远离那些可能与群体决定相冲突的观点和信息。许多电视媒体被看做思想的保护者，因为它们很少宣传那些可能被认为对战争有负面影响的观点。

活动 回想一下你自己的生活，在你过去所做的决定当中，群体思维扮演了一种什么样的角色？你后悔做出那样的决定吗？使用上述八项群体思维的缺陷来评估自己的选择，所有的这八个因素都在你的决定中发挥作用了吗？

或集体资源。社会资本包括机构、关系、态度以及影响人际互动并对经济、社会发展做出贡献的价值观。科尔曼（Coleman）认为，社会资本影响了我们生活的各个方面以及我们的机会和选择。（James S. Coleman，1988）

我们中的大多数人都会用这种类型的资本去找工作、申请学校或是获取其他机会。例如，我的第一份工作是在我们当地的自行车行修理自行车。我得到这份工作是因为我妈妈认识这个车行的老板。后来，我的一个朋友帮我找到一份在肯德基的工作。当然，我必须做这份工作并保有这个职位，我的朋友和家庭是帮助我找到这份工作的社会资本的一部分。

科尔曼认为社会资本对社会和个人发挥着一定的功能；而布迪厄

（Bourdieu）——一位冲突理论家，却将社会资本看作经济资源（James S. Coleman，1988；Pierre Bourdieu，1986）。思考一下下面的入学录取政策：在该入学政策下，一个申请者进入一所久负盛名的私立大学是由于他所在家庭和学校之间的历史渊源。这样一种行为使那些家庭富有的学生受益，因为他们的家庭成员曾是这些学校校友的可能性更高。简而言之，我们的社会和家庭关系能帮助我们敲开某些"地方"的大门，而靠我们自己的力量，这些"地方"是不可能进入的。

当把人们的社会关系聚集到一起时，就构成了一个社会网络，它是社会资本的一部分。一般而言，**社会网络**就是你同其他人所构成的关系网。社会网络通常由具有相似价值观、信仰和身份的人构成。它们可以给我们提供重要信息，甚至还可以为我们打开机会之门。在21世纪，社会网络对那些具有计算机网络头脑的人的作用更大。My Space、Facebook 和 LinkedIn 等社交服务网站以其虚拟性替代了传统的人际交往模式。互联网使得人们可以以指数般的速度来扩展他们的关系网络。

为理解社会网络的价值，我们来看一下近期的移民是如何通过它来获取优势地位的。社会学家卡洛斯·加西亚（Carlos Garcia）向我们展示了那些从墨西哥移民到美国的人经常利用社会网络来找工作和找房子的事例（Carlos Garcia，2005）。加西亚发现，即使移民的个人资本很少，关系网络也能帮助他们获得成功（Carlos Garcia，2005）。例如，关系网络能帮助他们克服目不识丁或不懂英语等困难。移民常使用以下三种不同的网络形式。

1 传统型网络　这种网络包括了与家庭成员和朋友之间的初级群体关系。通常情况下，墨西哥移民都是通过家庭成员或朋友找到工作的，而这会进一步影响他们决定在哪里居住（Carlos Garcia，2005）。

2 教会网络　这种网络利用宗教关系将人们联结在一起，它向人们提供了许多与传统型网络一样的好处。墨西哥移民经常利用教会关系来扩大他们的网络范围（Carlos Garcia，2005）。

3 契约网络　这种网络常与雇主寻找工人有关。在加西亚的研究中，肉

社会网络：你同其他人所构成的关系网。

类加工厂派代理商到墨西哥与那些潜在的劳动者签订合同，向他们提出承诺：如果他们能进入美国，就给他们提供工作。契约网络提供了必要的经济资源，而传统型网络和教会网络提供了社会和情感支持（Carlos Garcia，2005）。

有时，为了成功，你不得不依赖于强关系。不过，弱关系对我们也有极大的价值。例如，在班上，你可能从一个坐在你旁边的同学那里听到一个职位空缺的消息。尽管这个同学并不在你的初级群体之列，但是这条小道消息却可能比你从家庭或朋友那里得来的消息更有价值。格兰诺维特（Granovetter）认为，弱关系在社会资本当中扮演着重要角色，因为它扩展了我们的网络，进而也增加了我们的机会和可能性（Mark S. Granovetter，1973）。

◎ 正式组织

当你和朋友或家人一起出去游玩时，你会放松警惕，忘记所有规则，因为他们都是非正式的社会群体。其他和你有联系的群体，如你们当地的保龄球联盟或者是乡村俱乐部，可能就是**正式组织**。

志愿组织

通过加入一个团队，例如在一个合唱团唱歌，或者是在流动厨房里面帮忙，你们就可以组成一个**志愿组织**。1995 年，政治科学家罗伯特·帕特南（Robert D. Putnam）的一项研究显示，这种类型的组织的参与率正在下降（Robert D. Putnam, 1995）。以保龄球联盟为例，保龄球联盟的数量在减少，但打保龄球的人数并没有变化。人们加入组织的现象更少见了，从而出现了一个更加个体化和更加孤立的社会。尽管我们通过社会网络增加收入、改善生活，但整个社会的社会资本正面临着社会网络的萎缩。

正式组织：是指为了实现特定目标及效率最大化而建立起来的群体。

志愿组织：是指这样一种行为，即加入一个不提供任何报酬，但可以通过互动扩大社会网络的组织。

志愿组织对社区有极其重要的影响。例如，在尼泊尔地区，高生育率是一个日益严重的问题，越来越多的人加入到志愿组织中，如信贷银行团体、女性团体、农业组织和青年团体等。随着团体成员的增加，尼泊尔人使用避孕措施的可能性也增加了（Jennifer Barber，Lisa D. Pearce，Indra Chaudhury，and Susan Gurung，2002）。与那些生活在相对孤立的社区的人相比，生活在有许多志愿组织的社区的人采取避孕措施的可能性更大。通过在个体中培养良好的社区意识，志愿组织有助于控制社区的生育率。

组织和官僚机构

组织有不同的类型和规模。一些组织设立的初衷就是向他人提供帮助，比如塞拉俱乐部。其他的如著名的家具店宜家家居，其目的是为了挣钱。所有的组织都是相似的，因为它们都是为实现预期目标而存在的正式社会群体。社会学家阿米泰·埃齐奥尼（Amitai Etzioni）认为，组织的类型最终决定了组织成员间的关系（Amitai Etzioni，1975）。

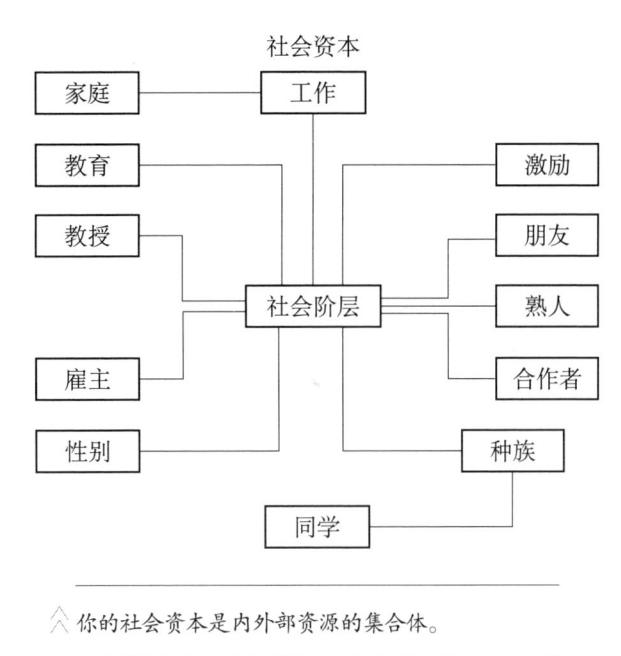

△ 你的社会资本是内外部资源的集合体。

例如，当你在一个百货商店或写字楼里找到一份工作时，你就加入了一个**营利性组织**（Amitai Etzioni，1975）。成员加入该组织是因为他们能通过自己的劳动换取工资。而**规范性组织**的存在是为了达到一个有价值的目标（Amitai Etzioni，1975）。你在规范性组织里做志愿者，比如在流动厨房工

组织：为达到预期目标而存在的正式群体。
营利性组织：人们能通过自己的工作来换取工资的组织。
规范性组织：为了实现一个有价值的目标而存在的组织。

作，是因为你认为供养那些无家可归的人对社会而言意义重大。

虽然我们乐意加入营利性组织和规范性组织，但我们不想加入**强制性组织**（Amitai Etzioni，1975）。该组织中的成员，如监狱里的犯人或心理康复医院里的精神病人，都不是自愿加入的。外在权威的强制力将他们带入该组织里。

无论是营利性、规范性还是强制性组织，它们都具备一些重要的特质来帮助维持组织的正常运转。

- **劳动分工**：任务界定清晰、分工明确，成员清楚自己的角色和期望。
- **权力集中**：组织将权力集中在少部分人手上，他们运用权力控制组织机构。
- **替代法则**：组织成员允许所有角色的替换，包括领导者。（Amitai Etzioni and Edward W. Lehman，1980）

所有的组织都存在一定的结构，只是有些组织的结构比其他的要正式一些。**正式结构**是指组织有明确的规章制度、目标及指导方针。组织的正式结构包括组织结构图、策略、程序手册、组织的名称和角色等。你可以在任何一个选举主席、副主席及其他学生干部的学生组织中看到这种正式结构的展开形式。**非正式结构**由组织成员间的友谊及忠诚构成。所有的组织都包含非正式结构，它的存在有助于组织的顺利运转。

科层制的特征

如果你曾经为了更新驾照而排过几个小时的队，却听到"我没办法帮助你，你需要在那边等"，你就能明白一个庞大的**科层组织**给人们带来的不便了。科层组织是由不同等级的部门构成的正式组织。当一个部门和其他部门

强制性组织：人们被迫加入的组织。
正式结构：组织有明确的规章制度、目标和指导方针。
非正式结构：由组织中成员间的友谊及忠诚构成。
科层组织：由不同等级的部门构成的正式组织。

没有联系时，科层组织通常显得没有人情味。由于现在还没有发现更好的组织形式，科层制就这样被保留了下来。

马克斯·韦伯是研究科层组织的早期社会学家之一（Max Weber，1978/2004，1946）。他认为无论正式组织的目标是什么，所有理想型的科层组织都有特定的特征。

韦伯与"铁笼"

韦伯认为科层组织是形式理性思维的逻辑延伸（Max Weber，1978/2004，1946）。**形式理性**是指组织或科层机构以最有效的方式实现目标的理性行为。如果你觉得韦伯的这个理论听起来很熟悉，这是因为在本书第3章里，乔治·瑞泽尔使用这一理论对美国的麦当劳化进行了讨论（George Ritzer，2004）。

按照韦伯的观点，发展到一定规模的组织都会不可避免地向形式理性和科层组织发展。然而，这种高度结构化的科层组织会让组织成员感觉如同被关在一个没有人性的"**铁笼**"中，成员只不过是完成任务的机器。韦伯指出，从个体的角度看，这种铁笼的确存在问题，但从整个组织来看却是件好事，因为它有助于组织发展壮大，并将组织的需要放在个人需要之上。

韦伯的科层组织的特点

劳动分工		权利等级
员工都有具体、专门的任务		自上而下的决策权
规章和条例	**非人格化**	**技术认证**
规章制度规范和引导科层组织的行动，以确保任务的统一完成	员工的表现"没有任何仇恨或激情"，这意味着所有的员工都被一视同仁	员工的雇用和晋升取决于他们完成任务的能力

形式理性：指组织或科层机构以最有效的方式实现目标的理性行为。

"铁笼"：韦伯提出的一个概念，指科层组织让员工产生陷入困境的感觉，并把他们变成仅仅为了完成任务的机器。

科层组织的权力通常是从上往下派发的，这意味着只有组织的领导才能做决定，下层员工只需要完成任务就可以了。这种设置迫使领导对整个机构的行为负责，同时也有助于增加领导的权力。然而，这种等级制度剥夺了员工在决策中的发言权。

由于决策权掌握在高层，这样，工作无效率的情况会时有发生。如果领导者不知道下属部门正在做什么事情，他们就很容易把组织引向歧途。例如，当我作为一名被引进的社会工作者在一个机构工作时，该机构聘请了一位新主管。这位主管决定先不让新顾客与社会工作者见面，而是让护士评估所有潜在新顾客的医疗状况。护士们和我都表示反对，但是这位主管否决了我们的意见。结果许多新顾客发现，在花费很长时间呆在机构里之后，他们却没有获得相应的服务，这造成了时间的浪费。最后，这位主管又返回原来的工作岗位去了。

在科层组织中，劳动分工也具有负功能。员工可能会疏离组织的目标，而只关注他们自己的任务。例如，一个工厂的工人花了几个小时将轮胎安装到汽车上，当他看到一块挡风玻璃破碎时，却不会采取任何行动，因为"这不是他的工作"。这种想法源于没有人情味的组织文化。

虽然条文式的规章和制度让员工们明白他们的工作职责，但是这些严格的规章制度却扼杀了他们的创造力和想象力。在职责范围之外，员工不会为实践新想法或使任务完成得更圆满而努力。

既然我们已经讨论了社会群体及群体互动在社会中扮演的角色，那么是时候透过社会学的视角来思考这些群体了。

社会学思考：社会学家是如何看待群体领导的？

◎ 功能论和领导

如何使人成为一名好领导呢？有影响力的功能论者约翰·C·马克斯

韦尔（John C. Maxwell）提出了一种由五个层次构成的领导模式（John C. Maxwell，2002）。回想一下你所熟悉的领导，看他们中的哪些人具备这些素质。

领导101：每位领导都需要知道的事情

衡量领导的真正标准是他对其他人的影响力。如果你缺乏这种能力，没有人会服从你。你的领导风格——专制型、民主型或自由放任型——并不会直接影响你的领导水平。一位专制型领导可能同一位民主型领导的影响力一样大。然而，马克斯韦尔认为所有的领导都是从最基层开始干起的（John C. Maxwell，2002）。

第一层次：职位型领导：人们服从是因为"必须"。

这一层次是最基本的领导形式。简单地说就是其他人给了职位型领导以领导权。他们不依赖自己的眼光或是个人魅力来领导其他人，相反，员工们服从他们是由于他们的职位。当你进入劳动力市场时，公司的等级确定了谁是你的上司，服从上司的领导是你工作的一部分。然而，在整个公司体系中，职位型领导和他或她所管理的员工都只不过是机器上的一个小齿轮。这种领导的影响力是最小的。

第二层次：许可型领导：人们服从是因为"愿意"。

成功的领导者明白，领导权不仅意味着当老板，还意味着更多的内容。

职位型领导和他的下属之间缺乏私人关系，而许可型领导却反其道而行之。他能让员工自愿地服从他，因为领导和员工之间发展了密切的私人关系。这种类型的领导并不仅仅将员工视为达到目的的工具；相反，他们一起工作是因为彼此都很欣赏对方。这种领导人的影响力更大，因为他们的下属也在人际关系上投入了很多。进一步地讲，在这种领导方式下，组织的工作任务也能得以较好地完成。

第三层次：生产型领导：人们服从是由于他的所作所为。

在该领导层次中，他们用最小的努力就能实现目标，因为领导为下属树立了榜样。生产型领导刺激了下属的成就意识并清楚地规划了组织发展的蓝图，员工们会非常努力地工作。生产型领导也乐意做艰难的决定，勇于为失败承担责任。众所周知，科比·布莱恩特（Kobe Bryant）在场下时常保持沉默和反省。在球场上，他无疑是球队的领袖，因为他的努力和技能有助于激发队友表现得更好。

第四层次：员工实现型领导：员工服从是因为员工被赋予了权力。

不是通过展现他们的技能来给下属树立榜样，而是通过鼓励下属完成他们本以为不能完成的任务。"放权"的领导帮助下属们开发了自身的潜能。通过开发下属的潜能，所有团队成员都认为自己具备了实力和能力，从而这种类型的领导能够更加容易地完成任务。用约翰·肯尼迪总统的话描述这种领导类型就是："不要问你的国家能为你做什么，而要问你能为你的国家做什么。"

第五层次：人格魅力型领导：人们服从你是因为你这个人。

为了获得这种最高层次的影响力，人们需要花费多年的时间。这种领导需要花费很多时间来培养与员工之间的关系以及提高沟通的技巧。不过，一旦达到这种水平，领导就能极大地激发下属的潜能，使下属甚至乐意为其牺牲。

马克斯韦尔认为所有的领导都有登上影响力阶梯的潜质，但每位新领导都得从第一层做起。成功的领导者明白，领导权不仅意味着当老板，还意味着更多的内容。

◎ 冲突论——马克思、科层组织及民主组织

韦伯认为科层组织既有正功能，也有负功能，而马克思认为，科层组织是一个人们无法从中跳出的圆圈。他进一步指出，科层组织对社会没有任何实质性的功能，它只是资产阶级更有效地剥削工人、获得更多财富并控制他们的另一种方式。

你可能会期望工人反对科层组织体系，然而马克思理论认为，那些反对领导的工人很容易被发现，从而受到谴责乃至被辞退。这有助于生产力的提高吗？研究表明，民主型而非专制型的领导方式能够实际提高工人的生产

能力。民主型领导鼓励工人参与决策，而这种参与有助于提高利润和生产力（Richard D. Rosenberg and Eliezer Rosenstein，1980；Henry Levin，2006）。更具包容性的领导风格似乎对工人和老板都有帮助。

在领导权方面，较多的劳动者参与并不意味着公司就能取得成功。在哈默（Hammer）等人的研究中，劳动者在董事会事务中较高的参与度并不能转化为相应的利润（Tove H. Hammer, Steven C. Curral, and Robert N. Stern，1991）。事实上，由于工人与管理层之间存在不同意见，这种参与对未来的规划会起到相反的作用。工人的注意力主要集中在就业保障上，而管理者则为了满足股东的需求。

◎ 符号互动论——创造一个公正和民主的工作环境

大学毕业后，你可能对找到一份你所梦想的工作寄予厚望。然而令人沮丧的事实是，五分之四的美国人，其日常工作就如同噩梦一般（*msnbc.com*，2007）。美国人似乎比以往更加讨厌工作了。

这些消极的情绪引起了符号互动理论学者的思考：员工们对工作的态度是如何影响生产效率和工作满意度的呢？这是一个让人力资源管理者头疼的问题。当人们在一定程度上能对自己的工作结果进行控制时，他们就会更喜欢这份工作（Randy Hodson，2000）。例如，一个程序设计师设计的一个软件样品很好地吸引了领导的眼球，那么他可能会变得更加喜欢这个公司和这份工作。

乔伊斯·罗斯柴尔德（Joyce Rothschild）认为，传统的科层组织制造了无效率的工作环境，因为员工没有被联系起来（Joyce Rothschild-Whitt and J. Allen Whitt，1986）。在研究了东欧20世纪70年代后期和80年代早期的资本主义和社会主义国家之后，罗斯柴尔德发现，这两种社会中存在相似的未将员工联系起来的现象（Joyce Rothschild-Whitt and J. Allen Whitt，1986）。在东欧由中央政府控制的企业里，工人很少有能力去创新或改变他们的工作环境。这种由上而下的管理方式与西方资产阶级的科层组织极其相似。罗斯柴尔德的结论很清楚，严格控制的工作环境和无效率、无生产力的工人之间是可以画等号的（Joyce Rothschild-Whitt and J. Allen Whitt，1986）。

相对而言，团队管理的方法有助于工作场所的民主化（Joyce Rothschild, 2000）。在这种工作环境中，由于个人能与团队里的其他成员联系在一起，所以团队成员能与他们的工作联系得更紧密。从符号互动论者的视角来看，这种变化可以和事业成功的定义的变化联系起来。员工的受教育程度越高，他们就越期望自己的工作能有更多的产出。在完成学业之后，你可能会找一份这样的工作，在其中，你能够参与"决定你自己如何工作"的决策，这是一个值得努力争取的好职位。在这种工作中，人们可以同时获得工作和个人生活上的满足。

理论沉思

不同的理论视角是如何看待群体领导的？

功能论

研究群体时，功能论者会考察群体的价值观和行动，特别是那些领导的价值观和行动。成功的群体通常有成功的领导者，因此，研究一个群体的领导及他对成员的影响是很重要的。约翰·马克斯韦尔指出每个人都能做"老板"，但只有特定的人能做领导。他创建了一种包括五个层次的领导模式，并指出每个层次的领导影响力及下放给员工的权力。甚至奥奈达公社的创立者约翰·汉弗莱·诺伊斯在其权力达到顶峰之前，也经历了这些阶段。最终，他能让数以百计的人追随他并创建了由忠诚的追随者组成的公社。

冲突论

由于冲突论者将注意力集中在宏观问题及它们与社会的关系上，所以他们注重考察围绕科层组织的相关现象。韦伯将科层组织视为形式理性思维的延伸，马克思则将它当成资产阶级压迫工人阶级的工具。马克思的批判性观点认为，民主环境事实上有助于提高生产力和利润。然而，如果不能保证民主的环境，科层组织就会扼杀工人的积极性和组织的生命力。为了控制奥奈达公社，诺伊斯为公社组建了48个部门，并成立了21个委员会来监督这些部门（EBO, 2008）。韦伯可能将这种体制视为理性的，而马克思则认为它只是用于控制的工具。

符号互动论

符号互动论者意识到，随领导权一起，个人态度对工作表现和满意度有很大的影响。当人们对自己的行动有一定的控制权之后，他们会对自己以及工作感到满意。罗斯柴尔德认为，员工在传统的科层组织中无法感受到同其他人的联系，从而形成了一个无生产效率的环境。符号互动论者认为，民主的工作环境对员工更为重要，因为在这种情况下，员工能感觉到自己和工作联系在一起。诺伊斯在奥奈达公社试图通过批判来发展出一种公社意识，而这种批判会能释放人们内心的压抑。虽然这些批判会看起来有一定的疗效，但实际上他们是通过羞耻感来控制公社的（EBO, 2008）。当人们参与到监督他人的活动中时，他们会获得一种权力意识。

总结

社会群体的特征有哪些？

- 两个共同点：群体成员在某些方面有共同点；他们相互认可彼此是群体的成员

社会学家是如何看待群体领导的？

- 功能论：领导者是通过他们对其他人的影响力来被测量的
- 冲突论：对马克思而言，科层组织是剥削工人、让资产阶级聚敛财富的一种方式
- 符号互动论：员工对工作的态度影响了生产的效率和工作的满意度

第7章

美国的社会阶层
——现代社会中的社会分层

- 什么是社会分层?
- 社会分层背后有哪些理论?

在热播电视剧《丑女贝蒂》（*Ugly Betty*）中，贝蒂（Betty）三十岁左右的姐姐希尔达（Hilda）在十几岁时就怀孕了，并从那时起一直独自抚养她的儿子。当然，希尔达的儿子——爱好时尚的贾斯汀（Justin）是一个虚构的角色，但他代表了现代美国一个重要的人群：非婚生子女。2004年，美国32%的新生儿是由未婚、离婚或寡居的女性生育的（Jane Lawler Dye，2008）。为什么会有这么多的女性非婚生育呢？

凯瑟琳·埃丁和玛丽亚·科法拉斯发现，这些女性中的大多数人认为成为一位母亲将会是她们人生当中最重要的成就。在一个周围环境使她们对未来不抱太大希望的世界，孩子令她们的生活变得有意义。而婚姻并不能给她们同样的承诺。对她们而言，嫁给一个不可靠、不忠诚甚至有虐待倾向的男人，其代价要远远大于可能带来的好处。

统计数据表明，单身妈妈通常都贫困潦倒，而且缺乏抚养她们的孩子所需要的资源。许多单身妈妈很难找到工作，找到的也是报酬很低的工作。此外，教育的缺乏限制了她们改善自身境遇的能力。这些贫困女性仅仅是美国贫困人口中的一部分。社会地位如何影响一个人的生活？作为社会学家，我们希望找到答案。

主题：什么是社会分层？

对事物进行高低等级排序似乎是人类的天性。拿起任意一本某年年底的杂志，人们一定能找到年度"十大"最佳（或最差）电影、专辑或书籍的榜单。例如，大卫·莱特曼（David Letterman）在《大卫深夜秀》（*Late Show With David Letterman*）中就把"十大排行榜"作为他的招牌栏目。社会学家也喜欢依据某些客观标准对个体进行排序，这些标准通常包括财富、权力或声望。**社会分层**是指按照一定客观标准对个人和个人所得报酬进行区分的等级序列。

所有类型的社会都有为其社会成员排序或分层的方式，但是不同社会之间的分层情况可能存在较大差异（Philip Carl Salzman, 1999）。一些社会可能使用政治权力来分层，通过给予政党成员他人无法获得的特权来把人们区分开来。例如，在美国"封闭的"总统初选中，只有政党成员才被允许投票。

一些社会也可能会用财富将人们划分为不同的社会阶层：个人拥有的财富越多，地位越高。其他社会也许会用出生地位或家庭出身作为区分人群的方法：一些特定的家庭被视为贵族，并且享有特权地位。

在美国，人们倾向于通过个人获得的财富或收入来对人们进行分层。**收入**是指通过工作或投资得到的现金。无论是个人在每月月底得到的薪水，还是股票投资所得的红利，个人有规律地获得的现金都被视为收入。**财富**指个人的全部物质所有物，包括收入。如果你把你所有的东西，包括汽车、电脑、衣服等都按市场价格出售，你可能可以筹集到一笔相当可观的收入，比每月的收入要多。了解收入和财富之间的区别，同时理解这些因素如何影响个人的社会地位十分重要。

收入分布

当我还是一名大学生时，我能把所有的东西都装进我的本田后备箱中。那时，我的工资比最低工资高 25%，但几乎没什么开销。虽然我现在挣得比上大学时多得多，但随着我结婚、买房子，开销也大幅增长。在美国，存在各种不同的收入群体。我们可以将美国家庭按收入高低排序，分成具有相同数量的五组家庭。在这五组中，20% 的最低收入家庭仅获得总收入的 3.4%，

社会分层： 是按照一定客观标准对个人和个人所得报酬进行区分的高低不同的等级序列，标准通常包括财富、权力或声望。

收入： 指通过工作或投资得到的现金。

财富： 指个人的全部物质所有物，包括收入。

而 20% 的最高收入家庭得到总收入的 50.5%。美国家庭收入的中位数是 48 201 美元。可是，美国有五分之一的家庭收入等于或少于 11 352 美元。同时，有 5% 的家庭的收入超过了 174 012 美元（Carmen DeNavas-Walt，Bernadette D.Proctor，and Cheryle Hill Lee，2007）。如果收入的发展趋势保持不变，那么富人将变得更富有。从 1970 年到 2000 年，90% 的低收入纳税人的收入减少了 0.1%；同时，10% 的最高收入家庭的收入增长了 89.5%~558%（David Cay Johnson，2003）。再来看看企业管理人员的收入。1965 年，CEO 与工人的报酬比是 24 美元比 1 美元，即工人每挣 1 美元，CEO 挣 24 美元；到 2000 年，CEO 与工人的报酬比增长到了 300 美元比 1 美元（Lawrence Mishel，2007）。

财富分布

这种收入的变化只会加剧美国的贫富差距。事实表明，加上股票、债券和许多其他物品，美国 1% 最富有的人掌握的财富比人口中 90% 财富最少的人的财富总和还要多（Lawrence Mishel，2007）。这意味着一个相对较小的群体掌握了国家大部分的现金和资产。

美国的财富分布还显示了一些其他的趋势。一般而言，男性比女性更富有；股票和个人住房是资产中最主要的两大类；绝大多数最富有的人都已结婚（49%）或者丧偶（26%）（Barry W.Johnson and Brian G.Raub，2008）。财富分布也显示了地理上的规律。

2000 年，基斯特（Keister）和莫勒（Moller）发现，贫富差距在从 1962 年到 1995 年这 34 年间变得更为严重了（Lisa A.Keister and Stephanie Moller，2000）。他们指出，最富有的人是经济增长的主要受益者。同时，美国资不抵债的人口增长了 8%。

◎ 美国如何定义贫困？

社会学家对贫困有多种不同的定义。**暂时贫困**是指当个人短期失业时

暂时贫困：是当个人短期失业时出现的暂时贫困状况。

出现的暂时贫困状况。**边缘贫困**是指当个人缺少稳定工作时出现的贫困状态。例如，假设一个人的工作是夏天在游泳池救援溺水者，那么夏天过去时，他就很可能经历边缘贫困。接下来，贫困程度更严重的是剩余贫困。**剩余贫困**是指长期的、多代的贫困。那些生活在似乎永无止境的贫困循环中，并将这种贫困传递给其子孙的人们就处在这种贫困中。**绝对贫困**是指一种个人的资源无法满足基本生存需求的贫困状态。在苏丹达尔富尔地区，那些即将饿死的人就生活在绝对贫困中。**相对贫困**出现在人们将自己与周围人进行比较的时候。当你认为你的手机与朋友的相比显得过时和不够好时，你就处于相对贫困中。

美国政府定义贫困的方式则大不相同。政府设定了一条贫困线来决定什么人需要服务以及需要什么样的服务。如果一个家庭的收入低于贫困线，那么政府会提供食物、医疗保健、职业介绍等救助性服务（U.S. Department of Health & Human Services，2008）。如果个人或家庭的收入高于贫困线，那么他将获得很少、甚至不能得到政府救济。给贫困设定一个全国性的标准可能具有一定的误导性。想想你所在地区的生活成本和美国其他地方的生活开支一样吗？曼哈顿一间单身公寓的花费可能与阿肯色州一座面积大得多的房子一样，甚至还要多。在美国，许多花费都根据地理位置的不同而不同，然而贫困线在 48 个州都是相同的（U.S. Department of Health & Human Services，2008）。

除区域因素之外，性别也是一个需要考虑的因素。与男性相比，女性更容易陷入贫困。埃丁和科法拉斯采访的女性就受到了这种被视为"女性贫困"的性别歧视的影响。例如，男性年收入的中位数是 41 386 美元，而女性年收入的中位数是 31 858 美元。男性每挣 1 美元，女性只挣 77 美分（Carmen DeNavas-Walt，Bernadette D.Proctor，and Cheryle Hill Lee，2007）。贫困在女性主导的家庭尤为集中。许多女性从事低收入工作，不足

边缘贫困：是当个人缺少稳定工作时出现的贫困状态。
剩余贫困：是指长期的、多代的贫困。
绝对贫困：是个人缺乏满足生存所需资源的严重贫困的状态。
相对贫困：是指与周围人相比生活水平相对较低的贫困状态。

以满足家庭生活的需求。有色人种的女性则通常陷入更大的困境（Robert Rosenheck，Ellen Bassuk，and Amy Saloman，2008）。

权力

另一个分层的维度是权力。**权力**是将个人意志施加于他人的能力。在大学教室里，教师有很大权力，他们有权选择课本、授课的主题和教课的顺序。简而言之，所有大学教师都有很大权力来决定课堂里的有关事项，而学生的权力仅仅是选择或放弃这门课程。为什么会这样呢？因为在大学中，学校或学院将教育的权力**授予**，即给予或委派给了教员。当国会议员代表被选举人行使权力时，他们拥有授予的权力。他们能运用这种权力在军事冲突中进行军事部署，或能领导经济走向或走出萧条（Mark Haugaard，2003）。

每个人都拥有大小不同的权力，但没有人拥有完全无限制的权力。赖特·米尔斯指出，在美国，一个被称作**权力精英**的小群体掌握了巨大权力（C.Wright Mills，1956）。权力精英来自三个相互独立又相互联系的群体：政府高层官员、公司主管和军队领导。他们决定与其他社会成员分享什么样的信息和知识，并且运用其社会地位及影响力来指导美国的决策。例如，世界上有五大传媒巨头：时代华纳（Time Warner）、迪斯尼（Disney）、美国新闻公司（News Corporation）、德国贝塔斯曼（Bertelsmann of Germay）和维亚康姆公司（Viacom）（Ben Bagdikian，2004）。作为世界五大传媒公司之一的迪斯尼公司，2007年列出了355亿美元的薪酬计划。管理该公司的人，如前任CEO迈克尔·艾斯纳（Michael Eisner）和现任CEO罗伯特·伊戈尔（Robert Iger），就被视为权力精英的成员（Disney，2008）。

大多数政治家必须经过选举获得权力，但谁会行使选举权呢？高收入和高学历的人群比低收入和低学历的群体更多地参与投票（Kelly Holder，

权力：是将人意志施加于他人的能力。

授予：指给予或委派。

权力精英：一个掌握了巨大权力的小群体。

> ### 全球视野　两极分化
>
> 与其他工业化民主国家相比，美国生活在贫困中的儿童比例最高（Lee Rainwater and William Yancey, 1968）。在美国，17.4% 的 18 岁以下儿童处于贫困之中（U.S. Census Bureau, 2008），并且其中有 17% 的儿童生活在"食品短缺"的家庭。这些家庭因收入有限而难以改变食物的质量或数量，甚至经常吃了上顿没下顿（U.S. Census Bureau, 2008）。2005 年，7% 的美国儿童生活在极度贫困中（Catherine E.Ross, John Reynolds, and Karlyn Geis, 2000），这些家庭的收入低于贫困线的 50%（Childstats.gov, 2008）。
>
> 具有讽刺意味的是，美国的百万富翁总数和新百万富翁的比例却都是世界领先的（Robert Frank, 2004）。在这些百万富翁中有许多人参与竞选政府席位或为政治大量捐款。事实上，1995 年的 100 名参议院议员中，有 40 位是百万富翁（Ralph Dannheisser, 2008）。

2008）。这种现象意味着什么？这意味着更富有、受过教育的人正在为整个国家做出关键性的选择。进一步，这又会对我们选举出来的政治家类型、制定的社会与经济政策产生什么样的影响呢？

声望

声望指与个人状况和社会地位相关的受尊敬的程度。大多数人都希望被他人尊重，但不同类型的职业具有不同声望。由于人们将低收入职业视为耻辱，因此低收入职业的声望往往也较低。低收入的工人不仅要为挣钱苦苦挣扎，还要在一个轻视他们工作的社会中努力赢得尊重。

人们通常用一个从 0 到 100 的量表来对职业进行声望排序，其中 0 代表最低声望。正如你所猜的那样，医生和律师排在量表的顶端，职业声望分别为 86 和 75；街头毒品交易者排在最后，职业声望是 13（Keiko Nakao, and

---

声望：指与个人状况和社会地位相关的受尊敬的程度。

Judith Treas，1994）。

声望较高的职业可以给生活的其他方面带来好处。例如，你可能会从一个创业成功的 CEO 那里得到股票投资的信息。但我想你不会采纳一个挣得最少的杂货店装袋工的建议，也不会指望一个装袋工能给你什么股票信息。不然，他或她为什么在这样地位低下的岗位工作？职业声望在不同工作之间有很大差异，同时也反映了人们对特定工作的尊重。很少有人会期望他们刚出生的孩子长大后成为一个烹饪油炸食品的厨师而不是医生。

财富、权力和声望是用来区分人群的分层体系的基础。因此，这三个因素也能被用来分析美国的阶层体系。

美国的阶层结构

如果有人问起你的社会阶层是什么，你会如何回答？我经常让学生们识别他们的社会阶层，通常他们声称自己是"中产阶层"的一分子。事实上，在美国，很多人都声称自己属于中产阶层（Eila Kacapyr，1996）。然而，他们的论断正确吗？如果你把美国人划分成若干阶层，你将如何在各阶层之间进行区分？

社会学家对于"应该有多少阶层"以及"各阶层是如何构成的"有许多不同的观点。我们的讨论关注的是美国五个不同的社会阶层：上层、中上层、中层、工人阶层和下层。个人的阶层身份将如何影响其观点、生活机会和长期结果呢？

上层或精英阶层

上层或精英阶层是一个数量很少并掌握了巨大财富的群体。我们已经了解到，只有 1% 的人属于这个群体（Harold R.Kerbo，2006）。美国大约有 3 亿人口，那么只有大约 300 万人被视为"精英阶层"。他们拥有许多祖传财产，并且拥有了大量财富、权力和声望（Austin Scaggs，2004）。许多娱乐明星和运动员就属于这个阶层。

上层或精英阶层：一个数量很少并掌握了巨大财富的群体。

社会学家威廉·多姆霍夫（G.William Domhoff）（G.William Domhoff, 1970）对精英阶层进行了深入研究。他的研究表明，这一阶层的成员身份主要来源于以下几个方面：就读于入学严格的高级预科学校，属于某个门槛很高的高级社交俱乐部，出生于富有或有权势的家庭。

当工作日结束时，许多上层人士会去私人俱乐部休闲放松。位于加州北部的男士波希米亚（all-male Bohemian）俱乐部就是其中的一个，该俱乐部为其会员提供奢侈的享受。俱乐部的会员都是美国的商业大亨、政要名人，包括美国最大的四五十家集团的主管或总裁。俱乐部的会员来自美国各地，而且会员身份受到严格的限制。

多姆霍夫认为，这样的俱乐部促进了上层人士的整合（*Boarding School Review*, 2007）。在这些隐蔽的会所中，政客和国家发言人提供关于未来的打算和政策信息。波希米亚俱乐部的轻松氛围也促进了会员的社会整合，因为社会整合通常在放松的环境中得到增强。社会上层的金钱为他们提供了大多

社会学思考　圣保罗学校

精英阶层的孩子所享受的乐趣之一是进入一所高质量的预科学校，例如位于美国新罕布什尔州康科特市的圣保罗学校。该校成立于1856年，是一所圣公会学校，有500多名9至12年级的学生。学生可以选择从天文学到希腊语等许多不同的课程，还可以参加足球、滑雪等17个不同的运动项目。该校的学生和老师的比例是5:1，平均每个班有11名学生。希望申请入校的学生每年要交纳37 000多美元。

尽管如此，圣保罗学校是录取率最低的寄宿学校之一，该校每年只录取大约19%的申请者（G.William Domhoff, 1975; 2007）。

这种教育给予精英阶层以需要继承的优势。

大多数毕业生进入了布朗、斯坦福、哈佛、耶鲁和乔治敦大学。该校培养了3位总统候选人、6位参议院议员、12位美国大使、3位普利策奖（Pulitzer Prize）得主、1位纽约市市长，还有许多财富500强公司的总裁，他们接受的这种精英教育保证他们能够担任具有很大权力的高薪职位。

数人只能在梦里拥有的机会。尽管如此，中上阶层成员的状态与他们十分接近。

中上阶层

与其他阶层相区别的是，中上阶层的定义是相当主观的。我们所讨论的**中上阶层**由社会中受过良好教育，但不属于超级富豪或精英的高收入成员所组成。这些人从事专业性工作，收入水平能使他们过上舒适的生活。他们拥有财产和较高的职业声望，通常在其职业领域拥有权威的地位。

这个群体约占人口的15%，他们的年收入往往超过10万美元。职业声望和教育是这个群体的两个主要构成因素。通常，拥有一份小产业，从事专业性、地位较高的工作能帮助人们进入这个群体。你的牙科医生、律师或地方杂货连锁店的老板可能就属于这个群体（Dennis Gilbert，2003）。

中产阶层

几乎有一半的美国人声称自己是中产阶层中的一员。这并不是一个新现象：1957年、1979年和1996年的研究都表明，超过40%的美国人认为他们属于中产阶层（Elia Kacapyr，1996）。如果你正试图在美国的经济谱中找出自己的位置，你也许会想："我不穷也不富，因此我应该属于中间的某个位置，应该是中产阶层。"然而，社会学家对中产阶层的定义要更为复杂。

一般而言，**中产阶层**拥有中等收入。他们可能是如学校老师这样的低级白领，或如工厂的班组长这样的高收入蓝领。中产阶层工人通常不从事体力劳动，但他们可能是熟练的技工（例如电工）。中产阶层约占美国人口的34%，也就是说，大多数声称自己是中产阶层的人的确属于这个阶层（Dennis Gilbert，2003）。

中产阶层成员至少拥有高中学历，而且其中许多人接受过技术培训或上过大学。这些教育成就为他们提供了中等水平的职业声望。当你从大学毕业并找到第一份工作时，就很可能成了为中产阶层。中产阶层成员拥有财产，

中上阶层：是由社会中受过良好教育、具有高收入但不属于超级富豪或精英的成员所组成的一个社会阶层。

中产阶层：是一个由中等收入者构成的阶层。

但其财富通常要比前面讨论过的两个群体少得多。中产阶层的收入范围很广，大约 4 万美元 / 年到 8 万美元 / 年不等。

工人阶层

工人阶层通常由高中学历和更低层次教育水平的人组成。这个群体约占美国劳动人口的 30%（Dennis Gilbert，2003），其成员所从事的工作通常需要体力劳动或事务性技能。工人阶层的大多数成员是蓝领工人或白领办事人员，与中产阶层和中上阶层不同，工人阶层成员挣的是小时工资而不是年薪。由于按小时工作并且缺乏正规的教育，他们的职业升迁机会非常有限。许多非传统类大学生都来自工人阶层。他们明白"好工作"越来越少，而教育则是通向好工作的大门。然而，随着越来越多的蓝领甚至白领工作转移至海外，他们提升自身社会地位的能力受到了阻碍。工作中越来越激烈的竞争，将是工人进一步提升其市场竞争能力的动力（Bettina Lankard Brown，2008）。

社会下层

最后，在工人阶层之下的层级是那些真正感受到贫困影响的社会成员——**社会下层**。由于学费、食物支出和房租暴涨，许多大学生可能认为他们了解了什么是贫困。然而，在大多数情况下，与真正的穷人相比，他们所经历的相对贫困相形见绌。毕竟，进入大学和接受高等教育能够让他们找到工作并步入中产阶层。在大学期间，我曾在一个观赏苗圃中从事体力劳动，报酬很低，而工作时间却很长。对于像我这样住在家里的大学生而言，这是一份好差事，而对我那些要养活他们家庭的同事来说则不是。

在美国，有高达 3 700 万人口生活在贫困中（Paul Harris，2008）。即便有工作，社会下层成员也经常靠透支信用卡维持生活，这些人常常欠下医院医疗费用或者因为金融债务而被解雇。

在美国，超过三分之二的非洲裔美国人生活在贫困线下或处于贫困

工人阶层：是一个通常由高中学历和更低层次教育水平的人组成的社会阶层。

社会下层：生活在贫困中的阶层。

18岁以下

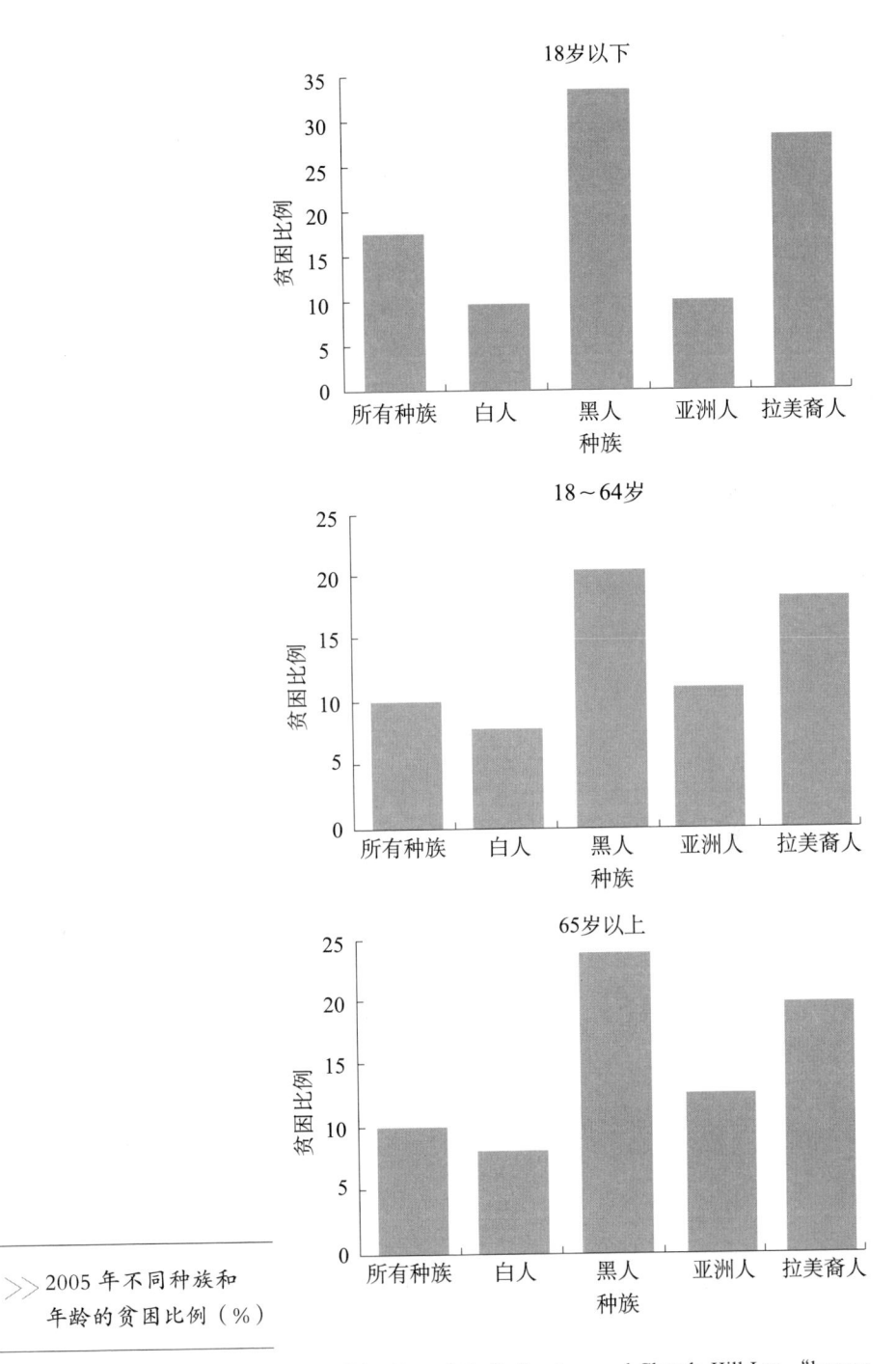

18~64岁

65岁以上

>> 2005年不同种族和年龄的贫困比例（%）

资料来源：Carmen DeNavas-Walt, Bernadette D. Proctor, and Cheryle Hill Lee, "Income, Poverty and Heath Insurance Coverage in the United States: 2005," Current Population Reports, U.S. Census Bureau.

边缘，接下来是拉美裔，这个比例大约为60%（Carmen DeNavas-Walt，Bernadette D.Proctor，and Cheryle Hill Lee，2007）。有10%左右的老年居民生活水平处于贫困线上，而将近一半的美国儿童处于贫困状态或接近贫困（Carmen DeNavas-Walt，Bernadette D.Proctor，and Cheryle Hill Lee，2007）。为什么有这么多的儿童生活在贫困中？在《我能信守的承诺：为什么贫困女性婚前做母亲》中，埃丁和科法拉斯发现贫困女性比富有女性婚前生育的可能性要高三倍，这是导致美国有大量贫困儿童的原因之一。然而，真正的原因要比这个事实复杂得多。

城市底层

无家可归和长期失业者一般也较为贫穷。这个群体的成员通常居住在简陋的房屋中，并且可能正接受政府救助。他们很少有医疗保险，通常没有高中文凭，找到的工作通常也是工资最低的职位，这使他们的处境和社会下层差不多。这个群体中的许多人组成了社会学家所谓的城市底层。

城市底层生活在条件不好的社区，这些社区具有四个特征：贫困、家庭破裂、男性失业、很少人从事社会地位较高的职业（Lauren J.Krivo and Ruth D.Peterson，1996）。许多居住在环境较差社区的工人被迫从事毫无前途的低收入工作，这使他们摆脱阻碍其发展的社区的希望非常渺茫。

社会学家威廉·J·威尔逊认为，这些因素可能引发社会底层的恶性循环。威尔逊在《真正的劣势》（*Truly Disadvantage*）一书中对城市底层进行了进一步的探讨。他在书中指出，美国城市贫困者越来越多地居住在缺少机会、学校较差、社会结构脆弱、犯罪和毒品猖獗的社区（William J.Wilson，1987）。然而，城市底层成员真正的劣势在于他们缺少其他生活方式的愿景和角色模范。这些问题使居住在贫民区的居民和儿童的生活变得异常艰难。

社区与社会阶层

近来，社会学家们注意到社区会影响人的行为。他们的研究表明，美国

> **城市底层**：是一个生活在条件不好的社区的阶层，这些社区具有四个特征——贫困、家庭破裂、男性失业、很少有人从事社会地位较高的职业。

贫困和富裕的区域集中性正在增长。随着时间的推移，越来越多的穷人生活在穷人密集的社区；与此同时，社会中的富人们，特别是那些居住在城市中的富人，倾向于集中在经济富裕的社区，如芝加哥的黄金海岸或纽约曼哈顿上东区（Paul A.Jargowsky，1996 etc）。观察经济谱的两极能为我们展现一个关于美国贫困和富裕的动态的清晰图景。

贫困在单个地理区域上的集中与高犯罪率、毒品泛滥和单亲家庭增多等多种问题联系在一起。在《我能信守的承诺：为什么贫困女性婚前做母亲》一书中，埃丁和科法拉斯研究了来自费城最贫困地区和郊区的女性。费城非婚生婴儿的出生率从1950年的20%增长到1960年的30%，再增长到2000年的62%，是美国平均水平的两倍。这些非婚生育集中出现在他们所研究的贫困社区。通常，人们在经济上获得了任何有利条件，都会搬离贫困社区。居住的隔离使那些留下来的人的处境更加不利（Catherine E.Ross，John Reynolds，and Karlyn Geis，2000）。在这些社区成长的儿童受到的风险越来越大，如出生体重偏低、健康状况不良、受教育机会更少、失学比例更高（Jeanne Brooks-Gunn，Greg Duncan，Pamela Klebanove，and Naomi Sealand，1993 etc）。

相反，在高档社区成长的儿童在学校表现得更好，青少年怀孕的比例更低，而且考试分数更高。有趣的是，由于能够得到良好的照顾或某种租金管制补贴，一名在高档社区成长的贫困儿童会比生活在贫困社区的同龄人表现得更好。简而言之，居住在好的社区似乎能降低贫困对儿童的不利影响。为什么会这样呢？对孩子来说，成为富裕街区的"穷孩子"显然比成为贫困街区的众多穷孩子中的一员更好（Janne Brooks-Gunn，Greg Duncan，Pamela Klebanove，and Naomi Sealand，1993）。这是为什么呢？

教育和社会阶层

我们都听说过美国是一个充满机会的地方，在许多方面，它的确名副其实。无论社会经济地位如何，美国会为每个儿童提供免费的教育；遗憾的是，不是所有的教育机会都完全相同。例如，公立学校和私立学校通常提供不同的教育机会。在现实中这些机会有什么差异呢？

在一项对 25 个不同社区长达两年的研究中，乔纳森·科佐尔（Jonathan Kozol）考察了美国的公立学校，他发现并非所有学校都是平等的（Jonathan Kozol，1991）。科佐尔发现，城区的学校通常缺乏教学所必须的基本物资，如操场面积太小、没有锻炼器械、化学实验室缺少烧杯和试管、学生不得不共用课本等。与此同时，郊区的学校通常有过剩的物资和教员。科佐尔指出，这两种体系通常产生不同的教育质量，其主要原因是教育支持系统结构中的不平等。郊区的财产价值和税收更高，因而它们的学校能比城区的学校得到更多的资金。这些额外的资金支持使郊区学校可以购置最新的设备并为学生雇用充足的教员。遗憾的是，由于大多数城区学校的经费不足，最需要帮助的学生得到的反而最少，这进一步加剧了教育不平等的恶性循环。如此看来，这真的是"机会平等"吗？

罗西诺（Roscigno）等人的研究得到了与科佐尔类似的结论。他们发现，与来自城市郊区的学生相比，来自城区和农村的学生往往都进入资源较少的学校（Vincent Roscigno，2006），而这些不平等与他们父母的社会经济地位直接相关。缺乏学校资源和家庭资源的学生获得较低教育成就的可能性更大，与来自郊区的学生相比，来自市中心和农村的学生的测验平均分更低。这些发现证实了"上大学与学术成果无关，而与学生家庭的社会阶层有关"的观点（Karl L.Alexander，Scott Holupka，and Aaron M.Pallas，1987）。获得经济资助对于那些处在较低阶层、想上大学的学生非常关键（Susan M.Dynarski，2003）。然而，对于贫困学生而言，经济资助仍然很成问题（Ilana Fried，2004 etc）。显然，完全的教育平等在美国并不存在。由于贫困社区缺乏获得成功所必需的资源，因此这些社区的许多居民失去了摆脱贫困的机会。

◎ 社会流动

不论人们处在生活的哪个阶段，都可能发生改变自身状况的机会。不论是赢得彩票还是投资了好的股票，人们的社会阶层都可能在刹那间发生改变。类似地，信贷危机和公司精简裁员可能使许多中产阶层家庭陷入贫困。

> **链接　体验贫困**
>
> 在写《镍币与银币》（Nickel and Dimed）一书之前，芭芭拉·埃伦赖希（Barbara Ehrenreich）花了很长时间在工人阶层中生活。她从一个州搬到另一个州，当过服务员、保姆、家庭护理员和沃尔玛售货员。埃伦赖希的经历使她反对"这些工作只需要低水平技能"的观点。她认为这些低工资的工作不仅需要体力劳动，同时也需要大量的人际沟通技巧和专业技能。由于这些工作通常不提供医疗保险或病假，因此，生病的工人不得不在他们的健康和报酬之间进行权衡。尽管社会在他们前进的道路上设置了种种障碍，但这些工人具有更强的成就动机，也不会轻易在低工资和长时间劳动的系统中感到沮丧。
>
> **活动**　最近，大学毕业生亚当·谢泼德（Adam Shepard）写了一本书《从零开始：我，25美元追寻美国梦》（Scratch Beginnings: Me, $25, and the Search for the American Dream）来反驳埃伦赖希书中的观点。阅读谢泼德的书或上网了解他的发现。哪位作者更准确地描画出了在职穷人的生活？为什么？

社会流动是一个用来描述改变社会阶层的能力的词。如果把社会阶层比作一个楼梯，当我们向上或向下爬时，就发生了社会流动。社会流动可能有多种形式。

水平流动指在同一阶层类别中流动。例如，当一位教师离开一所学校去另一所学校任教，即发生了水平流动。这位教师挣的钱一样，承担相同的工作任务；她只是在一个不同的地方做同样的工作。她的流动是水平的，而非垂直的。**垂直流动**指人们从一个社会阶层流动到另一个社会阶层。这类流动可以是以升职的形式表现出来的向上流动，或者是以降职的形式表现出来的

社会流动：是指改变社会阶层的能力。
水平流动：指在同一阶层类别中流动。
垂直流动：指从一个社会阶层流动到另一个社会阶层。

向下流动。举例来说，如果我们前面例子中的那位教师获得了硕士学位，并当上了校长，那就发生了垂直流动。

代内流动在个人改变社会地位，特别是改变在劳动中的地位时发生。公司中的晋升是这类流动的典型案例。例如，假设你的初始职业是从事建筑工作的体力工人，而十年后拥有了一家建筑公司，那么你就经历了代内流动。

代际流动指一个家庭中两代人社会阶层的改变。如果个人希望过上比父辈更好的生活，就是希望实现向上的代际流动。然而，如果你期望比父母过得好很多，这种成功的机会就很小。一些研究者发现，即使发生了向上的代际流动，子代的社会地位也往往只比父辈高一点而已（Gary Solon，1992）。

这类流动可能对穷人产生更大的影响。埃丁和科法拉斯描述了年轻的未婚男女有了孩子后很少找到工作的原因。她们发现，新工作通常要求高学历和工作经验，使得许多穷人为生存而挣扎。

许多身处贫困的年轻人没能获得与其他学生同等的学历，他们如何能跟上技术进步？贫困家庭中的儿童成年后更可能经历贫困。贫困黑人儿童成年后仍然贫困的可能性是非贫困黑人儿童的 2.5 倍。就白人儿童而言，这个比例更大，贫困白人儿童成人后仍然贫困的概率是富裕白人儿童的 7.5 倍（Mary Corcoran，1995）。

当社会变化对大量人口产生影响时，**结构性流动**就发生了。在经济繁荣时期，许多人能够从经济增长中获益并向上流动。想想克莱斯勒（Chrysler）公司在 20 世纪 90 年代中期经济繁荣时所经历的成功。

交互流动是指，每个社会阶层都有数量相对固定的人口。如果你向上流动到一个更高的阶层，其他人则必须向下流动。你可能发现，虽然组成各阶层的人有所不同，但社会分层水平并不会随着收入变化而发生剧烈波动。

代内流动：当个人的社会位置特别是在劳动中的位置发生了变化，即发生了代内流动。

代际流动：指家庭成员中两代人社会阶层的改变。

结构性流动：当社会变化对大量人口产生影响时发生。

交互流动：是一个反映每个社会阶层都有数量相对固定的人口的概念。

社会学思考：社会分层背后有哪些理论?

◎ 功能论

功能论者认为系统是均衡或平衡的，因此社会分层应该是某种功能性平衡的结果。理论家金斯利·戴维斯（Kingsley Davis）和威尔伯特·摩尔（Wilbert Moore）总结了功能论的主要观点，认为社会分层是不可避免的，而且有助于缓和社会矛盾（Kingsley Davis and Wilbert E.Moore，1944）。这种**精英论**声称那些获得成功的人之所以成功，是由于他们自身的优势。

戴维斯和摩尔认为每个社会都有必须填充的重要职位，职位越重要，给予该职位的回报越多。在美国，医生通常获得高额薪水，因为每个人都需要医生来满足其健康需求。为了找到合适的人来填补一个重要职位，社会为愿意填补它的任何人提供回报，该职位所需的技能越稀缺或者人们需要培训的时间越长，回报可能越多。如果你晕血或不能忍受在学校度过人生中相当长的一段时间，你就难以成为一名医生。

而肯德基为其员工提供很低的工资是因为你能在两个小时内学会炸鸡，我知道这些是因为我曾经做过"上校鸡块"。然而，考虑到压力和培训，为什么还有人希望成为医生？戴维斯和摩尔认为，社会必须提供更大的回报来吸引人们从事特别艰难或充满压力的工作。总而言之，功能论者认为，由于人们具有不同的能力，而那些能力对社会的重要程度不同，所以分层的发生不可避免。

因此，你获得成功，是由于某种能力或是你所拥有的动力推动你到达那个位置。是否具有接受延迟性回馈的耐心也将决定你能否成功。如果你愿意投入时间上课并努力学习，你将很可能成功。

在教了几年社会学之后，我想我的大多数学生都是功能论者。他们都赞

精英论：认为那些获得成功的人之所以成功是由于其自身的优势。

同，在美国，人们成功或失败往往基于其自身能力。

下页图显示了我在课堂上对学生们进行调查所得到的信息。这项非科学的调查几乎每年都得到相同的结果。我问学生们是否"同意下列说法"，表中的比例代表同意这种说法的学生比例。你怎么认为？在美国，人们决定了自己的成功吗？

学生们眼中在美国获得成功的五大原因

1	努力工作	98%
2	良好的教育	94%
3	从父母那学到的价值观	87%
4	聪明	80%
5	冒险	62%

◎ 冲突论

与功能论者不同，冲突论者关注冲突作为分层基础的作用。社会所有可供分配的资源都是有限的，因此，一个群体会为争夺资源而与其他群体进行斗争。梅尔文·图明（Melvin Tumin）对戴维斯和摩尔进行了批判，他认为，社会不平等根植于一个系统，该系统更倾向于基于个人的起点给予回报而不是基于个人能力（Salary.com，2008）。不平等并非不可避免，它不过是那些有钱人尽力维持其财富并传递给下一代所造成的。社会不平等根植于不公正的资本主义体系，而不是生活在该制度下的人。

图明还指出，分层不像某些人指出的那么简单。首先，职位的社会重要性似乎不是经济回报的唯一基础。试想：谁对社会更重要，警察还是职业运动员？再想想谁挣得更多？成为一名军人、消防员、警察或老师需要奉献、培训和独特的技能，但与娱乐明星、公司CEO和职业运动员相比，这些群体的报酬更少。

冲突论者指出，权力群体会尽量从比他们地位更低的群体中攫取资源。优势群体控制社会机构，从而把最好的资源留给自己。冲突论者进一步指出，富人试图维持现状，这样培训的机会就能局限于其群体内部，因而帮助他们获得更多财富和权力。为什么医生挣得这么多？因为人们需要他们并且只有很少的选择。

◎ 符号互动论

符号互动论者关注人们如何理解贫困和富有。他们试图理解人们是否真的感知到了社会阶层。根据施图贝尔（Stuber）的研究，人们自身特定的社会阶层通常会影响人们如何谈论阶层（Salary.com，2008）。社会经济地位越高的人越不认为社会阶层重要。例如，中上阶层的大学生往往不重视阶层问题，而且他们通常没有注意到其他人由于财力的限制，不能够做许多他们能做的事情。这也许是社会化的结果，可能他们没怎么考虑过这个问题。

这可能由于工人阶层学生必须做出中上阶层学生甚至不用考虑的经济选择。此外，来自工人阶层的学生对未来的收入和成功的期望较低。基本上，大学生中社会地位的不平等表现了先赋地位是如何影响期望的。

对阶层差距的理解在人们如何看待福利接受者中最为显著。一般而言，食物券、住房保障和现金救助的接受者往往招致严重的社会歧视（*Forbes*，2008）。在我的课堂上，学生们经常在讨论福利体系时变得愤怒。正如一位年轻女士所说："我不得不工作，而他们开着悍马四处游荡，靠政府养活。"先不考虑这个说法存在的明显问题，这位女士的话的确表达了普通公众对福利的理解与现实之间的差异。

在《你认为我开卡迪拉克？》（*So You Think I Drive a Cadillac?*）一书中，卡伦·塞科姆（Karen Seccombe）调查了女性福利接受者是如何看待福利体系以及如何处理社会歧视的。她们的应对策略包括疏远和拒绝承认：一些妇女避免谈论她们的状况，她们把自己与接受的救助疏远开来。其他人则拿出诸如失业、摆脱充满虐待的婚姻等可信的借口，拒绝承认她们与其他福利接受者类似。但是，当她们看到其他享受福利的女性时，同样使用了与我学生类似的刻板印象。

塞科姆指出，事实上，精英阶层和中产阶层的女性与贫困女性之间的共同点比她们想象的更多。她们往往都关心如何照顾孩子和家庭，并且都对公共救济持负面看法。贫困女性意识到了社会对她们的负面看法，因此她们把接受福利作为最后的途径。塞科姆特别指出，较低的工资和缺少来自男性的经济支持是女性贫困背后的动因。许多女性贫困的原因是她们无法挣更多钱或不能从前夫那里得到法定的子女抚养费。

理论沉思

功能论

功能论指出，社会阶层是和个人与社会协商的能力相联系的。因此，智力、动机和个人选择影响个人的社会阶层。所有人之间都存在差异，因此，存在社会阶层差异是有道理的。一些人比其他人拥有更多技能和能力，这些技能帮助他们获得更多经济回报。你曾听说过"奶油浮到顶部"的说法吗？在许多方面，这个说法揭示了为什么分层会持续地发生。

冲突论

冲突论者认为，在美国之所以很少发生剧烈的社会流动，很大程度上是由于美国社会体系的不允许。通常，一个人的父母及父母所能提供的机会决定了他的社会阶层。来自富裕阶层的父母希望他们的子女维持优势，因此他们以遗产的形式向他们的子女传递财富，保证其子女进入"最好的学校"，并且运用他们的社会声望来帮助其子女获得成功。缺乏这些资源的孩子通常维持贫困。

什么因素影响了美国的社会阶层？

符号互动论

社会阶层以及人们对社会阶层的理解，是与人们自身的价值体系相联系的。在《我能信守的承诺：为什么贫困女性婚前做母亲》中，埃丁和科法拉斯认为，如果中产阶层居民具有与穷人相同的婚姻和生育观，那么他们就不会质疑穷人的行为。在埃丁和科法拉斯看来，"穷人将没有孩子视为人生最大的悲剧"。调查显示，不同的社会阶层之间的观念差异非常显著，未念完高中的女性和未念完高中的男性认为无子女的人们生活空虚的比例分别比他们具有大学学历的同龄人多5倍和4倍。

总结

什么是社会分层?

- 是一种对人们及其所获得的报酬的排序。这种排序基于客观标准,通常包括财富、地位和声望

社会分层背后有哪些理论?

- 功能论:分层是某种功能性平衡的结果,是不可避免的,并且有助于缓和社会矛盾
- 冲突论:社会不平等根植于一个倾向于根据个人的起点而非个人能力来给予回报的系统
- 符号互动论:一般说来,个人的特殊社会地位会对他或她如何讨论社会阶层产生影响

第8章 全球分层——世界财富与贫困

- 什么是全球分层?
- 全球分层背后的理论是什么?

巴基斯坦制造，中国台湾制造……在你的橱柜里，你肯定能发现印有这类标志的产品，但是你可能从来就没有在想过那些为生产这些时髦商品而付出血汗和泪水的劳动者们。想一想：在这些国家里，儿童和成人都可能被迫在一种现代奴隶制下从事近乎没有报酬的缝纫工作。

与过去的奴隶制相比，今天的奴隶制具有不一样的形态和感观。在过去，奴隶制是合法的，奴隶主们将奴隶当作长期的投资。而在今天，即便奴隶制是非法的，它也很盛行，新的奴隶被认为是廉价的、易养活和易处置的。虽然你可能会认为，这类行为与你的生活一点关系也没有，但实际上，你购买的商品大多数都或多或少与奴隶制相关。

"我们情愿生活在一个有奴隶的世界里吗？"贝尔斯质问道。当然，大多数人都会给出否定的回答，但是，人们该如何去结束这类广泛存在的行为呢？关键是要理解奴隶制突然复兴的背后原因，弄清为什么现在的世界还存在不平等。要想回答好这两个问题，就必须对全球分层进行研究。

主题：什么是全球分层？

◎ 全球分层

世界上几乎有 30 亿人或者说一半的人口日均收入不足 2 美金。在美国，2 美金还不够买 1 加仑汽油。虽然美国和世界上其他国家都存在贫困，但是，最大的社会不平等并不存在于国家内部，而是在国家之间。因此，当你将美国这样的富裕国家的生活水准与乍得这样的穷国相比，你就会发现，人们的生活方式存在太大差异。**全球分层**就是通过一些客观的标准，比如财富、权

> **全球分层**：根据一些客观的标准，比如财富、权力和声望等来对国家进行分类，强调全世界存在的社会模式和不平等。

力和声望，对国家进行的分类，它强调全世界存在的社会模式和不平等。

人口和地理区域

在进行国家和区域比较的时候，必须考虑规模大小。特别是，人口和地理区域等因素决定着一个国家拥有的自然资源和人力资源及其利用水平。然而，人口数量与地域面积并不总是一致的。让我们来看看俄罗斯和孟加拉国在这两方面的对比：俄罗斯是世界上疆土面积最大的国家，但是其人口规模仅仅排在全世界第 10 位；而孟加拉国的人口规模排在全世界第 7 位，其疆土面积大小却排在全世界的第 94 位。为什么存在这样的差异呢？因为人口并不总是均匀分布的。比如，俄罗斯的西伯利亚是一个幅员辽阔而偏远的地区，但人口非常稀少。孟加拉国的人口密度则展示了另外一个景象。在那里，城市中挤满了一个个狭小的建筑群，人们缺乏正常供电的基础设施、可接受的卫生设施和清洁用水（United Nations Population Fund，2007）。

收入

一个国家的人均收入，是指将该国总收入在全部人口中进行分配，并且

2007年的人均国民总收入

世界上最富的10个国家		世界上最穷的10个国家	
1. 卢森堡	65 360美元	199. 尼日尔	240美元
2. 挪威	59 590美元	200. 卢旺达	230美元
3. 瑞士	54 930美元	201. 厄立特里亚	220美元
4. 丹麦	47 390美元	202. 塞拉利昂	220美元
5. 冰岛	46 320美元	203. 几内亚比绍	180美元
6. 美国	43 740美元	204. 埃塞俄比亚	160美元
7. 瑞典	41 060美元	205. 马拉维	160美元
8. 爱尔兰	40 150美元	206. 利比里亚	130美元
9. 日本	38 980美元	207. 刚果	120美元
10. 英国	37 600美元	208. 布隆迪	100美元

资料来源：Data from The Word Bank（2007）．

卢森堡的年均收入是非洲布隆迪的 656 倍还多。这清楚地表明了形成全球分层的一个要素：最富有的国家和最穷的国家之间存在着极其巨大的鸿沟。

假定这种分配是均等的，当然，实际上并不是。然而，人均收入能够为我们提供一些有趣的比较。看看上图中最富裕的 10 个国家和最穷的 10 个国家。最富裕的国家中，大多数都位于欧洲，而最穷的国家主要来自非洲。

一般而言，美国最富有的公民在国民总收入中所占的份额要比其他富裕国家的富人所占的份额大一些。此外，税收政策也使得美国富人持有的财富多于世界上其他国家的富人。总体上，与其他发达国家相比，美国的税负是全世界最低的（*Tax Policy Center*，2006）。

欠发达国家的分层测量

欠发达国家就是那些相对贫穷、可能处在工业化进程中或者还未开始工业化进程的国家。联合国根据三个标准对世界上最不发达的国家进行援助：（1）国民总收入较低；（2）其人口满足一定医疗和教育标准；（3）具备人口规模和荒凉程度等决定需要的因素。

发展中国家是指那些处于工业化进程中的国家，但是，贫困和饥饿等问题仍然影响着这些国家。

链接　通信率和识字率

想一想你每天使用的各种媒体和电子通信方式，比如电子邮件、短信、手机，你可能就会惊讶地发现，在这个世界上，还有很多地方的人们并没有像你一样能使用这些通信服务。

在欠发达国家，没有阅读或写作能力的人们被迫从事非技能性的（unskilled）、劳动密集型的工作，并且需要工作很长时间才能维持家庭生活。如果你是一个美国大学生，你可能无法想象生活在这些条件下的境况。但对于世界上的许多人来说，却是别无选择。

活动　过一天没有任何类型通信设施可使用的日子。这意味着你们没有手机、电脑、书、电视、收音机、期刊等。在度过这样一天以后，思考一下你的经历。你是如何度过你的一天的？你感觉如何？很无聊吗？感激的？平静的？如果没有这些设施，你会如何看待你自己的生活？

贫困和饥饿

根据国际分层标准，撒哈拉沙漠以南是全世界最糟糕的地区。这个地区的儿童死亡率、饥饿率和日均生活水平低于 1 美元的人口比例都是最高的。撒哈拉沙漠以南的卫生水平也是全世界最差的，这导致了较高的患病率和死亡率（*United Nations*，2007）。

这些地区表明了穷国与富国之间的差距。比如，在这些国家中，每 16 个妇女中就有 1 个死于难产；而在富裕国家，这一比例为 1/2 800（World Health Organization，2007）。

虽然贫困使得人们的生活水平很糟糕，但贝尔斯在其论著《被遗弃的人们：全球经济中的新奴隶制》中则明确区分了贫困和奴隶。他写道："不应该将奴隶与其他事情混淆在一起：奴隶并不是被囚禁的劳工，也不是各种形式的童工，也不仅仅是非常贫穷和选择较少。"（Kevin Bales，1999）换句话说，极端贫困并不会使一个人成为奴隶。虽然处于贫困的人们必须努力生存下来，但是他们并不必然被锁定在一个无法逃脱的体制中。与奴隶不同，生活贫困的人对自己的生活有更多的控制权，尽管他们中的许多人一生都将生活在较低的水平上。

发达国家的分层测量

发达国家，比如美国，都有受教育程度较高的人口、有序的选举、丰富的产业、自由的企业。德国、日本和英国都是发达国家，它们在社会和政治上同美国拥有一些共同的特征。

贫困

在研究全球分层的时候，重要的是考虑对发达国家中的贫困进行国际比较。在看数字之前，你应该知道美元是收入的标准测量单位，而且各个国家对贫困的定义各不相同。因此，为了使我们能够对不同国家进行一个相对标准的比较，我们使用一国收入的中位数的一半作为贫困的基准线。下表显示了 10 个发达国家的贫困率之间的比较。

你可以发现美国的贫困率相对较高，即便考虑了福利项目后，这些比例仍然比较高。部分原因在于，在所有高收入国家中，美国的贫富差距是最大的。这意味着什么呢？在全世界收入最高的 21 个国家中，美国收入最高的 10% 的人口和收入最低的 10% 的人口之间的收入差距最大。比如，在 20 世纪 90 年代，扣除税收和其他福利后，美国收入最高的 10% 的人口获得的收入是收入最低的 10% 的人口的 5.64 倍。也就是说，如果美国收入最低的 10% 的人口平均收入为 20 000 美元，那么，收入最高的 10% 的人口的平均收入将达到 112 800 美元。这个比例代表了工业化国家中最大的贫富差距。而贫富差距最小的国家是瑞典，在该国，富人的收入仅是穷人收入的 2.59 倍（Timothy M.Smeeding and Lee Rainwater，2002）。因此，如果收入最低的 10% 的人口平均收入为 20 000 美元，那么，收入最高的 10% 的人口的平均收入则为 51 800 美元。

生活质量

世界上哪个城市的生活质量最高？2008 年的一项研究显示，瑞士苏黎

10 个发达国家的贫困率

国家	贫困人口占总人口的百分比（括号内为排名）	儿童在贫困人口中所占的百分比	扣除税收和福利项目后，儿童在贫困人口中所占的百分比	老年人在贫困人口中所占的百分比
美国	17（1）	26.6	21.9	24.7
爱尔兰	16.5（2）	24.9	15.7	35.8
英国	12.4（3）	25.4	15.4	20.5
加拿大	11.4（4）	22.8	14.9	5.9
丹麦	9.2（5）	11.8	2.4	6.6
德国	8.3（6）	18.2	10.2	10.1
法国	8（7）	27.7	7.5	9.8
比利时	8（8）	16.7	7.7	16.4
奥地利	7.7（9）	17.7	10.2	13.7
瑞士	7.6（10）	7.8	6.8	18.4

资料来源：Data from Lawrence Mishel, Jared Bernstein, and Sylvia Allegretto, *State of Working America 2004/2005*（Ithaca, New York：Cornell University Press, 2005）.

世是世界上最宜居的城市，紧随其后的城市包括奥地利维也纳、瑞士日内瓦（*Mercer Consulting*，2008）。你可能会吃惊，为什么美国城市连前10名都没有进入？那么，如何测评一个城市的生活质量呢？许多人使用健康和寿命作为一个城市生活质量的决定因素。人们公认，在那些婴儿死亡率较低和人们寿命较长的城市，生活质量必定是最高的。

安道尔是欧洲的一个小国家，它说自己国家的预期寿命是全世界最长的，婴儿夭折率接近最低。新加坡的婴儿夭折率是全世界最低的，每1 000个婴儿中只有2.3个夭折。同时，安哥拉的婴儿夭折率是新加坡的80倍，每1 000个婴儿中就有184.4个会夭折。这些数字仅仅部分解释了一个国家的生活质量（Eric Neumayer，2004）。

社会学家和经济学家采用一些变量来进行国际比较（Daniel J.Slottje，1991）。卡伊·马勒（Kai Müller）曾采用多种测量指标对世界各国的经济和社会发展进行了排序。虽然收入是一个重要指标，但它也仅仅是众多指标中的一个而已（Kai Müller，2000）。其他的指标还包括电话拥有率、电视拥有率和报纸等。结构性的指标包括一个国家的债务率、国民生产总值等。最后，婴儿死亡率、预期寿命和识字率等系列指标也需要考虑在内。通过这种方法，马勒提出，挪威是世界上生活质量最高的国家，而刚果则是最差的国家。

除了日本、新西兰、澳大利亚和加拿大，世界上排名在20以内的其他国家都位于西欧。此外，排名最后的20名国家则都来自非洲。显然，生活质量在全世界是不均衡的。人们经常会吃惊，美国并没有被列入前20位。当然，测量的权重因子不同，会对结果产生很大的影响。比如，斯洛蒂（Slottje）使用同样的指标但采用过去的数据测量后发现，美国排在第13位，而瑞士位于第1位（Daniel J.Slottje，1991）。

李连翁（Li Lian Ong）和米切尔（Mitchell）给出了一个完全不同的排序（Li Lian Ong and Jason D.Mitchell，2000）。他们采用4个标准——经济、社会、文化和政治，对21个不同的国家进行了排序，他们的方法是另一种国家比较的方法。这些排序表明，一些国家在某些领域排名比较靠前，而在其他领域则较靠后。比如，美国在文化方面排名第1，可是在社会方面排名第14，总体排名第8。李连翁和米切尔将所有这四个领域的指标综合在一起，形成了对生活质量的测评。

对各个国家进行比较以及测量各国的生活质量，都往往需要考虑主观性。如果你将设计一个量表，你会选择哪些变量呢？虽然空气污染数量很容易测量，但是一个国家的美景数量，则是一个更加开放的变量。

◎ 社会体制

所有的社会都有一些对其成员进行分层或排序的体制，通过这些体制，人们获得来自社会的评价。社会学家往往会使用财富、权力和声望作为分层的基础。三个最常见的**社会分层体制**是奴隶制、种姓制度和阶层制度。

奴隶制

奴隶制是指对人的完全控制，使人们对其生活状况没有任何选择的权利。你可能认为，奴隶制是过去的事情；然而，根据估计，1999年全世界有大概2 700万奴隶（Kevin Bales，1999）。这个人口规模相当于美国的艾奥瓦州、密苏里州、伊利诺伊州、印第安纳州等四个州的人口总和（Census.gov，2007）。这个令人吃惊的数字可能难以让人信服，但重要的是记住，今天的奴隶制与过去的已经几乎完全不一样了。

奴隶曾是很贵的，在1850年，一个农地奴隶可以卖到将近1 000美元到1 800美元，相当于今天的50 000美元到100 000美元左右。因为成本太高，所以奴隶主将奴隶当作自己的长期投资。价格高昂，而且还要照料奴隶，也就决定了每年的利润仅能达到总投资的5%。今天，奴隶更加便宜，实际上也就是被遗弃的人。一旦"利用殆尽"，他们就会被遣散，这提高了奴隶主的利润。贝尔斯估计，当代奴隶每年的赢利大概是最初投资的50%左右。当代奴隶主处在双赢的状态，不仅拥有一个持续的劳动力供给，而且维

社会分层体制：包括奴隶制、种姓制度和阶层制度。

奴隶制：对那些无法选择自己的身份地位的人实施全面控制。

持了较高的利润。

贝尔斯认为，今天的奴隶制存在多个新的驱动力。除了人口增长和极端贫困以外，政府弱小、全球廉价劳动力的需求以及资本投资，都对奴隶制起到了支持作用。弱小政府可能容忍贿赂或无法控制本地军阀和大地主的行为。随着人口快速增长，潜在的奴隶大量增加。许多国家利用它们丰富的廉价劳动力，吸引外国投资，这很容易导致奴隶制这样的潜在后果。

奴隶制的形式

当代奴隶制有三种形式：财产式奴隶制（Chattel Slavery）、债务式奴隶制（debt bondage）和契约式奴隶制（Contract Slavery）。**财产式奴隶制**是与旧奴隶制最为接近的一种形式，因为奴隶都被当作财产。财产式的奴隶可能终生为一个家庭工作，他们的后代也会成为"主人"的仆人。

债务式奴隶制发生在债主开始收养债务人时，而且债务人的工资永远难以抵偿他们的债务。这种形式的奴隶制往往发生在一些人为了偿还债务而再次借款的时候，这时债务人答应为债主干活。当然，这份工作的报酬在支付了吃住之后根本无法减少债务人的债务，因此这个人就一直为债主工作，从而成为他的债务奴隶。

契约式奴隶制发生在一个人签订契约，接受雇主提供食宿的时候。这与债务奴隶不同，因为它受到一个表面上合法的契约的约束。工人往往签订一个去其他国家工作的协议，然后雇主会将他们运送到工作地点，并为他们提供食宿。雇主会尽量减少这些成本，还会使用威胁和恐吓来防止工人逃跑（Kevin Bales，1999）。

种姓制度

种姓制度与奴隶制类似，在该制度中，人们拥有给定的社会地位。然

财产式奴隶制：将奴隶当作一种财产的奴隶形式。
债务式奴隶制：一些人借款是为了偿还另外的债务，工作是为了偿清新的债务。
契约式奴隶制：一个人签订契约，接受来自雇主的食物和住所，但是如果他们试图不履行契约，就会受到威胁。

社会学思考　塔尔萨的奴隶

美国依然存在奴隶制度吗？根据贝尔斯的研究，美国每年输入大概5万名奴隶（Kevin Bales, 1999）。2002年2月，在俄克拉何马州塔尔萨的中西城，人们吃惊地得知，他们的城市中部有奴隶在工作。这些工人是由印度孟买的一个公司通过签订劳工输出契约而招收的。为了获得在美国的工作，他们每个人向这家公司支付了超过2 000美金的费用。工人们流往塔尔萨，在那里，他们在一家工业设备制造商做焊接工。

这些工人抱着长期定居、拥有一份好工作和获得高薪的愿望背井离乡。然而，他们发现，现实是那么的不同。这些人生活在地下的工厂房间里，有时工作时间超过了12个小时，每个小时的收入仅为2.31美金。这个公司的食物严重缺乏，许多工人不得不挤在一张床上，因为空间相当有限。在工人的宿舍里，有一个标语指出，如果工人们离开这个地下室，他们就会被遣返印度，全副武装的部队就会搜查这个地下建筑。许多人还对这些工人进行口头上的威胁和任意的恐吓，使工人们不敢离开。

发现这些工人后，美国公司宣称，它们与奴隶制没有关系，任何责任都是印度孟买的劳工公司造成的。这个公司还声称，工人们只是临时的受训者，因此，他们并没有获得最低工资或其他就业福利的资格。法官们对这件事情的看法不同，他们发现，这个公司通过人口贩运（human trafficking）来剥削工人。因此，这个公司被罚款120万美金，大概每个工人获得了2万美金的补偿。

爆发这个事件后，许多地方的社区成员帮助这些印度工人找到了合法的工作，而移民听证机构也允许他们合法地待在美国。因为有了新的工作，这些工人的美国梦正在变成现实。这个事件有一个令人愉快的结果，很大程度上是因为它发生在一个言论自由、政府强大的国家中。不幸的是，绝大多数契约式奴隶发生在没有言论自由、政府也不强大的国家中。（Michael Overall, 2002; 2003; 2006）

> **全球视野　印度的种姓制度**
>
> 印度经常被看作有种姓制度的国家。印度的种姓制度有五个不同的层级：婆罗门（*Brahmin*）、刹帝利（*Kshatriya*）、吠舍（*Vaishya*）、首陀罗（*Shudra*）、哈里真（*Harijans*）或贱民（*Dalit*）。公民在这个种姓制度中出生、生活、工作、结婚、死亡。在这个制度中不存在沿着等级上下流动的空间，社会秩序表明种姓之间是分离的。
>
> 在印度，婆罗门构成了受人尊敬而有学问的种姓。而刹帝利代表着武士种姓，这些都是保护人民和指挥战争的政治领袖。商人、艺术家和贸易商来自吠舍种姓，印度国父莫罕达斯·甘地（Mohandas Gandhi），就属于这个种姓。首陀罗种姓代表着这个国家的工人，比如来自农村和城市的劳动者。最低的种姓是那些"不可接触的"人。今天，他们被称作"贱民"。他们被认为是不卫生的，从事着这个社会中最底层的工作。在这样的体制中，哈里真是不被社会所接受的。他们生活在主流社会之外，仍然与社会的其他部分相隔离（John Henry Hutton, 2007）。

而，与绝大多数奴隶制不同，人们一出生就处在种姓制度中，而且种姓地位是终生的。在**种姓制度**内部，一个人的地位可能是拥有权力和特权的地位，或者是处于劣势的地位，但是无论哪种情形，其地位都是永远固定的。种姓制度不允许等级发生变动，就如美国的阶层制度一样。在种姓制度中，出生于较低阶层的人们从来没有机会向上流动，加入到一个更高的阶层中。

或许人们最熟悉的种姓制度来自印度。虽然种姓制度现在是非法的，但它在今天的印度仍然发挥着重要的作用，尤其是在印度农村。在那里，种姓制度决定着你能嫁给谁，你拥有什么样的工作，你居住在什么地方（John Henry Hutton, 1963）。本章"全球视野"栏目对印度种姓制度提供了一个全面的考察。

> **种姓制度**：一个人的地位可能是拥有权力和特权的地位或者处于劣势的地位，但是无论哪一种，都是永远固定不变的。

阶层制度

与种姓制度不同，阶层制度代表一种允许社会流动的分层形式。从社会学来看，在美国，对于社会阶层的数量和类型不存在一个"官方"的认定。实际上，美国人以生活在一个无阶层的社会而自豪。在 2000 年，20% 的美国人认为他们最终会成为收入最高的 1% 人口。而另外 19% 的人认为，他们已经成为了收入最高的 1% 人口。这就意味着总共有 39% 的人认为，他们可能成为或者已经成为富人（David K.Shipler，2005）。然而，正如第 7 章所讨论的，一个人很难从较低的阶层爬到很高的阶层。即使一个人成功实现了向上流动，他或她也只是向上爬了一点点。

卡尔·马克思的阶级体制

卡尔·马克思认为，西欧的阶级结构由两个群体构成：一个是无产阶级，一个是资产阶级（Karl Marx，1844）。无产阶级就是那些贫穷的工厂工人，而资产阶级则是工厂所有者。他们雇用工人，并尽量剥削工人，从而增加自己的财富。

马克思认为，为了维持在社会中的权势地位，工厂所有者营造了这种意识形态。还记得在美国有 39% 的人认为自己能够成为最富裕的 1% 吗？这些人的状况说明了马克思称为错误意识的意识形态（David K.Shipler，2005）。从统计上来看，不可能所有这些人都会成为收入最高的 1%。

只有通过阶级意识，或者对社会阶层中的地位有所理解，工人才能联合起来，最后从他们的劳动中获益。资产阶级强化这种错误的意识，就是为了进一步地剥削工人从而获利。唯一能打破这种困境的办法就是被剥削的工人联合起来，将权力从支配阶级手中夺过来（Karl Marx，1844；1867；1845）。

根据马克思的观点，阶级意识引起革命，然后无产阶级进入了共产主义社会，每个人都能平等地分配资源（Karl Marx，1844；1867；1845）。

马克斯·韦伯的阶层体制

马克斯·韦伯对马克思的观点进行了发展，他认为，财产只是决定社会阶层的一个因素。韦伯的阶层体制包括阶级、地位和政党。当韦伯讨论阶级的时候，他指的是财富，这和马克思讲的几乎一样。然而，韦伯认为，一个人的社会地位不仅由一个因素决定，地位或者声望也会给人们带来荣誉或者重要的位置（Max Weber，1978/2004），因此地位在社会中也很关键。政党是根据政治权力的维度来划分的。权力提升了一个人的重要性，从而引起他地位的提升。

韦伯的阶层体制比马克思理论更加具体。韦伯认为，**食利者**就是社会中的富人，他们来自一个特权阶层，拥有自己的产业和土地，属于传统富人阶级。**企业家**属于商业阶层，他们也可能拥有大量的财富，但是他们必须工作才能维持自己的地位，他们是新兴的富人阶级。这两个群体构成了类似马克思所讲的资产阶级。

小资产阶级拥有小产业。在当地拥有一个便利店的人可能就被认为属于这个阶级。虽然他们拥有自己的产业，而且拥有类似企业家的权力，但是两者之间的财富、声望或权力并不一样。

此外，韦伯还讨论了劳动者。他将劳动者分为三个群体。**手工艺人**，也就是技术工人，包括水暖工或木匠等。他们在社会中拥有一个特殊的地位，因为他们拥有一个社会需要的技能。而**半技术工人**是一些接受过培训而在工厂中工作的人。当我做自行车机械工的时候，我就曾是半技术工人。如果连一点培训都没有，我将不可能胜任我的工作。**非技术工人**构成社会最低阶层。他们是一个没有组织的群体，从事的往往是枯燥而且危险的体力劳动。当我在一个快餐店做炸鸡的时候，我从事的就是非技术工种。这个工作闷热、肮脏、危险，因为滚油经常烫伤我。然而，对我来说，为肯德基做炸鸡，根本不需要任何专业技能。非技术工人的薪水最少，但耗费的体力却是最多的。

食利者：一个社会中来自特权阶层的富人。

企业家：商业阶层。

小资产阶级：小的企业所有者。

手工艺人：熟练劳动者，比如水暖工或木匠。

半技术工人：接受过一些培训，可以在工厂中工作的人。

非技术工人：最低的阶层，由那些经常从事往往很不令人愉快、有时候很危险的手工劳动的人构成。

现在，你已经有了一个讨论全球分层及其对世界公民影响的框架。那么，全球分层为什么会发生呢？

社会学思考：全球分层背后的理论是什么？

◎ 全球分层：不再称第三世界

在我上大学的时候，我被告知世界分成三个部分：第一世界、第二世界和第三世界。第一世界包括美国及其盟友，第二世界包括苏联及其盟友，第三世界则由其他国家构成。当然，这个体系是根据政治和经济意识形态来划分的。今天，社会学家很少使用这个体系了。首先，它是种族中心主义的，意味着西方国家就应该是第一的；其次，"第二世界"不再存在，苏联已经解体了；最后，把世界60%以上的国家都归为一类是很难准确描述它们的。

沃勒斯坦的世界体系理论

伊曼纽尔·沃勒斯坦（Immanuel Wallerstein）的世界体系理论提供了一个不同于旧体制的新看法（Immanuel Wallerstein，1974；1979）。沃勒斯坦认为，世界可以根据各国经济的联系来划分。位于体系中心的是核心国家，它们总是试图扩张其资本主义市场，降低成本，提高利润。这些国家的经济影响着其他国家的行动。

所有核心国家最终都会耗尽自然资源，于是它们通常会寻求扩张，想方设法进入边缘国家。历史上，核心国家为了扩大影响，对边缘国家进行了殖民统治。比如，英国利用其印度殖民地来扩张市场，并获得需要的资源。印度人不得不买来自英国公司的盐，因为在印度生产和使用海盐都是非法的。今天，核心国家已经没有殖民地了，取而代之的是，它们利用跨国公司、贸易条约和其他技巧进入边缘国家，获得边缘国家的资源，并将财富输送回本国。像尼日利亚和伊拉克这样的国家都是边缘国家，因为它们拥有富饶的自然资源，如天然气和石油（The World Factbook，2008）。

如果一个边缘国家能使用其中的一些财富来建立自己的经济体，那么，一小群建立自己产业的精英就会出现。通过这种方式，这些国家成了半边缘国家。半边缘国家是一些发展中国家，它们使用原材料来生产产品，把这些产品卖到核心国家，然后积累更多财富。对未来的服务和产业进行投资意味着，这个国家有机会向核心位置靠得更近，就像巴西和韩国这样的半边缘国家。

外部国家是欠发达国家，这些国家与体系中的其他国家没有太多的互动。它们拥有的自然资源比较少，没有什么能力吸引来自核心国家的投资或兴趣。布隆迪、乍得和许多来自撒哈拉沙漠以南的国家都属于外部国家。从世界体系的视角看，它们对其他国家的影响微乎其微。

新殖民主义

绝大多数美洲国家都曾经历过欧洲国家的殖民统治。然而，随着时间推移，反抗越来越多，所以，许多国家就放弃了它们的殖民地（Richard H.Robbins，1999）。

迈克尔·哈灵顿（Michael Harrington）说，现在的国家在推行**新殖民主义**，在这个过程中，有势力的国家利用贷款和经济力量去维持对穷国的控制（Michael Harrington，1977）。由于对食品、武器和发展的贷款，穷国越来越依附于富国。一旦陷入债务，穷国往往难以偿还贷款，于是不得不同意联盟，出卖自然资源，签署不利的贸易协议（Margaret Hanson and James J.Hentz，1999）。

一些人扩展了新殖民主义的思想，认为发达国家现在利用跨国公司来控制穷国（Leslie Sklair，2002）。跨国公司给穷国提供工作、收入和潜在财富，它们则可以享受免税政策、较弱的环境监督以及其他一些并不符合所在国利益的让步。这些公司提供的工作条件可能导致本地劳动力受到奴

新殖民主义：有实力的国家利用贷款和经济实力来维持对穷国的控制的过程。

役。贝尔斯指出，虽然跨国公司的执行官员并不想奴役劳工，但是他们却想着要实现利润最大化。让我们回想一下塔尔萨奴隶的案例，在受奴役的工人被发现后，该公司就搬离了塔尔萨，而迁到了中东（Michael Overall，2002；2003；2006）。

通过跨国公司及其公司投资，发达国家继续控制了相对较弱的国家。实际上，这可能导致国家从事"冲向底部的竞争"（race to the bottom）。为了赢得外国投资，它们会削减本地限制，并降低薪水。这种"竞争"可能导致工资和性别歧视以及对工人安全的忽视（Günseli Berik，Yan van der Meulen Rodgers，and Joseph E.Zveglich，2004）。当然，还存在另外的一面，它们也为工人们提供了工作和收入，以及少数的其他机会。

全球化

全球化是一个复杂的过程，在这个过程中，全球经济变得越来越相互依赖。全球化通过商业、旅游、移民、教育、医疗以及商品生产将全世界联系起来（A.Aboubakr Badawi，2004）。贝尔斯认为，在当今世界，每一个消费者都或多或少同当代奴隶制联系在一起。中国工人制造的鞋子是用来自巴西的皮革和来自印度尼西亚的橡胶鞋底做成的。富国招募来自穷国最好、最聪明的人，使其成为医生、科学家，或从事其他重要职业。这就是**人才流失**——最好的人才离开穷国而为富国服务，使得富国有了更大的优势（Jonathan Crush，2002）。

有人认为，全球化的一个表现就是剥削；也有人认为，全球化是穷国唯一的希望。随着世界变得越来越相互依赖，全世界的各种文化是变得越来越相似，还是越来越不同了呢？一方面，有的人相信各种文化正变得越来越相似，他们认为，西方价值被越来越多的其他文化所采纳。另一方面，也有人认为，全球化对文化有一个相反的影响，因为本地群众正在努力维持自己的宗教、习俗和语言（Jonathan Crush，2002）。按照这个理论，全球化使得世

全球化：世界及其国际经济正变得越来越相互依赖的复杂过程。

人才流失：最优秀的人才离开穷国，给富裕国家提供了更大的优势的现象。

界各个群体之间的差距越来越大。这些理论家预言,随着西方国家的继续扩张,会有更多的战争、恐怖主义和骚乱。你同意这些关于全球化观点吗?

◎ 功能论

1997 年,贾雷德·戴蒙德出版了《枪、细菌和钢铁》(*Guns, Germs, and Steel*)一书。在这本书中,作者解释了西方世界发展得如此快,而世界其他地区落后的原因。戴蒙德指出,历史上有一个时期,地球上所有的人都很贫穷,生活在欠发达的环境里。那么,为什么一些地区发展了而其他地区没有呢(Jared Diamond,1997)?

简单地说,世界上发展最快的地区都存在有利于发展的气候、地理环境和可利用的自然资源;其他地区则不拥有这些优势。农业文明起源于肥沃的两河流域,即今天的伊拉克。这个地区土地肥沃,交通便利,大多数山脉都可通行,使得人们之间可进行交往和贸易。随着知识的积累,人们生活质量逐渐得到改善,文明逐渐组织化,变得更加复杂而有影响。这带来了更大的财富和势力,使得更多的贸易往来成为可能(Jared Diamond,1997)。

欧洲的部落群体相互竞争了几个世纪,最终形成了区域武装力量。内部斗争导致群体间的联盟,这增加了贸易和信息交换(Jared Diamond,1997)。

欧洲和亚洲的部落都能驯化大量的动植物。游牧民族饲养牛羊,而农民则种植谷物。被驯化的动植物使人们能够积累更多的财富和知识,人们开始可以成为专门的教师、手工艺人、艺术家和战士(Jared Diamond,1997)。

与欧洲和亚洲不同,生长在撒哈拉沙漠以南的本土动物并没有被驯化。虽然当地植物可以吃,但非洲人并不吃两河流域生产的长粒谷物(long grains)。此外,因为非洲地形包括从沙漠到高山,所以各地的种植技术也难以交流(Jared Diamond,1997)。雅克·迪乌夫(Jacques Diouf)的解释认为,一些国家之所以不能发展,正因为其人民忍饥挨饿,生活在贫困中。

因为拥有丰富的食物,欧洲得以繁荣。它们创造了城市,在这里,人们面临另外一种艰难,但实际上,城市给他们带来的好处比坏处多得多。敞开的下水道使得疾病传播,城市居民的死亡率上升。结果,他们的后代进化出一个强大的免疫系统，从基因上变得比其祖先更加强壮（Jacques Diouf，2007）。

在拥有丰富自然资源的地方，人们能够获得一种力量，这种力量就像财富一样能够在世界上发挥作用。记住，功能论总是研究社会结构如何影响社会。戴蒙德相信，欧洲和亚洲之所以发达，是因为它们有着丰富的资源、强大的作战技能，制定了贸易规则，加强了免疫系统。而没有这些优势的地方往往发展得较慢（Jared Diamond，1997）。

◎ 冲突论

维尔弗雷多·帕累托（Vilfredo Pareto）提供了一个理论来解释社会精英成员如何取得权力地位并努力维持它（Vilfredo Pareto，1901/2000）。社会寻求平衡，社会某个部分的变化会引起其他部分的变化，这就产生了一个精英循环，旧的精英成员将被新的精英成员取代。

加埃塔诺·莫斯卡（Gaetano Mosca）认为，精英本身追求更大的权力，而且他们不会轻易放弃这种追求（Gaetano Mosca，1895/1965）。领袖利用地位去寻求自身利益和支持者的利益。来看看拉丁美洲的情况吧。卡多索（Cardosa）和法莱托（Faletto）承认，拉丁美洲国家遵循这种领袖循环模式（Fernando Cardosa and Enzo Faletto，1979）。他们也讨论了对外资的依赖，以及被更有权势的国家所剥削。贵族阶级寻求的是短期利益，而不是长期利益。这些土地所有者控制自然资源，通过影响政府以获得更多财富。这被称为依附理论。

这类国家是依附性的，因为它们别无选择，不得不从富裕国家借款，但这往往对它们没有什么好处。卡多索的继任者卢拉与卡多索在先前的总统选举中就曾相互竞争，他反对卡多索提出的许多可以用来说明帕累托精英循环的改革。

帕累托认为存在两类主要的精英：狮子和狐狸。狮子就是那些爱国的、团结的、支持现状的领导人。人们选择狮子类型的领导人，是因为他们在混乱时期能够动用权力维护秩序。一个例子就是卡多索当选总统之前在巴西盛行的军事独裁。卡多索是一种新类型的领导人,帕累托将这类领导人称为狐狸。狐狸是聪明的,而且能够理智地对待试图改变现状的想法。社会就是由狮子类型和狐狸类型的领导人交替领导的,从而平衡社会上稳定与变迁的需求。

◎ 符号互动论

第二次世界大战以后,欧洲国家为了能够避免战争,共同合作,签订了协议并形成了现在所谓的欧盟。这个联盟是从一个简单的贸易协议发展起来的,当时只有6个国家参与,现在欧盟成员国已经超过了20个(T.R. Reid, 2004)。

平均而言,欧洲人的工作时间比美国人少,而休假时间又比美国人多。你认为为什么美国工人的工作时间更多呢?

	全世界的工作时间	
国家	每年的工作时间(小时)	平均每周的工作时间(小时)
墨西哥	1 848	35.5
美国	1 824	35.1
澳大利亚	1 816	34.9
日本	1 789	34.4
加拿大	1 751	33.7
英国	1 669	32.1
意大利	1 585	30.5
瑞典	1 585	30.5
德国	1 443	27.8
法国	1 441	27.7
挪威	1 363	26.2

资料来源:Data from the Organization for Economic Co-operation and Development(OECD)2005.

总体上，欧盟的成员国有一个弱的中央政府负责处理贸易争端，有一个共同的货币——欧元，还有一个逐渐普及的语言（英语）。虽然欧盟没有自己的军事力量，但是有北约组织（NATO）的军队，这支军队的成员通常来自欧盟成员国和美国。

如果把欧盟看作一个单一的国家，欧盟将是世界上最富裕的国家。欧盟的商业很繁荣，而且世界上许多大银行和大公司的总部都在这里；欧盟的科学发现也比其他国家要多得多；欧盟的公民享有最高水准的生活；与美国人相比，欧盟人的工作时间更少，带薪休假时间更长（Jeremy Rifkin，2005）。欧盟的经验表明，团结和合作能够极大地使区域和当地人民受益。实际上，T.R. 里德（T. R. Reid）认为，欧盟居民把自己更多地看作"欧洲人"（European），而不是一个单一国家的成员。里德指出，这种联合将形成一个欧洲联合国，使其成为世界上最大的超级力量（T.R. Reid，2004）。

理论沉思

什么导致了世界上国家间的分层？

功能论

从功能论者的角度看，全球分层是由地理条件造成的。戴蒙德认为，欧盟国家繁荣是因为它们拥有促使社会运转更有效的自然资源。动植物的驯化、国家间的贸易、战争、疾病都对提高西欧国家的优势起到了关键作用。这些都是一个社会利用其资源更有效运转的结果。

冲突论

冲突论者相信，在一个国家里，精英和穷人之间的权力不平衡引起全球分层。帕累托认为，即便在精英之间，权力也会发生变化。他相信，在社会动乱时期，狮子型领袖将统治那个时代，但最终还是会由狐狸型领袖来接管。莫斯卡认为，领袖会尽其所能来维持其权力，因为这样做最符合自身利益。这些精英之间的权力斗争是如何影响那些不掌权的人的呢？

符号互动论

符号互动论者考察了语言和象征性事件对社会的影响。欧盟建立后，一个全新的理念就进入了欧洲人的生活。里德认为，欧洲人逐渐把自己当作欧洲的成员，而不是他们出生所在的特定国家的成员。这对该地区和世界其他国家会起到什么长期影响呢？

总结

什么是全球分层?

- 全球分层是指通过一些客观的标准,比如财富、权力和声望,对国家进行的分类,它强调全世界存在的社会模式和不平等

全球分层背后的理论是什么?

- 世界体系理论:沃勒斯坦认为,世界根据各国与经济力量的联系来划分
- 新殖民主义:迈克尔·哈灵顿说,现在的国家在推行新殖民主义,在这个过程中,有权力影响的国家利用贷款和经济力量去维持对穷国的控制
- 全球化理论:全球化包括一个复杂的过程,在这个过程中,世界及其国际经济都正在变得越来越相互依赖;有人认为,全球化的一个特征就是剥削;有人则认为,全球化是穷国唯一的希望

第9章

人口与环境——社会如何应对日益增长的人口？

- 什么是人口学？
- 什么是环境社会学？

在 2007 年根据理查德·马西森（Richard Matheson）的科幻小说《我是传奇》（*I Am Legend*）改编的电影中，威尔·史密斯（Will Smith）扮演了在一场病毒使得世界大部分地区不适于居住后，地球上的最后一个人类。电影的特色场景是威尔·史密斯在废弃的曼哈顿空旷的街道上游荡——从水泥路上长出一人高的杂草，破旧的摩天大楼遮蔽了天空——充满可怕和不祥的预兆。即便这仅仅是电影技巧的杰作，在一个充斥着来自人为或自然的危险的世界，目睹像纽约这样曾经充满活力的现代大都市沦为废墟，也的确非常可怕。看到这些，人们不得不问："这一切真的会发生吗？"

贾雷德·戴蒙德讨论了一些社会是如何应对导致其最终衰败的环境和外部压力的（Jared Diamond，2005）。这些社会的崩溃并不是由于文化的或内部的力量，戴蒙德强调，反而是那些不能适应外部条件变化的人类社会将最终走向衰败。我的学生非常关注人们面临的潜在生态挑战，也有许多人不顾气候变化这个"难以面对的真相"，以及人口过剩和其他潜在的危险情况，仍然坚持进化论式的观点，相信人类社会能够适应并生存。

然而，戴蒙德知道，只要一个微小的危机就能使一个社会崩溃。因为这个可怕的事实，理解人口和环境对社会的强大影响至关重要。

主题：什么是人口学？

◎ 人口数量

人口学是关于人口规模和结构的研究。社会学家、市场研究者和几乎所

人口学：关于人口规模和结构的研究。

有社会科学家都会运用人口规模、年龄、种族构成、出生率和死亡率等**人口学变量**来讨论人口问题。为了更好地理解人口学，我们先来了解一些背景知识。

全世界的人口并非平均分布。例如，37% 的世界人口来自中国或印度，这两个国家人口的总和比其他 23 个人口最多的国家的总和还要多（Central Intelligence Agency，2007）。美国人口总量只占世界总人口的 4.6%（Central Intelligence Agency，2007），美国的人口规模是中国或印度的四分之一左右，然而美国是世界人口第三大国（Central Intelligence Agency，2007）。

研究人口的工具

此刻在世界的某个角落，当一个家庭正在庆祝婴儿的诞生时，另一个家庭正为丧失亲人而悲哀。每一天都有婴儿诞生，也有人死亡。研究人口时，社会学家经常比较出生率与死亡率。在进行国际比较时，用比率比总量更为合适，因为这能确保一个国家的人口规模不会对研究发现产生影响。

生育率

生育率是指特定人口中出生的婴儿数量。生育率往往用**粗出生率**来计算。粗出生率是指一年内每 1 000 名妇女生育婴儿的数量。生理因素和社会因素都会对出生率产生影响。人们需要考虑的最重要的生理因素是**年龄别出生率**（age-specific birth rate），即在一个特定年龄组内每千名妇女生育的数量。育龄妇女的数量越多，则出生的婴儿越多。此外，医疗卫生等社会因素也对生育率产生了重要影响。例如，生病或营养不良的妇女可能不能生育孩子。艾滋病等疾病通过降低育龄妇女的数量或影响人们的行为模式来降低出生率，如对艾滋病或其他疾病的了解，能鼓励人们减少性伙伴，进行安全的性行为或禁欲。（U.S. AID，2008）

人口学变量： 如人口规模、年龄、种族构成、出生率和死亡率等讨论人口的变量。
生育率： 特定人口中出生的婴儿数量。
粗出生率： 每 1 000 名妇女每年生育婴儿的数量。
年龄别出生率： 每千名特定年龄组中妇女生育的婴儿数量。

总和生育率（TFR）是人口中任意妇女终生生育婴儿总数的平均数量。**人口零增长**通常是指总和生育率为 2 的情况，这意味着每个妇女只有两个孩子。由于出生的婴儿数量仅仅是替代了其父母，人口学家们有时称之为更替水平的人口增长。美国妇女的总和生育率随着时间的推移而变化：在 20 世纪 50 年代，总和生育率是 3.5，即平均每个妇女终生生育 3.5 个孩子；现在是 2~2.1。种族似乎也会对生育率产生影响。统计表明，拉美裔妇女平均生育 2.3 个孩子，而非洲裔美国人和非拉美裔白人妇女的总和生育率分别是 1.8 和 1.9（Jane Lawler Dye，2007）。

财富和教育也会影响生育率。通常，生育率与妇女的收入和教育水平密切相关。例如，大学毕业的女性生育率往往低于学历较低的女性，原因有很多：可能是因为她们在主要育龄期参加工作或继续她们的学业；或者避孕的手段更多，对生育的理解更深入；又或者是由于她们对女性在社会中扮演的角色有不同的认识。

死亡率

死亡率是指特定人口中死亡的人数，通常用粗死亡率来表示。**粗死亡率**是指每年每千人中死亡的人数。人口死亡率为社会学家从整体上理解社会提供了一个更好的视角。例如，分析在战争、饥荒或瘟疫流行时期增长的死亡率反映了这些数据的重要性。**年龄别死亡率**是指在特定年龄组中，每千人中死亡的人数。在各年龄组的死亡率中，人们特别关注婴儿死亡率。**婴儿死亡率**是测量每千名出生存活婴儿在 1 岁前死亡的数量。举例来说，新加坡的婴儿死亡率世界最低，每千名出生婴儿仅死亡 2.3 例（Central Intelligence Agency，2008）；非洲国家安哥拉的婴儿死亡率世界最高，其婴儿死亡率为

总和生育率：是人口中任意妇女终生生育的婴儿总数的平均数。
人口零增长：指总和生育率为 2，意味着每名妇女只有 2 个孩子，来替代其父母。
死亡率：指特定人口中死亡的人数。
粗死亡率：每年每千人中死亡的人数。
年龄别死亡率：在特定年龄组中，每千人中死亡的人数。
婴儿死亡率：每千名出生存活婴儿中 1 岁前死亡的数量。

182.3‰（Central Intelligence Agency，2008）。这些数据将如何影响个人对生命、死亡和出生的理解呢？

社会学家也研究预期寿命。**预期寿命**是指个人预期存活的平均年数。由于医疗卫生的进步，近百年来人们的预期寿命呈现快速增长的趋势（Eric Neumayer，2004）。与预期寿命不同，人类的**寿命**指个人所能存活的最长时间。最近的研究表明，人的寿命从19世纪60年代的108岁提高到了20世纪90年代的116岁（John R.Wilmoth and Jean-Marie Robine，2003），也就是说，人们活得越来越长。然而，与预期寿命相比，人们的最长寿命增长得很少。

比较预期寿命是进行国际比较的途径之一。例如，中国澳门地区——亚洲的一个很小的地方——拥有世界上最长的预期寿命（84.33岁）。而非洲南部的斯威士兰，人们的预期寿命世界最短（31.99岁）。给你一些客观印象，美国的预期寿命为78.14岁，排在世界第46位（Central Intelligence Agency，2008）。预期寿命与医疗服务和环境因素密切相关，非洲大陆国家预期寿命较低的一个重要原因就是艾滋病的流行（Eric Neumayer，2004）。

人口金字塔

人口金字塔是直观反映一个国家人口年龄和性别结构的工具。见下页图中的人口金字塔反映了美国和印度的数据。注意两国人口之间的差异：印度人口年龄的中位数是24.8岁，也就是说，有一半人口的年龄在24.8岁以下。与此同时，美国人口年龄的中位数要大得多，为36.6岁（U.S. Census Bureau，2008）。你能从这两个金字塔中看出其他的差异吗？你能预测这两个国家未来人口发展状况吗？

人口金字塔还能用来表现人口变化。这种现象出现于人们变得长寿而出生率保持不变的情况下，同时反映了年龄对社会所能产生的巨大作用。人口

预期寿命：是个人预期存活的平均年数。

寿命：指个人可以存活的最长时间。

人口金字塔：是直观地反映一个国家人口年龄和性别结构的数据工具。

美国：2007年人口

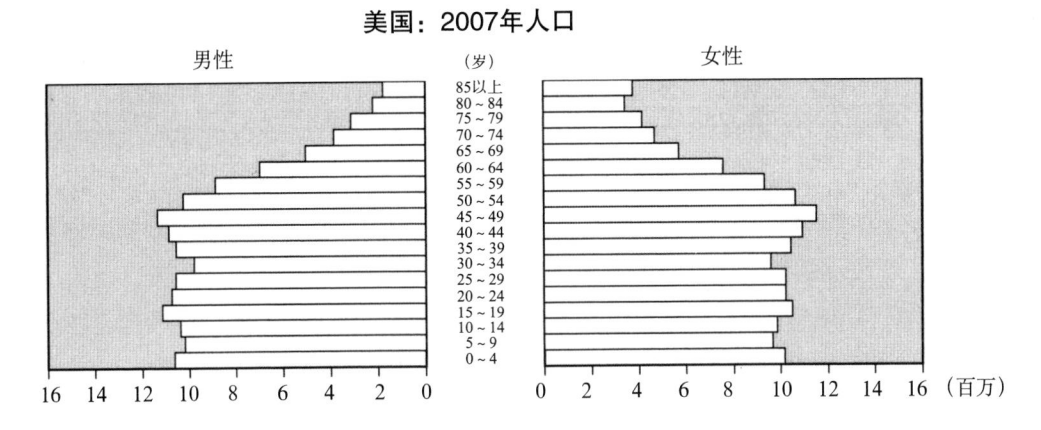

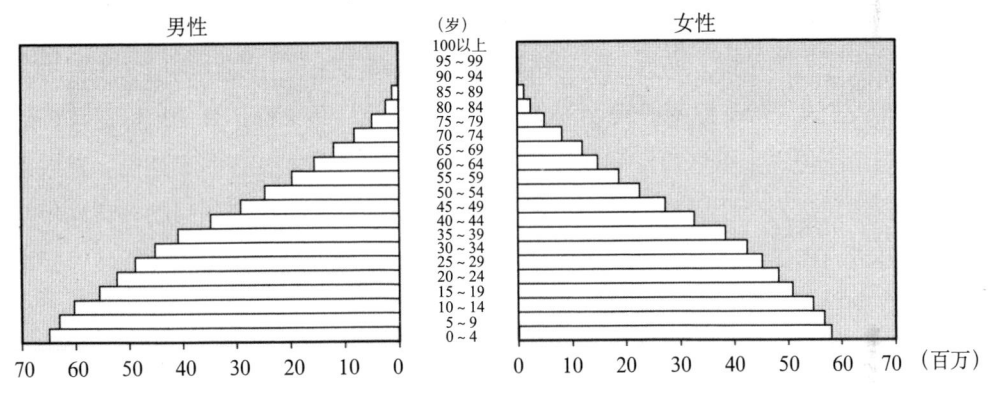

| 男性 | (岁) | 女性 |

（横轴单位：百万）

印度：2007年人口

| 男性 | (岁) | 女性 |

（横轴单位：百万）

资料来源：Data from U.S. Census Bureau, International Data Base.

学家们认为，人口中儿童或老人的数量能够影响社会需求。例如，社会通常为儿童提供满足其教育需求的学校。这些儿童即使长大了，也需要大量的社会资源，包括工作、家庭和其他资源。同时，他们也有为社会创造更多产品的潜力。大量老年人也会对社会造成压力，他们对医疗护理的需求意味着社会需要建造更多的临终关怀医院和养老院。

二战后，美国和许多国家都经历了出生率快速增长的时期，我们称之为"婴儿潮"，并把战后于 20 世纪 60 年代早期出生的婴儿称为"**婴儿潮的一代**"。尽管这个群体的子女数量少于其父母，但是对美国不同时期人口金字

婴儿潮的一代：在二战后 20 世纪 60 年代早期出生的婴儿。

塔的快速回顾显示，他们产生了"**人口惯性**"，即由于育龄人口规模较大而产生的人口激增。许多在读大学生就是这种惯性的一部分。由于同期群的人口规模太大，因此即使在"婴儿潮"期间出生的人仅有人口更替水平的生育率，人口仍会保持增长。你能从金字塔中看到人口惯性吗？

生育同期群的规模能够影响群体的社会结果。例如，一个人如果出生在规模较小的同期群，则很可能会有更多的发展机会。这在很大程度上是因为竞争更少，个人所能获得的工作培训和教育机会更多，而更好的教育往往能带来更好的工作机会（Richard Easterlin，1987）。

迁移

在进行人口研究时，人口学家们认为，预期寿命、婴儿死亡率等因素会影响人们的选择。有时，这些选择会导致**迁移**（在第10章中将进一步探讨），即人们从一个地区移动到另一个地区。人们往往从条件不好的地区迁移到他们希望能过上更好生活的地区。迁移主要有两种方式：迁入和迁出。**迁入**是指人口进入一个国家的移动，**迁出**是指人口离开一个国家的移动。计算特定区域当前的人口数量，要在人口基数基础上，加上出生和迁入的人数，并减去死亡和迁出人数。

迁移现象可以用**推力—拉力理论或新经济迁移理论**来解释。该理论指出，无论是对迁出地还是迁入地而言，迁移都依赖于劳动力的供给和需求。小时候，我和家人曾经从内布拉斯加州搬到俄克拉何马州，当时的"推力"是我父亲所在的肉制品加工厂的关闭，而"拉力"是在俄克拉何马州有更好的工作和更高的报酬。因此，在"推力"和"拉力"的作用下，我们搬迁了。无论是从墨西哥到美国的国际移民，还是从农村到城市的国内移

人口惯性：由于育龄人口规模较大，人口数量持续增长的趋势。

迁移：人口从一个地区到另一个地区的移动。

迁入：人口进入一个国家的移动。

迁出：人口离开一个国家的移动。

推力—拉力理论或新经济迁移理论：该理论指出，无论是对迁出地还是迁入地而言，迁移都依赖于劳动力的供给和需求。

民，推力—拉力理论都同样适用（Douglas Massey，Rafael Alarecon，Jorege Durand，and Humberto Gonzalez，1996）。和我父亲一样，由于缺少就业机会，我的祖先们从德国被"推"了出来并被"拉"向了充满就业机会的美国。

自然增长率

人口学家通常用被称为**自然增长率**的简单计算来预测人口的增长或减少。自然增长率的计算方法是：用粗出生率减去粗死亡率再除以10。一个国家的自然增长率为正，则该国的人口呈增长趋势；自然增长率为负，则该国人口呈下降趋势。下表中的数据显示了世界上人口最多的10个国家和3个人口增长最快的国家的粗出生率、粗死亡率和人口自然增长率。如下页表中所示，乌干达的自然增长率比美国高5倍。从表中我们也能看出，人口最多的国家不一定有最高的人口增长率。理解了这一点，我们可以来看看世界上人口最多的国家——中国的情况。中国的人口自然增长率与美国接近，而印度的增长率是中国的2倍多，因此，许多人口学家预测，印度很快将代替中国成为世界上人口最多的国家。

世界上许多国家的自然增长率在下降，还有25个国家出现了人口负增长（Central Intelligence Agency，2007），也就是说死亡率大于出生率。除了南非、斯威士兰和日本之外，这些国家大多位于欧洲。这些下降的出生率，也称为**生育不足**（birth dearth），意味着世界上许多地方的人们选择不生育。

人口倍增时间

当日本人急于处理人口减少的问题时，其他国家的人口正快速增长。**人口倍增时间**是指人口规模翻番所需要的年数。公元前1万年，地球上的总人口只有大约100万人；经过了11 000年，世界总人口达到了10亿。然而，

自然增长率：决定人口的增长或减少。计算方法是用粗出生率减去粗死亡率再除以10。

生育不足：指下降的出生率。

人口倍增时间：是指人口规模翻番所需要的年数。

美国：1960年人口

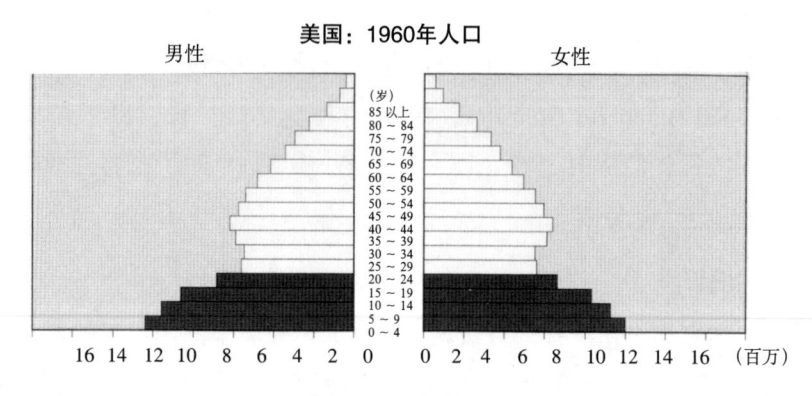

男性 / 女性

美国：1990年人口

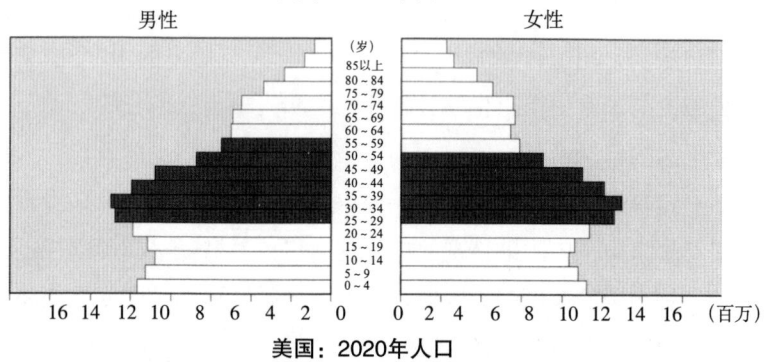

男性 / 女性

美国：2020年人口

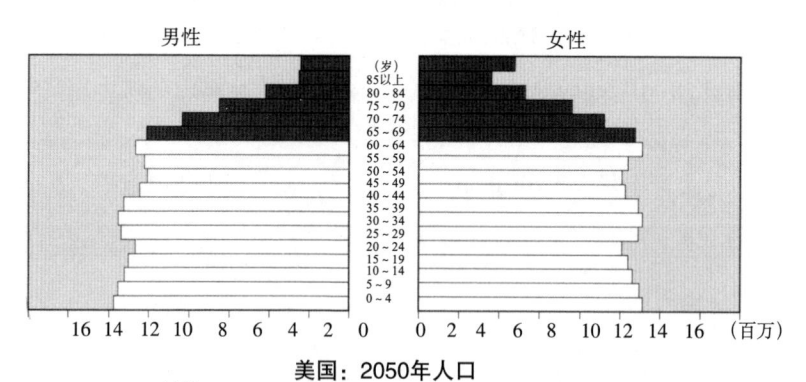

男性 / 女性

美国：2050年人口

男性 / 女性

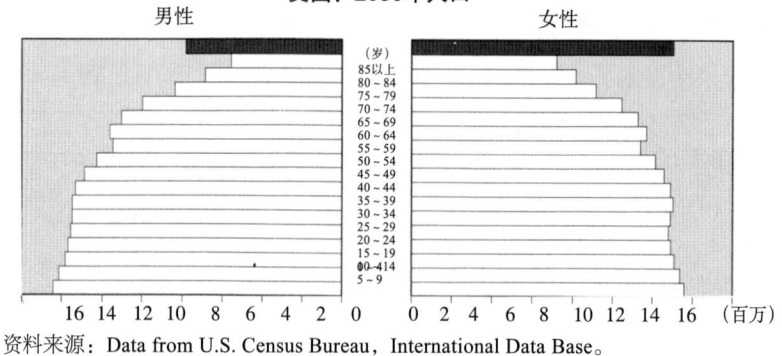

资料来源：Data from U.S. Census Bureau, International Data Base。

1850年之后，世界总人口只花了90年时间就从10亿发展到了20亿。此后，过了42年，世界总人口发展到了40亿。按这个速度发展，预计到2026年，世界总人口会再次翻番。一个国家的人口倍增时间会对其未来发展产生根本性的影响。例如，如果一个国家的人口规模将在40年内翻倍，那么它所有的资源也应该在40年内翻一番。

由于人口增长每年都会发生变化，预测很少会如计算的那般精确。事实上，之前对人口倍增时间的预测很少有完全准确的（John R.Bermingham，2003）。尽管如此，人口倍增时间显示了世界人口增长的一些可能趋势，同时便于我们在不同国家之间进行比较。想想上表中世界各个地区的人口倍增时间，非洲、南美洲和亚洲的人口增长显示，这几个洲的人口倍增很可能会在我们这一代人的有生之年内发生。

人口预测

生育率、死亡率、人口金字塔、迁移趋势、自然增长率和人口倍增时间，所有这些人口学工具帮助人口学家建立人口预测模型，而人口预测有助于一些社会政策的制定。例如，如果我们知道老年人的数量将会快速增长，那么我们需要提前规划一些养老院。

◎ 马尔萨斯理论

在《崩溃：社会如选择成败兴亡》中，戴蒙德描述了很久以前格陵兰维京社会的兴起。随着人口的增长，社会需要更多的食物来支撑他们过冬。尽管鱼肉非常充足，但他们更喜爱吃牛肉。在对古代维京居住区的考古发掘中，很少发现鱼骨头。这表明，虽然牛肉供应已经不能满足增长的人口需求，但维京人也没有改变其生活方式，而去食用充足的鱼肉，这可能导致他们最后因饥饿而灭绝。

托马斯·马尔萨斯（Thomas Malthus）是一位英国牧师，他建立了历史上第一个而且是最广为应用的人口预测模型。他的著作《人口原理》（*An Essay on the Principle of Population*）于1798年发表。在书中，马尔萨斯推断人口呈几何级数（2、4、8、16）增长，而食物供应呈算术级数（1、2、

2007年一些国家或地区的粗出生率、粗死亡率和人口自然增长率			
国家或地区（目前人口排名）	粗生育率	粗死亡率	自然增长率
世界平均	20.09	8.37	1.17
乌干达（41）	48.12	12.64	3.55
加沙地区（151）	38.9	3.74	3.52
也门（53）	42.67	8.05	3.46
尼日利亚（9）	40.2	16.68	2.35
孟加拉国（7）	29.36	8.13	2.12
巴基斯坦（6）	27.52	8.0	1.95
印度（2）	22.69	6.58	1.61
印度尼西亚（4）	19.65	6.25	1.34
巴西（5）	16.3	6.19	1.01
中国（1）	13.45	7	0.65
美国（3）	14.16	8.26	0.59
日本（10）	8.1	8.98	-0.88
俄罗斯（8）	10.92	16.04	-0.51

资料来源：Data from *The World Factbook*，2007。

人口自然增长率和人口倍增时间

北美洲	0.6%	116.6年
南美洲	1.5%	46.6年
非洲	2.4%	29.4年
大洋洲	1%	70年
亚洲	1.2%	58.3年
欧洲	-0.1%	无

资料来源：Data from Population Reference Bureau（PRB），2007 World Population Data Sheet.

上表中列出了各个地区的人口自然增长率和人口倍增时间。预计非洲的人口规模将在29.4年后翻番，而欧洲的人口将继续减少。

> ### 全球视野　日本的生育不足
>
> 在1947年到1957年10年间，日本的总和生育率从4.54下降到2。生育率下降后，直到20世纪70年代，日本的生育率保持了相对稳定。然而，从70年代中期到90年代初，生育率再度下降到1.46，这已经低于人口更替水平（Naohiro Ogawa and Robert D.Retherford，1993）。
>
> 什么原因导致了这种下降？在二战中的战败不仅改变了日本的政治文化，同时也改变了其经济文化。在美国的帮助下，日本人重建了基础设施，创造了高效的企业。在很短的时间内，日本从战争的创伤中振兴，发展为经济大国。由于生育率往往随着教育和财富水平的提高而降低，日本经济的成功对生育产生了负面的影响。尽管家庭价值观念似乎没有改变，但女性的劳动参与率有所上升，而且她们接受教育的压力也有所增加。对事业的关注导致人们晚婚晚育，从而降低了夫妻生育多个子女的可能性（Robert D.Retherford，Naohiro Ogawa，and Satomi Sakamoto，1996）。
>
> 日本政府非常关注人口的未来发展。到2050年，预计日本儿童的数量将会减半，而退休人口的数量会持续攀升。这个即将到来的人口状况，使日本政客匆忙地应对新的社会现实。许多学校被关闭，并被改造成老年人照顾中心（Cynthia G.Wagner，2007）。同时，由于没有可替代的人口，市场劳动力越来越少，劳动力数量的萎缩给日本企业带来了许多问题。随着老年人数量的增长，预计私人企业和政府的养老保险体系将无法满足他们的需求。这些现实导致政府出台了越来越多的政策以提高生育率。这些政策包括扩展儿童照顾救助计划和更自由的儿童照顾委托法。法律制定者们希望，通过允许在职妇女照顾儿童时保留她们的工作，能提高生育率（Hayashi Yuka and Sebastian Moffett，2007）。

3、4、5）增长，这个理论通常被称为**马尔萨斯定理**。虽然农业科技的发展能增加食品供应，但是这种增长跟不上人口规模的急速膨胀。因此，在未来

> **马尔萨斯定理**：是一个人口预测模型，它指出由于人口呈几何级数增长，而同时食品供应呈算术级数增长，因此人口增长将超过食品供应增长。

的某个时点，人口增长将会超出食品生产能力，到那时，世界将会爆发战争、饥荒和瘟疫（Kingsley Davis，1945）。

在马尔萨斯的一生中，他见证了工业革命带来的巨大成就。生活质量的提高，延长了人们的预期寿命，同时使人口规模快速增长。这些变化使得马尔萨斯开始思考人口增长对社会的影响。他认为，人口的快速增长会导致食物供应的巨大压力，并且最终会导致饥荒和战争的爆发。他认为人口增长最终会酿成灾难，并会通过积极抑制的手段控制人口增长，而积极抑制则包括战争和瘟疫。根据马尔萨斯的理论，世界范围的疾病也是一种积极抑制，因为它能推迟社会崩溃的时间。然而，在马尔萨斯生活的时代，生育控制、晚婚和禁欲等预防性措施并没有被广泛地采用。

在许多人口学研究者的思想中，我们仍能看到马尔萨斯的影子。著名生物学家保罗·埃利希也是一位人口增长的研究者，他写了一本不太知名的书——《人口爆炸》(*Population Bomb*)（Paul Ehrlich，1968）。他认为，在未来的某个时间，地球上的资源将不能满足人口的增长需求，最终，世界人口会超过世界的供养能力。

马尔萨斯极大地影响了当前人们对人口增长的观念。然而，不是每个人都赞同马尔萨斯的理论，如坚持人口转变理论的人口学家们相信，人口增长的下降将是不可避免的。

◎ 人口转变理论

人口转变理论的提出是基于对北欧地区人口增长的历史数据的研究（Kingsley Davis，1945）。该理论指出，随着从农业社会向工业社会的发展，人们能够控制其生育率。这种转变通常有四个发展阶段。

> **人口转变理论**：它提出，随着从农业社会到工业社会的发展，人们最终会控制其生育率。

在第一个阶段，社会尚未工业化，出生率和死亡率较高，人均预期寿命较短，婴儿死亡率也很高。从经济发展的角度来说，大规模的儿童能够为劳动力市场持续提供后备军，因为较多数量的儿童增加了儿童存活并成长为成年人的机会。由于出生率和死亡率接近，因此人口增长较为缓慢。

当一个国家进入到工业化初期，则进入了人口转变的第二个阶段。新技术意味着对体力劳动者的需求减少，人们迁移到城市地区，去工厂寻找工作机会。现代化带来了更多的食物、更好的医疗条件、更清洁的饮用水和一种更高水平的生活。在这一阶段，出生率仍然很高，但婴儿死亡率有所下降（Dudley Kirk，1996）。死亡率的快速下降导致预期寿命的延长。由于出生率保持快速增长而死亡率急速下降，因此人口在这一阶段增长最快。

在第三个阶段，当一个国家实现工业化之后，出生率开始下降。在人为控制生育的方式出现之前，进入人口转变第三阶段的欧洲国家的出生率已经出现了下降。同时，更低水平、更稳定的死亡率，使得预期寿命继续延长。经济和社会条件似乎对个人选择产生了影响，人们希望控制其自身的生育。虽然人口仍然继续增长，但人口增长率有所下降（Kingsley Davis，1945）。

通常当一个国家的人口总量保持一定或出现减少时，则进入了人口转变的第四个阶段。一旦进入后工业经济时代，一个国家的人口增长就会保持稳定，甚至会出现减少。这个阶段的特征是出生率和死亡率都保持在较低水平。人口转变理论指出，工业化的确提高了人们的生活质量，由于人们变得更健康和长寿，人口最初增长得较快，但随着社会发展，人口总量会保持稳定。因此，该理论指出，当发展中国家经历了这种人口转变后，世界人口会再次保持稳定，甚至出现减少（Edward M.Crenshaw，Matthew Christenson，and Doyle Ray Oakey，2000）。

今天，人们能观察到这个理论在现实中的体现。在美国中西部，家庭以农业为生，往往把生育多个孩子作为获得更多财富和收入的手段；而城市地区的家庭也许会把多子女视为负担。有更多的孩子意味着有更多的嘴要吃饭，这会给家庭财务造成压力。过去，农村地区的家庭普遍有更多的孩子；然而，国际人口生育率表明，这种现象正缓慢地发生改变（Robert Woods，2003）。

由于种种原因，人口转变理论受到了人们的质疑。首先，尽管欧洲地区的人口生育率出现了下降，但这也许是由于晚婚而非经济因素诱发的结果（Dudley Kirk，1996）。此外，欧洲地区的人口生育率下降并不一定意味着世界上其他非欧洲国家的生育率也会下降。由于忽视了世界各地的文化差异，欧洲中心主义的观点很可能是人口转变理论最大的局限。

来自不同文化的人可能有不同的行为方式。例如，各个地区对孩子的重视程度、对婚姻以及生育的态度各不相同，父母身份的意义也许比花费更为重要（Dudley Kirk，1996）。

许多人口学家预测，世界人口增长率在2050年将开始减缓，到21世纪末，则不再会有人口过剩的问题（U.S. Census Bureau，2008）。人口增长的趋势表明，生育率的降低已经在全世界的范围开始出现，这使得人口转变理论更为可信。

◎ 人口增长的相关问题

食品短缺和饥饿

从1997年到2002年，有12万平方公里耕地被占用，同时草地面积在增长（U.S. Department of Agriculture Economic Research Service，2008）。这样看来，世界粮食的生产应该超过了需求？然而，粮食供应有两个重要的相关因素：财富和地理条件。据估计，世界上最贫困、最边远的地区，如撒哈拉沙漠以南的非洲，粮食供应不足的状态仍将持续（Mark W.Rosegrant and Mercedita A Sombilla，1997）。

许多发展中国家缺少经济基础设施，如稳定的政府。在充满战争和封锁的地区，饥荒肆虐（Mark W.Rosegrant and Mercedita A Sombilla，1997 etc）。即使世界其他地方生产了足够多的粮食来满足地球上每个人的需求，贫困国家也通常没有能力购买这些食物，没有能力将这些食物分配给需要的人。在这些因素和内战、孱弱的政府、地区性干旱等其他因素的共同作用下，世界上大约有三分之一的儿童营养不良（Gerald C.Nelson，2005 etc）。

经济含义

人口增长当然会对一个国家的经济产生影响。举例来说，假设德国的人口增长率为 0，经济增长率为 2%，并且经济增长均衡分布，那么从理论上说，该国每一个人的生活水平都会提高 2%。再假设，乌干达的人口增长率为 3.5%，如果它的经济增长率也为 2%，那么每个人的生活水平将降低 1.5%。

人们需要采取适当的计划来防止人口增长超过国家的可供资源。对人口增长缓慢的富裕国家而言，人口计划相对简单。然而，世界上许多贫困国家人口增长迅猛，则可能带来经济噩梦。经济学家朱利安·西蒙（Julian Simon）指出，从长期来看，经济力量从人口增长中获利。通过对 100 多年人口与经济发展历程的考察，西蒙发现，与人口增长相对稳定的国家相比，人口快速增长的确提高了国家的经济效益。他指出，经济从人口增长中获利是由于人们必须获得某种形式的工作来维持生存（Julian L.Simon，1989）。

一般而言，人口增长对发达国家的收入和财富没有太大的影响。在发达国家，更多的人口能够鼓励更专业化的劳动，增进知识进步和促进创新。这些进一步提供经济收入，改善人们生活水平。反之，在发展中国家，人口快速增长，至少在短期内将降低大多数人的收入（Gary S.Becker，Edward L.Glaeser，and Kevin M.Murphy，1999）。

社会学思考：什么是环境社会学？

当卡特里娜飓风摧毁了佛罗里达的高尔夫海岸，淹没了新奥尔良时，公众领会到了环境与社会的联系是如此紧密。从 20 世纪 70 年代起，学者们开始研究一种被称为**环境社会学**的新社会学范式。环境社会学主要研究环境如何影响社会以及社会是如何影响环境的（William R.Catton and Riley Dunlap，1987）。环境社会学家通常关注下列领域：环境态度、环境正义和环境政治

环境社会学：关于环境如何影响社会及社会如何影响环境的研究。

（Thomas K.Rudel，2002）。

◎ 人类除外主义

在理解环境社会学之前，我们必须先理解人类除外主义范式的一般理念。**人类除外主义**认为，人类区别于地球上的其他物种。由于人类创造了文化和技术，增强了人类对环境的适应能力，因此环境因素对人类的影响与其对其他生命的影响不同。人类除外主义范式指出，人类在许多方面超出了自然的限制（William R.Catton and Riley Dunlap，1978 etc）。例如，如果人们污染了水资源，将不会对我们的生存造成影响，因为人类能够轻而易举地创造水资源过滤系统。然而，生活在被污染的河道中的鱼并没有这样的能力，它们会走向灭绝。

◎ 环境社会学

与人类除外主义相比，环境社会学认为，人类不过是地球生态系统中与其他物种相互依存的物种之一（Riley E.Dunlap，2002）。虽然与其他动物相比，人类拥有更发达的大脑，但我们并不能摆脱自然的力量。正如戴蒙德在《崩溃：社会如何选择成败兴亡》中指出的，格陵兰的维京社会和复活岛等许多社会的崩溃是因为它们的人口超过了生态系统所能承受的范围。

人类同样受到其生理结构的局限。和地球上的其他物种一样，人类也有一定的环境容量。**环境容量**（carring capacity）是指特定的物种在一定的环境中能够存活的数量。当物种数量在环境容量之内时，资源是充足的。在这种情况下，物种**数量不足**。当物种数量超出了环境容量，则物种**数量过剩**。换

人类除外主义：是一种认为人类区别于地球上的其他物种的观念。
环境容量：特定的物种在一定的环境中能够存活的数量。
数量不足：当一个物种的数量在环境容量之内时会出现物种不足，物种不足带来充足的资源。
数量过剩：当物种的数量超出了环境容量，则导致资源匮乏。

句话说，环境不能为居住于其中的物种提供无止境的支持（William R.Catton，1980）。

我们能在消耗生态空间的资源的同时维持我们的生活标准吗？我们生活在一个能源消耗和碳排放急剧增长的时代，因此，这个问题非常重要。一些人认为，由于人类几乎耗尽了地球有限的环境资源，因此人类社会的发展已经到了一个转折点（Maurie Cohen，1999）。然而，也许技术创新和文化变革能够扩展地球的承载力。随着世界经济发展越来越注重太阳能、氢能等绿色、可再生产业，人类已经看到了这一点。然而，许多人仍然认为，人类最终将发展到一个节点，到那时，对有限的自然资源的争夺将不可避免（William R.Catton and Riley Dunlap，1978）。这就是说，人类的生存最终依赖于将人口规模控制在环境容量之内。否则，人类对资源的需求最终会超出生态系统的供应能力（Riley E.Dunlap，2002 etc）。

幸运的是，人类拥有的最大财富是改变自身生活方式以适应环境的能力，任何曾经参加过野营或曾居住在电力供应不足的地区的人都学会了适应环境来生存。遗憾的是，即使它们正在破坏世界其他地区的环境，一些富裕国家也不愿意削减能源消费（Paul Hawken，1994）。例如，虽然美国的人口只占世界总人口的4.5%，但它消耗了超过25%的世界石油（Nation Master，2008）。

环境正义

茱丽娅·罗伯茨（Julia Roberts）因主演电影《永不妥协》（*Erin Brockovich*）中的埃琳·布罗克维奇（Erin Brockovich）一角而获得了2000年的奥斯卡奖。影片讲述了一位单身母亲如何成为一名法律助理，帮助人们与太平洋电气集团抗争，并最终取得成功的真实故事。能源巨人被指控污染水源并导致居住在压缩机站附近的居民普遍存在健康问题（Duncan Campbell，2001）。布罗克维奇持续调查的结果是几百万美元的赔偿金。然而，对于因污染而承受痛苦或已经死去的人们来说，即使是巨额数量的赔偿，也仅仅是微不足道的安慰。

这个案例反映了一个环境现实：穷人更多地受到环境破坏的负面影响（Robert E.Bullard，1993 etc）。由于穷人没有办法搬离被污染的社区，他们

> **链接　阿兰德船舶墓地**
>
> 在印度西部城市阿兰德（Alang）的一处海滩上，工人在通往墓地的路上从热气中穿过。但这不是一个普通的墓地，它是世界上最大的船舶墓地。它所在的地区曾经因干净、多沙的海滩而闻名，然而现在它正经营废船拆卸业务。这个行业为该地区带来了人们迫切需要的工作，但同时也带来了污染。
>
> 印度快速增长的人口为该行业提供了充足的廉价、非技术型劳动力。他们把废弃的油轮、军舰和货船拖到海滩，从船体上切下金属，并卖给废金属公司。工人经常接触到导致许多健康问题的有毒物质。由于缺乏安全规范，一些工人因坠落的金属而受伤或致死。一些机构估计，每年有多达 50~60 名工人在这种事故中死亡（International Herald Tribune, 2006）。
>
> 既然是这样的工作条件，为什么人们还希望在阿兰德经营拆船业务？因为这个城市为世界各地的船主们提供了处理他们旧船的价格划算的方式，尽管阿兰德海滩现在成为了一个被污染的垃圾场，不仅污染了曾经圣洁的海滩，还将毒素渗入海洋，毒死鱼类（Anand Krishnamoorthy, 2006）。
>
> 危险、肮脏的工作继续被人口不断增长的发展中国家承包。这些国家通常很少有控制生育的法规，很少强制人们节育。此外，这些国家迫切需要财富流入，它们会接受几乎来自任何地方的任何产业。这意味着人口、全球化和环境的相互作用为一些国家创造了财富，而给其他国家带来微薄的工资，并给后代留下了长期的问题。
>
> **活动**　研究美国的危险工作。它们与阿兰德的船舶拆卸相比如何？

必须忍受有毒的气体排放和被污染的水源。这通常被视为环境种族主义或环境分层的一种形式（Natgan Keyfitz, 1996 etc）。科学家们通过考察**环境正义**，或曰环境因素对社会阶层的影响来研究这些问题。这类研究可以通过观察谁使用了世界资源，以及使用了多少来进行。

环境正义：环境因素对社会阶层的影响。

在 2005 年卡特里娜飓风肆虐之前，居住在路易斯安那州诺科市的贫困黑人就已经与壳牌化学工厂带来的环境风险进行了斗争。这些居民饱受疾病困扰，努力搬迁到其他地区（*Public Broadcasting Service*，2002）。2004 年，在

理论沉思

功能论

功能论者希望了解人口增长在社会中所起的作用。基础数据显示，人口的增长能增加机会，而且儿童对社会的维续至关重要。然而，许多功能论者认为，当资源短缺、地球的环境容量不足时，人类社会不能长期维持人口过剩的状态。以复活岛为例，戴蒙德指出，由于森林砍伐而导致了战争，复活岛上的居民经历了生态崩溃并最终走向灭绝。这个案例告诉我们，对资源的过度掠夺并不是个好主意。人类是一个更大的综合系统中的一部分，为了社会能够正常运作，人们必须在这个系统中找到他们合适的位置。

冲突论

冲突论者也许会用马尔萨斯的观点来看待人口增长。更多的人口需要诸如食品、清洁水和空间等更多的资源。尽管科技的进步能够增加食品的供应，但在未来的某个时点，人口增长会超过食物供给，并导致富人和穷人之间的明显差距。富人将得到必要的物资和权力，而穷人则拥有较少的物资、较少的财富，因而得到较少的权力。这种不平衡将会导致战争和纠纷。为了避免发生这种现象，同时确保生存，人们必须学会适应变化的时代。例如，最近我卖掉了我的"油老虎"，换了一辆排量更小的车。石油供应和石油价格是新闻中的热点话题，这些问题使许多人考虑改用混合动力汽车或乘坐公共交通工具。正如戴蒙德所指出的，社会必须在其环境中与环境共存。如果人们忽视了这个简单的事实，那么即便是再强大繁荣的文明，也最终将被毁灭。

人口增长如何影响社会？

符号互动论

从符号互动论者的视角来看，我们也许会把这个问题反过来问："社会如何影响人口增长？"符号互动论考虑一个社会的文化如何对社会发生影响。尽管健康和经济因素也对出生率产生影响，但符号互动论者主要研究社会对儿童的态度如何影响出生率。男性和女性在社会中角色定义的变化对女性受教育的比例、运用节育手段和晚婚的比例产生了影响。这些态度导致了生育减少和人口增长的下降。

经过 20 年的斗争之后，300 个家庭搬离了有害化学工厂（*Global Community Montior*，2004）。类似地，在最近一次到墨西哥城的旅行中，我发现空气污染是如此严重，以致当我在宾馆醒来时，我感觉自己的皮肤上仿佛有一层烟尘。当旅行结束返回美国时，我就能逃离污染，但那个城市的居民每天都处于污染之中。一般来说，贫困国家往往会有严重的空气污染、土壤污染和水污染等环境问题。

总 结

什么是人口学？

- 关于人口规模和构成的研究

什么是环境社会学？

- 研究环境如何影响社会和社会如何影响环境的一种新的社会学范式

第10章

种族和民族——这是个肤色问题吗?

- 种族和民族之间有何不同之处?
- 哪些因素导致种族观念的产生?这种观念是如何影响人们的?

经过三个开创性的演出季以后,喜剧演员戴夫·查普尔(Dave Chappelle)通过短戏剧《查普尔秀》(*Chappelle's Show*)来讽刺复杂的种族问题。其中一个短剧名为《种族选秀》(*Racial Draft*),它模仿美国橄榄球大联盟(NFL)的选秀活动,从不同特征的种族中选择不同的代言名人。例如,非洲裔美国人选择泰格·伍兹,而亚裔美国人会选择武当派(Wu-Tang Clan)。通过这种诙谐的方式,该短剧很好地说明了社会中存在的以武断的分类方式(比如肤色)来定义种族的问题。

根据近期的科学研究,种族并非一个生物学概念,而是一个完全由社会建构的概念。然而,美国人却经常试图通过单一的生物学术语来界定种族,而且这种思想常常是人们在很小的时候就被逐渐灌输的,因为我们常这样教导孩子,而那时他们的头脑中根本就没有任何种族和种族差异概念。我还记得我的女儿从幼儿园放学回家后说过的话:"豪跟我们不一样。"豪是一个中国男孩,他的爸爸是我大学里的同事。我问她:"为什么这么说呢?"她回答说:"我们班的同学都说他跟我们不一样,因为他的皮肤看起来跟我们不同。"我又反问:"皮肤不同就表示有差别吗?"女儿回答说:"我不知道,但是我仍然很喜欢在课间休息时跟他一起玩。"我讲这个故事意在说明,两年的学校和社会生活就使得一个五岁大的孩子形成了种族差异的概念和想法。这就是我们习得种族概念的途径:来自社会经历。

主题:种族和民族之间有何不同之处?

当你在任何一条大街上行走时,你都会发现大街上的人有不同的发型、时尚风格、年龄、体型以及肤色。每个社会都会对人群加以区分,**种族**就是

> **种族**:是基于特定身体特征的而进行的人群划分。

基于特定身体特征而进行的人群划分。在众多的身体特征中，最为主要的是肤色，种族一般包括白人、黑人以及亚裔等。相比种族概念，**民族**概念则显得较为复杂，因为民族指的是那些共享同一文化、语言和祖先遗产的人群。因而，民族的种类要多于种族的种类。举例来看，美国的诸多民族包括那些有阿拉伯、德意志、意大利、犹太、西班牙、古巴或波多黎各背景的人群。

随着人口的增长和异族通婚的普及，肤色等特征已经不再是简单的身份象征。社会学视野中的种族问题不是将焦点集中于外表的差异上，而是集中于社会如何诠释这些差异以及这些看法如何影响了个体的机会。

◎ 统计描述

真人秀节目《幸存者》（*Survivor*）因经常开展一些有趣的社会试验而著名，该节目中最富争议、也最有吸引力的一集便是将每一族群按种族分开。族群划分暗示了仅有四个种族类别：白人、黑人、亚裔以及拉美裔。为了强调种族是一个社会建构而非生物性差异的事实，我们可以看一下美国人口统计局划分的六种种族类别（U.S. Census Bureau，2008）。调查中的选项有白人、黑人或非洲裔美国人、美洲印第安人或阿拉斯加土著人、亚裔、夏威夷土著或其他太平洋岛屿岛民、其他，共六类，该调查的选项设置可以让每一个被访者都能选到最适合其种族身份的选项。

多数群体和少数群体

上表报告了美国的种族构成状况。举例来看，非西班牙裔白人占所有人口的三分之二以上，这使得他们成为了不仅在数量上占优，而且还掌握着重要权力和特权的**多数群体**。**少数群体**指那些拥有少量权力的人群。路易斯·沃思（Louis Wirth）指出，少数群体地位属于那些因受不平等待遇而被挑选出来的人。而且，少数群体都有被歧视的集体意识（Louis Wirth，1945）。

民族：是指共享同一文化、语言和祖先遗产的人群。
多数群体：指在社会中拥有最多的人口，且掌握重要权力和特权的群体。
少数群体：指人数较少且与多数群体相比权力较少的群体。

在有些社会，数量上占优的群体并不必然地要求获得支配性权力或歧视其他人群。社会学家把那些拥有更多权力的群体称为**支配群体**，因为虽然他们可能在数量上不占优势，但他们拥有更多权力。种族隔离制度这一在南非存在了五十年的压迫制度，向我们展示了一个群体的数量并不必然反映该群体的政治和经济权力的实例。在种族隔离时代的南非，白人在数量上是少数群体，但他们通过制定法律压迫占多数的土著黑人，侵占其房屋，剥夺其选举权，并将其看作二等公民（Apartheid，2008）。这种由少数群体统治多数人的思想，尤其是对边缘国家的统治，常常会导致**殖民主义**的出现，即拥有较强实力的国家把自己的意志强加给弱小国家。但是，一般情况下，统治群体常常是一个国家人口数较多的群体。

在美国，少数群体的人数正在增加。到2050年，西班牙裔或亚裔的人口比例有望翻倍。同时，白人的比例将降低大约19个百分点。人口流动模式肯定会对这些设想产生影响。在将来，少数群体成员将在总人口中占有更大的比重（U.S.Census Bureau，2008）。

种族主义

种族主义最简明的定义是基于个人种族身份的歧视。但是，相比歧视，种族主义意味着更多内容。为真实地理解种族主义，你必须意识到，它是一个融合了群体间特权、权力和压迫的复杂体系。根据格雷夫斯的说法，美国的种族主义一直以来依赖于以下三个难以撼动的假设：（1）种族存在；（2）每一种族都有其独特的基因差异；（3）种族不平等就是由这些差异所导致的。格雷夫斯列举了美国社会盛行的种族主义者的五大支柱理念。

（1）生物学意义上的种族在人类物种中是客观存在的；

（2）种族间的基因差异决定了他们各自的智力水平；

（3）种族间的基因差异导致了不同疾病的产生及不同的死亡率；

支配群体：指拥有最大权力的群体，但他们在人口上并不一定是最多的。

殖民主义：指一个实力较强的国家对一个弱小国家施加控制。

种族主义：指建立在个人种族身份基础上的歧视。

2006 年美国各种族百分比

夏威夷土著或太平洋岛屿岛民	0.2%
黑人或非洲裔美国人	12.8%
白人（不含西班牙裔）	66.4%
声称有两个或以上种族身份的人	1.6%
美洲印第安人或阿拉斯加土著人	1.0%
亚裔	4.4%
西班牙裔或拉美裔（所有种族）	14.8%

资料来源：Data from U.S. Census Bureau，"State and Country Quickfacts，" 2006.

（4）种族间的基因差异导致了种族间性欲望和生殖能力的差异；

（5）种族间的基因差异导致了种族间运动与音乐天赋上的差异。

种族主义的一个极端例子是**种族灭绝**，即对有某种种族或民族身份的群体实施迫害和清除，其中最为著名的便是二战期间的"犹太人大屠杀"。纳粹分子屠杀了数以百万计的犹太人、吉卜赛人，并在身体和心理上对他们进行双重迫害，以达到清洗他们所认为的欧洲低等民族的目的。极端种族主义并非一个很久以前的事物，2004 年的电影《卢旺达饭店》(*Hotel Rwanda*)就描述了 1994 年发生的卢旺达两个政党成员杀害对方领导人和记者的事件。这种暴力行为很快扩展至农村地区，在那里，人口占多数的胡图人（Hutu）屠杀图西人（Tutsi）。唐·奇德尔（Don Cheadle）因扮演保罗·路斯沙巴吉那（Paul Rusesabagina）而获得奥斯卡提名，在电影中，他是一个英勇地拯救了近 1 300 名卢旺达人的饭店经理。人口数据显示，在预测谁有可能生存下来时，性别上没有差异，男人、女人、小孩和老人都被杀害了（Human Rights Watch，2008）。种族净化的观念并不仅仅存在于纳粹德国或卢旺达，美国历史上也发生过类似的令人感到恐怖的行为，如"印第安人的血泪之路"（Trail of Tears）、二战期间的日本集中营、奴隶制、私刑处死、种族隔离以及《吉姆·克劳法》（Jim Crow Laws）等。

> **种族灭绝**：指对有某种种族或民族身份的群体实施迫害和清除。

这些行为有着漫长的历史并且至今仍在延续。南方反贫困法律中心（Southern Poverty Law Center）负责追踪监测美国的**仇恨群体**或组织（hate groups）。这些组织旨在向其他种族或具有其他特征的人群宣扬敌意或实施暴力行为。这些群体包括白人至上主义者、新纳粹分子以及其他一些对移民、同性恋等少数群体宣扬敌意的群体。南方反贫困法律中心指出，2008年在美国境内有888个有组织的仇恨群体，与2000年相比，增加了48%（SRLC，2008）。

仇恨和种族主义群体并不总是试图清洗他们不喜欢的人。有时他们通过强迫这些少数群体迁徙来达到清除的目的，并在迁徙的过程中对他们实施虐待。每一个了解"印第安人血泪之路"的人都知道美国政府在内战之前也对切罗基人（Cherokee）、契卡索人（Chickasaw）、乔克托人（Choctaw）、克里克人（Creek）以及米诺尔人（Seminole）实施过此类行为。政府强迫这些生活在东南部的人离开居住地，转移到今天的俄克拉何马州。这种强迫式的迁徙导致数以千计的美国土著人死在路上（Gloria Jahoda，1995）。这种行为在当今世界仍在继续发生，如因军事冲突而引起的肯尼亚、伊拉克等国家的少数群体迁徙（Jeffrey Gettleman and Kennedy Abwao，2008 etc）。

互动模式

我们已经讨论了有关种族灭绝和种族清洗的相关内容。种族间冲突自种族出现起就已经存在了，但这些都是如何开始的呢？为了像社会学家那样更好地思考问题，我们需要理解和认识种族和民族分化的根源。

征服和吞并

种族和民族间的紧张关系受诸多因素的影响，第一个便是**征服**。当一个群体利用其强大的武力统治另一群体时，它就常常与那些拥有不同文化和不同身体特征的人群发生联系。在16和17世纪，欧洲统治者们就通过强大的

仇恨群体：指向其他种族或有其他特征的人群宣扬敌意或实施暴力行为的群体或组织。

征服：指通过强势力量对一个群体进行的支配。

技术和军事力量对非洲人和美洲人进行殖民统治（Jared Diamond，1999）。

吞并指一块领土对另一领土的兼并。在这种情况下，原种族和民族群体的成员被迫成为另一个新社会的成员。例如，詹姆斯·加兹登（James Gadsden）于1853年通过谈判，从墨西哥那里购买了现今为新墨西哥和亚利桑那州的地域，所有生活在这些区域的居民都在一夜之间成为了新国家的公民（Benjamin Banneker Center，2008）。这一吞并带来了种族间的冲突，因为白人迁入并试图控制本属于美洲印第安人和墨西哥人的土地。吞并常导致种族间关系紧张，因为那些被兼并土地上的人们会起来反抗占领者。

迁徙

另一个可以导致种族和民族关系紧张的因素是迁徙，无论是自愿还是非自愿的迁徙都会产生此结果。**自愿迁徙**指人们乐意从一个社会迁移到另一社会。如同我们在第9章讨论过的那样，人们选择迁徙的原因有很多种。但是，那些迁入地的人们可能并不总是张开双臂欢迎新的移民。最近徘徊在移民——他们中的很多人是墨西哥人或亚洲人——上空的政治气候就如同风暴一般。一些反移民活动分子指责那些冲淡了美国文化的"外国人"正在入侵美国，因为这些"外国人"大都深谙两种语言并秉持多元文化主义。有些时候，政客们将移民视为"侵略"——如同保守派权威帕特·布坎南（Pat Buchanan）在2006年做的那样。对你来说，与此类似的观点听起来是否有些种族主义的腔调？为什么呢？（Media Matters for America，2006）

非自愿迁徙指强迫某一群体从一个社会迁向另一社会。将数以百万计的非洲人当作奴隶并强制性地带到美国，迫使美洲印第安人住在居留地，将成千上万的日裔美国人囚禁在隔离营等，这些都是美国历史上非自愿迁徙的例子（Martin N.Marger，1997）。

吞并：指一块领土对另一领土的兼并。
自愿迁徙：指人们 | 乐意从一个社会迁移到另一社会。
非自愿迁徙：指强迫某一群体从一个社会迁向另一社会。

全球视野 波斯尼亚的民族清洗

伴随着1990年前南斯拉夫分裂，人口占多数的塞尔维亚人掌握了政权并强迫大量的少数群体成员，特别是波斯尼亚穆斯林离开他们的土地或将他们杀害。1992年，塞尔维亚军队发动了一场针对东部波斯尼亚地区波斯尼亚穆斯林的民族清洗运动。**民族清洗**指多数群体为了在其控制的区域内达到民族同质的目的，对少数民族成员实施的包括监禁、驱逐或谋杀等方式在内的迫害。波斯尼亚穆斯林平民被集中扣押在隔离营中；波斯尼亚人，包括男人和女人，被集中扣押在分开的隔离营中。在抓捕过程中，许许多多的人被暴打或被杀害。存活下来的男性被送往集中营，女性被送往被称为强奸营的拘留中心。1995年7月，战争进入尾声之际，塞尔维亚军队在斯雷布雷尼察（Srebrenica）集中杀害了约8 000名波斯尼亚穆斯林。这种种族灭绝行为，就是著名的斯雷布雷尼察大屠杀，它是二战结束以来欧洲最大规模的屠杀行为（Public Broadcasting Service，2008）。塞尔维亚和克罗地亚军队通过这种拷问、屠杀的策略以达到民族净化的目的。在这次战争中，军队以民族差异为借口，为其杀害数以千计的平民和强迫数百万居民迁出居住地的行为辩护（Marcus Cox，1998）。

但是，这些暴力犯罪行为并没有被世界上其他地区的人们所忽视。1995年，设立在海牙的前南斯拉夫问题国际刑事法庭起诉前波斯尼亚—塞尔维亚领导人拉多万·卡拉季奇（Radovan Karadzic），指控其犯有种族灭绝罪、战争罪以及危害人类罪等多项罪名。在逃亡长达12年之后，卡拉季奇最终于2008年被抓获。如果罪名成立，他将因在波斯尼亚战争中犯下的罪行而可能面临终身监禁（Chris Stephen，2008）。

居上地位（Superordination）

无论迁徙是自愿的还是非自愿的，当人们接触到不熟悉的群体时，一些可预见的互动模式就发生了。当一个更强势的群体进入一个区域并征服当地

> **民族清洗**：指多数群体为了在其控制的区域内达到民族同质的目的，对少数民族成员实施的包括监禁、驱逐或谋杀等方式在内的迫害。

居民时，**迁移者居上位**（migrant superordination）的情况就出现了。在 16 世纪，西班牙利用武力统治了美洲中部和南部，并将自己的文化提升到当地文化之上。在这种情况下，迁移者的地位就得到了提升，或者说是占据了上位。与此相反的一种情况是**本土文化居上位**（indigenous superordination）。当迁徙者们进入美国时，他们就需要学习英语并放弃其旧的文化传统而接受新的文化。这也就是说，他们必须臣服于统治群体及其文化。例如，在最近几年，有些州已经通过了"仅用英文"的法律，这些法律的适用范围广泛，包括规定英语是本州的"官方语言"、规定在州立学校中限制双语教学课程、抑制其他非英语政府的服务项目等。美国公民自由联盟认为，这些法律限制或削减了为多国语言项目而设立的基金，而这些项目是美国居民所不可或缺的，如卫生服务、投票协助、驾照考试等（ACLU Briefing Paper，2008）。

这两种互动模式常被民族中心主义的观点所证实。记住，民族中心主义就是基于自身文化来考虑或定义其他文化。通常情况下，民族间差异越大，各群体看待彼此时的敌意就越多。同时，各群体间常存在竞争，当资源匮乏时，这种竞争就越发激烈。想一下 20 世纪初纽约城的迁徙模式，种族和民族迁徙者们瓜分了适合于他们的低收入工作。中国人常在洗衣店工作，而犹太人常缝制衣服，意大利人则负责船坞方面的事务。如果你是这些群体中的一员，那么你就可以在相应的行业中找到一份工作。但是，如果一个中国人想去制作衣服，那他将很难被雇用。因为各民族群体常常拥有不同的权力，一旦某一群体掌握了该权力，它就不会轻易放弃，除非放弃该权力能在一定程度上扩大市场或增加财富（Roger Waldinger，1996）。

少数群体

当少数群体面对居上位的统治群体时，他们有很多种应付的方法。**持多元论的少数群体**（Pluralistic minorities）是指自愿进入某一区域的群体，他们

迁移者居上位：是指强势的群体对当地人群的征服。
本土文化居上位：指迁入群体屈从于统治群体。
持多元论的少数群体：指那些自愿进入某一区域，试图在保持自身文化的同时又能融入统治群体的群体。

试图维持自己的文化，但也想融入统治群体，因而他们希望能够在参与新社会的政治、经济活动的同时，保持自身原有的文化纽带。而**持同化论的少数群体**（Assimilationist minorities）试图抛却传统并融入新的社会，那些和统治群体最为相似的群体——无论是在种族上还是在民族上——比较容易做到这一点。

例如，当德国迁徙者刚开始进入美国时，他们的文化和语言大都被当地人接受了。在原始殖民地，德国报纸在当地发行，而且许多德国殖民者参加了美国独立战争。但是，1914年第一次世界大战一经爆发，美国社会中立马出现了针对德国人的敌意行为。我的祖父出生在美国，但他是德国人的后代。他曾告诉我，一战爆发后，他父亲就告诉他从此刻起只能说英语。美国通过了禁止教授德语的法律，同时德裔美国人也迅速地放弃了他们的语言和文化，以示对美国的忠诚（William L.Reinshagen，2006）。

有些时候，一些群体自愿地将自身与统治群体分割开来，从而出现了**持分裂主义的少数群体**（secessionist minorities）。这些群体并不寻求民族同化或文化一致，相反，他们以一种鄙夷的眼光来看待统治群体，并认为统治群体会腐蚀自身的信仰体系。宾夕法尼亚州的阿米什人（Amish）就是持分裂主义的少数群体中的典型代表。他们创造了一种使用瑞士德语，并远离现代化设备的生活方式和文化。他们强调家庭、宗教的重要性并崇尚简单的生活方式，他们的孩子们在阿米什人创办的学校中接受教育，他们中的大多数人都过着与100年前几乎一致的生活。尽管一些阿米什人逐渐以一种开放的姿态参与到包括农业在内的商业交往中，并接受了一些现代化技术，但是这一群体仍是分裂主义的坚定信仰者（Donald Kraybill，2001）。

有些时候，少数群体通过武力对他们所处的附属地位做出反应。**激进的少数群体**（militant minorities）常常试图推翻现有的他们认为不公平的

持同化论的少数群体：指那些试图抛弃传统并融入统治群体的群体。

持分裂主义的少数群体：指那些自愿将自身与统治群体隔离，并以一种鄙夷的眼光来看待统治群体，认为他们会腐蚀自身的信仰体系。

激进的少数群体：指那些试图推翻现有制度的群体，因为他们认为这些制度是不公平的。

制度。一般情况下，激进的少数群体在反抗人群中数量占优，他们选择暴力和战争的方式来对抗不公平现象，如 1958 年古巴的菲德尔·卡斯特罗（Fidel Castro）就曾用武力推翻了他认为腐败的政府（Encyclopædia Britannica Online，2008）。激进分子也可以采取和平的对抗方式，如甘地领导的和平革命，该革命于 1947 年结束，它结束了英国对印度的殖民统治（Encyclopædia Britannica，2008）。

少数群体类型

统治群体	持分裂主义的少数群体
	持同化论的少数群体
	激进的少数群体
	持多元论的少数群体

接受——多元文化主义和同化

研究显示，种族和民族认同与以下四个主要因素有关：相对规模、权力、外貌和歧视（Ashley W.Doane，1997）。这些因素同样对单一种族或民族群体成员间的团结意识有激励的作用。在某种意义上，与统治群体存在差异有助于维持少数群体成员的团结。许多少数群体趋向于聚集在一起的原因就在于他们与统治群体间有差异而经常遭受歧视。更进一步说，相似人群因共享同一价值观而使得他们相处变得较为容易。最后，他们的社会资本增加了他们成功的机会。从另一个方面来看，从属于一个看起来与统治群体很相像的群体会很少受到歧视，因此他们常放弃其民族传统，因为他们的外貌使得他们能够很容易地融入到主流文化之中。

缺乏从属于统治群体的优先权，是许多少数群体常常聚集在一起的原因，对于那些属于有色人种的新移民者来说，情况更是如此。那些来自相似文化的移民聚居在一起的现象是非常普遍的，这类区域常被称为**族裔聚居区**

> **族裔聚居区：** 指那些来自相似文化的移民聚居在一起，并在文化上与统治群体区别开来。

（ethnic enclaves），如唐人街或拉美黑人居住区等。这些族裔聚居区的存在有助于新移民尽快实现向新文化的转型。

偏见与歧视

要真正认识种族关系的复杂性，理解偏见和歧视之间的差异是非常重要的。**偏见**通常指对一整类人群所持有的否定态度，而刻板印象又会强化这种偏见。**刻板印象**是指对一个群体的简单化认知，这种认知通常是建立在错误假设基础之上的。尽管一些消极的刻板印象是完全错误的，如认为所有的黑人都有暴力倾向，所有拉美裔美国人都是非法移民；但是，所谓的正面、积极的刻板印象也具有同样的破坏性。可能你会认为当你评价你的亚裔同学是一个数学天才时，这是对他的褒奖。但问题在于，你这样做恰恰表明你在头脑中已经构建了一个将个体归类的"箱子"，这就是刻板印象的危害之处。如果我们不小心，就会让偏见代替我们的常识。

如果任由这些态度发展，就会导致**歧视**或曰基于偏见之上的对他人的不公正对待。就本质而言，偏见是一种态度，而歧视是一种源于偏见的行为。过去的《吉姆·克劳法》就是因白人对黑人的态度而长期存在。但是，歧视不像20世纪五六十年代民权运动前的隔离浪潮那样明目张胆。一个对非洲裔美国人有偏见的老师可能会在课堂上轻视黑人学生。同样地，一个认为亚裔学生都天生勤奋好学的老师可能会忽略这些学生实际需要帮助的事实。

这些偏见和刻板印象中的大部分现象都很常见，因此很难确切地指出它们的根源究竟在哪里。一般而言，社会学家们认为偏见并不是天生的，而是后天从周围环境中习得的（Kathryn Blee，2002）。我们甚至可以习得对我们自己所属群体的偏见。自我预言常在我们内化了统治群体的价值观后实现

偏见：指对一整类人群所持有的否定态度。

刻板印象：是指对一个群体的简单化认知，而这种认知通常是建立在错误假设基础之上的。

歧视：是基于偏见的对某一群体的不公正对待。

（Mark E.Hill，2002）。在我的课堂上，我常让学生在线填答一份测量偏见状况的试题，通常情况下，少数群体学生与他们的非少数群体同学持相似的观念。最近，一个非洲裔学生参加了"了解你的偏见"的测试，令人吃惊的是，她对非洲裔美国人持否定的态度。这一事例很好地说明，即使我们自己就是少数群体，我们也会被社会化为拥有与统治群体一致的偏见。

美国的制度性歧视

个人的偏见常导致个体以一种否定的态度看待他人，而这些态度能够隐藏在社会结构中，并经常以一种他人难以察觉的方式发挥作用。当这种情况发生时，社会制度最终会支持种族和民族的不平等。**制度性歧视**会维持统治群体的优势地位，同时向其他人显示出平等的表象。这种制度化的种族主义在美国历史上的吉姆·克劳法中得到了很好的阐释。在20世纪的前半叶，基于"隔离但是平等"的假设，很多法律将黑人和白人分开。不幸的是，教育、住宅等领域实行隔离制度后，它们很难保证平等。《吉姆·克劳法》已是过去的产物，但这并不意味着制度性歧视已经完全消除了。实际上，直至今日，种族主义和歧视仍在被制度化，"隔离但是平等"在本质上仍是美国制度的准则，教育制度只是其中之一。乔纳森·科佐尔备受赞誉的论著《野蛮的不平等》（*Savage Inequalities*）就支持这样一种观点，即并非所有的美国教育都是相同的。少数族裔的儿童在内城区学校中占据了绝大多数比例，这些学校与那些提供给中上阶层以及优等白人的孩子的学校相比，通常资金不足、设施简陋，这主要是因为这些学校的经费是由财产税来支撑的。如果一个儿童生活在贫民区，他或她的学校常常会经费紧张。因为较低的财产税意味着学校财政收入较少，相应地，购买课本以及支付教师薪水的财政开支也比较少。与此同时，来自生活富裕区的儿童进入的学校都有着高水平的设施和高质量的教师，这些都是贫民区的学校所负担不起的。通过这种方式，制度性歧视减少了那些试图通过教育途径走出贫困怪圈的儿童的机会，反而强化了他们走向成功的障碍。

制度性歧视：是指在维持统治群体优势地位的同时，向其他人显示出平等的表象。

偏见和歧视的原因

那么这些形式的歧视到底是如何发生的呢？约翰·多拉德（John Dollard）认为，挫折导致了偏见（John Dollard，1939）。我们通常没有能力攻击那些导致我们愤怒的真实根源，因此我们就把其他群体当作**替罪羊**，并不公正地指责他们是问题产生的源头。少数种族和民族群体常常成为一个普遍社会问题的攻击目标，比如日益扩大的贫困问题。例如虽然你很穷，且没有能力增加收入，但是你可以把自身的问题归咎于别人身上。一个典型的事例发生在1982年，当时两个失业的白人汽车工人罗纳德·艾班斯（Ronald Ebens）和迈克·尼茨（Michael Nitz）将一个华裔男子文森特·陈（Vincent Chin）打死。事情始于酒吧里的争吵，艾班斯和尼茨用一种种族歧视语言侮辱陈，之后用拳头殴打他，最终将其打死。这两个人将经济的低迷归咎于日本汽车公司——随后扩展至所有的日本人，他们猛烈地殴打陈是因为他们以为陈是个日本人。更糟糕的是，这两个打人致死的家伙竟然没有蹲过一天的监狱。因过失杀人罪，法官判处艾班斯和尼茨三年缓刑，并处以少于4 000美元的罚款。后来法官为这次轻判辩护道："他们不是那种应送进监狱的罪犯类型。我们在此所讨论的这个人（艾班斯）已经在这一公司兢兢业业地工作了十七八年，而他的儿子（尼茨）不仅是被雇用者，还是个兼职的学生……你不应将惩罚对应于犯罪，而应将惩罚对应于罪犯。"在之后的民事审判中，艾班斯因伤害陈的公民权而被判处25年监禁。但是，艾班斯提出上诉，认为该判决是基于法律条文的特别解释（technicality），随后在另一个州举行的再审中，他被无罪释放（Vincent Who，2007）。

是什么原因导致这两个人做出了如此可恶的种族歧视行为？通常，研究者认为受教育程度和智力水平在预测歧视性人格中有重要作用。研究支持这一观点，即文化程度和智力水平均较低的人更可能产生偏见态度和行为。这又支持了如下观点：偏见既可以由后天习得，也可以不由后天习得（M.Brewster Smith，1997 etc）。更进一步说，结构性因素如种族和民族群体的混合、收入不平等及经济机会的差异等也有助于极端种族主义形式的长期

替罪羊：指不公正地指责他人或其他群体是问题产生的源头。

存在。白人优越论者经常把这些问题当作少数群体居支配地位的证据,并且以此为口号,呼唤反对少数群体的白人运动(Rory McVeigh,2004)。

种族隔离主义

那些受到歧视待遇的人在住房、工作场所及其他社会环境方面通常都是与统治群体相隔离的。当诸如种族、性别或民族等因素掺杂进来时,这种强化版的隔离就形成了**隔离主义**。在前面,我们讨论了 20 世纪 60 年代及更早的所谓"隔离但是平等"的学校、居住区、饭店以及公共洗手间等。尽管这些或其他形式的社会隔离已不再合法,但一些社会问题如非官方的隔离却一直延续至今。

在一项有关居住区隔离的研究中,马西(Massey)和登顿(Denton)描述了各个收入层的黑人都经历过程度相似的、来自白人的隔离。他们指出,种族隔离与一系列因素有关,其中包括个体的选择。通常情况下,少数族裔倾向于聚居在一起(Douglas Massey and Nancy Denton,1993)。"白人逃离"(White flight)现象是指这样一种居住模式的出现,即很多白人会因黑人或其他有色人群的迁入而选择迁出某一居住区。

◎ 美国的种族分层

既然你们已经有了一定的关于种族和民族的知识背景,接下来我们将注意力转向种族是如何对我们的社会进行分化的。尽管我们生活在一个"号称"平等的自由社会里,但因种族的存在,社会上仍存在一些不公正的现象。应当如何比较不同种族和民族群体的生活状态呢?看一下 285 页的表格,我们来进一步观察种族分层现象。

收入

在美国,少数群体的贫困人口比例是非常高的,尤其是非洲裔美国人和拉美裔美国人。其中部分原因是**贫困循环**,它使得出身于贫困家庭的人很

隔离主义:基于种族、性别或民族等因素的强迫性分隔。
贫困循环:指阻止穷人进入中产或上层阶层的代际障碍。

难进入中产阶层。既然黑人从奴隶制时期起就已被迫陷入贫困状态，那么我们可以很容易地预见他们的后代仍会在贫困中挣扎。拉美裔移民在语言上有障碍，这一缺陷使得他们难以找到一份高薪工作，他们的孩子从一出生就陷入贫困之中，因此不得不为走出贫困而努力奋斗（Mary Corcoran，1995）。

在 2007 年，亚裔群体年收入的中位数为 66 935 美元，白人为 55 096 美元，拉美裔为 40 766 美元，黑人为 34 001 美元。同年，9.0% 的白人和 10.6% 的亚裔生活在贫困线以下，而拉美裔和黑人生活在贫困线以下的人口比例分别为 20.7% 和 24.7%。官方公布的所有贫困人口的比例只有 12.5%，可见各群体间的贫困人口比例是多么的失衡（Carmen DeNavas-Walt，Bernadette D.Proctor，and Jessica Smith，2006 etc）。

教育

决定收入水平的一个最重要因素是受教育程度，没有接受高质量教育的机会，就很难得到一份高薪水的工作，也很难在工作中获得提升。受教育程度和收入之间有着很强的关联，那些学历较高的人往往赚钱最多。但是到底哪些人获得了较高的学历呢？见下页图表显示的是受教育程度在种族间的差异。除了亚裔群体，其他少数族裔的受教育程度都较低。例如，仅有一半左右的 25 岁以上的拉美裔美国人获得大学文凭。这些数据帮助解释了为什么非洲裔美国人和亚裔美国人在收入中位数上有如此大的差异。在 1999 年，拥有高中文凭的全职雇员的年收入平均为 30 400 美元，拥有本科文凭的人平均年薪为 52 200 美元，拥有硕士文凭的人平均年薪为 62 300 美元，而拥有专业学位的人则能拿到 109 600 美元的年薪（U.S Census Bureau，2008）。

如前面所论述的，学校仍实行非正式的隔离制度。在资金状况较差的学校中，往往是黑人或拉美裔学生占绝大多数。这种失衡状况进一步增加了白人和其他种族群体间的收入差距。正规教育的缺失，使得一些人只能从事低薪甚至更差的工作，从而使这种贫困循环延续下来。

种族—民族群体的对比

种族—民族群体	家庭收入中位数（2007）	生活在贫困线及以下的人口百分比（2007）	无医疗保险的人口百分比（2004—2007）	房屋所有权（2007）	家中儿童拥有电脑的百分比（2006）	预期寿命（2010）
白人	$55 096	9.0%	15.5%	74.9%	76.9%	男：76.5 女：81.3
西班牙裔或拉美裔	$40 766	20.7%	32.7%	48.5%	40.6%	男：78.4 女：83.7
黑人或非洲裔	$34 001	24.7%	19.4%	47.7%	41.0%	男：70.2 女：77.2
亚裔	$66 935	10.6%	16.1%	58.6%*	75.7%	男：76.3 女：81.1
美洲印第安人和/或阿拉斯加土著人	$35 343	25.3%	31.4%	**	54.1%	男：76.6 女：81.5

* 数字代表了所有其他种族类别的合并值。
** 该数据已纳入亚裔美国人的百分比之中。

资料来源：Based on Carmen DeNavas-Walt, Bernadette D.Proctor, and Jessica Smith, U.S. Census Bureau, *Current Population Reports*, *P60-233*, *Income*, *Poverty*, *and Health Insurance Coverage in the United States*：*2006*；*Statistical Abstract 2008*：Table 609；National Projections Program, U.S. Census Bureau.

社会学思考：哪些因素导致种族观念的产生？这种观念是如何影响人们的？

◎ 符号互动论：色盲的种族主义

符号互动论者强调符号和语言在塑造社会观念中的重要性。在美国，公开、明显的种族主义语言在很多场合是不被允许的，但是社会学家们并不认

> ### 链接　杰士伯的两个小镇
>
> 在 2002 年广受称赞的纪录片《杰士伯的两个小镇》(Towns of Jasper) 中，导演惠蒂尼·道 (Whitney Dow) 和马尔科·威廉斯 (Marco Williams) 将大部分精力倾注在对美国种族问题的描述上，这种描述是令人震惊而又坦率、公正的。
>
> 《杰士伯的两个小镇》讲述了一个黑人小詹姆斯·伯德 (James Byrd, Jr.) 被三个白人用小货车拖拉至死的真实故事。电影使用了两组不同的演员，一组是白人，另一组是黑人，并且每一组连续扮演同一种族群体。这就给讲述者提供了某种程度的自信，而这种信心是以前使用单一演员时所没有展示的。
>
> 即使在伯德被杀害之前，在杰士伯的墓地上，白人和黑人的墓地也被分成两部分，中间由一桩篱笆隔开。当地人解释道，即使在死亡面前，种族隔离现象仍在发生。这部电影回溯了犯人因凶残谋杀他人而被告发并被判刑的故事，同时也展现了镇上的黑人和白人对谋杀事件的不同反应。观众分别从两个种族群体的视角来看待这种差异以及美国的白人至上现象。即使杰士伯的官员在调解白人与黑人矛盾上做出了最大程度的努力，但白人和黑人仍然会自我分隔开来。
>
> 这部影片引发观众去质疑种族主义的社会建构问题，并指出种族主义已被证明了的在伤害、寻找替罪羊以及限制人际互动方面的强大力量。

为这意味着我们的社会已成为一个"色盲"的社会。实际上，**色盲的种族主义**指这样一种观点，即种族主义仍以一种较为微妙的、不明显的形式存在于当今的美国社会。例如，毫无疑问，有色人种在美国仍处于弱势地位——他们比较贫困，受教育程度和收入均较低，寿命较短，进入的是设施简陋的学校，经历过各种被同化的社会问题，并且认为警察和其他社会制度在进一步

> **色盲的种族主义**：指这样一种观点，即种族主义以一种较为微妙、不易察觉的方式存在于社会中。

强化他们的弱势地位（Jonathan Kozol，1991 etc）。尽管存在这么多的事实，但美国白人仍声称这些事实与种族主义无关。这怎么可能呢？更有甚者，大多数白人坚称他们不是种族主义者。

爱德华多·博尼拉·席尔瓦（Eduardo Bonilla-Silva）认为这是因为白人已发展出了一套由四个主要因素构成的借口来解释现状。

首先，白人倾向于用诸如平等、个人主义、个体选择等观念来解释为什么少数族裔群体处于弱势地位（Eduardo Bonilla-Silva，2002）。也就是说，他们贫困是因为他们做出了错误的选择，而不是历史和文化方面的原因。其次，白人经常用文化刻板印象来解释种族间的不平等。与寻找和认识问题产生的根源相比，大多数人简单地用刻板印象来解释问题。2007 年，当电台播音员唐·伊穆斯（Don Imus）因使用了一个种族色彩较浓的词语来指称罗格斯大学女子篮球队而惹上麻烦时，新闻媒体们将注意力更多地集中在嘻哈音乐上，而不是伊穆斯种族语言的强大负面影响。第三个因素是"种族隔离是一种个体选择"的错误思想，关于这种思想的解释是：少数族裔群体倾向于寻找"他们自己的族群"是很自然的事情。通常地，这种观点使得白人们无法认识到制度化的种族主义在"隔离"的社会中所扮演的复杂角色。最后，美国很多白人简单地认为种族主义是过去的事物，否认它在今天仍对少数族裔的生活产生影响。这种观点是为现状辩护的，它使统治集团逃避了改善现有问题的责任。

尽管种族主义不像以前那样明显，但这并不意味着问题已得到根本解决。种族偏见依然存在，只是这种偏见被一系列精巧的语言所掩饰了。例如，白人大学生很少使用种族歧视的词汇，但他们会讲一些有关种族的笑话。他们一般会先解释一下，指出笑话并不真实地反映他们的观念，而后会以一种表示歉意的话语结尾，这些都是为了消除种族主义的味道（Eduardo Bonilla-Silva，2002）。还有，最近有些白人大学生以黑人的面孔参加聚会，他们通过化妆来模仿非洲裔美国人。尽管这种行为对大多数有色人种来说是极大的冒犯，但参与聚会的学生们却声称这仅仅是一种"恶搞"（Adam Peck，2007）。

白人会通过声称他们的一些"最好的朋友是黑人"这一方式来证明他们

不是种族主义者。这本应给说话人带来一种值得信赖的、不是种族主义者的印象。但不幸的是，尾随这种免责声明的往往是一种否定的刻板印象。他们可能以种族主义的形成有漫长历史为由，在种族问题出现时做两面派。白人们还有可能以否认任何个体责任的方式为种族主义漫长的历史和平等机会的缺乏寻找借口。像"我没有奴隶，这不是我的错"这样的评论会使谈话偏离依然存在的结构性种族问题；同时，上述评论也为说话者因其种族身份所可能获得的优势找到了借口或说辞。

W.E.B.杜波依斯认为非洲裔美国人有一种**双重意识**，即黑人必须脚踏两个世界，一个是白人世界，一个是黑人世界（W.E.B Du Bois，1903/1996）。少数群体成员要想在社会中成功地生存下去，就必须学会融入主流社会；同时，他们还必须学会在自己的文化中生存。许多有色人种被迫去适应这种"角色转换"，即注意在他们自己的群体以及白人社会中的言与行。杜波依斯认为黑人处在一个独特的位置上，因为他们既要适应白人的文化，也要保留自己的文化。这影响了他们的自我认知，也影响了他们在这个社会中生存的方式。只有在理解了这种独特的地位之后，黑人才能期望在社会中如鱼得水。

杜波依斯的经典理论同样适用于对其他少数群体的研究，如拉美裔、妇女等（Patricia Hill Collins，1990 etc）。通常情况下，社会学家们发现统治群体的成员对种族问题的思考并不多，但就如一位学生所说："当你是少数群体成员时，种族就常常成为一个问题。"

双重意识：指这样一种意识，即一个人必须同时脚踏两个世界，一个是多数群体的世界，另一个是少数群体的世界。

理论沉思

功能论

功能论者可能从显性功能和潜在功能的视角来看待种族主义。以美国的奴隶制为例，奴隶制对美国南部的财富积累和农业经济发展发挥了非常大的作用，当然，其潜在的后果在于奴役他人以及将其他人看作动物。奴隶制是令人惊骇的，其臭名昭著的程度迫使白人不得不将其废止；但是，该制度在施行了100年之后才被废止。想一下当今在美国教育体系中存在的制度性种族主义，其结果会是什么呢？税收减免所得真的值得我们付出一代人无法接受良好教育的沉重代价吗？

冲突论

在冲突论者的"透镜"中，种族主义是一个群体试图保持对其他群体优势的结果。比如，1838年美国政府迫使印第安人从美国东部迁徙到西部地区而引发了著名的"血泪之路"这一悲惨情景。为什么会出现这种事情呢？毫无疑问，这对印第安人是极为不利的，而那些想扩展农业土地的白人则想从中获利。印第安人的迁徙，给白人留下了超过适宜居住的土地，而这只花费了政府大约300万美元。因此，对更多钱财的追逐使得统治者迫使印第安人背井离乡，而只补偿他们很少或没有价值的土地 (Gloria Jahoda, 1995)。

这三种研究范式是如何看待种族主义的？

符号互动论

符号互动论者从微观视角来观察我们的日常生活以及人们支持和反对某一问题。如果我在100年前的学校教书，我可能在课堂上乐于并能够说出种族歧视问题。如果我在今天做这些事，我将受到谴责并可能丢掉工作。是什么发生了变化？毫无疑问的是，对种族群体敌意用语的容忍程度在这100年间急速下降。符号互动论者会建议通过改变这些用语来改变现实，或许我们应该完全地消除种族歧视。

总 结

种族和民族之间有何不同之处？

- 种族是基于特定身体特征的人群划分，而民族是指共享同一文化、语言和祖先遗产的人群分类

哪些因素导致种族观念的产生？这种观念是如何影响人们的？

- 色盲的种族主义，种族刻板印象，认为种族隔离是个体的选择，认为种族主义是一个过去的事物，否认其对少数群体的影响；上述因素导致少数群体成员有一种双重意识

第11章

性别分层——性别的社会性

- 生理性别和社会性别之间的差异是什么?
- 观察社会性别和性别不平等的视角有哪些?

约翰·格雷博士（Dr. John Gray）的著作《男人来自火星，女人来自金星》(*Men Are From Mars, Women Are From Venus*）已经出版了将近20年。时至今日，该书仍然非常值得一读，它可以帮助我们理解，为什么两性关系会给人带来如此多的烦恼。男女两性之间的差异是如此巨大，以至于我们只能认为他们来自不同的星球。这种想法或许有点极端化，但不可否认，两性之间的确存在显著差异。

在《第二轮班：职业父母与家庭革命》中，霍克希尔德和玛畅力图证明，妇女解放运动事实上增加了女性的负担。妇女运动虽然为女性打开了工作场所的大门，但是仍然将她们束缚在家务劳动领域。在这种情况下，完美的女性形象要同时具备智慧、美貌和坚忍不拔的个性。不过，正如《第二轮班：职业父母与家庭革命》向我们表明的那样，这种形象为女性制造了很多问题。即使女性在职业场所中取得了很大的成功，并且为经济发展做出了很大的贡献，社会也仍然期望她们忠实履行传统的母性角色。

在我家里，我们时常跳出"传统"角色的窠臼。我和妻子都要工作，但是，让我引以为豪的是，我没有将所有的家务活都抛给她，而是经常承担一些通常认为应该由女性来承担的劳动任务：照看孩子、做饭、打扫卫生。当然，我们可以提出一个问题：这些劳动任务真的是"女性化的"吗？在清洗马桶这样的工作中，存在生物学的决定因素吗？一些男性的态度仍然没有发生多大的变化，不愿分担养育孩子和家务劳动的责任。根据斯科特·索思（Scott South）和格伦南·斯皮策（Glenna Spitzer）所做的研究，男性每周投入家务劳动的时间只有18个小时，而女性则有32个小时（Scott J.South and Glenna Spitze, 1994）。霍克希尔德向我们表明，即使是从事全职工作的女性，当她回到家里的时候，人们仍然常常期望她成为一个"超级妈妈"。这些关于男人和女人的观念究竟是谁创造的？

主题：生理性别和社会性别之间的差异是什么？

◎ 社会性别 vs. 生理性别

"Gender——它比 Sex 意味着更多的东西。"（*ABC News*，2006）2006 年，正是由于受到这个标题的吸引，许多观众观看了《20/20》①这个栏目制作的一期特别节目：《并非仅仅是 Sex②：男人与女人之间的差异》（*ABC News*，2006）。在节目中，主持人约翰·斯托塞尔（John Stossel）和伊丽莎白·瓦尔加斯（Elizabeth Vargas）试图解释，为什么女人会成群结队地奔向浴室，而男人则不愿倾听（*ABC News*，2006）。这期节目的名字提出了一个有趣但常常遭到忽视的观点：一个人的社会性别虽然与生理性别相关，但却并非必然是一回事。

社会性别被定义为与男性和女性的身份相关的个人特征和社会地位。例如，在传统的美国社会，色彩鲜艳的连衣裙是为女性准备的，而塔克西多（Tuxedo）这种礼服则是为男性准备的装束。**生理性别**严格地指称男性或女性的生理构造。男人和女人之间的生理差异的确与某些行为差异相关。例如，男孩可能更加富有攻击性，而女孩则更善言辞。这种简单的相关为下面的观点提供了支持，即与社会性别相关的观念建立在生理性别的基础上（Ivy Kennelly，2001）。不过，社会学家则主张，是社会化，而不是生物因素，决

生理性别：指的是男性或女性的生理构造。

---

① 《20/20》是美国的一档电视新闻杂志节目（television newsmagazine broadcast），自 1978 年 6 月 6 日起在美国广播公司（ABC）播出。其创办者为 ABC 新闻执行主管鲁伊·阿利奇（Roone Arledge）。《20/20》在节目样式上按照美国哥伦比亚广播公司（CBS）的《60 分钟》（60 Minutes）设计，但节目内容更为关注人们感兴趣的话题，而非政治及国际题材。节目名称源于美国常用的正常视力的标准 "20/20"。请参考维基百科的相关条目。——译者注
② 这里的 "Sex" 以及之前出现的 "Sex"，笔者没有直接翻译成 "生理性别" 或 "性别"，原因在于它们还带有另一层意味，即 "性（行为）"。在英语中，"sex" 同时具备这两个方面的意思。在有些场合，我们能够做出相对清晰的区分。但在有些场合则很难，因为使用者的本意正是利用这种模糊或双关的效果。这里碰到的两个标题就是这种情况。电视节目制作者希望利用 "sex" 所具有的 "性" 的意味来吸引观众的眼球，同时不排斥讨论一些性别议题。为了应对这种情况，我国台湾的一些学者有时候将 "sex" 翻译为 "性/性别"。这有些不太符合我们的日常习惯，所以笔者没有直接模仿他们，仅在此说明一下。——译者注

定了社会性别。

社会性别的建构

在《绝望主妇》的第二季中，我们常常看到这样的场面，汤姆（Tom）照看孩子和做家务，而他的妻子莱内特·斯卡沃（Lynette Scavo）则在公司打拼。在现实生活中，某些男性会对汤姆的行为嗤之以鼻。但是，我们为什么会认为汤姆的行为是非典型的？这或许是因为我们已经被灌输了一些程式化的思想，这些思想告诉我们男性和女性应该如何行事。让父亲充当基本的看护人，这与我们传统的文化规范相抵触。但是，社会性别并非一组特征或角色，"它是某种形式的社会实践（social doing）的产物"（Candace West and Don H.Zimmerman，1987）。社会学家韦斯特（West）和齐默尔曼（Zimmerman）认为，社会性别通过两种方式发展起来：我们不仅积极主动地参与社会性别的建构，而且作为社会成员也会被既有的社会性别模式所影响（Candace West and Don H.Zimmerman，1987）。童年时代是**社会性别认同**——指的是我们对自己作为男性或女性的认知——发展的最初也是最重要的时期。在这一时期，我们会学习对每种性别来说哪些行为是"合适的"，以及如何与同性别的社会成员保持一致。

为了研究儿童如何展示或学习社会性别，社会学家迈克尔·梅斯纳（Michael Messner）考察了两支足球队之间的互动。其中一支队伍叫"海怪"（Sea Monsters），全由男孩子组成；另一支队伍叫"芭比女孩"（Barbie Girls），全由女孩子组成（Michael A.Messner，2000）。在赛季揭幕仪式开始之前，"芭比女孩"围绕着一个微型的芭比彩车集结了起来，这个彩车涂的是她们队伍的颜色。在彩车上放着一个收录机，正在播放着音乐，女孩子们聚在一起唱歌和跳舞。起初，小男孩们以迷惑而又敬畏的目光观看着这一切，但是很快他们就喊了起来："这里不欢迎芭比（No Barbie）！"由于这些喊声并没有引起女孩子们的注意，男孩子们直接闯进她们的空间，于是引发了一场追逐和驱赶的游戏。他们的父母在旁边观看着孩子们的行为。这些

社会性别认同：指的是我们对自己作为男性或女性的认知。

父母评论说，小男孩和小女孩好像属于两个不同的物种。

在梅斯纳看来，那些父母很轻易地便看出了差异，但是他们没有观察到在接下来的整个赛季中女孩队与男孩队之间一些显著的共同点。两支队伍的成员会经常表现出很多相似的行为：在膝盖擦伤之后会哭泣，在比赛结束之后会争先恐后地去吃小吃，容易被小鸟或飞机而不是教练所吸引等。这些行为表明，并不存在显著的性别差异。要想让父母们指出男孩和女孩之间的差异，这不会碰到什么难题；但是，若想让他们注意到两者之间的共同点，则会碰到一些困难。因为存在着"一个制度化的环境，它有两个结构化的特点，一个是教练和球队管理者之间的非正式的性别隔离，一个是儿童之间正式的性别隔离"（Michael A.Messner，2000）。换句话说，成人之所以无法观察到共同点，乃是因为社会化的进程让他们倾向于认为男孩和女孩是不同的。

◎ 父权制与性别歧视

威廉·沃兹沃斯（William Wordsworth）曾说："father——我们无法用更加神圣的名字来称呼上帝本人。"《父亲什么都知道》（*Father Knows Best*）是一部具有20世纪五六十年代典型特征的电视节目，威廉的上述情感倾向在该剧中得到了反映。很久以来，人们就将父亲视为家庭的领导者。这种领导角色并非局限于家庭，还扩展到整个社会，其借助的渠道是**父权制**，这是一个男性对女性和子女施加权力的社会体系。而且男性的权势地位延伸到政府、商业甚至宗教之中。以母权制为典型特征的社会很少。所谓**母权制**，指的是女性在其中拥有主要权威并掌握着控制男性的权力的社会体系。

父权制体系常常导致**性别歧视**，这是一种信念，认为一种性别优于另一种。在多数社会里，人们常常认为女性是"更加弱势的性别"。某些工作会强化这种观点，如果女性从事这些工作，也可能会采纳这种信念体系。几年

父权制：是一种社会体系，其中父亲是家庭的领袖，男性掌握着控制女性和子女的权力。

母权制：也是一种社会体系，其中女性是最主要的权威，并掌握着控制男性的权力。

性别歧视：指的是一种信念，它认为一种性别优越于另一种性别。

前，一个非常聪明的女学生曾告诉我，她想成为一名医生。我问她："你的专业是什么？"她说，是护理。她解释说，她的父亲、未婚夫以及宗教信仰都反对她的决定，认为女人不应当从事医生职业。很明显，这些和父权制相关的信念可能会使一个伟大的心灵难以成为一个伟大的医生。

在《第二轮班：职业父母与家庭革命》中，霍克希尔德发现，已婚职业女性在结束一天的工作，从工作场所回到家里之后，还面临着"第二轮工作"。尽管丈夫们也会在某种程度上提供帮助，但是，洗衣做饭主要是女人的任务；如果有孩子，她们还要督促指导他们做功课，并为他们第二天的学校生活做好准备。不过，大多数女性宣称，她们对自己的婚姻感到满意。这表明，父权制体系已经深深地内化到人们的心灵之中。

◎ 社会性别角色

卡萝尔·布雷迪（Carol Brady）和琼·克里弗（June Cleaver）是最早一代出现在电视屏幕上的女星，对她们那个时代的女性而言，在和丈夫吻别并目送孩子们出发前往学校之后，便是繁忙的一天：打扫卫生，烘焙烹饪，以及做其他家务。今天，我们已经习惯于在各种节目中看到女性扮演外科医生或者律师的角色，而男性则积极地负责照看孩子。现在，为什么这些安排能够被我们所接受呢？主流文化以及父母为孩子提供的社会化环境塑造了孩子的观念，这些观念与行为相关，可以告诉孩子哪些行为是与某种性别协调的，哪些则不是。

如今，女性在传统的男性活动领域（如医学和商业）中也获得了成功。不过，大多数孩子仍然在经历这样的社会化过程，其目的在于谨守特定的**社会性别角色**。在这里，社会性别角色是指社会对于男性和女性应该如何行动和思考的期望。儿童玩具是早期社会化的一个例子。

曼哈顿玩具公司（Manhattan Toy）制作了名为"可爱女孩"（Groovy Girls）的系列玩具娃娃，并且提供了种类繁多的配饰，使得女孩子可以通

社会性别角色：指的是社会对于男性和女性应该如何行动和思考的期望。

过随意搭配来"展示她们自己的独特个性"（Manhattan Toy Online Store，2008）。孩之宝公司（Hasbro）制造的名为"Nerf"的系列玩具则是专门为富有攻击性的游戏（如橄榄球或模拟的战争场景）设计的，它在男孩子当中受到持续欢迎（Nerf，2008）。

不过，在美国，社会性别角色处在持续变动的状态之中。这并不是说，我们现在会鼓励男孩子去表现出女性的特征，或者相反。但是，两性之间的差异确实不如以前明显了。女孩子在放学之后也会去踢足球或者打篮球；她们会穿裙子，但是同样也会穿牛仔裤和T恤。男性充当养家糊口者而女性充当家庭主妇的传统角色分工模式如今也发生了变化，因为在现在的许多家庭中，夫妻两人都在工作。

社会性别角色和媒体

尽管变化是明显的，但我们并没有彻底摆脱与社会性别相关的旧观念。只需看一下ABC的真人秀节目《单身汉》（The Bachelor），你就会发现传统的社会性别角色依然在发挥作用。在这些节目中，女孩子们接受挑战，相互竞争，目的是为了赢得男主角的爱情。由于倾向于挑选年轻、性感的女孩，这些节目强化了美貌和性的神话。

在《萝莉效应：媒体中年轻女孩的性化及我们的对策》（The Lolita[①] Effect: The Media Sexualization of Young Girls and What We Can Do About It）中，吉吉·德拉姆博士（Dr. M. Gigi Durham）考察了与性别和性有关的五个方面的神话（请看下边的示意图）。这些神话在易受影响的年轻女孩身上培养出这样一种态度："如果你具备这些资本，那就炫耀吧！"

德拉姆为这些神话贴了一个标签："萝莉效应"。它们削弱了年轻女性的自信，纵容了女性的客体化或对象化（objectification），并且于不知不觉中助长了性方面的犯罪（M.Gigi Durham，2008）。德拉姆写这本书的目的在于破除这些神话，帮助女孩子学习健康、进步的性观念，并保护她们免于媒体的侵蚀和性方面的脆弱性（M.Gigi Durham，2008）。德拉姆希望赋权给女

[①] Lolita：源自弗拉基米尔·纳博科夫的小说《洛丽塔》中的主人公，现在被用来指称富有吸引力的年轻女孩。译为"洛丽塔"或"萝莉塔"。萝莉，是"萝莉塔"的简称。——译者注

全球视野　对女性割礼的恐惧

在父权制色彩最为浓厚的一些社会中，男性试图控制女性生活的每一个方面，包括她们的身体，这些做法成了一种惯例或者传统。女性割礼（female circumcision）——也被称作"女性外部生殖器官的切除"（female genital mutilation，FGM）——就是这样一种传统。在这个仪式中，女性的部分外部生殖器官要被切除，而且并不是出于医疗的目的（World Health Organization，2008）。其真正目的在于通过确保女性在婚前守贞来维持女性在性方面的"纯洁"（World Health Organization，2008）。割礼会给女性带来一些长期的医疗后患，比如会导致不断复发的尿路感染和不育，还会增加分娩并发症的风险（World Health Organization，2008）。

在非洲的西部、东部和东北部，亚洲和中东的某些国家，以及欧洲和北美的某些移民社区中，割礼实践最为常见（World Health Organization，2008）。据估计，全世界有1亿~1.4亿的女孩和女人遭受了割礼（World Health Organization，2008）。与合理得体的性行为有关的文化传统和观念为割礼实践提供了支撑，使得它延续下来，这将迫使新一代的女童遭受这种痛苦而又危险的手术的折磨。

尽管这一实践深植于文化传统之中，但许多人相信，它侵犯了人权，并象征着男性对女性的支配。它体现了两性之间的不平等，并且是歧视女性的一种主要形式（World Health Organization，2008）。

萝莉效应	不是女孩挑选男孩，而是男孩挑选女孩，而且只挑选那些性感的女孩。
	性感的女孩只有一种——苗条、拥有迷人曲线、白皮肤的美女。
	女孩应该通过努力成为那种类型的性感女孩。
	女孩越年轻，就越性感。
	性暴力可以是富有吸引力的。

资料来源：Based on M. Gigi Durham，*The Lolita Effect：The Media Sexualization of Young Girls and What We Can Do About It*（Woodstock，NY：The Overlook Press，2008）.

孩，使她们能够就自己的性行为做出健康的决定。尽管媒体对性的描绘常常存在扭曲的情况，但现实生活中的人们并没有被迫来践行这些观点。不过，媒体在我们的文化中发挥着很大的作用，我们不可能不受电视和杂志宣传的影响。文化对我们的社会性别观念还有哪些影响呢？

社会性别角色的流动性：印度尼西亚的布吉斯人

在有些文化中，人们以不同于我们的眼光看待社会性别和社会性别角色，例如，居住在印度尼西亚苏拉威西岛上的布吉斯人（Bugis People）就是这样。澳大利亚的人类学家谢里尔·戴维斯（Sharyn Davies）在对布吉斯人开展研究后发现，在他们的语言中没有与性别相对应的代词，例如"他"或"她"（Sharyn Graham Davies，2007）。在布吉斯文化中，性别分层比较复杂，总共包括五种性别分类：*oroané*（男性化的男性）、*makkunrai*（女性化的女性）、*calalai*（男性化的女性）、*calabai*（女性化的男性）、*bissu*（同时具备男性和女性的能量，被尊称为萨满）（*Sharyn Graham Davies*，2007）。每一种性别都具有自己特定的行为、衣着、社会和宗教角色以及性实践。oroané 和 makkunrai 这两种性别类型是"正常的"，或者说对我们的经验而言是可类比的；而对于另外三种性别类型，我们或许会称之为"性别偏离者"。

从解剖学上来说，calalai 属于女性，不过她们表现出男性的特征，从事男性的工作，并且像男性那样穿着打扮。就性行为而言，她们是同性恋，一般情况下与女性伴侣生活在一起，并且收养孩子。

从解剖学上来说，calabai 属于男性，但是承担了部分女性的责任。这种男性属于同性恋，像女性那样穿着打扮，不过他们并不遵守文化向女性提出的所有要求。在某些情况下，他们承担了传统的女性责任，比如安排婚礼。

---

calalai：布吉斯社会中的一种性别类型，具备女性的解剖生理结构，但却表现出男性的特征。

calabai：布吉斯社会中的一种性别类型，具备男性的解剖生理结构，但却承担了某些女性的责任。

bissu 体现了男性和女性的完美结合。布吉斯人认为，从外表来看属于男性的 bissu 在内心则属于女性，反过来也是一样。他们相信，bissu 体现了男女两性最优秀的特点，因而能够与神灵沟通。这种能力使得 bissu 在社区中占据了特殊的位置。

布吉斯人关于社会性别的观念与我们不同，不过看起来他们更具有包容性，乐于接纳不同类型的人。他们的社会允许男性和女性选择最适合他们的社会性别角色。

◎ 性别与不平等

在很多社会，社会性别观念并不像布吉斯人所表现出来的那样富有流动性，性别之间往往存在着某种形式的等级制。例如，在美国，男性和女性在权力和财富阶梯中处在不同的位置上。2006 年，人口普查局公布的数字表明，全职工作的男性年收入的中位数为 42 261 美元，全职工作的女性的相应数字仅为 32 515 美元（Carmen DeNavas-Walt，Bernadette D.Proctor，and Jessica Smith，2007）。因为女性很可能没有男性挣得多，所以她们更可能生活在贫困线以下。在男性和女性的收入水平及贫困地位之间，为什么会存在不平等呢？在下面与工作有关的一节中，我们将对此作进一步的讨论。不过，首先让我们来看一看社会性别与教育之间的关联，这个主题应该与每一个阅读本书的人都是相关的。

社会性别与教育

几年前，我的女儿将要升入小学二年级。新学年就要开始了，她非常兴奋。但是，从学校回来后她的心情却非常低落。当我问她原因时，她说因为她的老师是个男老师。我不得不向她解释，男老师可以像女老师一样聪明和有趣。两个月之后，每天早上她总是迫不及待地登上校车赶到教室。今天，

---

bissu：布吉斯社会中的一种性别类型，同时具备男性和女性的特征，体现了两性的完美结合。

> **社会学思考** 文化对社会性别角色的影响
>
> 人类学家玛格丽特·米德（Margaret Mead）曾在新几内亚的三个部落——阿拉佩什、蒙杜古马、特哈布利——研究社会性别角色（Margaret Mead，1935）。她总结说，社会性别角色在很大程度上依赖于文化。根据我们的标准，阿拉佩什部落的男性和女性都会被认为是"女性化的"。蒙杜古马部落的男性和女性都是好斗和狂暴的，具备"男性化的"特征。不过，在特哈布利部落中，男性待在家中抚养孩子，女性则供养整个家庭（Margaret Mead，1935）。该研究受到很多批评，许多人指责米德篡改了资料以展示她所期望的结果（Derek Freeman，1983）。但是，该研究仍然可以表明，社会性别是由文化建构的。
>
> 其他有关社会性别角色的研究表明，在大多数社会中，就任何单项任务而言，传统的社会性别角色都存在程度不同的变异。人类学家乔治·默多克（George Murdock）在1937开展的研究涵盖了200多个社会，他发现，由女性担负耕作和建造房屋责任的社会与男性一样多。尽管存在一些例外情况，但默多克的发现却表明，在男性和女性角色上存在着明显的跨文化的相似性（G.P.Murdock，1937）。
>
> 社会性别角色的变化将抚养孩子的职业母亲置于非常困难的境地。在《第二轮班：职业父母与家庭革命》中，霍克希尔德发现，尽管工作场所的社会性别角色已经发生了变化，但是职业女性仍然需要承担家务和抚养孩子的责任。

男性担任小学老师并不会与任何社会禁忌相冲突，但是30年前，当我上小学的时候，学校里仅有的成年男性是体育老师、校长和看门人。

在历史上，男性和女性接受的教育非常不同。欧柏林学院（Oberlin College）是第一所开展男女合校教育的高等学府。1837年，它首次同时招收男生和女生。那时，人们鼓励女生选择"女性化的"专业领域，比如护理和教育；与之相反，男性则集中在旨在培养职业能力或学术能力的领域。时至今日，这类差异已经不再如此显著了，但是，就全国而言，两性在教育方面仍然存在明显差异（NWHM，2008）。

过去，接受高等教育主要是男性的追求。不过，现在在所有专科和本科学位获得者中，女性占了大多数。此外，在所有硕士学位和职业学位（professional degrees）获得者中，女性所占的比例也稍微超过了半数；在所有博士学位获得者中，女性的比例则接近40%（Jerry A.Jacobs，1999）。这些数据表明，女性在教育领域已经取得了很大的进步。不过，在专业选择方面，两性之间仍然存在显著差异，说明传统的社会性别角色仍然在发挥作用。在艺术、音乐和社会科学领域，学位获得者多数为女性；而在工程、化学和医学领域，学位获得者多数为男性（Jerry A.Jacobs，1999）。

如果女性获得的学位比男性还多，那么两性之间的收入差距会不会缩小呢？人口普查数据表明，教育水平越高，两性之间的收入差距反而越大。这看起来有点奇怪，为了更好地考察这个问题，让我们看一看工作场所中的女性。

社会性别与工作场所

在今天的美国，女性占了付薪劳动力的将近半数；同时，超过半数的已婚夫妇同时工作，挣取双份工资（Carmen DeNavas-Walt，Bernadette D.Proctor，and Jessica Smith，2007）。如今，女性参加工作已经得到了人们的认可，并被认为是必要的，但是，两性在工作类型和报酬之间仍然存在差异。三种理论模型试图对这些差异做出解释，它们分别是：人力资本模型、选择模型、父权制模型。

人力资本模型假定，工作场所中的男性和女性所拥有的自然能力（natural skills）是不同的。例如，人们普遍认为男性更擅长机械方面的技能，所以他们能够成为更加优秀的工程师；而女性则被认为更擅长养育，所以她们能够成为更加优秀的老师。这种理论模型认为，雇用男性来从事他们擅长的工作并不构成歧视。这可以解释为什么男性看起来在高收入的职业——例如医疗、工程和法律——中占有优势（Brian L.Rich，

人力资本模型：假定男性和女性在进入工作场所时拥有不同的自然技能。

1995）。

选择模型通过分析女性选择的工作类型来解释收入差距。如果女性选择学习社会工作或者初等教育专业，那么她将进入收入较低的领域，女性自己很清楚这一点。这个模型认为，如果你选择一个你明知收入很低的职业，那么就不能怨天尤人，只能怪你自己（Miriam David，1997）。

父权制模型认为，在我们生活的社会中，男性占据着支配地位，女性不被允许从事高等级的工作，或者在年幼的时候，她们就被引导着远离这类工作。例如，在和招生顾问讨论专业选择时，学生们可能会体验到刻板化的性别角色期望。男生被建议考虑商业或工程，女生则被建议考虑教育和传播领域。

父权制还为下面的观点提供了支持："玻璃天花板"效应。这种观点认为，存在一种看不见的障碍，使得女性难以进入管理层。例如，很少有女性能够成为大公司的首席执行官。在2008年的世界500强名单中，由女性担任首席执行官的公司仅有12家（David A.Cotter，Joan M.Hermsen，Seth Ovadia，and Reeve Vanneman，2001）。

康奈尔大学的社会学教授谢利·科雷尔（Shelley J. Correll）在研究劳动的性别分工后发现，与社会性别相关的文化观念会影响男性和女性对于自身能力的看法（Shelley J.Correll，2001）。如果这是事实，要想消除两性之间的收入差距，我们的社会性别观念就必须先经历很大的改变。

社会性别与政治

女性正在政治领域里大踏步迈进。希拉里·克林顿这位女性政治家在竞争2008年民主党总统候选人的过程中获得了广泛的支持。在共和党方面，候选人约翰·麦凯恩（John Mc Cain）则选择阿拉斯加州州长莎拉·佩林

选择模型：通过分析女性选择的工作类型来解释收入差距。
父权制模型：认为在我们生活的社会中，男性占据着支配地位，女性不被允许从事高等级的工作。
"玻璃天花板"：是一种看不见的障碍，它阻止女性进入工作场所的管理层。

2006 年按照教育水平划分的性别间的收入差距

单位：美元

高中文凭		学士学位		博士学位	
男性	女性	男性	女性	男性	女性
31 009	17 546	54 403	35 094	90 511	61 091

资料来源："Historical Income Tables-People," U.S. Census Bureau, 2006, http://www.census.gov/hhes/www/income/histinc/p16.html.

> **链接 男性也是一种性别**
>
> 男性也是一种性别，记住这一点很重要。如前所述，在美国社会，男性拥有很多优势。克里斯蒂娜·威廉姆斯（Christine Williams）讨论了当男性进入传统的女性领地进行工作的时候，他们如何乘上了"玻璃电梯"。曾在护理、图书馆和初等教育领域求职的男性表示，相对于这个领域的女性求职者，他们拥有优势，因为在这些领域中男性很少（Christine Williams, 2008）。
>
> 不过，记住下面这一点很重要：人们对男性角色也有特定的期望。最近，一位朋友的儿子要去上大学，他抱怨说父母拒绝为他买一辆新车，而他的姐姐在上大学时则得到了一辆新车。我的朋友是这样解释的："他是男孩子。学习如何修理破车对他有好处。"
>
> **活动** 把你所能想到的所有家务工作写下来，并区分出哪些是适合男性的，哪些是适合女性的。你能在自己的生活中发现性别偏见吗？

（Sarah Palin）作为竞选搭档。希拉里赢得了将近 1 800 万选票，或者借她那句名言来说，她在全美国最高层次的"玻璃天花板"上制造了"1 800 万个裂缝"（Hendrik Hertzberg，2008）。

在世界的其他地方，女性常常能够占据政治领域的高层位置。在英国历史上，自 1553 年玛丽一世女王开始，曾经有多位女性掌权。1979 年至 1990 年，玛格丽特·撒切尔（Margaret Thatcher）担任首相。1969 年至 1973 年，戈尔达·梅厄（Golda Meir）担任以色列总理。1988年至1990年及1993年至1996年，贝布托（Benazir Bhutto）担任巴基斯坦总理（The President and Prime Minister Memorial Council，2008）。为什么女性在美国没有占据同样的位置呢？让我们看一看试图对此做出解释的三种理论。

第一种理论：就其本性而言，女性对政治不感兴趣。该理论已经多次被证明是错误的，因为很多数据表明，女性比男性更频繁地参加投票（Susan Carroll，2008）。而且女性已经占据了政治上的重要位置，包括美国众议院第一位女性发言人南希·佩洛西（Nancy Pelosi）。

第二种理论：女性生活的结构难以适应政治生活的严厉和苛刻。我乐于将这种理论称为"婴儿偏见"，类似于霍克希尔德所说的"超级母亲"的责任。这种理论假定，由于受到母亲责任的过度拖累，参与政治生活的女性很难在政治领域获得成功。在最近的大选中，没有人对奥巴马能否成为一个好父亲和总统表示质疑。不过，与此同时，却有很多人对莎拉·佩林提出质疑：假如被选为副总统，她如何能够成功地照顾拥有5个孩子的家庭？

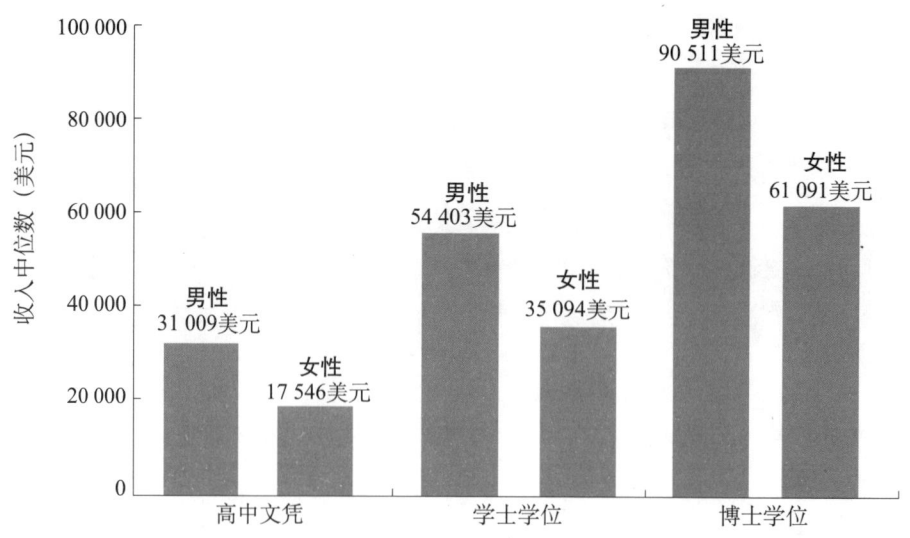

资料来源：Data from the U.S. Census Bureau, "Reported Voting and Registration, by Marital Status, Age, and Sex: November 2004," Table 11。

∧ 2006年按照教育水平划分的性别间的收入差距

第三种理论：社会迫使女性在政治领域中扮演消极被动的角色。就传统而言，这的确是事实。不过今天，女性已经变得更加独立，并且增加了担任公职的兴趣。此外，政治家更可能在律师和商人中诞生，而这些领域属于传统的男性世界。尽管这种状况在不断变化，但参与政治生活的女性比例仍然与女性占总人口的比例存在差距。

◎ 女权主义

女权主义指的是一个由社会运动及与性别差异相关的理论组成的非常宽泛的集合。女权主义主张全体社会成员之间的平等。女权主义思想家认为，女性与男性平等，并且应该享有与男性同等的机会。

女权运动的历史可以追溯到 18 世纪。玛丽·沃斯通克拉夫特（Mary Wollstonecraft）的著名作品《女权辩护》（*A Vindication of the Rights of woman*）是西方女权主义思想的最早例证之一。该书出版于 1792 年，为女性的受教育权进行了辩护。沃斯通克拉夫特的著作在时间上早于现代女权主义，后者可以分为三个阶段。

第一波女权主义

第一波女权主义始于 19 世纪末期和 20 世纪早期，围绕女性的选举权展开。为女性争取选举权的斗争于 1848 年由苏珊·安东尼（Susan B. Anthony）和伊丽莎白·卡迪·斯坦顿（Elizabeth Cady Stanton）这些积极分子发起。慢慢地，女性被赋予在州一级进行投票的权利。不过，直到 1920 年，女性才获得参加全国大选投票的权利。为了支持女性的选举权而开展的游行抗议活动持续了多年，之后《第十九修正案》获得了通过，该修正案禁止以性别为基

> **女权主义**：指的是一个由社会运动及与性别差异相关的理论组成的非常宽泛的集合，它主张全体社会成员之间的平等。

础剥夺公民的选举权（Standford Encyclopedia of Philosophy，2004）。

	1848年，苏珊·安东尼和伊丽莎白·卡迪·斯坦顿这些积极分子发起了为女性争取选举权的斗争。	1917年，"沉默的哨兵"（the Silent Sentinels）等团体聚集在一起，为争取女性的选举权提供支持。	20世纪60年代，女性解放运动开始。	20世纪六七十年代，女性开始进入大学学习并进入职业场所工作。
1792年，玛丽·沃斯通克拉夫特的著名作品《女权辩护》出版，该书为女性的选举权进行了辩护。		1869年，怀俄明州的女性被准许参与投票。	1920年，《第十九修正案》获得批准，该法案赋予所有美国女性以投票的权利。	1963年，贝蒂·弗里丹发表《女性的奥秘》，该书进一步推动了女性解放运动。

	20世纪90年代初，第三波女权主义开始讨论第二波女权主义的失败之处。		20世纪90年代初，"轻型越野车"（Bratmobile）、"比基尼杀戮"（Bikini Kill）和"抱抱熊"（Huggy Bear）这些乐队传播了第三波女权主义的主导思想。	
1966年，最重要的女权主义组织——全国女性组织——成立。		20世纪90年代初，女权主义的领导者格洛丽亚·安扎尔杜、贝尔·胡克斯、玛克辛·洪·金斯顿和奥德丽·洛德致力于推动女权主义的事业。		20世纪90年代，"夺回黑夜"和"穿出成功"这些团体开始出现。

⌃ **女权主义的历史**

第二波女权主义

女性解放运动开始于20世纪60年代，第二波女权主义正发生在女性解放运动期间。第一波女权主义反对法律上的不平等，而第二波女权主义则扩大了对平等的追求，包括工作场所和教育领域的平等，以及不再依赖男性的、独立的社会地位。

1963年，贝蒂·弗里丹（Betty Friedan）发表了《女性的奥秘》（*The Feminine My stigue*），阐述了这样的观点：女性应该在家庭领域之外追求自我实现和满足。该书对现存的社会体系进行了攻击，认为女性在其中仅仅被当作家务的管理者和孩子的养育者（Betty Friedan，1963）。人们认为，弗里丹借助这本书点燃了女性解放运动；尽管也有人对她提出了批评，认为她仅仅关注了中上阶层的白人女性的境况（Barbara Epstein，2002）。

除了要求教育和工作领域的平等权利之外，第二波女权主义者还要求生育方面的权利以及免于遭受家庭暴力和性暴力的权利。这些诉求引发了大量的争议，因为很多保守主义者认为避孕和堕胎违背了传统的道德价值观。一些女权主义者还致力于促使《平等权利修正案》获得通过，该修正案致力于确保"美国或其任何一州不会因为性别而否认或剥夺法律所规定的平等权利"（*Equal Rights Amendment.org*，2008）。不过，自从1923年开始提交国会以来，该法案一直未能获得通过。今天，一些女性主义者仍在努力，争取使该法案获得批准。

这项提案背后有很多支持力量，其中之一便是"全国女性组织"（National Organization for Women，NOW）。NOW成立于1966年，至今仍是美国最大的女权主义组织（NOW，2008）。尽管在所有参与者的共同努力下，第二波女权主义的确取得了许多成功，但是这波女权主义后来也产生了很多挫败和失望的情绪。为了应对这些情绪，30年之后，又一波新的女权主义出现了（Mountain Writer，2007）。

第三波女权主义

第三波女权主义肇始于20世纪90年代初期，囊括了众多不同种族和不同社会经济地位的群体。格洛丽亚·安扎尔杜（Gloria Anzaldua）、贝尔·胡克斯（bell hooks，也就是 née Gloria Jean Watkins）、玛克辛·洪·金斯顿（Maxine Hong Kingston）和奥德丽·洛德（Audre Lorde）是这波女权主义的著名领导者。以贝尔·胡克斯为例，她既是作家，又是社会活动家。在其著作中，她将种族、资本主义和性别联系在一起。她强调这样的事实：三个主题是相互关联的，并且需要同时进行考察（*Contemporary Educational Thought*，2008）。

名为"暴女"（riot grrrl）的先锋派女权主义朋克运动（underground feminist punk movement）如今正在影响第三波女权主义的发展。亚文化运动借助音乐、艺术和杂志等形式来思考强奸、家庭暴力、女性的赋权以及性等方面的问题。它鼓励现代女性以自信、勇敢和激情洋溢的姿态发出自己的声音（Sofia Klatzker，1998）。

在第三波女权主义运动中诞生了许多激进组织。"夺回黑夜"（Take back the Night）这个组织致力于提升公众的意识，并为强奸和性侵犯的受害者提供支持。"穿出成功"（Dress for Success）是一个非营利的组织，它通过捐赠的形式募集职业套装，提供给享受政府福利待遇的低收入女性，帮助她们自信地参加工作面试（"Take Back the Night"，2008）。"第三波基金会"（The Third Wave Foundation）和"女权主义多数派领导联盟"（Feminist Majority Leadership Alliance）是致力于在性别、种族、经济和社会等领域维护和促进正义的激进组织（Third Wave Foundation，2008）。

社会学思考：观察社会性别和性别不平等的视角有哪些？

◎ 女权主义理论

女权主义者致力于研究社会性别如何影响男性和女性的经历和机会。尽管在如何实现性别平等方面，女性主义者未必总能达成一致，但他们都倾向于赞同以下四种基本信念。

1 增进工作和教育领域的平等。年复一年，女性获得了比男性更多的专业学位，并且大规模地进入职业场所。不过，无论是在工作场所还是在学校，女权主义者依然在为争取平等而奋斗，致力于消除性别之间的工资差距以及女性在工作场所常常遭遇的"玻璃天花板"。

2 拓展人们的选择权。在《女性的憎恨》（*Woman Hationg*）一书中，女权主义者安德烈娅·德沃金（Andrea Dworkin）表达了这样的观点："在这个世界上，身为女性意味着，选择的潜力（potential for human choice）已经被倾向于憎恨我们的男性掠夺了。"（Mary F.Brewer，1999）并非所有的女权主义者都会赞同德沃金的观点，但是，几乎所有的女权主义者都致力于营造这样一个社会，在其中，男性和女性拥有平等的机会。例如，通过放宽职业学院和研究生院的入学限制，女性获得了更多的机会来选择她们所喜欢的职业。

3 消除性别分层。女权主义致力于为女性争取平等的权利、平等的机会以及平等的报酬。例如，女性现在也可以成为海军士兵，而在以前，这种机会只对男性开放。

4 终止性暴力。女权主义理论家们相信，男性针对女性的暴力助长了我们社会中性别之间的不平等（Janet Saltzman Chafetz，1997）。例如，"拇指法则"（rule of thumb）指的是这样一条准则：男性可以用棍棒打自己的妻子，前提是棍棒不能比他的拇指粗。这条准则从来没有成为真正的法律条文，但据说它已经构成了英国的习惯法。在那时，男性的确被允许对他们的妻子进行体罚（The Phrase Finder，2008）。

自由女权主义 vs. 激进女权主义

女权主义有很多分支，而且在如何称呼这些分支上，人们也没有达成一致意见。在这里，我们仅仅讨论其中的两个分支：自由女权主义和激进女权主义。

自由女权主义者倾向于与他们的历史前辈保持一致，认为女性平等是女权运动最主要的推动力。如果你支持下面的主张：女性应该与男性同工同酬；女性应该在工作场所、大学以及政治机构中享有平等的机会；女性应该得到保护，免于家庭暴力的伤害。那么，你就是一个自由女权主义者。你应该可以看出，自由女权主义者是一个更大的团体，因为多数人都赞同女性不应该在性别上遭到歧视。因此，他们赞同这样的观点：女性应该享受追求自身利益/兴趣（interests）并实现平等的自由。

激进女权主义者赞同自由女权主义的诉求和目标，但是常常在思想上更加激进。他们或许会关注资本主义，以及男性利用他们在金钱上的历史优势维持对女性控制的各种方式。激进主义者认为，父权制依然深深地植根于我们的社会之中。其中一些人主张，只有彻底抛弃资本主义，才可能实现女性的平等。另外一些人则主张，女性应该避免从事育儿之类的"传统活动"，因为这些活动常常促使女性将自己的目标从属于丈夫和家庭的目标。

◎ 功能论

当女权主义者在美国为性别平等而战时，功能论者则考察了社会性别角色的区分如何在社会中发挥功能。社会将男性和女性置于不同的领域中，这些差异有助于维持社会的运转。由于男性和女性常常扮演不同的角色，性别之间的竞争就被消除了，家庭生活也因此平静和谐（Talcott Parsons，1942）。例如，如果男性被期望出外工作以供养家庭，而女性被期望料理家务和照看孩子，那么他们的角色是相互补充的。每个人承担的都是必需的工作。随着女性越来越多地进入劳动大军，社会性别角色之间的区分不再如此鲜明了。尽管如此，一般来说，女性仍然被期望担负持家的角色。

塔尔科特·帕森斯考察了家庭中的性别角色区分。他发现，儿童的"性别角色区分恰恰是成人的性别角色区分的反映"（Talcott Parsons，1942）。通过社会化，年幼的女孩表现出表达性的特征（expressive qualities），比如安静和养育（这些恰是人们对成年女性的期望）；而男孩则表现出理性化和喜欢竞争的倾向，这些都是工具性的特征（instrumental qualities）（Talcott Parsons，1942）。

根据帕森斯的观点，年轻女孩在成长初期就能够开始扮演成年女性的角色（Talcott Parsons，1942）。这些女孩能够看到妈妈做家务的场景，并被期望为妈妈提供帮助。而男孩的爸爸则在家庭之外的地方工作，因此，男孩接受的训练乃是为将来的职业生涯做准备。

◎ 冲突论

冲突论认为，资本主义和父权制深深地纠缠在一起。在资本主义社会，女性通常处于社会体系的底层，无论其从事的工作是什么。此外，她们经常从事无报酬的家务劳动，这些劳动有助于维持现状（Janet Saltzman Chafetz，1997）。不过，男性却经常贬低女性做出的贡献，借此强化他们控制女性的权力（Janet Saltzman Chafetz，1997）。

工作的女性往往比工作的男性挣得少，这使得她们相对于收入更高的丈夫常常处于从属地位。女性陷入了一个使她们屈从于男性的无休止的循环当中。

◎ 符号互动论

符号互动论者认为，人们对性别的定义从社会成员之间的日常互动中发展出来，这种互动既包括异性之间的互动，也包括同性之间的互动（Janet Saltzman Chafetz，1997）。社会学家韦斯特和齐默尔曼提出了这样一种观点：人们是在"实践性别"（doing gender）。该观点是符号互动论观点的最好说明（Candace West and Don H.Zimmerman，1987）。我们每天都在"实践性别"，这意味着我们是在以与特定社会性别相联系的方式行动和做事。你选择的发型、你的行为举止以及你谈话的方式都构成了你向他人传达你的性别的方式的一部分。

社会学家珍妮特·查菲茨（Janet Chafetz）认为，"实践性别"不仅"（再）生产社会性别差异，还（再）生产社会性别不平等"（Janet Saltzman Chafetz，1997）。这得以发生的一种方式便是通过谈话。黛波拉·坦南（Deborah Tannen）在其著作《你就是不理解：谈话中的男性和女性》（*You Just Don't Understand:Men and women in Conversation*）中认为，我们的生活从本质上来说是由一系列谈话组成的，在这些谈话中，我们"针对男性和女性传递着不同的、非对称的假设"（Deborah Tannen，2007）。

　　查菲茨应该也会认同这样的观点，即男性和女性以不同的方式进行交流。男性常常主导谈话，他们为谈话强加的规则有时是任意和武断的，但是女性却拼命地要遵从这些规则。女性运用"口头和身体语言的方式削弱了她们以积极勇敢的方式表达自己观点的能力"，这使得她们看起来不如男性对话者强势（Janet Saltzman Chafetz，1997）。例如，有一天在外面吃饭的时候，我注意到一支男性垒球队的队员以及某些队员的妻子或女朋友坐在附近的一张桌子旁。男子们有说有笑，而女子则显得很被动。在性别社会化的过程中，人们通常以不同的方式教导男孩子和女孩子。对男孩子，人们会强调，你要大声说话，让别人听到自己的声音；而对女孩子，人们则强调，言谈举止要"得体"，意味着要保持安静和温顺。

　　男性和女性常常遵循脚本化或程式化的行为，行为方式与其性别保持一致（Janet Saltzman Chafetz，1997）。例如，男性和女性使用不同类型的语言和动作。男性在表达自己的需要和欲望时倾向于采取更加直接的方式，表现出**大男子气概**（machismo），也就是以公开而又夸张的方式表现出来的男性气概（Gloria Gonzalez-Lopez，2003）。

大男子气概：以公开而又夸张的方式表现出来的男性气概。

理论沉思

为什么会存在性别分层?

功能论

功能论者将社会看作一个由许多部分构成的体系,各部分相互协调构成了一个整体。塔尔科特·帕森斯认为,为了维持社会的正常运转,性别差异是必不可少的。父母对男孩和女孩进行教化,以为将来承担父亲或母亲的角色做准备。人们着力培养男孩的自信、理性和竞争精神,因为这些特征是工具性的,能够帮助男性取得事业的成功。对女孩的教导则是为将来抚养孩子做准备。她们发展出与养育相关的各种特质,这些特质被帕森斯称之为表达性的。两性的角色相辅相成,促进了社会的平稳运行。

符号互动论

符号互动论的视角关注人们如何根据性别进行自我选择。例如,男性会选择被认为具有"男性化特征"(male-ness)的领域,而女性则选择对她们而言被认为"正常的"工作。因此,女性不倾向于做一名工程师,或者在其他需要数学背景的领域工作,部分原因是社会不期望她们这样做。人们对社会性别的界定影响了男性和女性的职业选择(Shelley J.Correll, 2001)。在我成为一名社会工作者的时候,社会工作还主要由女性来从事,当时,我的一些家人居然这样说:"这难道不是女人的工作吗?"这种界定可能会影响人们的职业选择。

冲突论

社会冲突论者对群体间的权力斗争感兴趣。就性别而言,冲突论者认为社会性别角色对男性是有利的,因为作为家庭经济资源的主要提供者,他们掌握着控制权。弗里德里希·恩格斯(Friedrich Engels)与卡尔·马克思属于同代人,他认为女性是遭受压迫最重的群体(Friedrich Engels, 1884)。尽管他同意马克思的观点,认为工人阶级受到了压迫,但是他指出,女性受到了剥削。在今天,这个观点或许显得很平常,但是在1884年,这个观点是振聋发聩的。

总 结

生理性别和社会性别之间的差异是什么？

- 生理性别：男性或女性的生理结构
- 社会性别：与男性或女性身份相联系的个人特征和社会地位

观察社会性别和性别不平等的视角有哪些？

- 女权主义理论：女权主义者分享如下信念，即：应该改善工作和教育领域的平等；应该拓展女性的选择权；应该消除性别分层；应该终止性暴力
- 功能论：性别角色的区分消除了性别之间的竞争，使家庭生活保持平稳和谐
- 冲突论：资本主义和父权制缠结在一起，因此，女性陷入了一个使她们屈从于男性的无休止的循环当中
- 符号互动论：人们对性别的定义从社会成员之间的日常互动中发展出来，这种互动既包括异性之间的互动，也包括同性之间的互动

第12章

衰老与健康——社会的老龄化

- 健康和衰老如何影响社会分层?
- 关于衰老过程有哪些理论?

几年前，我开始逐渐意识到，自从结婚以来，我的体重已经增加了 25 磅。这就等于说，在那段时间，我的体重大约每年增加两磅。如果依这样的速度发展下去，那么，在我 60 岁时，我的体重将达到 300 磅左右。作为一个曾经能跑 10 千米的运动爱好者，我感到非常震惊。这究竟是如何发生的？

肥胖症意味着身体积累了过多的脂肪，以致对健康构成了威胁。我们中的很多人都在拼命地控制体重及其对健康产生的影响。其实，不只是我们受到肥胖症的困扰，作为一种世界性的流行病，它威胁着很多人的健康。迈克尔·波伦断定，体重的普遍增加与过度食用某些特定食品有关。例如加工过的玉米，我们的身体很难将其消化。

谁该承担最主要的责任呢？根据波伦的观点，罪魁祸首是农田补助，它为种植漫山遍野的廉价玉米提供了资本。后来，这些玉米又转化成你在午餐时所吃的鸡块或者你在阅读本书时所喝的根汁饮料（root beer）。你的身体很难——如果不是不可能的话——消化这些加工过的玉米，从而增加了长胖的可能性。波伦补充说，和玉米有关的这类难题对美国而言并不新鲜。在 19 世纪末期，美国人同玉米酒精的消费进行了斗争，当时的饮用量比今天多 5 倍。

在美国，肥胖是和健康有关的一个大问题。我们可以简单地将各方面的争论表述为一个核心问题：为什么今日的美国人比以前任何时候都更加肥胖了？我们经常看电视，并雇人修葺我们的庭院，这些都构成了我们的生活方式。而这种生活方式意味着，相对于我们的前辈，我们的生活更多的是在久坐不动的状态中度过的。另外，我们也比前几辈人更多地在餐馆就餐。并且，即使我们自己做饭，也经常使用罐装的加工食品。一般来说，这些选择都会摄入更多的卡路里，从而增加了变胖的可能性。尽管我们美国人的腰围越来越宽，健康问题也越来越多，但是寿命却越来越长了。

肥胖症：意味着身体积累了过多的脂肪，以致对健康构成了威胁。

这种情况并非局限于美国，全世界皆然。实际上，全世界的老龄人口正以每月 80 万人的速度增长（Kevin Kinsella and Victoria A.Velkoff，2001）。老龄人口的增长制造了新的困境：我们如何支持和照顾老龄人口？不断扩大的老龄人口规模对整个社会意味着什么？尽管健康护理得到了改善，但是它能够战胜成堆的脂肪吗？

主题：健康和衰老如何影响社会分层？

◎ 健康的定义

当有人询问你的健康状况时，你的回答很可能关注的只是你的身体状况。不过，健康并非仅仅与感冒或发烧相关。根据世界卫生组织的定义，**健康**指的是"身体、精神及社会三个方面的完好状态，而不仅仅是没有疾病或者体弱的状况"（World Health Organization，1946）。换句话说，一些社会因素会决定个人的健康状况。

社会流行病学

在 2007 年的电影《遗愿清单》(*The Bucket List*) 中，摩根·弗里曼（Morgan Freeman）和杰克·尼科尔森（Jack Nicholson）扮演的两位老人，在他们生命行将结束时，乘飞机来到异国他乡完成他们的毕生愿望。这部电影在娱乐的同时也有助于我们了解美国的健康模式。例如，弗里曼扮演的是一位出身中下阶层的非洲裔美国人，尼科尔森扮演的是一位拥有多家医院的社会上层白人。尼科尔森得到了最好的护理，而医生和护士则常常忽视弗里曼。在美国，年龄、性别、社会阶层以及种族都会对健康护理产生影响，许

> **健康**：是指身体、精神及社会三个方面的完好状态，而不仅仅是没有疾病或者体弱的状况。

多研究者的兴趣就是对此进行解释。

社会流行病学研究的是疾病和健康在社会人口中的分布状况。社会流行病学家希望发现健康与环境之间的关联。年龄如何影响健康？不同性别的社会成员在健康方面存在差异吗？病人接受的治疗与他们的种族和阶层身份有关吗？这些都是社会流行病学家试图回答的问题。

年龄与健康

与世界其他地区尤其是发展中国家不同，在美国，年轻人死亡的事例比较少见。美国的婴儿死亡率很低，大约为 6.9‰（National Center for Health Statistics，2007）。儿童和青年人一般来说都是健康的。2005 年，只有 6% 年龄在 18～44 岁之间的成年人认为他们的健康状况一般或者较差，同时则有 30% 年龄在 75 岁以上的老年人认为他们的健康状况比较差（National Center for Health Statistics，2007）。知道这一点之后，我们对下面的事实就不会感到奇怪了：随着年龄增大，人们会经历越来越严重的健康问题。关节炎、糖尿病、心脏病、肺病和精神病等慢性病是老年人面临的主要健康问题。这些问题限制了他们的活动能力，使得他们在工作、社交和锻炼方面常常受到限制或者根本无法从事。

性别与健康

你可能已经听说过，几乎在所有地方，男性的平均预期寿命都要低于女性（John Knodel and Mary Beth Ofstedal，2003）。在美国，女性的平均预期寿命是 80.4 岁，而男性仅为 75.2 岁（National Center for Health Statistics，2007）。社会学家认为，这种趋势是由很多因素造成的。例如，男性的睾丸激素水平要比女性高，这使得男性更可能滥用酒精和烟草、超速驾车或者从事其他可能威胁生命的行为。男性还会从事风险更大的工作并且参加战争，这些都会降低男性的平均预期寿命。研究还显示，相对于女性，男性更可能患上威胁生命的疾病和其他健康问题（John Knodel and Mary Beth Ofstedal，2003）。

社会流行病学：是指对疾病和健康的社会人口分布开展的研究。

男性和女性对健康护理的需求也不同。女性进行预防保健和定期体检的可能性是男性的两倍（*CNN.com*，2008），而且男性与其医生讨论健康问题的可能性也更低（Clarian Health，2008）。

尽管在看医生方面存在上述差异，但之前的研究主要以中产阶层的白人男性为研究对象。最近的研究表明，某些治疗方案对不同种族的成员具有不同的治疗效果。例如1991年试验了一种旨在治疗艾滋病的药物。该研究最初声称，试验药物将会帮助所有人，但是，试验对象主要由白人男性同性恋者组成。

进一步的研究表明，相对于黑人男性，该药物治疗白人男性的效果更好。今天，很多研究开始将女性和少数族裔纳入实验对象中，这将会对他们的健康产生积极的影响（Gina Kolata，1991）。

社会阶层和健康

《纽约时报》的一队记者曾对社会阶层影响个人命运的方式进行了长达一年的考察，在此基础上，他们于2005年发表了一系列的文章（Janny Scott，2005），其中一篇文章名为《生活在美国的上层不仅意味着活得更好，还意味着活得更长》（*Life at the Top in America Isn't Just Better, It's Longer*）。它追踪了三位来自不同阶层——中上阶层、中产阶层、工人阶层的——纽约市民的生活，他们是米尔（Miele）先生、威尔逊（Wilson）先生和戈拉（Gora）女士（Janny Scott，2005）。尽管三人在同一时间经历了一次心脏病发作，但各人的结局却是非常不同的。米尔先生在心脏病发作时正好有朋友陪伴，他很快被救护车送到了他希望去的那家医院。几分钟之后，医生检查了他的状况，并很快实施了他所需要的治疗。在城市的另一区域，威尔逊先生也被救护车送到了医院，但是这家医院没能实施他所需要的手术。经过一夜的痛苦煎熬之后，威尔逊先生被送往另一家可以对其进行治疗的机构。在几经劝说之下，戈拉女士才乘坐救护车来到了一家公立医院，该医院以急诊室的繁忙而著称。为了看医生，她不得不等待两个小时。最后，戈拉女士甚至连血管造影都没做就被打发走了（Janny Scott，2005）。根据这些故事，你能够判断出米尔先生、威尔逊先生和戈拉女士分别来自哪个阶层吗？

社会学家相信，个人的社会阶层地位会直接影响他或她的健康状况，在美国尤其如此，因为在这里，健康护理服务的可及性与个人支付能力密切相关。研究显示，一个人的社会经济地位更高，就会更长寿、更健康和更幸福。在被要求对自己的健康状况进行评价时，收入为 2 万美元及以下的人群中，仅仅有 23.4% 的人口认为自己的健康状况非常好；而在收入为 55 000 美元及以上的人群中，该比例为 46.3%（Inter-University Consortium for Political and Social Resaerch，2008）。社会学家贾森·施尼特克尔（Jason Schnittker）认为，收入之所以可以改善健康状况，是因为更多的金钱意味着可以购买一些健康护理服务并满足基本的护理需要（Jason Schnittker，2004）。

社区

社区也会对健康产生影响。由几乎不享受政府救助的穷人、低教育程度者、失业者和单身母亲组成的社区对其居民的健康具有不良的影响（Terrence D.Hill，Catherine E.Ross，and Ronald J.Angel，2005）。同样地，在犯罪和吸毒盛行的社区生活的居民，其健康状况也比较差（Terrence D.Hill，Catherine E.Ross，and Ronald J.Angel，2005）。这些危险的生活环境会导致压力，而压力会进一步导致更为严重的健康问题。

这就提出了环境公正的问题，环境公正研究的是环境因素对社会阶层的影响。穷人常常生活在危险的环境中（Robert E.Bullard，1993 etc），不得不与有毒物质、污染的水和空气接触（Natan Keyfitz，1996 etc）。例如，由于布朗克斯（Bronx）和上曼哈顿地区（upper Manhattan）空气污染的直接影响，在该区生活的少数族裔儿童中罹患哮喘和其他呼吸系统疾病的比例很高（R.Charon Gwynn and George D.Thurston，2001）。

种族和健康

在 2005 年，白人的预期寿命是 78.3 岁，非洲裔美国人的预期寿命则仅仅为 73.2 岁（National Center for Health Statistics，2007）。阶层因素可以在某种程度上解释为什么白人的预期寿命更长。在美国，24.9% 的非洲裔美国人和 21.8% 的拉美裔人生活在贫困线以下，与此同时，仅有 8.3% 的白人属于贫困人口（National Center for Health Statistics, 2007）。请记住，低收入人口和生活在环境较差的社区中的人口面临着更高的健康风险（Terrence D.Hill, Catherine E.Ross, and Ronald J.Angel, 2005）。非洲裔美国人和拉美裔人所生活的地区更可能充满危害健康的因素。

少数族裔人群的婴儿死亡率也更高。辛德（Thind）等人开展的一项研究表明，相对于白人女性，生活在新泽西州纽瓦克的非白人女性所生育的婴儿有更高的比例在出生时体重过低，从而增加了死亡的风险（Inderjit S.Thind, Donald B.Louria, Rosemary Richter, Elizabeth Simoneau, and Martin Feurman, 1979）。导致这种状况的一些可能影响因素包括滥用毒品和酒精、吸烟，以及在怀孕期间没有接受她们所需要的健康护理。为了帮助这些生活在贫困社区中的女性，政府设计了一些项目，例如"健康的开始"（Healthy Start）。婴儿死亡率下降了，但是母亲们仍然生活在环境恶劣的社区中，这使得她们的孩子仍然面临着健康方面的风险（U.S. Department of Human and Health Resources, 2008）。

美国社会的医学化

从社会学的角度思考健康的一个方式就是考察健康以及健康护理如何影响人们的生活。塔尔科特·帕森斯认为，患病者可以成为一种社会角色（Talcott Parsons, 1975）。**病人角色**指的是人们期望患病者表现出来的行为和担当的责任。例如，病人的部分角色就是为了消除疾病而去看医生。医生在社会中占据着重要的位置，他们对疾病和健康进行区分，这赋予了他们以支配病人的强大权力。

这导致了许多人所谓的美国社会的**医学化**，或者说，医学界占据了美国社会生活诸多方面的中心位置（Ivan Llich, 1975）。美国人倾向于相信，对于任何疾病，我们都能找到合适的药物来治疗。我曾经参加过一个葬礼，寡妇的心情相当糟糕，口中不停地说着："他是我的全部生命。"她的儿子是一个医学从业者，为她开了一些抗抑郁药物。我们的社会相信，只要你服了

病人角色：指的是人们期望患病者表现出来的行为和担当的责任。
医学化：指的是这样一种观点，即医学界占据了美国社会生活诸多方面的中心位置。

药，你就没事了。

我最喜欢的书籍之一是托马斯·萨斯（Thomas Szasz）所写的《精神病的神话》（*The Myth of Mental Illness*）（Thomas Szasz，1974）。萨斯博士认为，精神病根本不是一种疾病。实际上，精神病的诊断常常被用作社会控制的手段（Thomas Szasz，1974）。葆拉·卡普兰（Paula Caplan）认为，美国精神病协会为诊断所有种类的精神病而编写的《诊断与统计手册》（*Diagnostic and Statistical Manual*）建立在个人的意识形态和政治操纵的基础上（Paula Caplan，1995）。在十年的修订过程中，委员会增加了七十多种"新型的"精神病。实际上，根据《诊断与统计手册》，许多女性在每月都有一周时间——也就是在她们月经来临期间——"患上了精神病"（Paula Caplan，1995）。在美国，有许多问题与社会的医学化相关。明了这一点之后，让我们深入考察一下作为流行病的肥胖症。

◎ 美国人的健康状况：食物丰富的生活

在美国，就业、健康护理和食物近在咫尺，常常只需打个电话或者按一下键就可以得到。根据这种情况，美国应该是一个由健康公民组成的国度。不过，所有富裕的国家都面临着一系列健康问题，包括肥胖。在美国，尽管肥胖是一个较新的现象，但问题相当严重，在一些人看来，肥胖已经成了一种流行病。美国人的食品选择包括从健康食品（有机芝麻菜）到非健康食品（夹有熏肉和干酪的汉堡包）的众多品种。许多美国人，包括我自己，都倾向于选择后者。选购更健康的食品需要投入更多的时间、精力和金钱。快餐方便而且便宜，尽管不属于健康食品，但依然很受欢迎。

儿童的肥胖

2006年的一项研究断定，肥胖儿童的增加是两种因素共同作用的结果：高能量的食品和饮料的摄入以及能量消耗渠道的缺乏（Pamela M.Anderson and Kristin F.Butcher，2006）。也就是说，儿童之所以发胖，是因为他们摄入的能量超过他们所能消耗的能量。今天，儿童在控制体重方面面临一些之前不存在的挑战，它们包括：

● 学校午餐倾向于提供高热量的食品和饮料，缺乏更健康的选择。联邦政府对学校供应的食品的营养成分做出了规定，但仍未制定出清晰的标准（Pamela M.Anderson and Kristin F.Butcher，2006）。

● 双职工家庭和单亲家庭的儿童往往不得不食用包装好和准备好的食品，这些食品常常是不健康的。工作繁忙的父母更可能依赖外卖食品来供养自己的家庭。由于缺乏对孩子的监督，父母也很难控制孩子们进食的数量（Pamela M.Anderson and Kristin F.Butcher，2006）。

● 电视、电脑和电子游戏是许多儿童的基本娱乐方式，这使得他们经常久坐不动，减少了积极的户外活动（Pamela M.Anderson and Kristin F.Butcher，2006）。

肥胖的污名化

儿童肥胖还会导致另一个后果，即肥胖儿童常常成为同龄人嘲笑和愚弄的对象。很多研究表明，人们对肥胖者抱有偏见，这种认知会进一步导致对肥胖者的歧视。地位的丧失会对肥胖者的心理、经济和身体产生有害的影响（Deborah Carr and Michael A.Friedman，2005）。

社会学家德博拉·卡尔（Deborah Carr）和迈克尔·弗里德曼（Michael Friedman）开展了一项研究，目的是确定肥胖事实上是不是污名。区分污名与偏见的关键因素是肥胖者对其自身遭遇的态度。研究发现，肥胖者认为其他社会成员对待他们的方式是不公正的，这削弱了他们的自尊，并损害了他们的心理健康。卡尔和弗里德曼发现，相对于较瘦的同事，肥胖的职业工作者更可能受到与工作相关的歧视，其可能性是前者的 2.5 倍（Deborah Carr and Michael A.Friedman，2005）。

肥胖与种族

研究表明，非洲裔美国人肥胖的比例明显高于白人。但这是否意味着某些种族的成员更可能肥胖呢？我们知道，种族是一种社会的建构，而不是生物学的特征。那么，究竟是什么影响因素导致了这种统计结果？博德曼（Boardman）等人的研究表明，社会经济地位在种族和肥胖的关系中发

> **链接　对小孩的照顾对其健康有影响吗?**
>
> 我们知道，不健康的食品、缺少活动、父母对孩子的饮食缺乏控制等都是导致儿童肥胖的重要因素。除此之外，地区也会发挥重要的影响。在一篇探讨儿童肥胖的影响因素的文章中，阿丽尔·孔奇利奥（Arielle Concilio）等人声称，儿童在哪里成长对儿童的健康非常重要。该文解释说，相对于郊区的儿童，在城市贫困地区（比如布朗克斯）生活的儿童更可能变胖。为什么呢？因为在这些地区，孩子们出去玩是非常危险的（Arielle Concilio, Sydney Lake, and Gabrielle Milner, 2008）。
>
> 在这些孩子生活的地区，快餐要比健康的食品更便宜，而且他们的父母可能要工作很长时间。此外，在他们所生活的社区，空间非常狭小，他们所能接触到的户外区域并不是安全的、可以自由玩耍的地方。为了保证安全，孩子们只能设法在室内活动，这些活动往往并不需要投入很多的运动。学校可能非常穷困，无力为学生购置体育设施，这意味着学生不得不寻求其他的娱乐方式，家里的活动同样是非常有限的（Arielle Concilio, Sydney Lake, and Gabrielle Milner, 2008）。
>
> **活动**　研究一下孩子们在课后光顾的青年活动中心。他们在这里能够从事哪些活动？这些活动会帮助还是阻碍他们解决体重方面的问题？

挥着非常重要的作用。根据这项研究，黑人社区和白人社区的肥胖率都可能超过25%，但前者的可能性几乎是后者的4倍。不过，当对较为富裕的黑人社区和白人社区进行比较时，风险的相对差距就降低了。对于贫困的黑人社区和白人社区，风险的相对差距就更低（Jason D.Boardman, Jarron M.Saint Onge, Richard G.Rogers, and Justin T.Denney, 2005）。所以，从本质上来说，应该是富裕程度而不是种族决定了肥胖的可能性。

为什么穷人更容易肥胖？迈克尔·波伦认为是因为健康食品的高成本。对于买不起健康食品的人来说，不健康的便宜食品就是必需的。另外，由于营养知识的缺乏，人们难以在知情的情况下对食品做出明智的选择。当步履维艰的健康护理体系遭遇这种难题，针对肥胖问题的食谱就出现了。

◎ 健康护理

除了肥胖之外，健康社会学还关系很多其他的问题，其中之一便是健康护理。在任何一个选举周期中，**健康护理**（各种与个人健康相关的护理、服务或者供给）似乎总是最关键的议题之一。根据最近开展的一项研究，只有40%的美国人对自己的健康护理体系表示满意（James W.Russell，2006）。一个常见并且真实可信的抱怨是成本。若依个体的平均成本来计算，美国的健康护理体系是世界上最昂贵的，然而并非所有美国人都享受健康保险。在美国，并没有这样一种全国性的保险，它能够覆盖所有的儿童以及成千上万难以自己购买保险的成年人。由于提供保险的雇主越来越少，因此私人保险的费用则越来越高，超过15%的美国人口被挤到健康保障的范围之外（Leighton Ku，2008）。

没有被健康保险覆盖的人

最近，我看到一只罐子，上面放着一张患病儿童的照片。这个儿童需要进行肝脏移植，但是他的父母却不享受保险。为了筹集所需的18万美元，他的父母带着罐子在市内四处筹集捐款。当地一位年老的体育英雄最近接受了肝脏移植手术。我禁不住认为，这种事实的反差是多么的奇怪：一个老年人因一生的豪饮而损害了肝脏，但他有机会活下来，因为他有钱；而一个孩子却可能要因为他的父母无力支付手术费而死去。

服务成本

1960年，美国在健康护理上的支出为280亿美元；2007年，相应的数字为2.3万亿美元。这意味着美国的健康护理支出比世界上其他任何一个国家都要高。到2016年，这个数字估计要翻倍（National Coalition on Health Care，2008）。为什么美国的健康护理支出比其他国家多出这么多？主要原因在于医疗技术和处方药的成本不断上升、未被保险覆盖的人很多以及人口日益老龄化。健康护理问题没有简单的解决方案，但是许多人认为，覆盖全

健康护理：是指各种与个人健康相关的护理、服务或者供给。

体公民的健康护理体系或许是一种选择。

美国政府在历史上拒绝了全民性的健康护理计划，除非该计划仅仅应用于老年公民。为什么美国政府一直坚持拒绝的态度？根据社会学家吉尔·夸达格诺（Jill Quadagno）的观点，三种原因可以解释这种状况：

（1）宪法规定，政府的权力必须受到限制。提供全民性的健康护理被认为构成了福利的一种形式，这将会威胁到我们的自由（Jill Quadagno，2004）。

（2）工人阶层和工会未能向旨在建立全民性的健康护理体系的立法提供支持（Jill Quadagno，2004）。

（3）私立的健康保险公司强烈反对建立全民性的健康护理体系（Jill Quadagno，2004）。

在美国，许多健康护理公司是私立性质的，它们由雇主或者医疗联盟提供。尽管如此，也存在某些形式的公共健康护理（Jill Quadagno，2004）。老年保健医疗制（Medicare）和医疗补贴（Medicaid）向老人、退伍军人、穷人以及残疾人提供保险。我们将在下文对此进行讨论。

健康护理的国际比较

根据美国医学会的观点，不享受医疗保险的人"比享受医疗保险的人更容易出现健康问题并更早地死亡"（Dr.Ronald M.Davis，2008）。由于许多美国人没有被保险覆盖，上述判断对很多人来说都是有效的。因而，美国体制的公正性受到了很多人的质疑。

2000年，世界卫生组织发布了一则报告，确立了良好而又公正的健康体系应该具备的5个特征。根据该报告，良好而又公正的健康体系应该具备：

● 总体良好的健康状况（低婴儿死亡率和高预期寿命）；

● 良好健康状况的公平分布（全部人口都呈现出低婴儿死亡率和高预期寿命的特点）；

● 总体需求得到高度的满足；

● 需求满足程度的公平分布；

● 健康护理财政投入的公平分布（依据个人的支付能力，健康护理的成本呈现均匀分布）。（World Health Organization，2000）

在下页的图上，我们标出了几个国家的人均健康成本、预期寿命和婴儿死亡率。这几个国家与美国类似，都是富裕的、工业化的、资本主义的民主国家。

与世界上其他的富裕民主国家相比，美国的健康护理体系排名相当低。在这些国家中，美国是唯一的政府没有提供某种形式的全民健康护理的国家。因此，同其他富裕国家相比，美国在财政分配的公平性以及民众对健康护理体系的满意度方面得分较低。美国排在第37位，这让许多政策制定者开始思考该如何改善这个体系（World Health Organization，2008），其中一种可能性或许是扩展老年保健医疗制项目。

健康护理与老年人——老年保健医疗制

老年保健医疗制是一个由政府运营的社会保险项目，它面向的对象是65岁及以上的人口。绝大多数美国老年人都能够享受这种制度。**医疗补贴**是政府为穷人和残疾人设计的健康保障项目，从未工作的人和穷人有资格享受该项目。美国公民或者在美国合法居住连续5年以上的居民，如果他们的年龄达到或超过65岁，就有资格享受老年保健医疗制（Medicaid，2008）。保险涵盖的内容包括住院费用、专业护理设施的使用费、医生探视的费用，以及门诊病人在医院发生的费用。人们也可以选择通过私人的保险计划来享受这些福利。保险项目还对处方药的费用提供补贴，这可以帮助经济紧张的老年人获得他们所需要的健康护理。

不过，尽管有这些附加的福利，伴随着人口的老龄化，老年保健医疗制的费用逐渐增长。美国人口的老龄化又被称为"美国的灰白化"。现在，老年人口占全部人口的13%，到2030年，该比例预计将升至20%。需要享受老年保健医疗制的人越来越多，政府需要向这个项目投入更多的资金。

老年保健医疗制：是一个由政府运营的社会保险项目，它面向的对象是65岁及以上的人口。

医疗补贴：是政府为穷人和残疾人设计的健康保障项目。

2005 年健康护理体系的全球比较

国别	人均健康成本（美元）	预期寿命（岁）	婴儿死亡率（%）
美国	6 347	80.4（女性） 75.2（男性）	6.9
加拿大	3 460	82.7（女性） 79（男性）	5.4
英国	2 580	81.1（女性） 77.1（男性）	5.1
芬兰	2 523	82.5（女性） 75.6（男性）	3
日本	2 474	85.5（女性） 78.6（男性）	2.8

资料来源：Data from Organization for Economic Co-operation and Development（OECD）Stat Extracts，"Health Statistics"．

老年人口的增加并非仅仅影响健康护理，还会影响到整个社会。随着寿命的延长，我们不得不研究衰老的过程，并弄清楚衰老对个人的影响。

◎ 衰老：美国的老龄化

从 1900 年到现在，美国人口已经经历了一个长期的"老化"过程。在 1900 年，65 岁及以上的人口占全部人口的比例约为 4%；到了 2002 年，该比例已经超过 12%（*U.S. Census Bureau*，2008）。随着"婴儿潮"中出生的那一代人逐渐达到退休年龄，这个比例将会大幅度地提高。人口普查局估计，到 2050 年，65 岁以上的人口占全部人口的比例将会超过 20%（U.S.Census Bureau，2008）。

美国的老龄化和人口变迁

人口的老龄化吸引了心理学家、医学专家以及社会学家的注意。对衰老和老人开展的研究在正式场合被称为**老年学**（gerontology）。这个研究领域

> **老年学**：对衰老和老年人开展的研究。

对于我们的未来至关重要。

人们把老年人分为两个大的群体："**较为年轻的老人**"（the Young Old）和"**较为年老的老人**"（the Old Old）。前者指的是 65~75 岁的老人，一般来说健康状况较好，独自居住，并且在经济上能够自立。后者指的是 75 岁以上的老人，往往健康状况较差，与家人住在一起或者生活在养老院中，在经济上需要依赖别人。在老年人口中，大约 53% 属于前者，不过，能够活过 75 岁的人并不少见。

预期寿命

医学进步和生活水平的改善极大提高了预期寿命。在 20 世纪初，平均预期寿命是 47.3 岁；到了 2007 年，男性的预期寿命达到 75.2 岁，而女性的预期寿命则有 80.4 岁（National Center for Health Statistics，2008）。为了预防各种传染病（如麻疹、白喉、天花）而研制的疫苗差不多根除了这些疾病，这使得很多人能够活得更长、更健康。

"婴儿潮"的根源

第二次世界大战之后，阻碍夫妻建立家庭的社会经济方面的限制被消除，由此出现了一次生育高峰。在战争中服役的男性回到国内，并成家立业。一般来说，男性挣取的工资足以供养家庭，所以，女性往往留在家里养育孩子。这一时期的经济繁荣也是出现"婴儿潮"的一个重要因素。"婴儿潮"从 1946 年开始，持续到 1964 年，在不到 20 年时间里，大约有 7 820 万婴儿出生（U.S. Census Bureau，2008）。

女性生育率的下降是导致"婴儿潮"结束的最重要因素。在二战结束之后结婚的女性大多数都是 20 多岁，大约还有 20 多年的生育期。1960 年，社会上出现了可以口服的避孕药，并逐渐成为最受欢迎的避孕方法，这对生育率的下降也起到了推动作用（Charles F.Westoff and Elise f.Jones，1979）。

"**较为年轻的老人**"：指的是 65~75 岁的老人。
"**较为年老的老人**"：指的是 75 岁以上的老人。

"三明治一代"

"婴儿潮"一代人中最先出现了"**三明治一代**"（The "Sandwiched" Generation），就此而言，他们是独一无二的。这一代人既要照顾孩子，又要照顾年老的父母，他们夹在中间，故被称为"三明治一代"或者"夹心层一代"。由于寿命的延长以及生育的推迟，在将来出生的各代人中，大多数也都可能属于"三明治一代"。这种现象让家庭结合得更紧密，通过照看孙辈、提供临时住房和借款、为成年子女提供建议等方式，老年人可以为成年子女提供帮助（Berit Ingersoll-Dayton，Margaret B.Neal，and Leslie B.Hammer，2001）。这将允许老年人持续参与家庭生活，并提高他们对生活的总体满意度。

性别与老龄化：男性在何处？

如果有人研究日本老年男性和女性之间的性别差异，那么关注的重点很可能会落到日本女性身上。据社会学家约翰·克内德尔（John Knodel）和玛丽·贝丝·奥夫斯特达尔（Mary Beth Ofstedal）所言，人们对性别不平等给予了过多的关注，以致老年男性的处境受到了忽视（John Knodel and Mary Beth Ofstedal，2003）。第二届世界老龄问题大会发布的报告名为《马德里国际行动计划》，其中受到关注的几乎全是老年女性的境况。这次大会缺乏"承认下面这种事实的意愿，即性别和老龄问题的关系随着场合和时间而变化"，这一点让克内德尔和奥夫斯特达尔感到很惊讶（John Knodel and Mary Beth Ofstedal，2003）。尽管促进性别平等和为女性增权是一个崇高的目标，但是仅从一个方面来看待现实处境实际上并不利于性别平等的实现。克内德尔和奥夫斯特达尔建议，今后的研究也应该对"老年男性和女性在他们的实际生活环境中的经历"进行考察（John Knodel and Mary Beth Ofstedal，2003）。

来自菲律宾、新加坡、中国台湾、泰国和越南的数据表明，老年男性和女性对收入的满意度大致相等。相对来说，在越南，两性在满意度上差距

"三明治一代"：既要照顾孩子又要照顾年老的父母的一代人。

最大：52% 的老年男性对自己的收入表示满意；而在女性中，该比例仅为 40%。而在泰国，相对于老年男性，老年女性对自己收入的满意度更高，前者为 68%，后者则为 74%。这些发展中国家和地区的老年人口在全世界的老年人口中占有很大的比例。这些国家和地区有关老年人口的数据可以帮助我们更好地理解老年男性和女性的相对处境（John Knodel and Mary Beth Ofstedal，2003）。

这项研究的作者认为，还有很多其他的指标可以衡量老年人口所面临的不利境况，性别不应该凌驾于所有这些指标之上。我们应该采取更加均衡的研究取向，同时关照老年男性和女性所面临的不利处境，这将能够为当代以及将来的老年人提供更大的帮助。

与衰老相关的问题

生理变化

每个人都知道，随着年龄的提高，人体会出现一些特定的生理变化。白发、皱纹、体重下降等都是衰老在身体上的表现。在衰老的过程中，人的感官会越发迟钝，视觉、听觉、味觉、触觉和嗅觉等都会变弱。事实上，2006 年，在 65 岁以上的人口中，超过 17% 的人报告说他们的视力下降了，同时有 11.4% 的人报告说他们在听觉上面临困难（National Center for Health Statistics，2007）。这些比例要高于所有其他年龄组的相关数据。

在我们的社会中，许多人将衰老同下面的特征联系起来：变得更加虚弱，并且从事日常活动的能力下降了。这种倾向背后隐含的情绪会导致针对老人的偏见和歧视。

年龄歧视（Ageism）

自从 25 岁开始，史蒂夫·理查森（Steve Richardson）便开始以承包人的身份为"动态解决方案"（Dynamic Solutions）工作。如今，他快要过 65 岁的生日了，他的年轻上司正在向他施压，催促他退休。尽管公司准备向他提供优厚的退休待遇，但他感觉他们正试图以文雅的方式赶他出门。对史蒂夫来说，工作是其生活的一个基本组成部分，他根本不想现在就退休。史蒂夫的主顾将史蒂夫视为一个过时的员工，在年轻时他曾经不辱使命，但现在

全球视野　日本的老人

我们常常把需要他人帮助的老人看作虚弱的和令人烦恼的。在我们生活的文化中，年轻和自立如此受到推崇，以至于我们中的许多人都害怕变老和失去独立性。

不过，在日本等一些国家中，老人则受到尊敬，因为年龄与智慧联系在一起。在日本，自从1966年以来，每年的9月15日被设定为"敬老节"（Respect for the Aged Day）。三世同堂的家庭在日本相当普遍。这些家庭鼓励尊敬老人，其方式是增强孩子们与祖父母或外祖父母之间的情感联系（Global Action on Aging，2000）。

日本是世界上人口老龄化程度最高的国家，65岁以上的人口占全国人口的比例达到21%，预计到2050年该比例将升至40%（Mari Yamaguchi，2008）。与美国的人口一样，日本人口的生育率在下降，而预期寿命则在上升。不过，随着独立居住的老人逐渐增多，三世同堂的家庭不断减少。与此同时，日本老人中的自杀率急剧攀升（U.S. Library of Congress，2008）。

除了抑郁之外，对经济状况和健康护理的担忧被认为是导致日本老人自杀的最主要原因。由于家庭提供的支持减少了，因此老人被孤立起来，并且不得不依赖他们自己的收入和退休金。日本经济的下滑和老龄人口的增加使得社会难以向老人提供他们能够支付得起的健康护理服务。由于日本的老人在一个将老人尊为智慧的灯塔的文化中长大，因此面对上述变化，日本老人更加难以适应（U.S. Library of Congress，2008）。

活动　日本的变化如何反映了老龄化的全球趋势？在美国和其他发达国家中，是否出现了同样的趋势？

已经毫无用处。尽管这个故事是我的虚构，史蒂夫·理查森和"动态解决方案"事实上并不存在，但类似的情形在美国每天都在发生。伴随着人口和劳动力的老龄化，与年龄歧视有关的新问题开始出现。所谓**年龄歧视**，指的是

年龄歧视：指的是完全以年龄为依据的偏见和歧视。

完全以年龄为依据的偏见和歧视。

工作场所是年龄歧视的主要领域。雇主希望雇用的是精力充沛并且愿意长期工作的员工。在雇主看来，年龄太大的员工不仅在工作绩效方面表现较差，而且更可能辞职，因为他们并不真正需要这份工作。从技术的角度来讲，以年龄为基础来决定是否雇用是非法的，但是，很多老年人在寻求新的工作机会方面确实面临着困难，或者他们被要求放弃正在从事的工作。在2008年的总统选举中，许多专家认为，共和党候选人约翰·麦凯恩的年龄是一个劣势。而另外一些人则认为，他的年龄实际上构成了优势，因为那意味着多年经验的累积。麦凯恩时年72岁，他是美国历史上参与总统竞选的年龄最大的人（Dana Bash，2006）。

电视和电影是传播年龄歧视的主要渠道，因为娱乐节目倾向于关注年轻而富有吸引力的对象。老年人常常被刻画得老态龙钟或者虚弱不堪，甚至径直被忽视。老年电影明星——尤其是其中的女性——已经表达了对难以获得角色的不满。老年女星必须应对"双重风险"：性别和年龄。这两个因素对她们职业生涯的衰落产生了很大的影响（Anne E.Lincoln and Michael Patrick Allen，2004）。

总体来说，在电影和电视产业中，女性获得了与男性大致平等的地位，无论是在就业方面还是在报酬方面。不过，娱乐行业首先和最为重视的是身体的魅力，看起来，它不愿意为年老色衰的女性提供发展的空间。在一个推崇美貌和年轻的社会中，老年人被弃置在一边。对衰老的这种负面认知将会使我们在步入老年时对生活产生不满。

社会学思考：关于衰老过程有哪些理论？

◎ 功能论——淡出社会

在到达老年阶段时，人们的社会角色会发生怎样的变化？许多功能论者认为，老年人将会放弃原有的社会角色，并开始在社会中扮演新的角色。在退休或者丧偶之后，他们就会逐渐淡化劳动者或配偶的角色。功能论者用淡出论（disengagement theory）来描述衰老的过程。**淡出论**认为，老年人与其他社会成员之间互动的减少是不可避免的，这是双方互动的结果，同时对于个人和社会来说都是可以接受的（Elaine Cumming，Lois R.Dean，David S.Newell，and Isabel McCaffrey，1960）。

社会让不断衰老的人逐渐从重要的岗位上脱离出来，以保证社会体系不会陷入混乱。淡出论认为，退休的功能在于降低那些将要死亡的老年人在社会上的重要性，这样可以使社会运转得更好。只有在老年人腾出空间之后，年轻人才可以填充进来。

社会在死亡和日常生活之间设定了距离。死亡会扰乱很多的社会功能，而退休则可以降低重要人物突然消失的可能性。退休使得拥有新思想的新一代有机会推动社会的进步。年轻人得到提拔，而成本高昂的年老劳动者则被安排休息。

据卡明（Cumming）等人所言，淡出的过程是内在固有的，并且对大多数老年人来说是合意的（Elaine Cumming，Lois R.Dean，David S.Newell，and Isabel McCaffrey，1960）。不过，某些社会学家持有不同意见。一些社会学家发现，参与活动（如志愿活动）的老年人"最为幸福，并且对生活表达出的满意度是最高的"（Jaber F.Gubrium and James A.Holstein，2000）。我们将在下文讨论的互动论者常常会赞同这个观点。这一理论的其他批评者认为，在很多情况下，老年人并不是自愿放弃其角色的。相反，他们常常是在权力的逼迫之下离开岗位的。而雇主之所以迫使他们离开，是因为觉得他们年龄太大难以胜任工作，或者雇主难以承受高额的雇佣成本。

◎ 符号互动论——选择积极的生活方式

符号互动论者研究的是一些因素（如环境和社会关系）如何影响人们

淡出论：认为老年人与其他社会成员之间互动的减少是不可避免的，这是双方互动的结果，同时对于个人和社会来说都是可以接受的。

体验衰老的方式。社会学家查尔斯·库利（1864—1929）认为，人们通过与社会中他人的互动来发展"自我"。自我的发展贯穿人的一生，所以，在我们衰老的过程中，社会互动对我们而言仍然是非常重要的。符号互动论者认为，成功的衰老是一个"多面向的现象，它不仅包括健康，还包括心理上的安宁、角色的整合以及社会参与"（Robert Crosnoe and Glen H.Elder，2002）。换句话说，这些理论家信奉**活动论**（activity theory）。这种理论主张，通过发展新的兴趣、爱好、角色和关系，人们能够持续地参与生活，令人满意的生活正是建立在不断参与的基础上的。

老年人口能够保持活跃的一种方式是参与志愿活动。在社会学家李云清（Yunqing Li）和肯尼思·费拉罗（Kenneth Ferraro）看来，志愿工作对社会生活是有益的，并且为人们提供了机会，使得他们能够在一生中保持参与的状态（Yunqing Li and Kenneth F.Ferraro，2005）。志愿活动能够减少老年人的抑郁情绪，并提高他们对生活的满意度。为什么志愿活动具有这种积极的效果？与任何其他的助人活动一样，志愿活动赋予老年人的生活以意义和目的。与他人互动还可以帮助老年人应对丧失配偶或者亲密朋友的痛苦，并强化他们与别人的关系。

◎ 冲突论——衰老与不平等

与功能论者和符号互动论者不同，冲突论者关注的是权力和经济力量如何影响社会中的衰老。倾向于从冲突论的视角观察衰老的人可能会关注以下问题。首先，他们强调，年龄歧视与其他类型的歧视——如种族歧视和性别歧视——并无不同。通过给老年人贴上负面的标签，社会将他们与其他人隔离开来。

以退休为例，它究竟是为谁的利益服务的？几年前，我所从教的大学对于提前退休的工作人员提供买断服务的奖励。如果哪位教师愿意提前退休，

活动论：通过发展新的兴趣、爱好、角色和关系，人们能够持续地参与生活，令人满意的生活正是建立在这种不断参与的基础上。

社会学思考 艾滋病和衰老

2007年，全世界的艾滋病病毒感染者和艾滋病病人约有3 300万。你会发现，其中大部分人生活在世界上的贫困地区，例如撒哈拉沙漠以南的非洲和东南亚：在前一个地区中，约有700万人感染了艾滋病病毒；而在后一个地区，则有170万人受到了感染（World Health Organization, 2008）。在3 300万人中，女性有1 500万人，15岁以下的儿童有200万人。据估计，已经有200万人死于艾滋病（UNAIDS, 2008）。

让我们再看一下图表。如果对某个地区的艾滋病病毒感染者规模和该地区人口在出生时的预期寿命进行比较，你就会发现一个有趣的现象，即两方面的数据是相关的。在艾滋病高发的地区——如非洲和亚洲，人口在出生时的预期寿命也比较低。为什么会这样？我们在前面讨论过，贫困会对个体的健康产生负面的影响，这常常是因为贫困者无力支付他们所需要的健康服务，或者他们无法获取这些服务。同样需要注意的是，这些地区的婴儿死

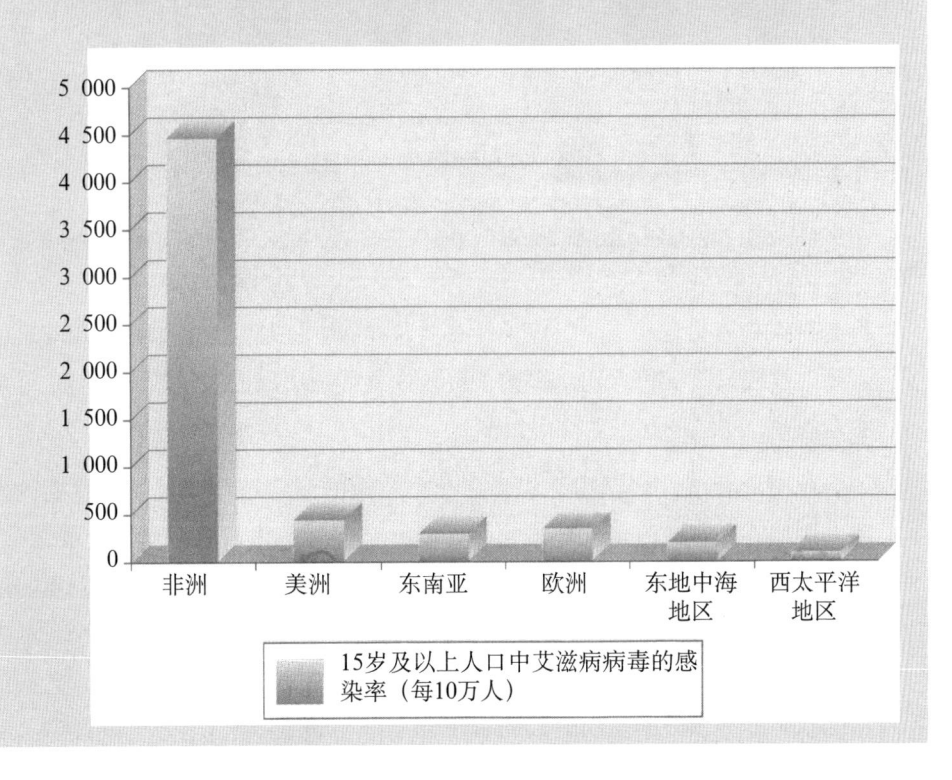

亡率较高，这也会降低该地区人口的预期寿命。此外，虽然某些治疗可以推迟艾滋病的发病时间，但是，在非洲或亚洲贫困地区生活的很多人可能很难得到这些治疗。

无论是什么原因，数据都表明，在预期寿命低的地区，感染艾滋病病毒的人比较多。在某些地区（如非洲），假如艾滋病方面的信息和治疗变得更加普及，该地区人口的预期寿命将会发生怎样的变化？

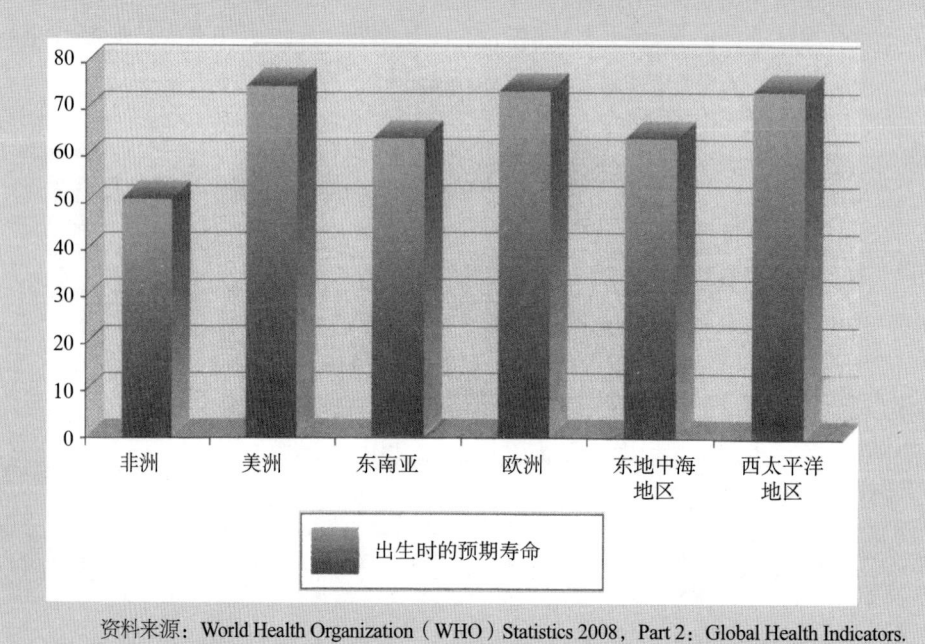

资料来源：World Health Organization（WHO）Statistics 2008，Part 2：Global Health Indicators.

将会得到一笔奖金。一个组织为什么要这样做？这是因为，如果雇用年轻的老师，学校只需支付入门水平的工资；如果继续雇用已经从教 25 年至 30 年的老教师，学校的花销要高出很多。

冲突论者或许会认为，年龄在社会政策的制定过程中发挥着重要的作用。例如，联邦政府最大的支出项目是社会保障，占所有政府开支的 23%。如果再算上政府在老年保健医疗制上的投入，比例将增加 12 个百分点，这意味着政府在退休者、残疾人以及他们的抚养对象和遗属身上的总投入约占全部政府开支的 35%。作为这种支出的结果，在过去的 30 多年中，老人的贫困水平下降了一半（U.S. Census Bureau，2008）。老人所享受的政府补贴

理论沉思

为什么会存在年龄分层？

功能论

功能论者认为，老人无论如何都是濒临死亡的群体，将他们从重要的社会岗位上撤离下来，有利于社会的正常运转。因此，退休可以帮助社会和老人从工作以及其他社会事务中脱离出来。功能论者卡明从淡出论的角度对衰老进行了探讨。老人的身体不断衰弱，并逐渐逼近死亡。这种景象会扰乱年轻人的工作伦理，并阻碍社会正常功能的发挥。为了避免这一点，社会逐渐将责任转移到年轻人肩上，而老人则逐步退出工作领域。社会发展出社会保障和退休项目，以向离开工作场所的老人提供支持。(Elaine Cumming, Lois R.Dean, David S.Newell, and Isabel McCaffrey, 1960)

符号互动论

符号互动论者对衰老的思考主要聚焦在老人对生活的满意度上。活动论主张，如果老人参与大量的活动，那么他们更可能拥有较高的生活满意度。如果没法继续工作，那么将过去用于工作的时间和精力转移到其他领域就是非常重要的。所罗门·阿布-巴德（Soleman Abu-Bader）、阿尼萨·罗杰斯（Anissa Rogers）和阿曼达·巴拉什（Amanda Barusch）开展的一项研究发现，老人的生活满意度包括四个核心成分：身体状况、情感健康、社会支持和内外控倾向（locus of control）。其中，身体健康状况是总体生活满意度的最重要指标。(Soleman H.Abu-Bader, Anissa Rogers, and Amanda S.Barusch, 2002)

冲突论

依据年龄，社会可以被分为多个阶层，其中中年人拥有最大的权力并掌握最多的资源。年轻人和老年人被排挤到一边，他们更可能跌入贫困的生活状态中。人们把老人看作被淘汰的、无能的劳动者。为了给年轻的、更有能力的劳动者让路，他们被迫放弃工作。这种形式的年龄歧视让我们想起了卡尔·马克思，他曾说，由于资本主义社会关注的是利润，因此它没有给缺乏生产力的劳动者留下任何空间。随着老人的生产力不断下降，他们对于社会的重要性也不断降低，所以他们被迫离开重要的岗位，之后便在很大的程度上被忽视了。

根据社会的物价水平进行调整，这在美国的各个人口群体中是独一无二的。这意味着，随着生活成本的提高，老人的福利也会自动上调。另外，老人也是唯一能够确保享受健康护理保险的群体。现在，让我们看看，都是哪些人在投票。无论是在注册的选民中，还是在实际参与投票的选民中，年龄在65岁以上的人口都占有最高的比例。你认为这些事实之间有联系吗？冲突论者对此会说些什么呢？（U.S. Census Bureau，2008）

总结

健康和衰老如何影响社会分层？

- 种族、年龄、社会阶层和性别都会影响健康；例子：相对于较低社会阶层的成员，来自较高社会阶层的成员能够享受到更好的健康护理服务，因而他们一般拥有更好的健康状况

关于衰老过程有哪些理论？

- 功能论：在年老的过程中，人们减少与他人的互动。这种实践是不可避免的，它是由互动双方共同促成的，并且对个人和社会来说都是可以接受的
- 冲突论：社会为老年人贴上负面的标签，从而将他们与其他人隔离开来
- 符号互动论：成功的衰老过程包括健康、心理的安宁、角色的整合以及社会参与

第13章

犯罪和法律体系——社会如何回应犯罪和越轨？

- 什么是犯罪？
- 犯罪为什么会存在？

早年，我曾经在监狱里进行拓展实习，并注意到很多与雷曼所提到的相同的情况：在我们过于拥挤的监狱中，大部分罪犯都是穷人且未得到过足以改变他们环境的机会。我工作过的地方，时常会有三倍于名额的申请人申请参加心理咨询这样的治疗计划。更糟的是，成千上万的囚犯耗尽了所有的计划资源。我工作过的一个监狱，曾计划每个囚室只关押一名罪犯，但在过去的五年间，每个囚室塞进了至少三个或者更多的犯人。在美国，什么才是犯罪的真相？犯罪的下场是什么？是如何被处理的？在这一章中，我们将调查这些和其他问题，以使我们能充分地去讨论这些问题。

主题：什么是犯罪？

◎ 越轨行为与犯罪

大部分罪犯被收押是因为他们犯了法，但是我们怎么才能判定哪种行为是有罪的？**越轨**行为是对规范的一种背离，例如，社会上大多数人都将青少年把头发染得像霓虹灯一样的行为视为越轨行为。一些在社会上被认为是越轨的行为其实并非必然违法——例如长时间不洗澡——不论你多么的希望它们不存在。然而，一旦这种背离规范的行为被写入了法律规章，就会被认为是**犯罪**，超速驾驶就是一例。那些专攻**犯罪学**的社会学家们正系统地研究犯

越轨：是对社会规范的背离。

犯罪：是对写入法律的规范的触犯。

犯罪学：一门对犯罪、越轨行为以及与刑事司法制度相适应的社会政策进行研究的科学。

罪、越轨行为以及与刑事司法制度相适应的社会政策。

什么是越轨

如果越轨是指对社会规范的背离，那么我们如何判断某项行为是否越轨？社会学家运用四种特性来定义越轨行为。

1 越轨与时间有关。越轨的定义随着历史的变化而变化，因此我们现在认为越轨的行为可能在未来就不是了。一百年前，女人穿裤子被认为是越轨行为；现在，女性身着裤装早已司空见惯。

2 越轨行为与文化价值观有关。我们如何标签一个问题取决于我们的价值观，文化价值来自宗教、政治、经济或者哲学准则。例如，在荷兰，对晚期病人实施"积极安乐死"在某些情况下是合法的。而在美国，安乐死则被视为谋杀并且会受到相应的惩罚。不同的文化对于安乐死的定义也不尽相同。

3 越轨是一个文化共相。在任何一种文化和社会中都可发现越轨行为。无论一个社会建立了何种规范，你总能发现一小部分破坏规矩的另类。

4 越轨是社会建构。每个社会都会区别地看待一些行为。如果社会容忍一种行为，它就不再是越轨的。例如，美国在20世纪二三十年代早期禁止喝酒并制定了禁酒令，但今天，喝酒已稀松平常。

街头犯罪

虽然有很多种形式的犯罪，但当人们提到"犯罪"时，更多的是在谈论"街头犯罪"。**街头犯罪**指代了很多不同类型的犯罪行为，例如盗窃、强奸和攻击行为。街头犯罪已成为大部分犯罪学研究的焦点，但你可能想知道到底有多少犯罪行为。接下来的一节将会讨论街头犯罪和它的统计。

犯罪统计

看一个小时像《犯罪现场调查》(*CSI*)这样的节目之后，你可能会认为

街头犯罪：是指不同类型的犯罪行为，如盗窃、强奸和攻击行为。

第 13 章　犯罪和法律体系——社会如何回应犯罪和越轨？ | 313

> **链接**　犯罪和媒体
>
> 现实世界的警察工作完全不像警匪剧。现实世界的大部分犯罪是危害公共治安和财产遗失，但是大部分新闻报道都关注枪战或毒品案件。黄金时段的电视剧无法兼顾两者。马库斯·菲生（Marcus Feison）用"对犯罪戏剧式的谬见"来描述媒体如何在新闻报道和娱乐节目中勾画了一个关于现实犯罪的虚假画面（Marcus Felson, 1998）。
>
> 大部分警察从未扣动过他们的扳机。他们大部分时间都是在执行一些单调乏味的任务，比如"在附近巡逻，请人们安静一点，倾听一些对于犬吠的抱怨，开会，等待法庭传唤"（Marcus Felson, 1998）。
>
> 事实上，大部分犯罪行为都相当无聊和琐碎，例如青少年喝酒和他们偷钱买更多的酒。这确实没有什么故事可去报道，媒体制作人喜欢更轰动震撼的事情。
>
> **活动**　花两三个晚上观察不同的警匪剧和地方新闻，记录下所表现的各种犯罪类型。然后根据当地的报纸核实警方记录，用以观察现在正在侦办什么类型的犯罪。你发现有什么不同？

警察都能够像电视中那样去破案。但不幸的是，现实世界并不像演的那么容易。例如，我的车胎被盗，当询问警察何时才能拿回我的车胎时，他会说："可能永远也拿不回来。这类的案件实在太难破了。"

犯罪报告和全国犯罪受害人调查

侦查工作中经常被电视剧所忽略的另一面是警察必须记录的文书工作。文档中的信息对理解犯罪统计学至关重要。犯罪学家使用两种原始数据去衡量街头犯罪的数量：犯罪报告和全国犯罪受害人调查。联邦调查局收集**犯罪报告**（UCRs），这是一种对官方报告的犯罪统计。**全国犯罪受害人调查**（NCVS）则

> **犯罪报告**：是从警方报告和记录中收集的对于已报罪行的警察官方统计。
>
> **全国犯罪受害人调查**：对犯罪受害人的测量，该测量建立在全美超过 70 000 个家庭的典型案例的基础上。

是通过抽取全美 70 000 多个家庭的代表案例来衡量犯罪受害人状况。

犯罪报告仅仅囊括了已上报的犯罪数据，所以当一辆汽车报失时，它就会成为犯罪报告的一项统计。这项报告同样会列出由八种犯罪构成的**犯罪指数**，包括了四项暴力犯罪——杀人、强奸、抢劫和恶意攻击，以及四项财产犯罪——入室行窃、非法侵占他人财物、机动车盗窃和纵火。

犯罪学家知道许多罪行是没有被记录在案的，所以他们同时参考全国犯罪受害人调查数据。全国犯罪受害人调查数据的总量比犯罪报告更多。比如，2002 年犯罪报告只报告了不到 1 200 万件案例，然而全国犯罪受害人调查显示大概有 2 300 万例罪行。这支持了犯罪学上的首要定律——大约有一半的犯罪是没有报案的。

犯罪趋势

犯罪报告和全国犯罪受害人调查数据也常常用于推测犯罪趋势。犯罪率的时时变动是其唯一不变的特征。在美国，绝大多数犯罪都属于财产犯罪。2006 年，财产犯罪占已报犯罪总数的 88%，暴力犯罪构成了剩下 12%（*Federal Bureau of Investigation*，2002），这些趋势与媒体所描绘的犯罪形成了鲜明对比。

性别与犯罪

纵观整个历史，男性犯罪通常会多于女性。即便时间更迭，美国街头犯罪的人口统计学特征依然没有什么太大改变。事实上，被逮捕的罪犯中 77% 为男性（*Federal Bureau of Investigation*，2002）。这是一个十分重要的统计，因为男性占全国人口的比例不到 50%（*U.S. Census Bureau*，2000）。当然，犯罪趋势也体现了其他特征。

种族与犯罪

虽然犯罪统计中的性别差异相当容易辨别，但种族与犯罪之间的联系却

犯罪指数：由用于测量犯罪的八种违法行为所组成：杀人、强奸、抢劫、恶意攻击、入室行窃、非法侵占他人财物、机动车盗窃和纵火。

依然存有争议。主要问题在于美国历史上长期存在的种族主义。非洲裔美国人占人口总数的 12% 左右，但他们占美国监押人口中的 27%（*U.S. Census Bureau*，2000）。这样的比例失衡是暗示非洲裔美国人更容易犯罪，还是刑事司法制度的区别对待呢？

一些人声称警方有差别的执法实践需对这些数据负责。种族歧视评判是一项建立在种族基础上的警方实践。科尔（Cole）表示交警多数拦截有色人种（David Cole，1999）。杰弗里·雷曼（Jeffrey Reiman）暗示警方选择逮捕穷人是因为穷人更容易被逮捕且更容易被宣判有罪。富人付得起高昂的律师费，而穷人只能使用公共辩护人系统。这样就增加了官方统计里种族歧视的机会，因为在美国，少数族裔代表了穷人阶层。

社会阶层与犯罪

虽然贫民窟的犯罪率更高，但这不必然表明生活于底层的人们更有可能犯罪。所以说社会阶层和犯罪行为之间的数据联系难以解释。若干研究表明贫困人群的被捕率更高（John Braithwaite，1981 etc），但这并不意味着每个居住于贫民区的人都会犯法或更可能犯法（Elijiah Anderson，2002）。

从另一方面来说，雷曼表示上流阶层被起诉的几率与穷人不同。例如，在所有 50 个州中，携带超过 5 克高纯度可卡因就会获最高五年的刑期。但若个人私藏可卡因粉末，只有达到 500 克才会被判相同的刑期（Alexandra Marks，2007）。而事实上，穷人更可能携带高纯度可卡因，而富人则通常私藏可卡因粉末。

例如，在一场不必要的外科手术中，医生意外造成病人死亡就不会以过失杀人罪被刑拘。同样，雷曼暗示白领犯罪是不会被报道的，因为人们想要避免丑闻。此外，我们也不会收集官方关于白领犯罪的记录，因此也就无法得知此类事件的准确发生率了。

年龄与犯罪

基本上，犯罪是年轻人的游戏。这一观点得到了年龄和犯罪行为相关关系的支持。被捕犯人的年龄峰值分布在 15~25 岁之间。此后，犯罪率便呈缓慢却十分稳定的下降趋势。其他文化和历史内的相关数据也证明了这一论点（Michael Gottfredson and Travis Hirschi，1990）。

在犯罪学中，年龄和犯罪率之间的关系是十分明显。斯坦芬斯麦尔（Steffensmeier）和阿雷（Harer）认为，20世纪80年代时期犯罪率下降60%的原因是15~24岁人群总数的下降（Darrell Steffredson and Miles Harer，1991）。当讨论犯罪时，很明显，年龄惹的祸。

对街头犯罪的国际比较

为了对美国犯罪有更好的认识，社会学家经常进行国际比较。然而对研究者而言，进行犯罪数据的国际比较会产生新的问题。我依据下面的标准选择了一些与美国十分相似的国家：它们普遍比较富有，并且都保有完好的犯罪数据。同时我也罗列了一些潜在的复杂因素：

（1）犯罪数字准确性无法确定。一些国家为了维持旅游业的繁荣，故意篡改并公布已降低的犯罪率数据。

（2）国家之间对于犯罪的法律界定也不相同。一些国家不承认婚内强奸是犯罪行为，一些国家的合法药物在美国是违禁的。

（3）数据收集方式的不同导致上报犯罪行为的数量不同。一些国家具有值得信赖的数据收集体系，一些国家则没有。

（4）文化多元带来了预防、惩罚和控制犯罪的程序的多元化。

社会对于犯罪和越轨的反应

为什么一些事是非法的而另一些却不是？法律的制定来自两种基础模型：共识模型和冲突模型。**法律共识模型**认为法律的产生是因为人们看见了某个他们不喜欢的行为，并同意将其非法化。例如，几乎所有人都认为虐待儿童是错误的，反虐待儿童法的产生就是来自人们对虐待儿童的一种共识。

法律冲突模型认为当权者编写法律是为了维护个人私利，并惩罚那些

法律共识模型：认为法律的产生是因为人们看见了一个他们不喜欢的行为，并且支持将其非法化。

法律冲突模型：提出有权势的人编写法律是为了去惩罚那些他们希望控制的行为以保护他们的私利。

他们希望控制的行为。杰拉德·桑德斯（Jerald Sanders），亚拉巴马州的一个小混混，偷了一辆价值60美元的自行车。亚拉巴马州有一个"三击出局法"（three-strikes law），由于这是桑德斯第三次实施小型重罪，因此他被判无期徒刑（Adam Liptake，2003）。而玛莎·斯图尔特（Martha Stewart）被判伪证罪并获两年监禁，尽管只是关乎几千美金的伪证（Susan Saulny，2004）。

惩罚

所有的社会都会打击破坏规则的人。历史上的惩罚经常是严酷的，包括了肉体折磨、流放、强制式奴隶制或死刑；也包括了给犯人带上手脚镣铐，置于城镇的广场上进行羞辱。

羞辱是刻意地对某个行为赋予负面含义的做法。约翰·布雷思韦特（John Braithwaite）认为羞辱既可是侮辱性的也可是再造性的（John Braithwaite，1989）。**侮辱性羞辱**是一个罪犯身上的永久标签，这个永久标签会增大他再次被捕的机会。在美国，当我们要求曾经的囚犯在他们的工作申请或购房表上填写他们过去的罪行时，就是在对他们进行侮辱。**再造性羞辱**是为了让罪犯受罚之后重新回归社会。法庭将裁定惩罚措施，例如赔款、社区服务和监禁时间。然而，在惩罚之后，罪犯身上就不再有任何污点。

美国的法律体系依赖于**威慑**，用对后果的恐惧来杜绝人们去做某些事。**一般威慑**用于确保普通人不犯罪，因为他们会看见施于他人身上的负面后果，并且他们也惧怕承受这些后果。监狱就是对多数人的一般威慑。**特定威慑**用于那些已经触犯法律或已受惩罚的个人。当我们送一个罪犯去监狱时，我们

羞辱：明显刻意地对某个行为赋予负面含义。
侮辱性羞辱：是一个罪犯身上的永久标签，这个永久标签会增大他再次被捕的机会。
再造性羞辱：为了让罪犯受罚之后重新回归社会。
威慑：用对后果的恐惧来杜绝人们去做某些事的一种手段。
一般威慑：确保普通人不犯罪。因为他们会看见施于他人身上的负面后果，并且他们也惧怕承受这些后果。
特定威慑：是改变已犯法或已受罚者心态的一种手段，使他们不会再次犯罪。

社会学思考　新西兰的再造性审判

全世界的犯罪司法程序都在对再造性羞辱的想法进行实验。在新西兰，警方官员采用让家庭成员与少年犯面谈的方法，让父母取代少管所的位置，目的是在家庭中解决问题以避免对青少年进行标签。当其返回社区时，是作为一个犯了错误的孩子，而不是年轻的罪犯。

虽然这个方法的有效性现在仍在测量，但警方官方取得的初级样本显示了他们对这个计划的坚持。他们在工作中对再造法律哲学的运用，给予了他们让许多家庭和孩子重获新生的景象。因此，他们报告这种做法阻止了再次犯罪。（L.Thomas Winfree，2004）

全球视野　美国：持枪率世界第一

为什么美国在所有工业化国家中拥有最高的谋杀率？一些人谴责松散的枪支管制，另一些人认为是因为民族的暴力史，还有一些人争辩是因为国内的不平等。毋论原因，有一件事是很明显的：美国的谋杀率是其他发达国家的三倍多（J.N. van Kesteren，2000）。

下方的图示展现了不同国家在强奸和抢劫方面的犯案率。所选的国家与美国十分相似，可与美国的犯罪行为进行适当的比较。正如数据所示，在抢劫方面英国稳居第一，加拿大则拥有最高的强奸率。这两项犯罪率在美国也很高，但很明显不是最糟的。

财产犯罪呈现出另一幅画面。下图提供了四种非暴力犯罪的数据：偷窃、机动车盗窃、毒品犯罪和入室行窃。总的来说，其他国家的财产犯罪发生率比美国要高。

国际犯罪行为的比较混淆了视听。在美国，被谋杀的概率可能会增加，但是财产受损的机会则会大大降低（J.N. van Kesteren，2000）。

国际犯罪率的比较显示了犯罪在所有工业化国家都很普遍。某些人士暗示这种情况的发生是因为工业化社会拥有更多价值高但重量轻、易偷易销的

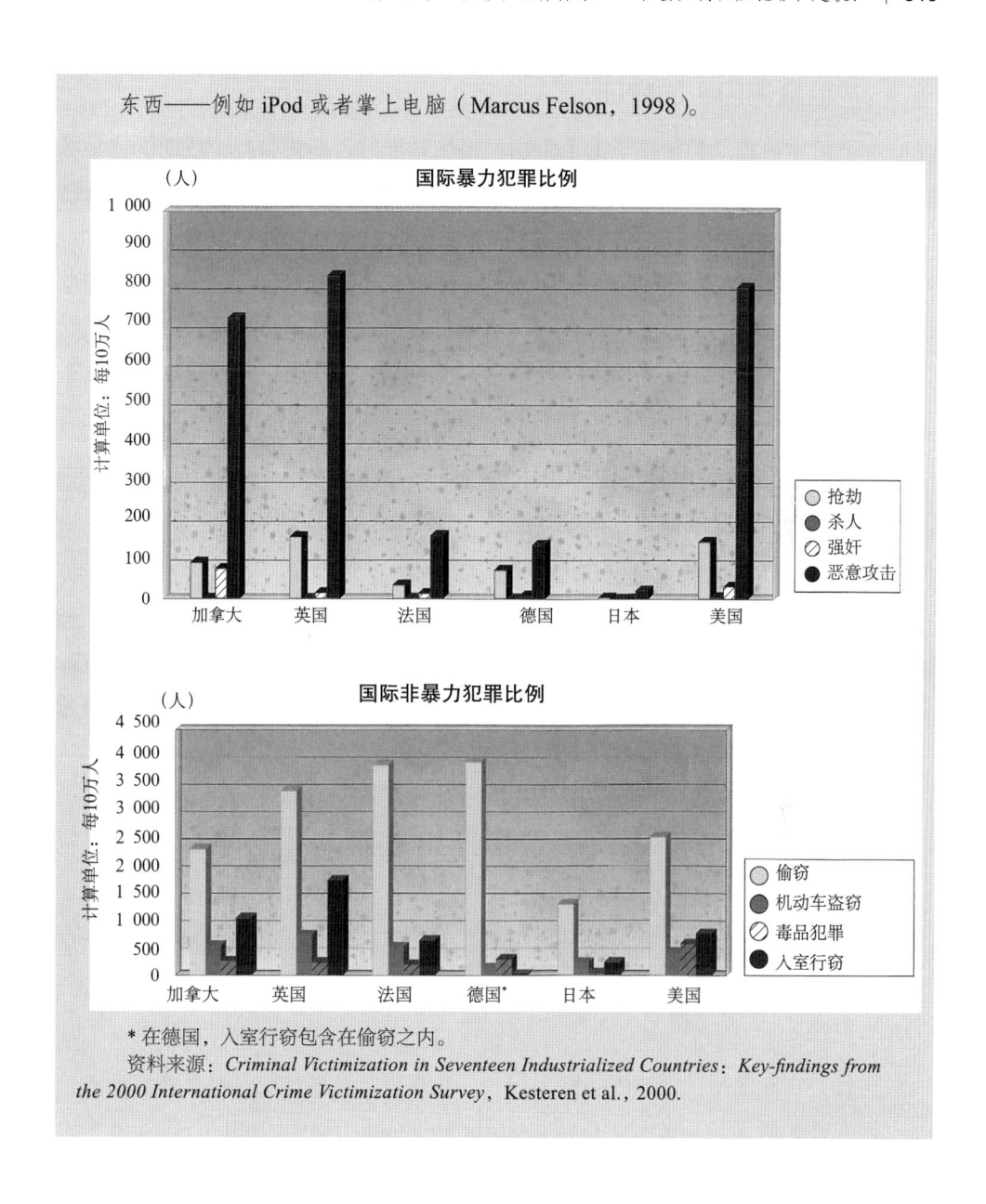

东西——例如 iPod 或者掌上电脑（Marcus Felson，1998）。

国际暴力犯罪比例

（计算单位：每10万人）

图例：抢劫、杀人、强奸、恶意攻击

国家：加拿大、英国、法国、德国、日本、美国

国际非暴力犯罪比例

（计算单位：每10万人）

图例：偷窃、机动车盗窃、毒品犯罪、入室行窃

国家：加拿大、英国、法国、德国*、日本、美国

* 在德国，入室行窃包含在偷窃之内。

资料来源：*Criminal Victimization in Seventeen Industrialized Countries: Key-findings from the 2000 International Crime Victimization Survey*, Kesteren et al., 2000.

希望他或她会因为在监狱中得到的教训而停止其未来犯罪的步伐。

矫正

矫正制度是刑事司法制度里的最后一个环节，它监管着那些已定罪的人。在过去的 20 年间，美国囚犯总数呈稳定上升趋势。

监狱和囚犯的特征

监狱是犯罪司法体系的杀手锏。根据其罪行，罪犯会在一段时间内被关在一个房间里。在现在的监狱囚犯中，64%的人属于少数种族或少数民族，估计有57%的囚犯未满35岁，21%的人因为贩毒而服刑（*Bureau of Justice Statistics*，2002）。根据美国司法统计局的矫正调查，在美国，每15人中就会有1人（6.6%）一生中会获得一次刑狱。对于某些人群而言，他们被监禁的几率会更大一些（*Bureau of Justice Statistics*，2002）。如先前已讨论的，11.3%的男性会坐牢，而只有1.8%的女性在服刑；32%的黑人男性会进监狱，或是州立的或是联邦的。

州立和地区监狱

你或许会困惑为什么你最爱的警匪片很少发生在明尼苏达州。除了奥斯卡获奖影片《冰雪暴》（*Fargo*），犯罪片中很少会提及美国北部地区。然而类似于《自由自在》（*The Big Easy*）的电影以及像《富贵浮云》（*The Riches*）、《小偷》（*Thief*）和《K警小分队》（*K-Ville*）这样的电视剧中，总会发现路易斯安那等南部州的故事背景。

2006年全国犯罪报告数据显示，路易斯安那州的暴力犯罪率和财产犯罪率分别为每10万人中的698人和3 994人。而在明尼苏达州，暴力犯罪率是每10万人中的312人，财产犯罪例是3 079.5人。这样就可看出，明尼苏达州的比例更低一些，尤其是暴力犯罪方面，但并非是低6倍。为什么存在这种不一致呢？

证据显示南部州拥有更高的监禁率是因为对犯罪更严厉，而且判的刑期更长；在北部州，判决则会宽大一些。几乎没有证据显示这些更严厉的政策切实地起到了预期效果（James Austin and John Irwin，2001）。雷曼认为由于犯罪率的上升，政客们经常使用"严打"策略来诱惑选民。然而，这样却忽略了南部州大部分穷人和低学历人群的利益。

美国的监狱

矫正司指挥着大部分州的监狱系统。监狱应是改造犯人以帮助他们重新返回社会并适应社会的机构，那么，大多数犯人出狱后又会发生什么呢？

不幸的是，监狱释放的囚犯大多都有着重新入狱的相似结果，这些罪犯被称为**惯犯**。如果重返监狱是监狱系统的一种失败，那么很明显这个体系是失败的。超过50%的犯人在释放后的三年内再次被捕入狱。随着时间推移，重犯率变得越来越糟糕（*Bureau of Justice Statistics*，2002）。

监狱是什么样的？

我的许多学生认为，如果监狱更加严酷，那么重犯率就会下降。他们中很少有人曾去过监狱。美国的监狱是一个越来越拥挤和危险的地方，暴力更是家常便饭。虽然监狱内的谋杀率与自由社会中基本持平，但是强奸和攻击行为会更频繁。犯人只拥有极度有限的自由，没有隐私，又被限制了与亲友间的接触——监狱本不应那么严酷。更糟的是，纵然监禁人数在持续攀高，但美国依然不停地削减医疗和教育计划。简言之，监狱正逐渐变成一个人类大仓库（James Austin and John Irwin，2001）。

监禁成本

关押一个人的实际成本很难去计算。虽然所有的州都会报年度总额，但还是有很多与监禁相关的"隐形"成本产生——被遗留在看护所里的孩子以及必须依靠福利体制生存的家庭。这些社会成本都不能放入监狱的预算中，所以报告的监禁成本中并不包括它们。不过，纳税人会为这些不健全的制度买单。犯罪学家詹姆斯·奥斯汀（James Austin）和约翰·欧文（John Irwin）（James Austin and John Irwin，2001）计算了这些隐形的成本并且得出，每年监禁一个囚犯的实际成本为3万美元，明显高于各州上报的数字。根据这个估值，亚拉巴马州的纳税人需要为桑德斯的12年刑期支付高达36万美元的费用。要知道，桑德斯先生先前还未有过暴力犯罪，他的第三次犯罪仅仅是偷了辆价值60美元的自行车（Adam Liptake，2003）。如果他被判监禁终身，那么这个数字将会大大超过100万美元。

美国监禁率和国际监禁率

类似于"三击出局法"的政策成就了美国比其他同类国家更高的监禁

惯犯：被释放的囚犯再次返回监狱的一种倾向。

率。事实上，美国的监禁率是加拿大的 6 倍，是日本的 13 倍。有一点需要记住，在比较有关监狱人口的国际数据时，你只能使用犯罪率。思考一下，对于国际犯罪和谋杀率，哪些是你已经了解的？是什么导致美国扮演了犯罪和监禁领域国际领导者的角色？

社会学思考：犯罪为什么会存在?

◎ 越轨和犯罪理论的历史根源

大部分犯罪理论都来自法理学两大流派的思想：实证主义学派会问为什么人们会犯罪，古典主义学派会问什么才能让人们远离犯罪。

实证主义学派

实证主义者假设人们是天然的社会人，除非有生物、心理或者社会因素存在，否则不会轻易涉法。对于一个实证主义者而言，这个世界是有秩序的并且存在很多自然法。由于自然法指出万事有因，实证主义者对造成人们以身试法的原因很感兴趣。

犯罪和越轨的生物学视角

内科医生切萨雷·隆布罗索（Cesare Lombroso，1835—1905）相信罪犯具有明显的生理特征：大耳朵、尖细的下颌，以及深陷的眼窝（Cesare Lombroso，1972）。显然这个想法是荒谬的，但科学家依然相信可能存在一种犯罪的生物学原因。在最近的一些调查中，关于犯罪的生物学原因的研究一直在继续，如对男女荷尔蒙差异如何影响犯罪行为的研究。研究表明，更高程度的睾丸激素使得男性比女性更具攻击性，但这能够解释男性与女性之间犯罪行为上的某些差异吗（Alan Booth and D.Wayne Osgood，2000）？

许多现代实证主义者依然在寻找犯罪的生物学诱因。一些人试图测量由基因遗传（James J.Hudziak and Lawrence P.Rudiger，2000）、低血糖

（William Duffy，1975）和血清素（Abdulla Badawy，2003）引起的人脑中化学物质的失衡情况。这些因素都显示与犯罪行为有着千丝万缕的联系，但其统计学上的相关性往往很弱。对于引起犯罪的生物学原因的研究还远远不够完善，并且时常无法将社会因素从中排除。

古典主义学派

当实证主义者在寻找潜藏于犯罪行为之下的原因时，古典主义者则认为人天性自利。古典主义思想家们同样认为人是理性的，并且拥有如何行为的自由选择权。他们的基本问题是什么可使我们远离犯罪。

古典学派强调个体的理性选择建立于快乐和痛苦计算之上。对一个古典主义者而言，大多数人不去犯罪的主要原因是他们惧怕惩罚。因此，如果司法体系的目标是去制止罪行，那么，古典主义学家们相信要制止人们行为，惩罚就必须足够地快、狠、准。

切萨雷·贝卡里亚（Cesare Beccaria）1764年的论文《犯罪和惩罚》（On Crimes and Punishments）对西方世界看待正义和罪恶的方式有着巨大影响。贝卡里亚认为，一个法制体系必须平等地对待所有人，保护他或她免于政府权力的伤害。事实上，我们权力法案中的很多思想都来自贝卡里亚。他坚信我们需要一个公平的法制体系以真正制止犯罪（Cessare Beccaria，1963）。

另一个古典主义学者杰米尔·边沁（Jeremy Bentham，1748—1832）相信，人们生来就是快乐主义者，好逸恶劳。作为威慑想法的坚定支持者，边沁觉得如果人们惧怕惩罚的痛苦，那么他们就会避开犯罪的快感。然而，这个惩罚必须足够严酷以制止他们，但是不会过于严酷而让他们远离社会。换句话说，应罪罚相当（Jeremy Bentham，1970）。

犯罪和越轨的心理学视角

美国精神医学会（APA）声称罪犯都患有一种"反社会"的人格障碍，这种人格障碍导致他们无法遵守与合法行为有关的社会规范，反而会重复某些会被逮捕的行为（DSM，1994）。根据APA的说法，犯人都是冲动的、具有攻击性的和易怒的，并且他们会为他们的行为撒谎同时不会有任何自责情绪。

赫希（Hirschi）和欣德朗（Hindelang）支持犯人往往智商较低的说法，因为智商与未成年人犯罪之间的关联很强（Travis Hirschi and Michael J Hindelang，1977）。斯坦顿·沙门诺（Stanton Samenow）推测事实上罪犯只是想法错误，包括惯性撒谎、视他人财物为己物、毫无根据的乐观、害怕受伤或侮辱，并且自我形象过度膨胀（Stanton F.Samenow，2004）。

关于犯罪的心理学理论倾向于实证主义，将责难强加于个体的某个非正常的问题之上，例如低智商或者想法错误。社会学理论倾向于将犯罪视为一个社会问题。让我们来看看这些犯罪理论。

◎ 对犯罪和越轨的功能性解释

功能论认为犯罪是对某些社会因素的一种反应，理论家们于是致力于寻找滋生犯罪的原因。埃米尔·涂尔干注意到犯罪和越轨都是应时而生的，因为它们满足下面三种需求：

（1）犯罪标明了道德界限。我们往往并不知道我们喜欢什么，直到我们看见了那些我们不喜欢的事物。

（2）犯罪增强了社会凝聚力，因为人们会联合起来反对它。人们会联合起来反对公敌，而犯罪分子就是一种公敌。

（3）越轨行为可促使社会体制的变革（Emile Durkheim，1895/1964）。公民的抗议行为能够促使更改法律以改善社会。

失范理论

罗伯特·默顿的失范理论——社会不稳定是因为标准和道德的流逝——认为社会结构导致了越轨行为，具体来说，就是穷人获得成功的机会有限。默顿认为美国人有一个共同目标：财富、住房、事业、汽车和家庭。这些目标的实现往往需要通过教育、工作、创业和一些运气。然而，对于社会下层来说，通往这些目标的路已被封死，所以他们只能采用下面这些方式的一种去适应他们的困境。

1 遵从者接受社会的目标并试图使用社会认可的方式去实现目标。他们遵纪守法，做着一份低薪又无前景的工作。比如一个门卫，他身兼三份工作，却因为薪水太低而无法大展身手。

2 革新者接受共同目标但不接受社会认可的实现方式，取而代之的是，他们采用一些非法方式。例如，一个罪犯不务正业，可能会去偷东西然后再去当铺销赃。

3 仪式主义者接受实现目标的传统手段，但是对物质目标毫无兴趣。社区义工们获得高学历不是用来赚钱，而是为了能够更好地从事人道主义活动。

4 隐避者拒绝这些社会手段和社会目标。这些人或离群索居，或身陷毒品或纵酒问题，或神情恍惚，或无家可归。

5 反叛者运用他们自身的手段去创造新目标，往往致力于大的社会变革（Robert K.Merton，1938）。圣雄甘地就是一个期望通过非暴力不合作的方法改变社会的反叛者。

很少有社会学家目前还认同默顿的理论，然而，它确实清晰地勾画出社会结构与犯罪之间的联系，并且也引起了关于贫穷和犯罪关系的更多思考。这个理论受到批评是因为其对共同目标的假设以及对暴力或精英犯罪缺乏解释力。

◎ 社会互动论

人们之间的互动方式是否会影响犯罪行为呢？罪犯的社交行为往往会影响其触犯法律的可能性。犯罪学家常常将这类理论分为社会过程论和社会反应论。社会过程论回顾了犯罪行为是如何发展的，而社会反应论则试图解释社会反应如何影响犯罪行为。

差异交往论

埃德温·萨瑟兰（Edwin Sutherland，1883—1950）提出了强调犯罪和越轨行为是学习所致的**差异交往论**。例如，青少年在夜色的遮掩之下与同伴偷偷出去闲逛。如果他有一个更小的弟弟，那么这个弟弟或许就会觉得夜晚出游是正常的并且也去学着做。同样地，罪犯间彼此交换他们关于犯罪的态度、价值观、方式和信仰。人们之所以犯罪，是因为他们觉得犯罪行为是可接受和/或正常的。萨瑟兰用下列九个命题来阐释他的理论。很显然，他是一个实证主义者，坚持认为犯罪必须从他人习得。

萨瑟兰的九个命题：

（1）犯罪行为是学习而来的，并非遗传。

（2）犯罪行为通过交流而习得。

（3）学习主要发生在亲密团体之间。

（4）学习的内容包括实施犯罪所必需的技术和特殊方向/动机、理性化和态度。

（5）动机和驱动力的特殊方向是从法律的角度去考量的，例如有利或者不利。

（6）一个人犯了法是因为他逾越了法律的规定。

（7）差异交往论可能因频率、持续时间、先后顺序和强度而异。

（8）通过与罪犯或非罪犯交往从而学习犯罪行为的过程和机制与学习其他行为是一样的。

（9）虽然犯罪行为是一般需求和价值观的一种表达，但是这些需求和价值观不能用来解释犯罪行为。（Edwin Sutherland and Donald Cressey，1978）

社会控制论

社会控制论认为人们都是享乐主义者而且都是自私的。沃尔特·雷克利斯（Walter Reckless）认为内在和外在因素同时控制着行为。他的**遏制理论**

差异交往论：强调犯罪和越轨行为的可学习性。
遏制理论：认为罪犯无法抗拒他们周围的诱惑。

（Walter C.Reckless，1955）认为，罪犯无法拒绝他们周围的诱惑。每个人都有不同程度的自我控制的能力，包括拒绝诱惑的能力、道德感、正直感、自尊、对惩罚的恐惧，以及成为更好的人和做得更好的欲望。外部控制则包括警察、家庭以及我们的朋友。然而，只有内在控制才会影响犯罪，例如，很少有人会在警车前超速驾驶。

特拉维斯·赫希（Travis Hirschi，1969）同意内部控制可预测犯罪，并且认为四种社会纽带——依附、承诺、卷入和信仰——影响我们的自我控制能力。强有力的联系可能会减少犯罪可能。

第一种社会纽带，**依附**是指我们与他人间的关系。如果青少年与遵从者在一起，与那些不抽烟、不喝酒、不吸毒的人交朋友，他们自己也不太可能会做这些事情。**承诺**是指一种对社会认可的生活的接受。上学，就是你承诺接受社会认可的生活。因此随着年龄的增长，我们的行为会更加负责。这样或许可以解释年龄—犯罪的联系？**卷入**是指我们涉入常规事务的程度。那些上学或者有很多课外活动的年轻人不会轻易犯罪，部分是因为他们没有什么时间越轨。最后一个纽带，**信仰**是指一个人对真理的坚持。如果我们相信传统的生活方式是好的，那么我们就不太会背离正常轨道。

每一个纽带都可或联合或单独地作用，以影响个人的内在控制。例如，这个理论会说异装癖的产生是非主流人士（其他异装癖者）之间的互相吸引。他们通过异装的方式将自己融入非主流的行为群中，并且认为这就是正常的和"不错"的。经常参与顺应环境的活动可以加强一个人与传统的纽带，从而增强他/她的信念。同样，低级别的纽带会增加人们从事非主流行为的可能。

依附：是指我们与他人间的关系的一种社会纽带。
承诺：是指我们接受社会认可的生活的一种社会纽带。
卷入：是指我们涉入常规事务的程度的一种社会纽带。
信仰：是指人们对真理的坚持的一种社会纽带。

◎ 符号互动论

标签理论

一些理论家相信某些惩罚会导致未来的越轨或犯罪行为。埃德温·雷梅特（Edwin Lemert）认为存在两种越轨类型：初级越轨和次级越轨（Edwin M.Lemert，1951 etc）。**初级越轨**是指最初的越轨行为本身，例如一群少年决定违法去买啤酒。许多人都会有初级越轨行为，但不会深陷其中。当他们沉迷其中，那就是次级越轨。**次级越轨**是指心理学上的再定位，当某人被逮捕并被贴上标签时就发生了次级越轨。例如，当买啤酒的少年被送入少管所时，他们就会成为"犯人"。他们的朋友和家庭对他们的看法也会改变，从而促使了次级越轨。根据雷梅特的看法，次级越轨往往会鼓励未来的犯罪行为。

◎ 社会冲突论

雷曼声称的"富人更富有，穷人进监狱"是指，如果你是上层社会的一员，你就会远离犯罪行为。社会冲突论常常关注社会阶层、权力、资本与犯罪之间的关系（Jeffrey Reiman，1998）。例如，威廉·伯格（Willem Bonger）认为资本主义因为强调个体自利而导致犯罪（Willem A.Bonger，1969）。资本主义让人们为了财产彼此争斗。对于富人比穷人获刑更轻现象的改善，这依然没有任何帮助。收入和财富的不平等导致了制度的弊端，同时结构的不平等也导致了犯罪。

现代冲突犯罪学家承续了伯格的权力和财富不平等导致犯罪的立场。杰弗里·雷曼（Jeffrey Reiman，1998）认为司法制度的不平等深植于社会阶层之中。虽然冲突理论关注于导致犯罪的结构性原因，但是它们不能解释为什么某些个体会实施犯罪。

初级越轨：最初的越轨行为本身。
次级越轨：心理学上的再定位，它发生于某人被逮捕并被贴上标签时。

◎ 犯罪归因之一般理论

寻找潜藏于犯罪行为背后的动机是归因理论家们的工作。广义的犯罪归因理论试图解释一般性的犯罪行为。某些地方结合了其他理论，例如罗伯特·阿格纽的广义紧张论（Robert Agnew，1992）或古特佛里森和赫希的一般犯罪论（Michael Gottfredson and Travis Hirschi，1990）。

广义紧张论在默顿的社会失范论基础上加入了心理学纽带。阿格纽认为，人们感觉紧张来源于三种情况。其一，如同默顿所说的，人们在积极实现有价

理论沉思

功能论

对于许多功能论者而言，犯罪是社会的一部分。涂尔干注意到犯罪往往就在社会之中，并因此发生作用。对于默顿而言，之所以会有犯罪，是因为一些人追求的美国梦被封死了。因此，人们必须适应，这些适应模式中仅有一种会导致犯罪，但所有一切的发生都是因为制度卡住了人们通向成功的道路。

冲突论

伯格认为，资本主义导致了社会内部的犯罪，因为它教会人们自私和如何最大化地损人利己。资本主义内在的竞争意识导致了财富和权力的不平等。这造成一些人只能用犯罪的方式求得生存。雷曼的观点"富人更富有，穷人进监狱"指出，法律是为富人的利益而制定的。富人制定法律往往只是为了惩罚那些可能只是为了生存而偷窃的穷人。然而，富人的非法行为却常常不被视为犯罪。那些触犯法律却拥有权势的商人往往只受到很少的惩罚。

人们如何被社会化?

符号互动论

埃德温·雷梅特的符号理论清晰地说明了符号在人们生活中的作用。虽然他并未解释初级越轨，但次级越轨的发生是社会对初级越轨行为作出反应的结果。因此，当人们觉得他人只将他们看作罪犯时，他们自己也会自暴自弃。差异交往论进一步确认了自我实现的论断。萨瑟兰认为我们通过社会交往从他人处学习犯罪。举个例子，如果你的朋友们是青少年犯罪团伙成员，那么你或许会认为那样的行为是合理的。为什么? 因为你的朋友会告诉你犯罪不是什么大问题。

值的目标却遭遇失败的时候会紧张。其二，人们在经历不愉快的事件时会觉得紧张，如失业或失恋。其三，负面事件也是紧张的来源，例如侮辱、惩罚或者痛苦。所有这些紧张都可能将人导向犯罪行为。阿格纽相信每个人都会经历紧张，不过犯罪还与个人的应变能力有关。通过学习克服紧张，可以减少犯罪的可能性（Robert Agnew，1992）。

这些人常常饮酒过量、超速驾驶、滥用毒品、犯罪、发生意外事件、婚姻不忠和其他许多危险行为（H.Grasmick，C.R.Tittle，R.Bursik，and B.Arnkelev，1993 etc）。因此，犯罪的解决之道就是教会学生自控。

总结

什么是犯罪？

- 对于写入法律的社会规范的一种触犯

犯罪为什么会存在？

- 实证主义者：人们是社会的并且除非有生理、心理或社会因素存在，人们不太会犯罪
- 古典主义者：人们对建立在快感/痛苦之上的犯罪会作出理性选择

第14章

婚姻与家庭——社会是如何延续的？

- 家庭是什么？
- 家庭在走向衰落吗？

我们先看这样一个故事：有一位可爱的少妇，抚养着三个可爱的女孩……有一天，少妇遇到了一位叫布雷迪的男子，接着就诞生了最受欢迎的情景喜剧《布雷迪家庭》(*The Brady Bunch*)。很多家庭都观看了这个情景喜剧并且希望能像布雷迪家庭一样。事实上，布雷迪夫妇的确是这些观看者的榜样。但是，今天越来越多的家庭情景剧反映的是功能失调，而不再是欢乐幸福的家庭。为什么会这样呢？

斯蒂芬妮·孔茨指出，大多数人对于"家庭应该是什么"都没有正确的概念，而错误的概念影响了他们的思考。

每个学期，我都让学生画出"理想家庭"的画面。很少有人真实地画出他们自己的家庭。这个现象使我们有必要提出大多数人没有考虑过的问题：家庭是什么？谁告诉过我们家庭是什么？我们先提出这些问题，在本章中我们将对婚姻和家庭进行进一步的研究和讨论。

主题：家庭是什么？

◎ 婚姻和家庭

各种社会都有家庭这个概念，但是对家庭的理解却各不相同。那么，家庭究竟是什么？我们很难对其进行定义，一般意义上，**家庭**是由两个或者两个以上具有血缘、婚姻或者收养关系的人组成的群体。

> **家庭**：是指两个或者两个以上具有血缘、婚姻或者收养关系的人组成的群体。

通常我们认为**婚姻**是一种界定家庭的法律制度，是被法律或文化规范所认可的特定两个人的结合。但是，和家庭一样，婚姻也是一种社会建构，所以婚姻中相互承担责任的两个个体的地位通常与社会制度和文化有关（Ted L.Huston，2000）。

婚姻和家庭的形式

环顾周围，你会注意到家庭的形式是多种多样的。一些家庭是单亲家庭，而一些家庭由继父母抚养孩子，甚至还有同性双亲的家庭。出现在我的学生的图画中的家庭，通常是由丈夫、妻子以及他们的孩子组成的，这样的家庭被称为**核心家庭**（nuclear family）。但是除了核心家庭以外，也存在另外一些家庭形式。出于各种各样的原因，其他亲属，比如祖父母或者叔叔，可能同核心家庭一起生活，这样一个大家庭被称为**扩展家庭**（extended family）。

大多数人可能成长在**一夫一妻制**（monogamy）的制度环境中，也就是说男方或女方在一个时期内只能和一个人形成婚姻关系。但是，有些社会却允许**多偶制**（polygamy），也即在一个时期内一方存在多个配偶。在美国，这种行为是违法的。2001年，一个摩门教激进主义的信徒汤姆·格林（Tom Green）因为多偶行为被判有罪（Gable News Network，2008）。格林辩解说他所信奉的宗教允许他这么做，因为摩门教教徒在19世纪前一直实行多偶制（Gable News Network，2008）。他还辩解道："怎么能对一个摩门教徒说多偶制是邪恶的？"（Gable News Network，2008）但是，无论怎样辩解，格林最后还是被判五年监禁（CBS News，2008）。

多偶制本身也存在两种形式：**一夫多妻制**（polygyny）和**一妻多夫制**

婚姻：是指被法律或文化规范所认可的特定两个人的结合。
核心家庭：是指由一对夫妇和他们的未婚子女所组成的家庭形式。
扩展家庭：是指由一个核心家庭再加上其他亲属所共同组成的家庭形式。
一夫一妻制：是指男女任何一方在一个时期内只能和一个人结成婚姻关系。
多偶制：指男女任何一方在一个时期内可以拥有多个配偶。
一夫多妻制：是指一个男性可以和两个或者两个以上女性结成婚姻关系。
一妻多夫制：是指一个女性可以和两个或者两个以上男性结成婚姻关系。

（polyandry）。相比较而言，一夫多妻制，即一个男人同时拥有两个或两个以上妻子，要更加普遍。这种古老制度在大多数发达国家中已被法律所禁止，但在一些发展中国家仍然存在。一妻多夫制允许一个妇女同时拥有两个或两个以上的丈夫，人类学家认为这种制度是出于集中劳动力的需要，并且可以在限制相互敌意的过程中维持稳定的生活。例如，从前中国西藏实行兄弟共妻制，妇女可以同兄弟两人结成夫妻（Melvyn C.Goldstein，2008）。当继承人数量被限制时，兄弟们就可以维护他们所占有的土地，从而避免家庭内部的纠纷（Melvyn C.Goldstein，2008）。

绝大多数家庭类型都属于父权制（*patriarchal system*）家庭，在第11章中，我们曾提到父权制是指男人对女人和子女具有控制和支配权力。只有极少一部分家庭类型是母权制（*matriarchal system*）家庭，即女人处于统治控制地位。

美国家庭的趋势

美国人对于家庭的思想认识也是在不断变化的。多年以前，女大学生在毕业之前，都争相和男友确定恋爱关系，甚至完成订婚。就像一位大学老师说的，"春天是订婚的季节"。而如今，情形发生了变化，人们不会再认为，如果女学生在毕业时还没有未婚夫，是一件稀奇的事情。

1900年的时候，美国男性结婚年龄的中位数是25.9岁，女性是21.9岁（U.S. Census Bureau，2008）。到了20世纪50年代，美国社会逐渐认为家庭是社会制度的一部分（Steven L.Nock，2005）。这个时期，男性和女性的结婚年龄都有所下降，男性结婚年龄的中位数是22.8岁，女性是20.3岁（U.S. Census Bureau，2008）。2007年，男性和女性结婚年龄的中位数都达到了历史最高值，分别是27.5岁和25.6岁（U.S. Census Bureau，2008）。结婚年龄的推迟可能是由很多原因造成的。原因之一是越来越多的人选择同居生活，并没有进行合法的婚姻登记。有趣的是，现在很多同居者开始同居的年龄，和20世纪50年代人们结婚的年龄是基本相同的（Larry L.Bumpass，James A.Sweet，and Andrew Cherlin，1991）。

同居伴侣拥有子女的现象越来越普遍。像布拉德·皮特和安吉丽娜·朱莉，这对未婚明星所组成的家庭现在有了多个孩子，规模一直在扩大。据估计大约 40% 的孩子在他们 16 岁之前,生活在同居家庭里(Urban Institute,2008)。有些学者指出,今天很多同居伴侣就如同过去的家庭一样(Larry L.Bumpass,James A.Sweet,and Andrew Cherlin,1991)。除此之外,仍旧有一些其他的家庭形式出现。

家庭的新形式

再婚(remarriage)和继亲家庭(stepfamilies)也是我们通常可以看到的两种现象。这两种潮流遵守传统的核心家庭的观念,通过重新结合来形成新的家庭。从 20 世纪 50 年代开始,传统的家庭角色和家庭规则变得更为多样和复杂(Andrew J.Cherlin and Frank F.Furstenberg,1994)。举个例子,我经常听到孩子对一个不是他生父(母),但是一起生活并抚养他的人,这样说道:"你不是我的爸爸(妈妈),你没有权利告诉我该做什么!"如果真是这样,那么这个人在家庭中是什么角色呢?同居和再婚家庭,通常都会遇到这种因为角色变化而带来的问题。

有些孩子可能生活在**混合家庭**(blended families)中,这类家庭是由再婚父母带着再婚前的子女所组成。有些孩子生活在单亲家庭中,单亲家庭的产生可能是因为父母离异。这里我们需要认识另一个事实,尽管在过去 35 年中妇女生育率有所下降,但未婚女性的生育率是升高的(Herbert L.Smith,S.Philip Morgan,and Tanya Koropeckyj-Cox,1996),有些孩子生活在父母并非法定夫妻的家庭里,而这主要是因为同居现象越来越普遍。但不管怎样,和过去相比,社会规范对于未婚女性养育子女,已经宽松很多。实际上,现在大约有一半的孩子在 21 岁之前会在单亲家庭中生活一段时间(Sara McLanahan,and Christine Percheski,2008)。

家庭形式的另外一些变化体现在同性恋家庭和跨种族婚姻的出现。这些在过去被看成有伤风化的结合,现如今已经逐渐被社会所接受,因此很多人不再隐藏这种关系(Michael J.Rosenfeld and Byung-Soo Kim,2005)。那么,家庭形式为什么会出现这些变化呢?

一个结构事件可以帮助我们来理解这些变化。在 20 世纪 50 年代,绝大多数子女在结婚前和父母生活在一起,父母有权力为子女选择一个"合

混合家庭:是指由再婚父母带着再婚前的亲生子女重新组成的家庭。

意的伴侣"。但如今，结婚年龄推后，子女在结婚之前已经离开父母开始独立生活了（Michael J.Rosenfeld and Byung-Soo Kim，2005）。这样的情形使得父母很少有能力控制成年子女的行为（David Popenoe，1993），因此子女们在伴侣的选择上呈现出更大的多样性。随着社会规范的变化，四十年前人们难以想象的家庭结合方式，在今天已经逐渐被社会所接纳（Michael J.Rosenfeld and Byung-Soo Kim，2005）。

有关"理想家庭"的构想

在本章的开篇语中，斯蒂芬妮·孔茨谈到了人们是怎样构想他们心目中的传统家庭的。她提出，关于家庭结构和家庭生活的构想有很多。例如，我曾经认为自己在一个典型的传统家庭中长大，由于父母在外面都有工作，家里的每个人都会分担一些家务活，母亲做饭，父亲打理草坪。上大学的时候，有一次我去朋友家，他母亲招待得很周到。但当我准备帮她收拾餐具的时候，他的父亲说道："那些是女人的活儿。"这时我才意识到，原来我的家庭其实并非典型的传统家庭。孔茨在她的书中描述了类似的关于美国家庭的一些构想。

家庭的阶段

尽管从不同角度来看，每个家庭都是不同的和复杂的，但是绝大部分家庭组合还是存在一些共性的。从传统意义上来说，人们恋爱、选择伴侣、结婚、生儿育女，或者离婚，再经历家庭的后续状态。

恋爱和选择伴侣

我认为在这个世界上，可能有上百万女性适合我，我们可以结成美满的婚姻。然而，最后我同一个跟我住在一个镇子上、偶尔在教堂遇见的女子结了婚。我们彼此吸引，互相爱慕，这是我们做出结婚决定的一部分原因；除此以外，选择伴侣时往往会选择居住较近、价值观和社会轨迹也相近的人。这种相似性有助于两个人相互吸引。所以这就能够解释为什么你总会被周围的人所吸引（Maurice R.Davie and Ruby Jo Reeves，1939 etc）。

关于选择伴侣的规则，有些很明确，但有些却说不清道不明，这些规则是由社会、你的家庭，甚至你自己来决定的。那么，我们来看一下，选择伴侣的时候，产生了哪些文化方面的问题呢？

普遍的文化惯例

寻找一个结婚对象，有时候可能会是一件可怕的事情，但在美国，人们的选择相对较为自由，只需要遵守以下一些规则：作为备选的伴侣不能是已经结婚了的；他或她必须达到法定的年龄；伴侣之间不能存在近亲关系；而且，在大多数州，必须是异性之间才能结为婚姻关系。而事实上，很多文化传统在年龄和其他一些方面都有类似的限制。

尽管人们在选择伴侣时有相对自由，但是很多人仍愿意选择**同类婚**（homogamy）的形式，或者说选择具有相同特点的人作为伴侣。因此通常的情况是人们会和具有相似背景的人结合，这些背景包括宗教、种族、阶层、地理位置或者年龄等。具有相似背景的两个人在对他们的下一代进行社会化教育时，会采用同样的方式，这样就会避免冲突。同时，相似的背景增加了两个人具有相同特质的可能性，这样也就维持了两人关系的长久性。我和我的伴侣就具有这种同质性，我们来自同一个地方，信仰同一个宗教，并且来自同一个种族。我们同样还有着相似的教育背景和社会阶层的预期。

有些文化和群体仍坚持要求人们在群体内部结婚，这种形式被称为**内婚制**（endogamy）。比如，如果你的种族或宗教要求你与有着同样信仰的人结婚，那么选择内婚制是首要的途径。举例来说，一个美国本土的学生曾经经常对我说，和同一种族的人结婚对她来说是多么的重要。尽管这不是她必须遵守的强制"规定"，但是家庭和朋友的态度很明确地告诉她，她必须这么做。另外，也有同来自其他群体的人结为婚姻关系的形式存在，这被称为**外婚制**（exogamy）。欧洲的一些皇室成员曾经通过这种方式与其他国家的皇室成员结合，以此加强彼此的联系并结为同盟。这里需要认识到的是，一对夫妻之间是否合适，完全取决于文化规范和约束。对于违反这些规范和约束的婚姻，不同文化对其的态度各有不同，有些是无声的反对，有些则认为其是"非法"的，会明令禁止。

同类婚：是指具有相似背景，比如宗教、种族、阶级或年龄接近的人之间的婚姻形式。

内婚制：是指与处在同一社会群体内的人结为婚姻关系的形式。

外婚制：是指与处于不同社会群体的人结为婚姻关系的形式。

理想家庭在 20 世纪 50 年代确实存在，但之后就只在电视中有了。像《老爷大过天》（*Father Knows Best*）和《奥奇和哈里特的冒险》（*The Adventures of Ozzie*）这样的电视剧呈现了完美家庭的图景，在这样的家庭里，问题半小时内就能解决。

构想一：普遍意义的核心家庭	虽然人们普遍认为所有的家庭都是传统核心家庭，但实际上，由于组织、成员、生命周期、社会网络和功能上的不同，家庭形式是多种多样的。人们之所以这样认识"理想家庭"，是工业化造成的。当人们不再进行农业生产活动时，他们会舍弃大的扩展家庭，建立小规模的家庭单位。
构想二：自给自足的传统家庭	有些人认为，家庭可以自给自足，如果回归到一种自给自足的家庭生活状态，就可以解决现在社会的很多问题。人们认为正是依靠他们家庭自身的力量，才使得他们能够在西部的土地上定居下来，这种理想化的认识过分强调了自身能力。事实上，这些定居在西部的家庭得到了来自政府和其他多方面的支持。早期的居民需要军队保护，需要政府有计划地转移安置原住民，这样他们才最终得以安顿下来。在许多州，作为劳动力的奴隶也起到了很大作用。然后这些家庭才开始联合起来养育后代、建设工程、相互支持和保护。在一个复杂的社会中，没有人可以做到完全自给自足。
构想三：妻子和丈夫承担的责任历来都是不同的	在讨论性别的章节中，我们曾讨论过这个话题，每当谈到照顾子女和其他家庭角色的问题时，很多人认为男女之间的分工一直是非常清楚的。有人认为，如果母亲待在家里，做她们应该做的事（比如抚养子女），那么家庭就会运转得更好。然而事实是，在工业化之前，男性和女性在照顾子女方面，承担了大致相等的责任。男人们通常待在家里，孩子们会和他们一起做一些事情。举个例子来说，我的母亲从外祖父那里学到了很多农活技巧，他教育母亲要有一些创造性，不要害怕尝试新的东西。所以那个时候，是男人承担照顾子女的责任，而妇女通常也辛勤工作。我的外祖母就曾经和外祖父一起劳作，而当外祖父去世以后，她仍旧待在农场里，抚养子女，耕作土地。因此，从历史上来看，认为家庭的角色和分工从来就是不同的，这种看法是站不住脚的。
构想四：20 世纪 50 年代的理想化核心家庭	20 世纪 50 年代，美国家庭的景象出现了。一个中产家庭，母亲待在家里，父亲在外工作。电视节目中经常播放这类理想化的家庭景象，于是人们沉浸其中，认为家庭就应该是这个样子。但实际上，有历史证据表明，这种"理想家庭"并不如人们想象得那般理想。

链接　完美家庭的景象

斯蒂芬妮·孔茨认为，完美家庭的景象仅仅是一种想象而已。实际上，在过去这种理想的浪漫家庭中，人们也经常感到不满和乏味。像情景剧《克里弗家庭》那样的理想家庭确实存在，但纵观历史，只有极小的一部分家庭是这样。

我们再来看20世纪50年代，那个时期应该算得上是所有美国人都感到幸福的黄金时代了。离婚率低，婚外生育率低，人们普遍将婚姻看成一种制度。这不仅促进了房地产业的繁荣，而且整个国民生产总值增长了250%，人均收入也增长了35个百分点。当然这也得益于二战后，美国是唯一没有遭受破坏的工业国家，因此后来美国可以"重建世界经济格局"。

即使以上描述都是事实，但我们并不熟悉普通家庭的生活情况。那普通家庭是什么样子的呢？在结婚以前，人们生活的目的很明确。经历短暂的恋爱时光，两个人结为夫妻，有了性，然后开始家庭生活。他们买房子，丈夫在外工作挣钱，如果薪水足够高的话，妻子就留在家里。这种一成不变的规律让有些女性认为生活就是由这些东西构成的：酒、保龄球、桥牌，还有无聊。

实际上，到了60年代，基本上所有的新闻杂志都用了"被困"（trapped）这个词来描述美国家庭妇女的感受。为了麻木痛苦，有些女性用喝酒、服用镇静剂来打发无聊的时间。

男人们对家庭生活也感到不满，他们开始对妻子感到厌烦。在《花花公子》一类杂志的宣传下，男人们开始在过去女人们的世界中寻找乐趣。他们开始追求穿着和饮食方面的品位。《花花公子》的创刊号中刊登了一篇文章——《1953年的掘金女郎》这篇文章说，女人对男人有兴趣是因为物质的原因。这种成见对男人和女人都造成了伤害。

要想了解暴力和乱伦等事件发生的频率是有难度的，因为很多发生的事情并没有被媒体报道出来。人们认为这些话题不适合拿来讨论。很多妇女遭受了身体的伤害，仅仅简单处理了事，而不愿站出来揭露家庭的问题和不幸。50年代的时候，遭受家庭暴力的女性往往被看成"激怒丈夫的受虐狂"，而乱伦则被认为是女性的"性犯罪"。

活动 今天的家庭情景剧是如何表现家庭在我们文化中的地位的？在了解之后，将情景剧中展现的景象和现实情况做一下比较，你能看出有什么差别吗？

全球视野　日本的社会网络和家庭的变迁

美国家庭在人口统计学方面的变化体现在：结婚年龄推迟，婚姻关系的稳定性下降，人口出生率降低。日本的情况与此类似。传统的日本家庭价值观反对以上列举的这些现象，但是，罗纳德·R·莱佛斯等人的调查报告指出，日本可能经历了巨大的人口变迁过程。

传统的日本家庭是父权制家庭：男性具有绝对的权力，家族以父系血统延续，父亲把财产交给儿子继承，女性要承担主要的家务劳动。2000年的时候，日本妇女在家务劳动方面平均每周要花29小时，而丈夫只付出3个小时。

但是，时代在变化。越来越多的女性接受了高等教育，进入工作领域。随着更多的女性在外进行全职工作，对家庭日常料理的需要日益增强。有人认为，同居可能会变得更为普遍。事实上，最近的研究表明，92%的日本民众知道他们周围的人有过反传统的行为。日本需要预测和应对未来社会更多的变化。

交换理论

我们先来看一下伴侣选择中的"刺激—价值—角色"理论（Stimulus-Value-Role）。这一理论首先由社会学家伯纳德·默斯坦（Bernard Murstein）提出，它指出我们在选择朋友或亲密伴侣时是通过这样一个"三阶段"的模式。在每一阶段，我们排除那些不合适的对象。与"刺激—价值—角色"理论相比，社会交换理论以更加实际的视角研究约会和婚姻问题。整个求偶的过程很像一个通过协商谈判来实现交易的过程。从本质上来看，交换理论指出人们总是在寻求收益的最大化和成本的最小化。一个学生告诉我，他和女友曾经深深相爱，但最后他不得不与她分手，原因是这个女孩子有很强的嫉妒心。他厌倦了无休止的电话、短消息，并且时时刻刻黏着他的她，这些最后终于成了"无法承受的负担"。所以我们说，一段关系的开始和维持，是以它有利于我们为前提的。这种收益并不是我们通常所认为的"乐趣"，而是指情感、社会，或者经济、成本节约方面的收益。当我们不再从这一关系中获得收益时，我们就会终止它。

伴侣选择的"刺激—价值—角色"理论

刺激阶段	在这一阶段，两个人通过某种"刺激"互相吸引。这种刺激可以是相貌、一双时髦的鞋子或者一辆漂亮的汽车。这些都是一些表面特征，在两个人相互了解之前就会被注意到。如果两个人能一直持续这种吸引，他们就会进入第二个阶段。
价值阶段	在这一阶段，两个人的关系是否合适受到很多因素的考验，比如信仰和价值观（包括宗教、政治观点、家庭期望、对于金钱的态度等）。如果两个人之间可以相互沟通，在这些方面有共同点，那么他们可能会选择进入第三个阶段。
角色阶段	从认识到彼此相互吸引，并且共享一套相似的信仰和价值观，人们就会决定扮演一对伴侣的角色。这一角色包括约会和性行为，而这则有可能产生一种长期的关系。

家庭中的问题

人们在结婚之前最大的困扰之一往往是担心婚后是否能够幸福。电影和小说中的情节常常会迷惑我们，使我们认为结婚后会失去自我。而现实生活中，为了获取幸福，你要做的是对对方有一份坚定的承诺和责任感，明白使得婚姻正常运转的各种要素。

根据约翰逊（Johnson）等人的观点，承诺不只由单一要素构成，他认为对于婚姻关系的巩固，主要有三种类型的承诺：个人的、道德上的和结构上的（Michael P. Johnson, John P. Caughlin, and Ted L. Huston, 1999）。264页表对这三种类型的承诺进行了总结：

除了对伴侣有一份坚定的承诺之外，**婚姻效果**，或者说那些维系婚姻的要素也非常重要。研究表明，维持婚姻满意度最简单的办法之一就是夫妻两

> **婚姻效果**：是指那些维系婚姻关系的要素。

人一起进行彼此都觉得有意思的活动（Duane W.Crawford，Renate M.Houts，Ted L.Huston，and Laura J.George，2002）。意思就是说你陪着你的伴侣参加一项有趣的活动，而同时你也能从中享受到乐趣。但是，如果这个活动只是你们其中一人感兴趣，那么长此以往，就会增加婚姻不满意的程度（Duane W.Crawford，Renate M.Houts，Ted L.Huston，and Laura J.George，2002）。

借用对双收入夫妇进行研究的数据，采用阿莉·霍克希尔德（《第二轮班：职业父母与家庭革命》的作者，在本书第 11 章中特别提到过）所使用的方法，史蒂文斯（Stevens）等人研究了婚姻满意度和婚姻中劳动分工之间的关系。这里，婚姻中的工作主要有三个部分：家务劳动的程度、婚姻中情感工作的分配以及个体如何提高自己在对方心中的位置（Daphne Stevens，Gary Kiger，and Pamela Riley，2002）。

根据史蒂文斯等人的研究，当丈夫和妻子都认识到家务劳动应"公平"分配的时候，他们的婚姻满意度会提升。如果其中一方感觉到承担了过多劳动时，那么满意度就会降低。尽管通常女性比男性要承担更多的家务，但一般来说，丈夫能够分担的家务越多，妻子所反映的婚姻幸福感就越多。在情感工作的平衡方面，情况也大致如此。只要夫妇双方认为这种平衡在一个可以接受的水平，婚姻满意度就会提高。在地位提升方面，自己的事业获得妻子支持的男性的婚姻幸福感最高。但是对于女性来说，自身能力带来的婚姻满意度要高于丈夫对自己的支持所带来的满意度（Daphne Stevens，Gary Kiger，and Pamela Riley，2002）。

总的来说，女性职业化程度越高、所承担的家务劳动越少，她在婚姻中的幸福感就越强。对于男性来说，结论同样成立。但是，男性更倾向于将他们的婚姻满意度建立在妻子的幸福感之上。有趣的是，这一研究控制了子女数量、收入以及其他很多变量，仅仅反映了婚姻满意度与夫妻双方对于分工安排的舒适度之间的联系（Daphne Stevens，Gary Kiger，and Pamela Riley，2002）。

养育子女

养育子女通常会影响到已婚伴侣的生活。在第 5 章中，我们讨论过养育子女和对他们进行社会化的重要意义。这里，我们主要来看一下社会阶层方

三种类型的承诺

承诺的类型	为什么承诺促使你维持婚姻？	典型的说法
个人的——一种渴望，出于爱和对婚姻的满意来保持婚姻关系	你保持婚姻关系因为你愿意这么做。	我想……
道德的——一种感觉，基于对离婚的态度和夫妻间的承诺或协议来维持婚姻关系	你保持婚姻关系因为你觉得有责任这么做。	我应该……
结构的——一种被约束的感觉，出于选择、社会压力和投资等方面的原因来维持婚姻关系	你维持婚姻关系因为你感觉到周围有多种障碍阻止你打破这种关系。	我不得不……

资料来源：Based on Michael P. Johnson, John P. Caughlin, and Ted L.Huston, "The Tripartite Nature of Marital Commitment: Personal, Moral, and Structural Reasons to Stay Married," *Journal of Marriage and the Family*, Feb. 1999. 61, 1 : 160-177.

不同国家间结婚率和离婚率的比较：1980—2005 年

国家	结婚率*				离婚率**			
	1980年	1990年	2000年	2005年	1980年	1990年	2000年	2005年
美国	15.9	14.9	12.5	11.2	7.9	7.2	6.2	5.4
加拿大	11.5	10.0	7.5	6.8	3.7	4.2	3.4	
日本	9.8	8.4	9.3	8.4	1.8	1.8	3.1	3.1
丹麦	8.0	9.1	10.8	10.1	4.1	4.0	4.0	4.3
法国	9.7	7.7	7.9	7.1	2.4	2.8	3.0	3.5
德国		8.2	7.6	7.0		2.5	3.5	4.0
爱尔兰	10.9	8.3	7.6	7.2			1.0	1.2
意大利	8.7	8.2	7.3	6.5	0.3	0.7	1.0	1.2
荷兰	9.6	9.3	8.2	6.7	2.7	2.8	3.2	2.9
西班牙	9.4	8.5	7.9	7.0		0.9	1.4	1.7
瑞典	7.1	7.4	7.0	7.5	3.7	3.5	3.8	3.4
英国	11.6	10.0	8.0	8.0	4.1	4.1	4.0	3.9

* 该国人口中每 1 000 人中结婚者的数量。
** 该国人口中每 1 000 人中离婚者的数量。
☐ = 没有数据。

资料来源：U.S. Bureau of Labor Statistics, Updated and revised from "Families and Work in Transition in 12 Countries, 1980-2001," *Monthly Labor Review*, September 2003, with unpublished data.

面的影响。

养育孩子的花费很高。2006年美国农业部（USDA）营养政策与宣传中心（the Center for Nutrition Policy and Promotion）发布的报告称，抚养一个孩子从出生到17岁的花费已经上升到28.9万美元（United States Department of Agriculture，2006）。这对于低收入家庭中的孩子会产生怎样的影响？需要提醒的是，不平等会成为一个恶性循环。富有家庭的孩子长大后也会富有，而贫穷家庭的孩子会一直贫穷（Sara McLanahan and Christine Percheski，2008）。社会学者莉萨·施特罗沙因（Lisa Strohschein）对低收入家庭孩子的心理健康和社会行为进行了研究，发现"家庭收入低导致了孩子抑郁程度高和反社会的行为；随着家庭收入的提高，孩子的心理问题也相应减少"（Lisa Strohschein，2005）。但是，生育孩子又通常被认为是地位的象征，很多底层家庭之所以生育，是因为孩子是有价值的社会资源（Robert Schoen，Young J.Kim，Constance A.Nathanson，Jason Fields，and Nan Marie Astone，1997）。

离婚

通常情况下，对于婚姻问题的强调使得很多夫妻有了结束婚姻关系的想法。离婚如今已经被人们所接受，夫妻双方可以自由选择，这可能也是美国如今在婚姻方面的最大变化了。

在19世纪中期，仅有5%的初次婚姻以离婚的方式结束婚姻关系（S.H. Preston and J.McDonald，1979）。有时候，学生们会争论说，离婚比例已经达到50%，他们强调说"这是众所周知的"。但真实情况是这样吗？人们之所以得出50%的结论，是将某一年份结婚的人数和离婚的人数进行比较。那么这些结婚的人同离婚的人是相同的吗？新结婚的人数使得已婚群体的基数增大，而新离婚的人数应当从已婚群体的基数中扣除。基于这个原因，社会学者通常并不认可根据这种简单计算得出的结论。

美国社会的离婚率要高于其他工业国家，但同时其结婚率也较高。也就是说，拥有结婚者的数量越多，那么离婚的可能性也就越高。

如393页表格中显示的，如果2005年在15~64岁的群体中，每1 000人中离婚者的数量是5.4，那么实际上离婚者所占的比例不到百分之一。此外，根据人口调查局 2004 年的数据，只有 20.7% 的男性和 22.9% 的女性有过离婚的经历。当然，统计并不只针对已婚群体，但是很明显已婚夫妇离婚的比例是远远低于媒体所宣称的 50% 的（U.S. Census Bureau，2008）。

高离婚率的社会学解释

美国社会的离婚率要高于很多其他国家，一项针对过去 50 年离婚现象的研究表明，离婚率大幅上升（U.S. Census Bureau，2008）。那么，究竟是什么原因导致的呢？

1 核心家庭居住地的变换。人们经常搬迁，他们不再能够得到来自家庭或社区对于婚姻的支持。核心家庭远离了扩展家庭和老朋友，这种孤立状况带来了更大的压力。

2 不断变化的对于家庭和性别的重新定义。性别角色的不断变化带来了紧张的情绪，容易导致冲突和关系的瓦解。

3 离婚申请的简便。如今女性可以合法地提出离婚申请。一些州有"无过错"的法律制度，使得离婚不再需要"理由"；夫妇双方现在可以以"分歧不可调和"的名义来解除婚姻关系。

4 长寿。人们的寿命更长了，所以能够长久保持一段稳定的关系变得更加困难。因此，伴侣之间因为压力而导致离婚的几率就会有所增加。一般来说，随着人们年龄的增长，离婚率也随之增高。

5 社会认可。如今，离婚在美国已经为大众所接受。小学的时候，我还不知道有人生活在离婚家庭中。而现在，在我女儿的学校中，很多孩子的父母都离婚了。离婚现在已经变得非常普遍，因此社会的接纳和认可在某种程度上可能也增加了离婚的可能性（Stephanie Coontz，2006）。

家庭的后续状态

家庭动态在子女们 18 岁离开家以后通常会发生变化。当最后一个孩子离开家以后，母亲们通常要经历一个艰难的适应期，我们称之为"空巢综合征"（empty nest syndrome）。但是，很多夫妇却反映他们的婚姻满意度和亲密度因此而提高。社会学家莉莲·鲁宾（Lillian Rubin）说过，空巢综合征

社会学思考　婚姻与男性的生活

婚姻对于男性有特别的好处吗？婚姻问题项目负责人、社会学家史蒂文·诺克（Steven L. Nock）认为是的。在《男人生活中的婚姻》（*Marriage in Men's Lives*）一书中，诺克认为，婚姻对于男性生活来说是一种积极的力量，减少了他们经常流连于酒吧和从事危险活动的可能性。整体上看，结婚的男性寿命更长，活得也更加健康。另外，他们对于生活的满意度也更高。因此，从一定意义上来说，婚姻在增加男性幸福感方面起到了重要作用，而且有助于其认识到真正的男性气概。

男性结婚以后，相对传统的性别观和行为会使得其男性气概得到发展和维持。在婚姻关系的环境中，他们能够实现和表现出作为男性的气质。诺克认为，这种气质的形成有着长期历史原因，在很早以前，男人们往往承担着狩猎、采集的重要任务，是家庭的保护伞和支柱。这些最初的角色定位也影响着现代社会家庭中的角色定位，现在男人们认为经济上的成就是他们的责任和义务（Steven L.Nock，1998）。

如果我们愿意相信诺克所说的，男性气概大部分来源于传统的家庭形式，这里就会产生一个问题：男性气概如何适应不断变化的社会规范呢？简单地说，假使我"吝啬"地仅依靠妻子做家务、做饭，那么我还是一个男人吗？

诺克建议实行一种新的制度，在新的制度中，有必要使得男女双方感到他们对家庭的贡献是对等的。但是，有些新的角色可能会让男性感到难以适应，因为在以往的家庭形式中没有这样的角色模式。这种性别角色的固定模式在社会中根深蒂固，所以接受新的性别角色是需要时间的。

在很大程度上是虚无缥缈的（Lillian B.Rubin，1981）。

如今的社会还出现了一个新的问题，就是"孩童期延长"（extended childhood）的现象。有一些孩子直到年纪很大才不得不离开家，或是大学毕业后又重新回到家里。寻找工作的艰难和高昂的生活成本使他们不得已而如此（Arlene Saluter and Terry Lugaila，2008）。社会学家迈克尔·罗森菲尔德（Michael Rosenfeld）指出，有一部分成年子女经常在家里居住，但是比例可能正逐渐降低（Michael J.Rosenfeld，2007）。

最后，死亡不可避免。一般来说，女性的寿命会长于男性，所以年迈的女性更可能要独自应对寡居的生活。另外，逝世伴侣的社会保障福利也可能会延迟遗孀们的再婚，因为如果在60岁之前再婚的话，社会福利就会被取消。社会学家迈克尔·布赖恩（Michael J. Brien）等人研究发现，这种情况阻碍了很多遗孀再次结婚（Michael J.Brien, Stacy Dickert-Conlin, and David A.Weaver, 2004）。

社会学思考：家庭在走向衰落吗？

◎ 符号互动论

符号互动论者研究人们对于现实的认识和界定是如何影响社会看待事物的方式的。婚姻究竟是什么？家庭变得不再重要了吗？"传统婚姻"究竟是怎样的（A.Kroska.1997）？

孔茨指出，婚姻作为一个传统，随时间发生了巨大的变化。在她的《婚姻，已成历史：从顺从到亲密，或者说爱情如何战胜婚姻》（*Marriage, a History, From Obedience to Intimacy, or How Love Conquered Marriage*）一书中，孔茨深入研究了婚姻究竟是如何随时间而发生变化的。婚姻中唯一不变的事实就是婚姻形式一直在不断变化。在历史早期，扩展家庭十分普遍，同居和离婚的现象非常罕见。一百年前人们对于婚姻的定义与现在大大不同。随着时间的推移，社会逐渐发生变化，开始把核心家庭、离异家庭和同居家庭都作为家庭的一种。对于什么是家庭、什么不是家庭的定义已经发生了变化，并且这种变化会一直持续下去（Stephanie Coontz, 2005）。

◎ 冲突论

冲突论者研究的重点是对于稀有资源的争夺。作为一个已婚者，我可以

第 14 章 婚姻与家庭——社会是如何延续的？

剧名	年份	描述
《奥兹和哈里特的冒险》(The Adventures of Ozzie and Harriet)	1952—1966	《奥兹和哈里特的冒险》是关于虚构的纳尔逊一家未经历多年的冒险，"奥兹和哈里特"已经成为美国价值观的最高标准。
《反斗小宝贝》(Leave It to Beaver)	1957—1963	这部情景剧是关于克里弗一家的，这是一个典型的美国家庭，经常陷入美国中小儿子比弗带来的麻烦中。
《全家福》(All in the Family)	1971—1979	阿奇·邦克是出名并且不是关于世界的偏激观点。邦克一家是一个经常争吵而又相互支持的暴力家庭。
《好时光》(Good Times)	1974—1979	埃文斯一家是非洲裔美国人组成的家庭，有五个孩子。这个家庭很会苦中作乐，因为他们要面对许多由贫困带来的麻烦。
《家庭纽带》(Family Ties)	1982—1989	一对嬉皮士夫妇生下的孩子最后成为保守派，这种价值观上的差异导致他们经常在一些社会问题上争论，如青少年怀孕、新闻审查制度。
《考斯比一家》(The Cosby Show)	1984—1992	赫克斯特布尔医生、他的妻子克莱尔以及他们的五个孩子是居住在布鲁克林的一个非洲裔美国家庭。这部电视剧反映了家庭生活的变化，家庭中每年仅仅离开一次。
《拖家带口》(Married with Children)	1987—1997	邦迪一家提供了一种另类的家庭类型。虽然每个人都不对方式充满敌意，但仍然能够团结一致对付外人。
《罗斯安家庭生活》(Roseanne)	1988—1997	工人阶层康纳家庭需要解决每一个都会遇到的问题：金钱、孩子和婚姻。
《辛普森一家》(The Simpsons)	1989至今	"辛普森一家"表现了一个高度失调的家庭。爸爸是啤酒爱好者，勤奋的家庭主妇，特立独行，丽莎则是具才华，而麦琪是安静可爱的婴儿。
《人人都爱雷蒙德》(Everybody Loves Raymond)	1996—2005	雷蒙德一家住在雷蒙德父母的附近，雷蒙德常让雷蒙德妻子烦恼。这部戏经常表现了一扩展家庭欢乐与争吵并存的时光的特点。
《后中之王》(King of Queens)	1998—2007	道格和卡丽夫妇与卡丽的父亲阿瑟一块住在皇后区。这个家庭情景剧与以前的情景剧不一样的地方不仅在于这对夫妇没有孩子，而且在于卡丽可爱的强势。
《乔治·洛佩兹》(The George Lopez Show)	2002—2007	乔治与他的妻子安吉以及他们的两个孩子是居住在洛杉矶郊区的拉美裔家庭。洛佩兹不得不经常处理母亲与非传统又消瘦的岳母之间的矛盾。

很确定地说，婚姻冲突有时候就是围绕家务劳动的分配而产生的，我们最稀缺的两种资源是精力和时间。历史上，男性是掌控这些资源的，但随着家庭形式的变迁，情况发生了变化。

现代社会造就了很多双收入家庭。但是夫妻双方都出去工作，谁来照顾家庭呢？我们回忆一下阿莉·霍克希尔德在《第二轮班：职业父母与家庭革命》中的观点，她认为职业妇女下班后还要承担大部分的家务劳动。史蒂文斯等人也指出，当家务劳动的分配不平等时，女性会对婚姻产生不满意（Daphne Stevens，Gary Kiger，and Pamela Rilely，2002）。

总的来看，《第二轮班：职业父母与家庭革命》中所描述的女性似乎已经接受了这样的角色，因为有些事实她们无法改变。但是有一些女性在面对她们的"第一轮班"时就会遇到困难，她们通常无法平衡作为母亲、雇员和妻子的角色。而另一些女性仍在坚持，因为她们意识到离婚会带来收入的减少和更多的工作（Arile Russell Hochschild With Anne Machung，1989/2003）。

◎ 功能论

根据涂尔干的观点，家庭是一种功能性制度，这一制度有助于增强个人在社会中发挥作用的能力。人们首先必须在家庭中和家人相处，继而才能准备好和社会上的其他人相处（Herbert Bynder，1969）。20世纪初，历史学家阿瑟·卡尔霍恩（Arthur Calhoun）曾说过，"孩子正在成为生活的中心"；但是社会学家戴维·波普诺（David Popenoe）则认为"家庭"已经在快速走下坡路了（David Popenoe，1993）。

波普诺认为，在很长一段时间里，传统美国核心家庭已经走向衰落，但是家庭遭侵蚀的速度加快，却是最近25年的事情。在这期间，维持家庭制度的力量被明显削弱。波普诺所说的这种力量，主要有三种：凝聚力、家庭功能的执行力和家庭制度高于其他社会制度的影响力（David Popenoe，1993）。

个人变得更为自主，与家庭成员间的联系也更少。曾经，家人们可以连续多日待在一起，但现在这种情况几乎不可能发生了。当家庭成员间失去凝聚力，他们便不可能履行相应的职能。而且，在工业革命后，家庭不能给

理论沉思

功能论

家庭是维持秩序的一种机制。家庭所具有的传统功能包括：(1) 再生产和对子女进行社会化：如果没有成员的更新，没有对于成员的培养，人类就无法延续下去，群体也不会存在；(2) 情感、陪伴和娱乐：家庭提供了一种社会结构，给予我们支持；(3) 性规范：缺乏对性的规范，将会产生社会冲突，这种冲突可能是社会成员间的，也可能是关于孩子的血缘问题的；(4) 经济协作：相对来说，和别人一起生活的成本会比独自生活的成本更低；(5) 照顾病人和老人：比如，当你拔智齿的时候，谁来照顾你？从历史上看，人们都有被照顾的需求，并且都是由家人来提供帮助的。

符号互动论

符号互动论者通过研究家庭成员个体间的关系，从微观层面上来看家庭。对男女双方所扮演的不同角色的期待有助于婚姻的成功。传统意义上，男人承担着挣钱养家的责任，而女性则主内，是家庭的大管家。由于这些角色始终处于一种连续的变化中，因此夫妻双方以何种方式适应这种角色变化就决定了家庭的结构。孔茨指出，这种观念上的变化表明，家庭制度只不过是正在发生改变，并不是在走向衰落。

家庭在走向衰落吗？

冲突论

在《第二轮班：职业父母与家庭革命》中，霍克希尔德论述了男女家务劳动方面的不平等以及这种不平等如何导致夫妻之间的矛盾战争。这是有关时间、精力和空闲的争论。妻子们常常被大量的家务活困扰，抱怨连连。但这并不表示婚姻关系就破裂了，相反，按照孔茨的观点，这是一个社会经济问题。与过去的很多家庭不同，如今的夫妻双方也是由于生活的压力而被迫双双外出工作，这种改变使得矛盾冲突产生。

他们的孩子提供生活工具，因为人们都离开了农田，为他人而工作（David Popenoe，1993）。义务教育把家长们从教育孩子的重任中解脱出来。家庭规模在变小，传统的功能被削弱，在波普诺看来，这代表着家庭在美国社会中正逐渐失去它的意义。

我们只要来看一下电视情景剧的演化，就能看出家庭逐渐被侵蚀了。20世纪50年代的很多家庭情景剧是这样描绘理想中的美国家庭的：一个强壮的父亲，哺育孩童的母亲，有礼貌、乖巧的孩子。后来，情景剧中开始出现母亲外出工作，孩子们变得独断专行。很快，原先强壮的父亲就被描绘成一个可笑的傻瓜形象，而母亲则穿着男式短裤出现在家庭中。

总结

家庭是什么？
- 家庭是两个或者两个以上具有血缘、婚姻或者收养关系的人组成的群体

家庭在走向衰落吗？
- 功能论：根据波普诺的观点，家庭正在走向衰落，因为家庭成员间的联系不再紧密，不能承担家庭的功能，家庭失去了原有的力量
- 冲突论：家庭正在努力适应夫妻双方双重工作的模式
- 符号互动论：根据库茨的观点，家庭的角色正随着时代的变迁而变化

第15章

教育与宗教——社会如何传递信息？

- 社会如何传递信息？

S-U-C-C-E-S-S，成功。虽然这个词不会出现在阿基拉［Akeelah，2006 年的电影《阿基拉和拼字游戏》(*Akeelah and the Bee*) 的主人公］的拼字词库里，却足以总结她从市内学校的拼字比赛到全国比赛的旅程，尽管这个旅程并不简单。阿基拉的家庭生活很不容易：她的哥哥是个帮派成员，爸爸去世了，而妈妈并不理解她将时间花费在拼字比赛上的举动。在一位良师的帮助下，阿基拉不仅克服了阻碍她的困难，也给予她周围的人以信仰。你是否经常觉得，像阿基拉这样聪明的学生，必须处理身边的纷扰，并专心于那些会让他们成功的事情？

乔纳森·科佐尔称，与富有的学校相比，贫穷的学校一直受到较少的资助。他指出，处在贫困社区的市内学校，不仅维护得很糟糕，而且缺乏资源。而对于中层和上层的近郊社区公立学校来说，这些资源都是理所当然的。

在我的班级中，许多学生选择去地方学校做志愿者，从而轻易地体会到"野蛮的不平等"。大部分学生都是贫困的少数族裔，受益于一个"背包项目"。每个周末，学生们把一个装满实物的大背包带回家，这样直到下个周一，他们都能有足够多的吃的。这些孩子的需要如此之大，以至我的学生不能想象这些孩子怎样能学习到知识。

主题：社会如何传递信息？

◎ 社会中的教育

我经常问我的学生："如果我承诺会给你们每个人一个 A，并请真正对学习有兴趣的人来上课，明天有多少人会出现在这里？"极少数情况下会有超过 5% 的学生举手。这是为什么？我发现学生学习的目的往往是实用主义的。他们会问自己：" 得到这个学位后，我可以做什么？"

自工业革命以来，经济进步和教育之间一直存在着联系。**教育**是社会在代际间传递信息和价值观的正式制度。学校与职业系统相关联，因为它们为特定种类的工作训练和培养人才。例如，为了成为外科医师，学生们必须接受多年的学校教育与训练。当他们完成学业，他们将会从他们的医学知识中获得高薪和好的社会福利。为了达到这一点，学生们需要在学习中投入更多的精力。

隐秘课程

当我在小学教书的时候，我们学校没有空调系统。我和一个老师，以及另外一个学生共同开了一间很小的商店，所获得的收益用来给学校安装空调。在不到两年的时间里，我们销售学习用品所赚的钱就足够为全校安装空调了。这段经历让我明白了什么是资本主义、辛勤工作以及服务。

学校不仅仅是传授学术的地方。如果你回想自己的小学时光，你会记得你所学到的许多事情都与学术生活没有关系，比如分享和交流。社会学家认为，教育体系在社会中扮演了一个重要的角色，因为它向个人传递了社会的价值准则。

当然，我们希望将学术知识传递给下一代，但是学校也以所谓"隐秘课程"的方式对学生进行社会化。"隐秘课程"指的是学校里与学术学习不相关的课程。当学生进行模拟选举的时候，学校告诉学生什么是公民身份。学校还教会我们遵守秩序、惯例和其他看起来比较专制的规则。隐蔽课程被还应用到学生社会交往的社会化过程中。学生学会如何与邻居谈判，如何处理与同龄人的关系，如何解决与同龄人的冲突。这为学生今后面临生活中的压力做好了准备（Annette Hemmings，2000）。

> **教育**：是一个正式的体系。在这个体系中，社会将它的信息和价值观传递给一代又一代。

25 岁及以上人口的教育获得

性别	高中以下	高中	专科	副科士	学士	研究生或专业学位
男性	9.8%	30.0%	18.9%	6.7%	17.3%	10.6%
女性	9.1%	30.3%	20.1%	8.0%	16.9%	9.3%

资料来源：Data from the U.S. Census Bureau，*2006 American Community Survey*，Table S1501，Educational.

现代教育体系的根源

人们进入学校学习有三件事情：读、写和算——对吧？事实上，教育体系的扩张是一种社会运动，它源于建立一个国家和国家身份的意识形态的理念。这意味着教育的作用是保证某个"神话"在全社会的蔓延。这些"神话"可能是真实的，也可能是虚假的，但不管怎样，它们对于建立一个统一国家来说是至关重要的。回想一下，有多少学校活动是用来支撑这些神话的？

神话 1　个人的神话。社会的首要单位是个人，而不是家庭、家族或种族群体。因此，个人才能决定他或她自己在社会中位置的改善。

神话 2　国家是一群个人的组合。国家不再是一个国王或者一个精英群体的财产，个人组成了社会和国家。因此，在扩展你自身技能和知识的同时，你也在改善你自己和你所在的社会。

神话 3　进步的神话。社会的目标是改善居民现在和将来的地位。因为国家能够通过教育促进个人自我改善，因此教育成为国家存在的一种理由。

神话 4　社会化和生命循环延续的神话。儿童时期的社会化过程最终导致了成人的性格。如果儿童被正确地社会化，那就会形成一个好的性格，长远来看，这会使国家受益。教育在这一社会化过程中扮演了重要角色。

神话 5　国家是一个民族的守护者。国家的职责在于培养优秀、忠诚和爱国的孩子，使最终他们成长为具备同样特征的成人。正因为此，对儿童进行教育是国家而非家庭的职责（Francisco O.Ramirez and John Boli，1987）。

然而，你应该注意到，这些神话并不是普遍的。一些特定群体认为这种强制性的同质化不利于他们的生活方式。例如，出于对孩子所学知识的忧虑，阿米什人拒绝参与到国家的教育体系中，他们开设自己的学校（John Andrew Hostetler，1993）。

遍及世界的教育

每个国家都有不同种类的教育体系，但并不是所有的教育体系都是平等的。投入到教育上的资源、资金的差异性导致了全球教育的不平等。一个国家的社会经济地位对于它的教育体系有着重大的影响。发展中国家常常难以维持基本的教育体系，因此经常不能满足孩子们的基本教育需求。在巴拉圭、斯里兰卡以及菲律宾，每五个学生中就有一个在没有自来水的学校就读（UNESCO，2005）。

贫穷的教育体系经常导致较低的识字率，或总人口中能够阅读和书写的人口所占百分比过低。在塞拉利昂超过15岁的人口中，只有47%的男性和24%的女性识字。这个数字远远低于世界的识字率水平——88%的男性和79%的女性（UNESCO，2008 etc）。除了向你展示贫穷的教育体系会影响识字率外，这些数字也向你展示了男女之间的教育不平等。在塞拉利昂，受教育女性几乎只占受教育男性的一半。同样，下面这张有关识字率的地图显示，在世界的每个地区，男性的识字率都要高于女性。在第11章，你已经了解了性别分层，以及男性和女性在历史上怎样被区别对待。不幸的是，这种状况依然存在。

一个国家的财富在教育上扮演着核心角色，资金和资源的缺乏会削弱教育体系。全世界有多达15%的学龄人口居住在撒哈拉沙漠以南的国家，但当地政府投入的教育资源只占世界的2.4%。相反，美国在教育上的支出占世界的28%，可它的学龄人口只占全世界的4%（UIS，2007）。

美国将大量的教育资源投入到大学和相关的教育机构上。州立学院和大学都能得到纳税人的帮助从而保证学校的运营。我经常问我的学生们："谁在这里享受福利？"通常没有人举手。然而，如果你进入州立学院和大学进行学习，你就是在享受教育福利。你所在州的纳税人正在资助你的教育。

不管你在什么样的学院或者大学学习，你都可能会认同这样一种说法：

上大学的主要目标是为了获取学位。在 1997 年至 2007 年之间，高等教育机构颁发的学位证书从 24% 增加到 29%（*Institute of Educational Sciences*，2007）。但是谁拿到了这些学位？一个人的种族、性别或者社会经济地位会影响他或她的教育获得吗？当然。

15 岁人口的地区识字率（2005—2007 年）%

	北美	欧洲	亚洲	非洲	南美	世界
总体人口	96.1	99.1	82.1	63.6	92.3	83.9
男性	96.6	99.4	87.8	73.0	92.6	88.5
女性	95.6	98.9	76.3	54.8	91.9	79.4

资料来源：Data from United Nations Educational, Scientific, and Cultural Organization (UNESCO) Institute for Statistics.

种族和性别中的教育差异

好莱坞电影《阿基拉和拼字游戏》、《铁腕校长》（*Bee, Lean on Me*）和《自由作家》（*Freedom Writers*）关注那些受环境和社会经济地位制约的学生的努力。不幸的是，对于许多学生来说，这些电影刻画了一个存在于美国的真实趋势。

2007 年的全美人口普查揭示：25 岁的人口中，有 31.8% 的白人和 52.1% 的亚裔人口接受了大学四年或以上教育，而只有 18.5% 的非洲裔美国人和 12.7% 的拉美裔美国人有相似的教育程度（*U.S. Census Bureau*，2008）。差异可能源于贫穷和未能接受良好教育的人口的集中——他们往往被隔离在市内学校。在那里，学校资源贫乏，而且教师和学校管理者对学生的教育期望更低。针对这一趋势，科佐尔认为从一开始，社会就将他们屏蔽在权利竞争之外（Jonathan Kozol，1992）。

教师期望和学业成绩

教师期望效应指的是教师的期望对学生表现的影响，这一现象不仅仅出现在贫穷和少数族裔学生身上（Robert Rosenthal and Lenore Jacobson，

教师期望效应：指的是教师的期望对学生表现的影响。

1968)。如果一个老师期望学生喜爱自己的课程并取得优异成绩,一般来说学生的表现就会很好。当然,测量教师期望是一件很困难的事情。一些研究表明,期望不仅仅影响个体学生的表现,也同样影响整个学校的表现(Hussain Al-Fadhili and Madhu Singh, 2006)。其他研究则发现,很少有明显证据证明教师会影响学生的自我认知,而正是这种认知影响了学生的学业表现(Margaret R.Kuklinksy and Rhona S.Weinstein, 2001)。

当我在课堂上讨论这个问题的时候,我经常会问我的学生们:"谁害怕数学?"很多学生窘迫地举起了手。当我们讨论为什么他们害怕数学时,学生们经常会说"不理解"和"憎恶数学"。当我问那些厌恶数学的学生,他们预期自己在数学课程中考什么样的分数时,答案经常是"低分"。这种自我实现预言构成了大多数研究的核心——教育期望如何影响学业成果。

学业成就

分数

大学学位的数量在增加,通过"爱普"课程获取的学分也在增加。事实上,2005年的毕业生获得的学分要比1990年的毕业生多3学分。如果以字母打分的话,学生的总体GPA也增加了三分之一(The National Center for Educational Statistic, 2008)。学生表现的改善可能是分数增加的原因,但是分数贬值也可能才是根本原因。**分数贬值**指的是这样一种趋势,与过去相比,即使完成相同的功课,学生也会被给予更高的分数。

最近,一个学生找我讨论她的分数。她非常沮丧,因为她在我的课上得了一个B。这位女学生看起来心情非常烦乱,呼吸急促、眉头紧锁,她急切地告诉我她还"从未得过B"。她感觉自己是个失败者,她问我能否通过"另写一篇论文"或者"做其他作业"来弥补。

"在我所在的高中,每个人都得A,"她说,"我不习惯失败。"我指出,一个B并不意味着失败。与此同时,我想到了分数贬值这个问题。当一个学

分数贬值:指的是一种趋势,与过去相比,即使完成相同的功课,学生也会被给予更高的分数。

生将 B 看成失败的标志时，分数究竟意味着什么？正如我和这个学生所说的："如果每个人都得 A，那么得 A 就没有任何意义啦。"

分数贬值是中等和高等教育机构都存在的一种现象。一些老师声称，它是压力的产物。学生有得高分的压力，而这种压力又转移到老师身上。2004 年，普林斯顿大学本科学院院长南希·马尔基尔（Nancy W. Malkiel）实施了一项计划以对抗分数贬值。在 2004—2005 学年快要结束的时候，她希望 A 的比例不超过总体的 35%（Rebecca Aronauer，2005）。实施类似的倡议能够保证五分制评分体系的公正和标准性。

在家教育

许多家长抛弃了传统学校教育。2005 年，美国有近 110 万的学生接受过在家教育，高于 1998 年的 85 万（*U.S. Department of Education*，2008）。作为一名大学教授，我教过很多曾接受过在家教育的新生。当我问他们为什么接受在家教育时，我听到了各种各样的理由。有些人说他们的父母对子女要去的公立学校的教育质量感到担忧，但他们又不能承受私立学校的费用。有一些人将宗教因素视为自己接受在家教育的主要原因。还有一些人说，他们的家长曾是教育工作者，这些家长只是觉得一个关心子女的家长要好过一个工作繁重的陌生人。这些说法与研究者的发现相符。从事在家教育的家长一般受到一种愿望的驱使——在子女的教育中扮演主动的角色。尽管一些价值和质量的问题也是导致在家教育的原因，但是家长们试图更深入地参与到孩子教育中的期望是最重要的驱动力（Crista L.Green and Kathleen Hoover-Dempsey，2007）。

高等教育：科层化和成本

传统学校是正式组织，本身具有很多科层机构的特质。回想第 6 章我们讨论的马克斯·韦伯和正式组织。科层制的基本特征是劳动分工、规章制度、非人格化、职权层级以及技术资格。在你的学校，我确定你意识到了在教师、管理者和工作人员之间存在着职权层级和劳动分工。而且大部分学校都会有学生和教师手册，以确定每个人都清楚规章制度。当学校以非人格化的方式对待学生时，学校也会呈现科层制的这些特征。例如，当你走进一群学生中时，你也仅仅成为了一个数字。

当然，当你进入大学时，你可能已经习惯了教育机构的科层特质。我听一些学生说择校大部分是基于自身个性，而事实上并非如此。当我为自己选择本科教育的时候，价格是最主要的考虑标准。尽管我不算出身贫寒，但我的父母也没有富到在钱堆里打滚。因此，我的选择更多的是基于哪里的奖学金更多。那么你是怎么选择你的本科教育的呢？

我认为你已经明确意识到大学的花费能够强烈影响教育获得。在美国，政府只为初等和中等教育买单。高等教育受所在州机构资助；然而，对于一个本州学生来说，大学四年的学费仍然高达每年 6 185 美元（College Board，2008）。高昂的学费往往阻碍低收入的学生追求高等教育。在一些工业化国家，所有层级的教育都是免费的。例如，在瑞典，由于政府和纳税人的支持，所有制度化的学校——初等、中等和高等教育都是免费的。这使得能够满足一定学业标准的学生都能够进入学校学习，而不管他们的经济地位如何（Estia in Sweden，2008）。

高等教育背后的理论

即使面对高昂的成本和官僚化，你仍然决定进入大学学习。为什么？社会学家提出了一些理论。首先，学生把教育作为改善人力资本的一种途径，**人力资本**是指技术、知识、特征和人格特点的组合。通常，你知道雇主会付给表现好的员工更高的酬劳。而教育会提高你在雇主面前的吸引力，而且可能会提高你的工作产出。这些技能对于雇主来说很重要，所以获得这些技能能够改善你在劳动力市场中的地位。因此，通过教育，你能提高自己的社会地位。而教育体系变成了一种工具，凭借它你能更加靠近自己渴望的地位。什么是你选择哪所大学就读的依据？

我知道，很多人读大学是因为**文凭主义**的存在——在评估技术和知识时强调教育程度。在今天这个社会，很多工作要求人们具有大学学位，但

人力资本：技术、知识、特征和人格特点的组合。

文凭主义：在评估技术和知识时强调教育程度。

不是一直都这样。我的父母都没有大学学位，但是通过辛勤工作，他们成为了部门主管和公司会计这样的白领。但在今天，只有高中学历却爬到如此之高的位置是不可能的。雇主将教育视为试金石，用它来判定谁合格，谁不合格。随着美国公共教育的增加，个人所持有的学位成为决定成败的关键因素（Randall Collins，1979；1971）。

教育和宗教

在美国的公立学校，宗教教育是不被允许的。由于宪法要求政教分离，因此教师不准宣扬一种宗教优于另一种。尽管公立学校的学生不接受宗教教育，但是社会学家发现一个学生的宗教归属和参与对他或她的教育成就有重要影响。研究表明，教育获得和宗教实践通常有正相关关系（Mark D.Regenerus，2003）。换句话说，宗教促使学生在学校中好好表现并顺利毕业。在一个由马克·雷格纳斯（Mark D.Regenerus）完成的研究中，他发现在标准测试中，有较强宗教信仰的学生往往能取得更好的成绩，"即使控制了其他解释学业成功的因素"（Mark D.Regenerus，2003）。他认为宗教参与给予学生"社会控制和教育动力"（Mark D.Regenerus，2003）。这种趋势在各种社区都存在——富裕的和贫穷的——甚至存在于不同的宗教和民族中。事实上，越是处于劣势的社区，学生的宗教实践对教育获得的优势越大（Min Zhou and Carl L.Bankston，1996）。

这个研究指出了教育和宗教之间的一个可能联系。尽管不是因果联系，但它表明这两个社会机构执行着相似的任务——社会化。教堂通过社会化使我们获得一种价值体系，而学校则凭借学业任务和隐秘课程对学生进行社会化。

总 结

社会如何传递信息？

- 通过教育和宗教

第16章

经济与政治——社会是如何组织与管理的？

- 什么是经济与政治体制？
- 社会学家如何看待经济与政治体制？

2008 年，全世界都在关注北京奥运会开幕式上 2 000 多名表演者的精彩演绎（Beijing Lights Up Olympic Dream，2008）。在一个长期被神秘和隔绝遮掩的国家，奥运会对中国来说是一场向外展示的大 Party，它通过此向世界表明，中国正快速成为全球经济中的一股重要力量。

杰弗里·萨克斯告诫美国国民，美国在世界中的地位注定要改变，这种改变不仅会影响到美国在世界中的经济地位，还会影响到政治地位。他界定了当今世界所面对的许多经济与政治问题及其解决办法。为什么经济学家要检视政治问题？因为政治与经济紧密相连。例如，美国的许多法律与经济有关，我们有规范股票交易的法律，有要求广告真实性的法律等。

世界人口正快速增长，也有越来越多的人陷入贫困，那么我们该如何改善世界经济与政治体制？萨克斯认为，国家间的合作对于使世界成为安全和幸福的地方至关重要。在某种意义上，本章的焦点是合作与公共福利的改善，它将涉及关于经济与政治的社会制度。

主题：什么是经济与政治体制？

在每个社会，人们不断地交易商品和服务，并尝试建立一些社会秩序形式。把纷繁的事务组织起来是人类的天性。经济体制尝试把商品和服务交易组织起来，政治体制则尝试管理公民行为。因此，本章关注这些作为社会制度的系统。社会制度是一些社会组织，它为个人提供了能在更大社会范围内协商的框架。

或许对这些制度产生最大影响的是工业革命以及与它相关的社会变迁。回顾我们在先前章节讨论的工业革命的重要性：它创造了新鲜、便宜的商品，扩展了自身所依存的国民经济，促进了劳动分工并改变了人们的工作方式。工业革命使社会从原来的乡村生活方式转向城市生活方式。人们从依赖体力更多地转向依赖机器，如蒸汽机，以此减少人们的体力劳动。这一进程使得工人变得专业化，促进了生产，其创造的盈余与财富又改变了国家的经济和政治结构。简言之，工业革命影响了家庭类型、民族国家的权力以及人们交易产品和服务的方式（Pat Hudson，1992）。

◎ 经济体制

经济体制，或曰**经济**，是将社会所生产、分配与消费的物品——包括商品和服务——组织起来的社会制度。在工业国家有两种经济体制——资本主义与社会主义。没有国家是纯粹的资本主义或者社会主义形态，大多数国家是两种体制的混合体。

资本主义

资本主义是个体能拥有他人所需的产品形式和服务的经济体制。资本主义的三个核心要素是私有产权、利润动机和"自由市场"竞争。**自由市场**通常指不受政府控制的市场。经济学家亚当·斯密（Adam Smith）设想了一个人们的行为只受自我利益驱动而不受政府管制的经济体制，即自由市场。在自由市场中，理论上市场会寻找到供给和需求的平衡点；而政府的作用是非常有限的，它主要参与制定管理商业行为的法律（Jerry Evensky，2005）。

在这个体制中，市场力量被认为会满足经济需要。经济学家把对某种商品或服务的需要称为**需求**，把可提供给消费者的商品和服务的数量称为**供给**。在我小的时候，人们对宠物石有着巨大需求，那是一种令人着迷的玩

经济体制/经济：是有助于社会将它所生产、分配与消费的物品组织起来的社会制度。

资本主义：是个体能拥有他人所需的产品形式和服务的经济体制。

自由市场：通常指不受政府控制的市场。

需求：指对商品和服务的需要。

供给：指可提供的商品或服务的数量。

具,虽然它实质上是一块粘着塑料眼睛的石头。今天,我能提供大量的宠物石,但却没有需求,它们只能徒占空间,因为没有人想购买。

当通过社会保障法设定最低工资与退休金时,美国政府涉足了自由市场。一些州政府会对那些**垄断**商品或服务的工业进行调控,例如,你所在的州可能监督电价,因为在许多州,市场上只有一家电力生产商。电有着很强的**需求价格弹性**,或者说随价格变化而改变的产品需求量。比如,当油价上升时,你是否会停止驾车?经济学家发现,当油价上升时,需求就会降低,但这仅仅是微弱的,因为许多地方缺乏足够的公共交通工具(Molly Espey,1996)。不同商品具有不同的需求价格弹性,这受到人们对该物品的需求量以及它的生产商数量的影响。

美国在过去 30 年的时间里出现了一股财富膨胀。2000 年,美国有 500 多万个百万富翁和 267 个亿万富翁(James M.Poterba,2000)。不是所有资本主义国家都充斥着百万富翁。贫穷国家也有资本主义,但是少部分富有家庭可能控制了生产方式(Leslie Sklair and Peter Robbins,2002)。资本主义鼓励私利,所以不平等是不可避免的。

社会主义

另一端是**社会主义**,这是一种资源和生产方式归全民共同所有的经济体制。社会主义的基本要素包括公有产权、利润无涉和强调集体利益的计划经济。

卡尔·马克思是论述社会主义的最重要理论家,他把社会主义设想成一个由平等主宰的完美的或乌托邦式的社会。在严格的社会主义国家,政府拥有全部财产,工人只需基本工资,必需品和服务都按需提供。

早些时候,社会主义政府实行计划经济,这意味着是政府而不是个体决定生产什么。获得财富并不重要,重要的是满足人们的经济需要。然而,在

垄断:指对服务的供给或贸易的排他性占有或控制。
需求价格弹性:指产品需求量随价格变化而改变。
社会主义:是一种资源和生产方式归全民共同所有的经济体制。

苏联，许多人都维持在贫困状态（Tames Krausz，2005）。

民主社会主义

人们尝试实践一种吸纳了两种经济体制优势的社会主义。**民主社会主义**指提倡政府民主运行和满足大多数人利益的经济体制（Democratic Socialists of America，2008）。在这个体制中，个体和政府都拥有产权。民主社会主义运动在欧洲发展得非常迅猛，并常常与欧洲地区的劳工运动联系在一起（Noel Thompson，1996）。

在这些国家，税率更高，政府为每位公民提供的服务也更多。政府保护工人权利，其工会也比美国工会更有权力。更进一步，这些国家也比美国政府更加慷慨（T.R. Reid，2004）。人们对政府角色和社会福利的态度也不同。比如，在对八个工业化国家的研究中，斯蒂芬·斯万夫（Stefan Svallfors）发现美国人对政府再分配财富的态度最消极，而挪威人最能接受这类分配（Stefan Svallfors，1997）。在《共同财富：拥挤星球的经济学》中，萨克斯对民主社会主义的许多方面进行了审视并发现，民主社会主义政策使实践这一体制的国家的穷人和经济均受益。

资本主义与社会主义的融合

理论中纯粹的资本主义和社会主义几乎是完全对立的。然而在实践中，这两种体制已经出现融合现象。资本主义与社会主义融合的这一趋势因**融合理论**而为人所知（Jan Tinbergen，1961）。比如，美国政府通过反垄断法以限制公司的规模与经营范围，使其跨出了纯粹资本主义的范围。

不过，社会主义国家也走出了"封闭的"社会主义。中国曾遵循马克思、列宁和毛泽东所创立的理论进行社会主义实践。到20世纪70年代后期，中国放宽了社会主义的"纯粹"形态，由市场决定生产哪些商品和服务，并允许个人拥有公司。但是，政府管制和税收仍致力于改善全体中国人的福利。

> **民主社会主义**：指提倡政府民主运行和满足大多数人利益的经济体制。
> **融合理论**：是资本主义和社会主义进行融合的一种趋势。

中国的领导权仍掌握在中国共产党手中，它掌管着政府的所有方面（Lev Deliusin，1994）。随着向自由市场的迈进，中国提高了整个国家的人均财富（Dwight Perkins，1994）。中国继续采取社会主义市场经济体制，许多国有企业工人继续作为政府雇员而工作（Xiaogang Wu and Yu Xie，2003）。尽管资本主义和社会主义仍存在不同，但每一方的让步都使二者趋向于一种中间地带（Jan Tinbergen，1961）。①

美国经济的走向

当美国公司在其他国家找到更多更便宜的劳动力时，劳动市场也随之转变。依照美国人口普查局的数据，制造业的工作岗位将持续减少，而医疗和计算机行业将会繁荣起来。比如，到2014年，IT行业的工作机会预期将增长54.6%（BBC News，2002）。

工人结构也将改变。2006年，白人劳动力有着最高的市场参与率，随后是黑人、亚裔人和拉美裔人（U.S. Census Bureau，2008）。到2014年，白人、黑人和亚裔人的市场参与率预计将会减少，而拉美裔人的市场参与率将会提高（U.S. Census Bureau，2008）。

有时劳动力的转变也会导致失业。失业者是没有工作并且连续4周寻找工作仍未找到的人（Bureau of Labor Statistics，2008）。2007年8月，美国的失业率为4.6%，而到2008年10月则为6.1%（Bureau of Labor Statistics，2008）。

四分之一的美国人会尝试开设他或她自己的公司，这是一个被视作充满企业家精神的过程。企业家为适应经济和社会需求而创设新的公司。但是，很显然，有许多新投资的公司失败了。当我在商学院学习时，我被告知，公司成功最重要的三个方面是"地位、地位、地位"。然而，研究表明，在市场环境中的社会网络和竞争水平对一个成功的公司来说至关重要，社会网络和市场实力影响公司的成功（Patricia Thornton，1999）。

美国经济：面临危机的体制

依据美国中小企业管理局的数据，在21世纪头五年经济健康发展的时

---

① 作者对中国经济体制的解读有不少不准确之处。——译者注

间里，大约 50% 的中小企业是失败的（U.S. Small Business Administration，2008）。最近几年，当经济发展处于困境中时，越来越多的企业走上下坡路，人们开始担忧未来，国家领导人为此寻求解决办法。大多数人相信，政府和经济是两个相对独立的体系，但也经常重叠，2008 年的经济危机向我们展示了两个体制是如何联系的。

2008 年秋，联邦政府批准了一项大约 7 000 亿美元的华尔街金融救援计划。经济危机并非一夜爆发的，有几件事造成了这一衰败。一个是滥用次级抵押贷款，即银行和其他信贷机构借钱给人们用以购买他们难以支付的房屋。在过去 30 年里，政府对银行和信贷行业的控制减弱，这形成了一个被认为会自我监督的自由市场（a free market that some suggest imploded on itself）。当人们无力偿还贷款时，银行开始取消赎取权。当然，如果你收回一个人的房屋，你一定认为你能以一个高于购买价的价格售出。但是，2008 年次贷危机爆发后，房地产市场发生动荡，结果房价下跌，整个国家的存贷体系面临崩溃（Eddie Evans and Keven Krolicki, 2008）。联邦政府接管两大房屋贷款融资机构房利美（Fannie Mae）和房地美（Freddie Mac）后，大量购置不良贷款，使许多人质疑政府在经济中的作用（Paul Krugman, 2008）。

美国国内流行的一大争论是，政府是否应该参与购买私有公司的股份。人们经常引用亚当·斯密的观点，即经济在"无形的手"的掌控下运行，意思是说市场能在政府不干涉的情况下有效运行。然而，这并不是一条被亚当·斯密明确接受的信条，因为他似乎同样明白适当的政府控制对经济运行也是重要的（Emma Rothschild, 1994）。在 1929 年的大萧条和第一次股市动荡之后，政府对金融机构加强管理，期望避免未来的危机。但是，最近政府通过削弱管理而使金融市场自由运行，这可能也是问题的一方面（Vernon Hill, 2008）。

在经济不明确的时候，我的一些学生想知道他们下学期是否还有助学贷款。当我们在课堂上讨论这些时，许多人认为政府不应该涉足市场。一些人觉得，如果人们进行了错误的投资，就应该有所损失。另一些人指出，这一策略的部分受害者是那些以投资为生并且积蓄缩水的老年人。如此多的人受到经济形势的影响，使得经济危机成为奥巴马和麦凯恩总统竞选中的一个非常重要的话题。由此可以看出政治与经济之间的联系。

◎ 全球经济

在开头的引述中，杰弗里·萨克斯讨论了全球合作的可能性。正如我们在第 8 章讨论的，全球化是一种世界趋势。商业活动在全球扩展，寻求新市场和新地点以实现利润最大化。

公司：在全球扩张

公司是具有特定目标的"法人"，通常为其所有者创造利润。它可以购买产权，承担债务，并订立有法律效力的合同。股东拥有公司，而由雇员运行它。在大的公司，数以万计的人通过购买股票持有公司份额。

在历史上，许多个体或者一小群人共同拥有公司，他们也在公司中工作以促进公司发展并提高公司收入。今天，大公司在全球扩张，这些公司的员工通常是当地人。领导权被移交给管理人员和行政人员，他们的权限越来越大，这提升了 CEO 和其他管理人员的重要性，在**跨国公司或多国公司**中尤其如此。这些公司至少在两个国家运行并从所在国而非仅仅从本国获利。这些跨国公司在内部越来越类似于小型国家。跨国公司是全球经济中的一股主要力量，它们产生了高额利润并享有重要的政治权力。

贸易协议：禁运与《北美自由贸易协定》

今天，贸易体系非常复杂。不同国家在卫生法规上的冲突导致了制定贸易限制的需要。一种长期的贸易限制，或者说**禁运**，存在于美国和古巴之间。美国政府和古巴政府的对抗致使美国在 1962 年对古巴实行一系列贸易禁运，这些贸易禁运直到今天仍然有效（Rémy Herrera，2003）。这是目前仍然有效的最长的贸易限制。

公司：是具有特定目标的"法人"，通常为其所有者创造利润。

跨国公司或多国公司：是至少在两个国家运行并从所在国而非仅仅从本国获利的公司。

禁运：是一种长期的贸易限制。

不过，美国并非对每个国家都实行限制。《**北美自由贸易协定**》(North American Free Trade Agreement) 生效于 1994 年，它允许美国、墨西哥和加拿大之间实行自由贸易，农业贸易的所有非关税障碍都被移除了。**关税**是附加于贸易条款上的税收，高关税限制了交易量 (North American Free Trade Agreement, 2008)。加拿大和墨西哥之间也达成了一项农业贸易协议。结果，这些国家之间的贸易大为增长。美国贸易代表办公室的数据显示，"从 1993 年到 2007 年，《北美自由贸易协定》国家之间的贸易增长了 3 倍多。与 1979 年至 1993 年 45% 的年增长率相比，美国的商业投资自 1993 年以来每年的增速是 117%" (*Office of the United States Trade Representative*, 2008)。贸易促进了这些国家的经济增长和它们之间的商业活动。

◎ 政治体制

《北美自由贸易协定》是政治体制和经济体制结合起来的一个完美例子，**政治体制**是指基于一系列为满足或实现社会目标的实践活动而建立起来的社会制度。所有政治都关乎权力。马克斯·韦伯把权力定义为即使他人反对也能达到自己目的的能力 (Max Weber, 1968)。权力分配影响了决策制定和社会资源分配的过程。权威保证决策者拥有合法的官方权力，因此，权力不一定需要操纵或者胁迫才有效。韦伯认为，政治体制基于三种权威类型运行：传统型 (traditional)、克里斯玛型 (charismatic) 和法理型 (rational legal)。

传统型

社会权力出于对政府形式的尊重而合法。比如，中世纪时部分欧洲君主拥有权力即因为这是传统，他们认同君权神授。在今天的伊朗，神权主义授予了宗教权威在选择政府领导人时的巨大权力。通常，那些遵循神权主义的

《北美自由贸易协定》：是于 1994 年成立的允许在美国、墨西哥和加拿大之间实行自由贸易的政策。

关税：是附加于贸易条款上的税收。

政治体制：是基于一系列为满足或实现社会目标的实践活动而建立起来的社会制度。

国家主要是发展中国家，在这些国家，人们共享相似的世界观。传统型的社会权力已经不像过去那样普遍，但它依然存在于世界的部分地区。

克里斯玛型

领导人因具有非凡的个人魅力而获得权力。通常，这些领导人感召追随者并可能导致"改革"。在政治世界中，"圣雄"甘地、约翰·肯尼迪和马丁·路德·金都因他们的个人魅力而成为深有影响的领导人。雄辩的公开演讲能力和迷人而又让人信赖的性格对于赢得支持至关重要。

法理型

当一些规则被一种官僚机构——比如政府——法典化时，这些规则就具有了正当性。当规则被记录下来，它们的重要性意义就显现了。如果法规被大多数人认为是合理的，公众就会接受并遵守它们。比如，美国总统具有对另一个国家发动战争的权力，因为这是公认的三军统帅的权力。韦伯觉得，这是人们最尊重的政治体制，因为它并非建基于恐惧，而是建立在对什么构成合法行为的共识的基础上（Max Weber，1925/1978）。

◎ 政府形式

每个社会都会采取一些政府形式。不过，各个社会的政府形式大为不同。在这一节，我们将总结当今世界存在的主要政府形式以及采取这些形式进行统治的领导人。

君主制

在**君主制**中，领导人通过君权神授或继承而获得领导权。通常，一个家族进行世代统治，权力父（母）子（女）相传。许多古代社会采取君主制进

> **君主制**：是一种建立在领导人通过君权神授或继承来获得领导权这一观念之上的政治体制。

行统治，统治者几乎具有覆盖整个社会的绝对权力。这种权力的正当性来自"君权神授"观念，这一观念认为上帝授权国王对其子民进行统治。今天，多数欧洲君主制只是象征性的，因为大部分重要的政府决策都由议会和首相制定。不过，一些中东国家，如科威特和沙特阿拉伯，仍存在着几乎完全控制着整个社会的王权家族。

独裁制

独裁制政体下的公民很少有参与政府的机会。与君主制不同，**独裁制政体**只允许一个个体或者小团体享有权力并通过镇压或其他手段来维系权力。尽管一些君主制以相似的方式进行统治，但独裁制的权力正当性仍然是传统的。独裁者通常是选举政府中握有权力的权威人士。当帕尔兹·穆沙拉夫（Pervez Musharraf）在1999年夺取巴基斯坦政权时，他领导一个军人政权，违反巴基斯坦宪法并推翻了民主选举的政府。

掌握权力之后，穆沙拉夫解散了国家与省议会，自任首席执政者，从而成为巴基斯坦实际上的政府首脑。2001年，穆沙拉夫任命自己为巴基斯坦总统。2008年，他"当选"为总统；然而，当政府官员准备弹劾他时，他屈从了（Jane Perlez, 2008）。通过使用暴力和恐吓加以统治是控制国民的一个有效途径，但这只能导致对政府的怨恨。当政治动荡时，革命和政治暗杀就成为改变权力平衡的一种选择。

独裁制的一种形式是**极权主义**，这类政府试图控制人们生活的每一个方面。他们通过一种控制和监视一切的秘密政策来监控人民。不赞同政府的人们可能会悄然消失，这类政府通过恐吓和胁迫维系权力（Norman Naimark, 2006）。

通常情况下，独裁者或者寡头统治集团控制着独裁政体。**独裁者**是掌握着绝对权力的唯一领导人，很像一个国王。**寡头统治集团**是一小部分控制政

独裁制政体：允许一个个体或者小团体享有权力并通过镇压或其他手段来维系权力。

极权主义：是一种试图控制人们生活的每一个方面并惩处异议者的权力政府。

独裁者：是掌握着绝对权力的唯一领导人。

寡头统治集团：是一小撮控制着政府的很有影响的人。

府的有影响的人。这一领导组织经常不为人知，并在独裁者身后掌控大权。在 2008 年的俄罗斯政治和金融中粉墨登场的演员们即是寡头统治集团，整个体制应该被称为寡头政治（Norman Naimark，2006）。

民主制

与独裁制政体不同，**民主制**是一种权力由人民掌握并通过参与和由代表行使权力的政治体制。在纯粹的或者直接的民主制中，选民制定所有法规。美国公民参与到代议民主制中，人们选举领导人为自己做决策。事实上，社会学家罗伯特·米歇尔斯（Robert Michels）认为，在复杂社会，直接民主制是不可能的，因为民众太多、问题太多，因而无法允许每个人对每一问题进行表决。米歇尔斯警告说，民主制可能引发类似贪污的问题，因为它给予了精英过多权力，他们垄断了什么该发生和什么不该发生的决策权（Robert Michels，1911/1962）。

◎ 美国政治

美国实行代议民主制，它允许所有有资格的公民在政府选举中投票。资格在州与州之间差异甚微，但要在大多数州进行投票就必须是：美国公民、18 周岁以上、心智健全且无犯罪。尽管大多数人有权投票，但越来越多的人放弃投票。不过，2008 年的总统选举表明这一趋势开始改变。

政党

美国政治中存在两个重要政党——民主党和共和党主宰着近期的政治。小一点的政党也存在，但民主党和共和党主导着政治版图。

民主党的官方网站（www.democrats.org/）给了一份民主景象的缩影："民主党的宗旨是保持国家安全，为每位美国公民拓展机会。这一宗旨反映在这样一些议程中：强调强劲的经济增长，为所有美国人提供健康护理、退

民主制：是一种权力由人民掌握并通过参与和由代表行使权力的政治体制。

休保障，开放、诚信、负责的政府，以及在公民权利与自由受到威胁时保卫国家安全。"（What We Stand For，2008）民主党主张政府大力参与商业管理

链接　投票冷漠

2008 年，据报道大约有 1.37 亿人对麦凯恩或奥巴马之间的总统竞选进行了投票，这是近一百年来最高的数字，令大家相当震惊。事实证明，自 1972 年以来，投票数从未超过合格选民的 2/3。事实上，在一些年份，仅有略高于一半的合格选民进行了投票（*U.S. Census*，2008）。那么，什么人没有投票呢？35 岁以上人群的投票率高于全国平均水平，而 35 岁以下人群投票意愿较低，18 岁至 24 岁的人群投票率最低。一般而言，女性的投票率略高于男性。白人更愿意投票，其次是黑人、拉美裔人和亚裔人。2004 年，74% 拥有大学及以上学历的人进行了投票，而只有 34% 的高中学历的人决定投票。失业者中决定投票的比例也仅为 34%。

对投票冷漠的解释可以追溯到柏拉图的《理想国》。柏拉图提出，选民受自己偏好的驱使，在必需品充足时并不愿涉足政府（Plato，2007）。最近，研究者发现了异化与投票之间的关系（Dwight G.Dean，1960）。异化是指个人对政治过程感觉无能为力、无意义以及一贯的玩世不恭。研究发现表明，那些觉得政治无意义以及那些觉得自己的投票无足轻重的人投票意愿更低。然而，玩世不恭既可能削弱投票的可能性，也可能提升参与的兴趣（Priscilla L.Southwell，2008）。

投票冷漠也可能是由投票的结构障碍所致。比如，一些人认为美国人无法离岗而去投票，或者因为过于繁忙而无法投票（*Population Today*，1998）。此外，美国公民被要求在投票前进行登记，这使得政治参与成为必须事先计划的事情。一些州正在调整政策，以使潜在选民能在选举日登记并投票。不过，即使减少登记方面的困难也不意味着人们会去投票（Seymour Lipset，1997）。不管投票冷漠的原因在过去是什么，最近的选举向我们表明，美国公民开始热衷于政治过程并参与其中。

活动发动一个宣传运动，使用你选择的媒体来使年轻成人进行投票。与你的班级同学分享你的宣传运动。

和社会规划。

共和党的官方网站（www.rnc.org/）提供了许多相同的承诺与期望："忠实于自我信赖、公民意愿和关注他人的品质，反对政府干涉人民的生活，致力于制定捍卫并维持自由的法律。"（2008 Republican Platform，2008）共和党致力于限制联邦权力的扩张。民主党和共和党都试图达到相同的目标，却在如何实现这一目标上有着不同观点（Carl Grafton and Anne Permaloff，2005）。

政治献金

政党的大部分资金来源于在政策制定中享有利益的组织团体。传统上，劳工组织支持民主党，而公司团体支持共和党。政党的主要捐助来自政治活动委员会（political action committee，PAC）。PAC 深刻地影响到国会席位的竞选，因为它有策略地为两党注资。这些团体都明确地支持一个政党，但出于 PAC 的宗旨它们通常为另一政党进行微量捐助（Thomas L.Brunell，2005）。政治捐助是复杂的，因为许多团体在危急关头都有自己的利益。比如，在 2008 年大选中，PAC 的领头羊——那些希望通过捐助获得领导地位的 PAC——如 AmeriPAC and Every Republican，为政治竞选捐助了数百万美元。PAC 的领头羊为民主党候选人捐助了 900 多万美元，为共和党候选人捐助了 1 100 多万美元（The Center for Responsive Politics，2008）。

特别的利益团体同样试图影响政治候选人。单一问题团体如绿色和平组织（Greenpeace）、善待动物组织（PETA）和全国枪支协会（NRA）关注一个特别的问题并尝试改变政策。环境保护、善待动物和持枪权仅仅是为获得团体支持并寻求影响政治活动的微弱原因。

◎ 权力的性质

不管我们对权力的性质如何理解，每个人都具有不同的权力，不过没有人拥有不受约束的权力。社会学家赖特·米尔斯认为，在美国，一个小群体掌控着无限权力，他称这一群体为权力精英（C.Wright Mills，1956/2000）。权力精英来自三个不同却有关联的群体：高层政治官员、公司领导者和军队领导人。他们有权控制其他人所接受的知识，并因此改变国家决策。权力精英运用他们

链接

2008年总统选举自2007年中期开始，包括大约20名候选人。不过，直到2008年夏季，美国选民才把范围缩小到两位候选人：亚利桑那州的共和党议员约翰·麦凯恩和伊利诺伊州的民主党议员巴拉克·奥巴马。两人的竞选都是历史性的，因为他们的选票属于首位非洲裔美国总统候选人（奥巴马）、最年长的候选人（麦凯恩）和历史上的第二位女性副总统候选人（州长莎拉·佩林）。[历史上首位女性副总统候选人杰拉尔丁·费拉罗在1984年获得了民主党的推选（Encyclop·dia Britannica，2008）。]

选举中的关键问题复杂多变，直到华尔街经济崩溃，美国经济迫使总统候选人——以及美国民众——检视这是如何以及为何发生的。民主党自然指责共和党执政的八年，共和党则指责民主党控制国会的行为。虽然健康护理改革、税收改革以及伊拉克战争与阿富汗战争对选民来说依然重要，却都次于对经济的恐慌。

麦凯恩和佩林的竞选口号是"国家优先"，这意味着，曾做过战俘的麦凯恩和佩林将会把对国家的热爱置于他们自己以及政党的利益之上。麦凯恩的基本口号是，他有经验和热情，能在困难时期领导国家。他提出，他有能力与来自各地的人们一道为美国做正确的事情（McCain-Palin，2008）。

奥巴马和他的竞选伙伴约瑟夫·拜登（Joseph Biden）则主要致力于改变。他们提出，乔治·布什时期所推行的共和党政策应该为战争恐慌和经济部门中的问题负责。奥巴马想拓展健康护理的有效性，并为学校和大学提供更多的资金支持。奥巴马——竞选时47岁——属于美国新一代政治家，仅仅从他在民主党选票上的出现就表明，美国曾经强烈的种族隔离已经结束了（Obama for America，2008）。

最后，选民做出决定，改变是正确道路，奥巴马以200张选举人票赢得了选举。投票人数超过总统选举法定人数，胜利属于奥巴马。

的权力、地位和影响力制定每一个重要的国家决策，以此掌控国家方向。

威廉·多姆霍夫（William Domhoff）赞同米尔斯的观点，并继续研究了经济精英与政治权力的交叠。多姆霍夫在谁操纵国家的讨论中显得更有综合性，他继续提出，美国的权力主要掌握在少数精英手中，这些精英主要是白人男性。他们组成了公司联盟，它在决定由谁工作以及在哪儿工作中起到重要作用。此外，也存在工人联盟，包括工会以及为争取影响力而组织的社团。这两类权力组织的相互作用在美国产生了重要影响（C.Wright Mills，1956/2000 etc）。

军队与武力使用

在美国历史上，人民一直反对权力滥用。因为美国是民主国家，没有任何领导人或者团体可以完全控制国家。1961年2月17日，艾森豪威尔总统描述了**军事工业团体**——为国家提供武器及其他材料的武装与防卫工业联合体——的危险："在政府中，我们必须反对军事工业团体对非法影响的攫取，无论这是否可见。权力错位增长的可能性目前存在并将持续存在。我们不应让这一团体的力量威胁到我们的自由或民主进程。我们应该认识到没什么是理所当然的。只有警觉而明智的公民才能以和平的手段编织出限制巨大国防工业和军事机器的适当法网，从而使安全与自由能够共同繁荣。"（Dwight D.Eisenhower，2008）

艾森豪威尔在二战时是盟军指挥官，他深刻理解强大军事力量对民主政治的潜在影响。与苏联的冷战是这方面的一个绝妙例子。对苏联武器的恐惧导致大量税收用于支持军事制造商。艾森豪威尔认为："军队、与军队结盟的制造商以及国会中的拨款人在宣扬潜在危险中享有共同利益，然后通过制造武器来弥补自己。"在艾森豪威尔看来，强大的军事工业团体有损民主的本质（James Fallows，2002）。

作为一个国家，美国通常自视为他国争端的协调者，而且美国比世界上其他任何国家花在这上面的钱都更多。虽然从比例来看，世界上许多国家都

军事工业团体：是为国家提供武器及其他材料的武装与防卫工业联合体。

军事开支与经济的关系

GDP排名	地区	GDP（美元）	军事开支占GDP的百分比（%）	军事开支总额（美元）
	全球	65万亿	2	1.3万亿
1	美国	13万亿	4.06	5 610亿
3	日本	4万亿	0.08	343亿
4	印度	2.9万亿	2.5	747亿
5	德国	2.8万亿	1.5	421亿
6	英国	2.1万亿	2.4	512亿
7	俄罗斯	2万亿	3.9	814亿
8	法国	2万亿	2.6	532亿
9	巴西	1.8万亿	2.6	747亿
18	伊朗	7 530亿	2.5	188亿
22	沙特阿拉伯	5 640亿	10	564亿
53	以色列	1 850亿	7.3	135亿
62	伊拉克	1 020亿	8.6	88亿
80	阿曼	610亿	11.4	70亿

资料来源：*The World Factbook*，The Central Intelligence Agency.

在军事上投入颇多，但在总额上美国的投入远远超过任何一个国家。阿曼的军事防务投入在世界上比例最高，但它投入的总量远远低于其他国家。

社会学思考：社会学家如何看待经济与政治体制？

◎ **功能论**

美国政治在利益党派间的谈判与妥协中运行。没有任何群体能够完全掌控政府，因为资源分散于众多群体当中。这种模式被称作**多元主义**，一种权力分散于大众的政治体制。由此政府的目标是协调这些不同的利益群体。

当你检视美国相互制衡的政治体系时，你会发现一个专门为此设计的功能体系。联邦政府有行政（总统）、立法（国会）和司法（法院）三个分支，每一分支都有专门的作用。这种设置有利于使国家不同利益群体的需要得以满足。比如，在"独立而平等的学校种族隔离"时代，政府中的立法系统和行政系统都不愿认真地对待改变隔离黑人的法律。然而，在布朗诉教育部案（*Brown vs. Board of Education*）中，美国最高法院推翻了学校隔离政策，因而使得少数群体的呼声得到了尊重。通过对这一体制的观察，可以发现，国会和总统倾向于为参与投票的大多数人疾呼，而法院系统通常是为少数群体谋利的唯一力量。在这种体制下，政府的任一分支都不具有绝对权力。因此，政府在各分支各尽其责下平稳运行。

◎ 冲突论

在冲突论者看来，权力集中于一小部分人手中。威廉·多姆霍夫和怀特·米尔斯的研究都讨论了一小部分统治精英控制社会大部分财富、声望与权力的危害。这使得社会其他群体只具有很少权力（C.Wright Mills，1956/2000 etc）。在本·巴格迪坎（Ben Bagdikian）的《新媒介垄断》（*The New Media Monopoly*）一书中，他审视了美国精英利用权力控制选民思想的一种方式。除了公共广播和电视以外，美国媒体都进行营利性商业活动，少数公司控制了整个国家的大部分媒体。1983年美国有50家大集团，由于合并，今天只有5家。这5家巨型公司拥有整个国家的大部分纸质媒介、广播、电视和电影工作室，通过这种途径，它们控制了你所阅读和收看的大部分内容。这5家公司是时代华纳、迪斯尼、默克多新闻集团、德国贝塔斯曼和维亚康姆。

冲突论者认为，信息就是权力，而这5家公司掌握了巨大权力。由于媒体的资金主要来自广告收入，新闻与信息服务通常要与所感知到的以及

多元主义：是一种权力分散于大众的政治体制。

理论沉思

权力如何在经济与政治体制中分配?

功能论

权力分散于大众当中。没有任何群体能获取对其他群体的完全统治权。功能论者认为,各个权力群体需要合作以维持社会的正常运行。杰弗里·萨克斯提倡全球合作以使地球对人类来说更美好。他憧憬的未来数十年可以达到的四个目标之一是,实现"通过国家间的合作以及非政府部门的推动与创新来解决全球问题的新路径"(Jeffery D.Sachs,2008)。

符号互动论

符号互动论者思考领导者如何通过人格与魅力获取权力。领导者运用他们的雄辩技能使追随者相信他们胜任这一工作。历史已经证明,主宰大众的权力既可以服务于正义,也可以服务于邪恶。个人魅力是一种权力资源,因为它能被用来改变人们的观念并实现主导者的终极目标。杰弗里·萨克斯认为,克里斯玛型权威应该利用他们的能力使人们联合起来实现共同目标。

冲突论

权力集中在少数精英群体手中。非精英群体为获取权力持续抗争,精英群体为保持权力持续奋斗。冲突论者认为,美国的民主毫不惊奇,因为一小部分富人和有权者掌控着政府。杰弗里·萨克斯认为,如果我们想在未来获得成功,世界就必须摒弃这种权力争夺而代之以合作。

有时较明确的利益冲突做斗争。比如，如果一家地方报纸或电视频道发现了它的最大广告商所犯下的罪行，那么它会把这一信息放在报纸或节目上吗？因为信息就是权力，冲突论者认为媒体变成了权力精英控制人们的一种工具（Ben Bagdikian，2004）。

◎ 符号互动论

符号互动论者关注领导人使用他们的个人魅力和人格来获取人们的尊重与信任。考虑韦伯关于克里斯玛型权威的观点你就会明白，一些领导人当选有时就是因为他们具有超凡的个人魅力。像耶稣基督和穆罕默德这样的宗教领袖就是用个人魅力来获得追随者，并发起改革的。一些政治家就能够引导人们做一些他们通常不会做的事。想一下德国的阿道夫·希特勒。他的权力以及充满个人魅力的公共演讲能力使许多德国人相信大屠杀具有正当性。克里斯玛型权威对人们是一种绝对的权力，它可以用来行善或者作恶。认真考虑一个克里斯玛型权威的立场是重要的，因为他或她的权力能够把人们带向危险的方向。

总 结

什么是经济与政治体制？

- 经济体制：资本主义、社会主义和民主社会主义
- 政治体制：传统型、克里斯玛型和法理型

社会学家如何看待经济与政治体制？

- 功能论：权力分散于应当共同工作的团体中
- 冲突论：只有权力精英拥有权力
- 符号互动论：领导者应当充满魅力才能获得权力与声望

第17章 社会运动、集体行为和社会变迁——社会是如何变化的？

- 社会变迁的动力是什么？
- 社会运动背后隐藏着哪些理论解释？

俗话说：不鸣则已，一鸣惊人（When it rains, it pours）。在某些情况下，倾盆大雨（Down-Pours）意味着又一个冰河世纪的到来。至少，2004年上映的影片《后天》（*The Day After Tomorrow*）给观众呈现的是这样一幅图景。这种花巨资打造的灾难大片用视觉媒体的方式把气候变化问题呈现在观众面前。问题是，这能否真正唤起人们对气候问题的重视？有些人对此持怀疑态度，认为仅仅把信息传递给全世界是远远不够的。

保罗·霍肯花了好几年时间，跟踪各种环保组织为改善地球环境所做的努力，收集了大量的数据和材料，最后写成《上帝保佑的动乱》这本书。在书中，作者指出，确实有一部分人在致力于改善我们的居住环境，但不幸的是，这样的人并不是很多。地球正在经历一场全球性的人口爆炸，由此造成的人口和环境之间关系的紧张，导致了一系列严重的问题，比如贫困和气候变暖。霍肯认为，用这些事实来吓一吓人们，是一件很容易的事，大家都会觉得，这是个严重的问题。但是，一旦人们还知道，现在有成千上万的环保组织和团体在为改善明天的状况而不懈努力，他们就不再恐惧了。

是什么动力驱使社会发生变化？面对这些变化，我们该怎么办？本章将会在讨论社会变迁、集体行为和社会运动的过程中回答上述问题。

主题：社会变迁的动力是什么？

◎ 社会的改变

社会的各种变化通常都是由一些新的事件或机会引起的，比如工业革命。这些新事件会引发**社会变迁**，也就是文化、人际互动以及各种创新改变社会制度的过程。我们在前面提到工业革命对社会阶级分化的影响。资产阶级的权力和财富大大增加，超过了原来拥有大量土地的贵族阶级，与此同时，工人阶级被迫整日劳作，为了生存苦苦挣扎（Pat Hudson，1992）。

就在同一个时期，认识世界的新思想出现了，其中包括社会学。有些新思想成了建立一个新国家的智识基础，比如以共同理想为基础的美国。我们只需翻翻《独立宣言》的开篇导论就可以找到一部分类似的思想。社会变迁通常由思想来驱动。比如，当我还是个孩子的时候，我住的社区里没有回收废品的人，后来，有些人意识到，人类浪费了太多的自然资源，于是决定重复使用一些东西。到今天，垃圾回收和重复利用已经成为一个很普遍的现象。

与此同时，人口也在增加，触发了一些人口变迁，比如移民。跨国移民和境内迁徙改变了美国这个国家。历史地看，美国的人口逐步增加，并且向西部转移。例如，1800 年，美国的人口中心（一个假想的点，在这个点的东西两边，各住着一半人口）是马里兰州的巴尔的摩（Baltimore，MD）。到 1880 年，这个点移到了肯塔基州的考文顿市（Covington，KY）。根据 2000 年的人口普查，现在美国的人口中心是蒙大拿州的埃德加斯布林斯市（Edgar Springs，MO）（U.S. Departmet of Commerce News，2001）。

答案是，迪斯尼的动画频道把美国的信息、观念和信仰传到了世界各地的孩子脑里。通过《蒙汉娜》（*Hannah Montana*）和《少年魔法师》（*Wizards of Waverly Place*）里十几岁的战士形象，全世界的小孩子都在学习美国文化。这会给其他国家的文化带来什么样的影响？又会导致怎样的社会变迁呢？

技术

导致社会变迁的因素有很多，其中一个就是技术。**技术**指的是知识的创

社会变迁：指的是文化、人际互动和技术创新改变社会制度的过程。
技术：是知识的创造和应用，以及知识与生活、社会、环境之间的相互作用过程。

造、应用及其与生活、社会和环境之间的关系。技术往往能导致很多变化，因为新的技术给人们带来了各种新的可能，有了新的技术，人们就可以改善居住环境和生活水平。社会学家威廉·奥格本（William Ogburn）认为，一切社会变迁都源于技术变革（William Ogburn，1923/1966）。而技术则是创新和发明的产物。**创新**（invention）指的是某种新装备的发明，或者思维方式的变革。右图展示的就是技术给社会带来的巨大改变。

技术还能促进新的发现，也就是新的机会。发现并不一定是一个地方或者物体。以全新的眼光看待周围的世界也是一种发现。不过，除非广为宣传，否则任何发现都无法对社会产生较大的影响，这就需要**传播**（diffusion）。通过传播，新技术、新发现和各种新颖的想法才能口口相传，把知识扩展到更远的地方去。在这个过程中，新的想法不断得到改进和修正，从而进一步推进和改善原先的技术，与此同时，又在这个过程中创造新的技术，发现新的知识。

以汽车为例。1885年，德国人卡尔·本兹（Karl Benz）发明了世界上第一辆以汽油为燃料的汽车。十年以后，美国发明家乔治·塞尔登（George Selden）改进了本兹的设计，把一台内燃机（internal combustion engine）和车厢捆绑在一起。1893年，查尔斯（Charles）和弗兰克·杜里埃（Frank Duryea）兄弟成功造出了世界上第一台汽油动力的汽车，两人还合伙创立了美国第一家汽车制造公司（Library of Congress，2007）。今天，汽车产业的技术发展日新月异。随着石油价格的飙升，人们对新燃料和替代性能

> 拖拉机的发明是两项现有技术结合的结果：蒸汽机和耕犁。
>
> ▼
>
> 这项发明给农民提供了一种种植庄稼的新工具。
>
> ▼
>
> 这反过来又增加了作物的产量，粮食变得越来越多。
>
> ▼
>
> 食物充足意味着人类吃得比以前好，身体也越来越强壮。现在，人类就可以不必整天为寻找食物发愁，从而把更多的时间和精力用于创新和发明。

创新：指的是一种新设备的发明或一种新的思维方式的产生。
传播：就是把一个东西向更广的范围宣传。

源的兴趣与日俱增，这也导致汽车产业的技术跟着向前发展。新的想法和发明不断涌现并用于实践，从而导致技术的变革和提升。

技术更新和传播的速度太快，以至于一些文化要素跟不上技术的发展。这就是我们在第 3 章讨论过的文化滞后，说的是一个文化的某些方面跟不上创新、发明和新想法的发展。技术首先变化，导致文化的某些部分在后边摸爬滚打，唯恐落后。举个例子，印度的快速工业化让一些社会成员积累了大量的新财富，但是，文化的其他一些部分深受"文化滞后"之害。区域资源有限，跟不上工业化的进程，导致每个楼群后面垃圾堆积如山。人们苦苦挣扎，努力跟上工业化带来的技术和社会变革（Energy Information Administration，2008）。

◎ 变革的阻力

不管有没有技术的直接推动，任何文化都会发生变迁。然而，尽管有许多人致力于推动这种变迁，但也会有一部分人百般阻挠，不想看到任何变化。这些人就喜欢现在这个样子，所以总是试图维持现状。社会学家艾伯特·赫希曼（Albert Hirschman）指出，任何新的想法都会遭到那些希望维持现状的人的攻击，这种攻击可以分为三种类型。

首先，赫希曼认为，人们会用**徒劳**（futility）作为借口来抵制变革，他们会说，改革不会有任何效果，因为现有的社会问题根本无法解决。例如那些总是批评为汽车寻找更清洁、更高效的能源的人。他们声称，我们别无选择，只能用石油，因为这是唯一可用的燃料，其他燃料不可靠，而且可能成本会更高。用上述借口来抵制变革的人往往都是那些从石油和其他化石燃料的使用中获利的人，这些既得利益者总是试图维持现状，以保护他们的利益。

另一借口是**适得其反**（perversity，或者叫火上浇油），意思是任何措施

徒劳：认为社会问题没法彻底解决，所以任何改革都不会起作用。

适得其反：意思是任何措施都只会让现有问题更加复杂。

都只会让现有问题更加复杂。这经常被用在关于电动汽车的争论上。有人说，把汽车插到插座上，充满电之后再开，这似乎比较清洁，但是，电从哪里来？绝大部分电都是燃烧煤炭的火力发电厂生产的，这个过程就会产生大量的有害气体和热量。电动汽车越多，用电需求越大，这就意味着要烧更多的煤。这些人争辩道：与其额外燃烧更多的煤炭，还不如像现在这样，直接烧油。

还有一个抵制变革的理由是**避重就轻**（jeopardy），即试图解决问题的努力只会把人们的注意力从一些更为紧迫的问题转移到一些无足轻重的问题上。赞成用石油作为燃料的人说，寻找替代性能源的研究项目不仅成本很高，还浪费了大量的时间。他们认为，石油的储量完全足够，我们不必担心石油会出现短缺；相反，我们要做的，是开采更多的石油。所以，花费大量的金钱来寻找新能源实际上分散了我们的注意力，还有更重要的问题等着我们去关心，比如国家安全、教育以及其他一些社会问题（Albert Hirschman，1991）。

集体行为

一旦成为一个行动共同体，人们的行为和思维方式就会和他们平时随意聚在一起的时候不一样。**集体行为**指的是一种特殊的社会互动模式，在其中，人们凝聚成一个群体，以全然不同于他们日常生活的模式行动。集体行动分很多种，有些集体行动会导致很危险的后果。

暴力

当不满情绪积聚到一定程度，往往会导致暴力行为。如果人们带着愤怒聚集在一起，就很可能会发生群体性的骚乱事件，导致秩序失控。**暴民**指的是行动一致、情绪高亢、具有暴力行为或者破坏倾向的一群人。1999年，大约三万名抗议者聚集在西雅图会议中心，反对WTO的一些政策，最后示威

避重就轻：指任何试图解决问题的努力都只会分散我们的注意力，从而使得一些更为紧迫的问题得不到应有的重视。

集体行为：指的是一种特殊的社会互动模式，在其中，人们凝聚成一个群体，以全然不同于他们日常生活的模式行动。

暴民：指的是行动一致、情绪高亢、具有暴力行为或者破坏倾向的一群人。

演变成一场暴力事件。对峙双方的情绪都很激动，大约 500 名示威者被捕（Chris Plante and Rusty Dornin，1999 etc）。暴民的情绪很容易走向**歇斯底里**状态，这是一种极为亢奋的情绪，往往会导致暴力行为。

骚乱是一群人引起的情绪波动或者冲突状态。骚乱也具有高亢的情绪，也会导致暴力事件，但与暴民不同的是，参与者没有一致的目标，往往随机发泄，见东西就砸，见人就打。参与骚乱的暴徒会发泄他们的愤怒情绪，一般都会攻击无辜人群和周围的财物。例如，1965 年，因为马凯特·弗赖尔（Marquette Frye）一家被捕，洛杉矶发生了著名的华兹骚乱事件（the Watts Riots）。逮捕过程的目击者被警方的行为激怒，开始在市区各地发泄他们的情绪。连续六天，洛杉矶的街道到处都是打斗场面，无数财产被毁，整个城市完全陷入混乱状态。警方被迫实施反击。等一切恢复平静之后，42 人在这场骚乱中失去了生命，受伤者超过 1 000 人，警方逮捕了 4 000 人，估计损失财产 4 亿美元。这场骚乱的余波持续了很长时间，导致的另一个后果是，被毁坏的街区一直没有得到重建（King Encyclopedia，2008）。

消费主义

有些时候，让人们走出家门、成群结队活动的，不是怨愤情绪，而是消费的欲望，只不过，受购买欲驱动的人群一起行动的目标，是到商店里购买商品，而不是上街游行，抗议社会不公。比如，人们往往会对一些刚刚上市的流行商品趋之若鹜，像 iPhone 和索尼的游戏机。**狂热**（fad）是一种在短时间内受到公众追捧的流行时尚、观念，或者一致行动。狂热有很多种表现形式。去年圣诞节，我的女儿想要一个 Wii 游戏机做礼物，为此我四处奔波，弄得焦头烂额，但是要买到一个 Wii 游戏机谈何容易，幸好，桑特（Santa）想办法帮我买到了一台。

狂热还包括一些流行的观念和思潮，比如通过风水来提升家里的气（或者说是能量）；也可以指某种运动，比如轮滑。再有，狂热还可以与某个人

歇斯底里：是一种极为亢奋的情绪，往往会导致暴力行为。

骚乱：是一群人引起的情绪波动或者冲突状态。

狂热：是一种在短时间内受到公众追捧的流行时尚、观念，或者一致行动。

有关。比如时下大红大紫的青年偶像麦莉·赛勒斯（Milley Cyrus）就是无数粉丝狂热追捧的对象，不说整个国家为之倾倒，至少那些十几岁的小女孩个个趋之若鹜。

社会学家麦莉·贝斯特（Joel Best）认为，狂热分为很多类型，对呼啦圈的狂热是一回事，制度体系中的狂热则是另一回事（Joel Best，2006）。制度狂热一般都会遵照一个固定模式：酝酿萌发，发展到高潮，最后凋零消失。在萌发和高潮阶段，我们会支持、拥护制度的变革，因为我们很乐观，相信改革能带来进步。于是，不管实际效果如何，我们都用新的行为方式取代了旧有的做法（Joel Best，2006）。看看抵制毒品运动（Drug Abuse Resistance Education，DARE）我们就明白了。警方向孩子们宣传毒品的危害，但结果是令人质疑的，一些研究甚至发现，这个项目反而让毒品使用更加严重（Joel Best，2006）。

制度狂热的问题在于，在制度变革的高潮期间，没有人知道这些变革能否发挥作用。一般情况下，媒体会煽风点火，报道市场、教育或者医药行业的某些最新做法。这些做法承诺能解决某个实际的社会问题，或者从整体上改变一个社会。美国人喜欢凑热闹，一拥而上，掺和到最新的制度狂热中去，所以，只有等到实际结果证明这场变革完全是个错误时，人们才会醒悟过来。

不过，在实际效果上，有些狂热对社会的影响会持续很长一段时间。这种情况叫做**沉迷**（craze）。我上大学的时候，玩电子游戏必须到专门的电玩店里去。在当时，电子游戏是如此的新奇和流行，以至于你必须先预订才能玩得上。现在，这种狂热的状态基本已经成为过去时，但是，它对我们生活的影响仍在继续，比如大多数家庭现在都有一种类型的游戏机，我们已经沉迷于游戏中不可自拔了。

恐惧也会激发购物的欲望。**恐慌**（panic）是一种对未来将要发生的事的极度恐惧。我相信你们肯定记得千禧年危机带来的恐慌，当时，许多人都坚

沉迷：指的是狂热对社会的持续影响。
恐慌：是一种对未来将要发生的事的极度恐惧。

信，由于计算机无法把"00"识别为"2000"，现代生活将就此止步。但是，2000年元旦到来之时，人们发现，什么事都没有发生，我们为了根本不会发生的事恐惧了这么长时间（Federal Emergency Management Agency，2008 etc）。"9·11"恐怖主义袭击事件造成的恐慌导致政府号召人们购买管道胶带和塑料薄膜，以备遭遇生化攻击时密封门窗之用，这场大恐慌导致上述商品的销量大增（Jeanne Meserve，2003）。

聚众人群

你也许不会卷入到最新流行的狂热、沉迷或者大恐慌中去，但是，在一生当中的某个时刻，你总会成为一个规模庞大、影响力很强的人群中的一分子，这就是聚众人群。**聚众人群**指的是一大帮为了某个暂时的目标聚集在一起的人群，一场足球赛的观众就是一个聚众人群。在聚众人群中，每个成员都会很容易地受到彼此的影响。比如，你鼓掌高声欢呼，其他人很可能会跟着你拍手尖叫。一些人聚集在一起的目的可能是为了某项共同的事业，比如抗议保留死刑。抗议的人群在规模上可大可小，例如，1965年的塞尔玛（Selma）游行队伍只有600个民权组织成员，而1995年的百万人大游行则吸引了多达400 000人参加（National Park Service，2008 etc）。

流言

人与人之间还可以通过其他一些方式互相联系。一些社会学家指出，喜欢传播**流言**，即没有可靠来源和没有根据的传奇故事或者观点，是美国文化的一个组成部分。流言的一种常见形式，就是都市传奇。**都市传奇**（urban legend）指的是那些表面上听起来是真实的故事，同时通常带有警示作用的流言。这些口口相传的传奇故事声称在某些人身上发生过，但实际上都是假的。为了娱乐听众，讲故事时，人们绘声绘色，添油加醋，就像自己真的亲身经历过故事中的情节一样（Bernard Guerin and Yoshihiko Miyazaki，2006）。我个人有一个最喜欢的流言故事，我把它叫做"我需要等多久？"

聚众人群：是指为了某个暂时的目标聚集在一起的人群。

流言：指的是没有根据或者不可靠的传奇故事或观点。

都市传奇：指的是那些表面上听起来是真实的故事，同时通常带有警示作用的流言。

(How long must I wait?)

故事是这样的：如果上课的教授迟到了，学生应该等多久离开才不算早退？学生离开太早的话，怕错过一些重要的上课内容。于是，就有人说，这里面其实有一个不成文的规定，只要你遵守这个规定，就不会因为早退而受惩罚。等待的时间长短因教授的等级而定：如果是助教，那么他或她要是迟到，你可以马上离开；如果迟到的是教授，那你就要多等一些时间了。实际情况是，很少有大学会出台类似的关于迟到和早退的正式规定。即使在那些有类似政策的大学，职称也不是决定学生等候时间长短的标准。最保险的做法是，查阅一下学生手册，或者咨询给你们讲课的教授，问问他们有没有什么特殊的规定（*Snopes.com*，2008）。

社会运动的性质

社会运动指的是那些由非政府组织发起的，以支持或者抵制某个社会问题的活动。换句话说，通过社会运动，普通老百姓可以参与到一些政治事件中去，宣传自己的观念和信仰。许多社会运动都希望通过自己的努力带来一些社会变革，也有些社会运动的目的是为了保持现状。根据社会学家查尔斯·梯利（Charles Tilly）的说法，所有社会运动都具备以下三个要素（Charles Tilly，2004）。

第一个要素是宣传和动员活动。**活动**（campaigns）是一种有组织的努力，往往针对社会上的某个具体部门，来宣传自己的主张。例如，选举开始之前，政客们都会组织各种活动来争取选民的支持。他们会向选民承诺，一旦当选，就会采取什么行动；还会竭尽所能让选民相信，他们就是某个职位的最佳人选。

另一个要素是备选措施。**备选措施**（repertories）指的是一个社会运动用于达成目标和实现自己利益的所有行动手段。例如，反对保留死刑的人可

社会运动：指的是那些非政府组织发起的，以支持或者抵制某个社会问题的活动。
活动：是一种有组织的努力，往往针对某个具体的社会部门，来宣传自己的主张。
备选措施：指的是一个社会运动用于达成目标和实现自己利益的所有行动手段。

能会到国会大厅进行游说，到死刑执行现场进行抗议，或者针对这个法律条文进行一项详尽彻底的调查分析。

最后一个要素是参与者向公众展示出来的该运动的价值、成员的团结程度、规模和决心（worthiness，unity，numbers，and commitments，WUNC）。换句话说，就是参加一场社会运动的人组织各种活动，积极投身其中，尽其所能把组织的主张向外传播。记住，光是有献身精神还不足以构成一场社会运动。社会运动还需要成员团结一致、凝聚起来，互相支持，共同推动整个运动向前发展，并保证其锁定目标，以防偏离初衷。

梯利认为，在18世纪以前，没有真正意义上的"社会运动"。有人说，在此之前，不也有要求变革的暴力革命和叛乱吗？没错。不过，这些都不是社会运动，因为它们没有发展出自己的组织。直到1800年以后，才出现了针对诸如工会主义、妇女投票权、废除奴隶制以及其他类似议题展开的社会运动。

社会运动的发展阶段

任何社会运动都会经历一些可预测的发展阶段。首先是**酝酿阶段**（emergence），人们意识到某个问题的重要性和严重性，并注意到身边的人也有同感。40多年前，很少有人注意到环境污染的隐患。然而，只要有少数几个人意识到了问题，打响第一枪，慢慢地就会引起多数人的注意。

接下来要做的是界定目标，制定一个计划来实现目标。这个阶段被称为**聚合阶段**（coalescence）。在这个阶段，一个个小群体开始互相串联，招兵买马，发展成员。慢慢地，运动吸引了越来越多的公众注意力，人们也开始意识到该问题的重要性。1980年，约翰·安德森（John Anderson）竞选总

WUNC：是参与者向公众展示出来的该运动的价值、成员的团结程度、规模和决心的大小。

酝酿阶段：是社会运动的第一个阶段，在这个阶段，人们意识到某个问题的重要性和严重性，开始注意到身边的人也有同感。

聚合阶段：是社会运动的第二个阶段，在这个阶段，一个个小群体开始互相串联，招兵买马，发展成员。

统时指出，空气污染与燃烧化石燃料有关。他的竞选纲领里有一条：每加仑汽油征收50美分的燃油税，税款全部用于清洁能源的研究和开发。现在看来，汽油价格飙升，全球气候变暖已成现实，回过头来看，他似乎超越了他那个时代。

环境保护运动渐渐成了一种政治力量，于是就进入了**科层化阶段**（bureaucratization）。大量致力于环境保护的社会运动表明，这个阶段是不可避免的。约翰·安德森在1980年梦想实现的目标，现在在东北美可持续能源协会（the Northeast Sustainable Energy Association）那里得到了继承和发展。

当一个组织完成了既定目标，或者已经变得无关紧要，社会运动就走到了最后一个阶段，**衰落阶段**（decline）。如果有朝一日，我们用上了清洁能源，废物回收再利用成为一种习惯，那么，环保运动就应该走向衰落，因为它已经完成了自己的使命（Charles Tilly，1978）。

社会运动的类型

所有的社会运动在本质上都是由一个个连续的活动组成的，尽管如此，社会运动还是没有一个公认的标准模板。在实现目标和寻找支持者上，每个社会运动都会发展出自己独特的方法和手段。1966年，大卫·F·阿伯利（David F. Aberle）发展出一个社会运动的早期分类框架（David F.Aberle，1966）。他根据两个维度来划分不同的社会运动：寻求变革的取向（是针对整个社会，还是仅仅针对具体的某些个体），以及要想改变的程度（温和的，还是激进的）。根据这种方法，社会运动可以分为四种类型：建议型（alternative）、拯救型（redemptive）、改良型（reformative）和革命型（revolutionary）（Frances A.DellaCava，Norma Kolko Phillips，and Madeline H.Engel，2004）。类型不同，目标受众和想要实现的变革的程度也不一样。

科层化阶段：是社会运动的第三个阶段，指的是社会运动变成了一种政治力量。

衰落阶段：是社会运动的最后一个阶段，指的是一个组织完成了既定目标，或者已经变得无关紧要。

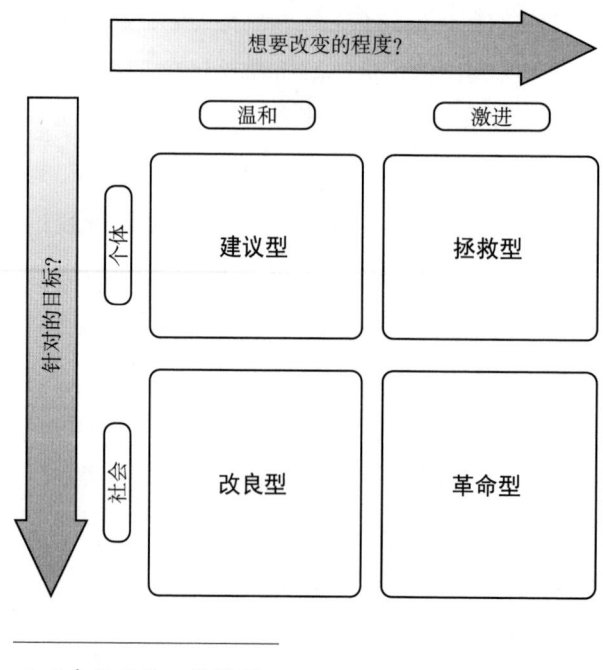

建议型社会运动

建议型社会运动的目的,是改变某个特定人群在某个特定问题上的看法、行为和信念。这种社会运动旨在鼓励一个特别的群体在思考和行动方式上做出一个特定的小改变,以求解决某个具体的问题。国际母乳协会(La Leche League, LLL)就是一个建议型的社会运动组织,鼓励母亲用母乳喂养孩子。1959年,受美国母乳喂养率降低将近20个百分点的警示,七位母亲发起了这个组织。刚成立不久,该组织就出版发行了第一期《母乳喂养的艺术》(*The Womanly Art of Breastfeeding*)杂志,开始致力于宣传国际母乳协会的理念和目标。杂志明确阐述了该组织的理念,即母乳喂养是满足孩子饮食需要之最天然、最有效的方式;杂志还给新任妈妈以及即将生育宝宝的准妈妈提供了一些实用的建议,告诉她们应该如何用母乳来喂养孩子(La Leche League International, 2008)。

国际母乳协会还致力于保护妈妈的权利。2006年,因为在飞机上用母乳喂养自己的女儿,一位母亲被劝退下机。这件事引起了国际母乳协会的强烈愤慨,妈妈们在该航空公司的前台组织了一场"喂奶"聚会,抗议该公司的行为。被劝退下机的母亲争辩道,在公共场合给自己的孩子喂奶是一个母亲的权利(Emily Bazar and Sam Hemingway,2006 etc)。

⇧ 社会运动的四种类型

建议型社会运动:目的是改变某个特定人群在某个特定问题上的看法、行为和信念。

在过去的 50 多年里，这个组织在 68 个国家和地区建立了办事机构，帮助美国的母乳喂养率提升到将近 77%（Mike Stobbe，2008）。组织的规模不断扩大，但是目标始终如一。她们没有和任何其他组织结为联盟，而是一如既往地专注于自己的单一目标。

拯救型社会运动

拯救型社会运动同样针对某些特定的个体，不同的是，它想达到的改变程度更为激进一些。宗教运动，比如基督教福音派，就是典型的拯救型社会运动，因为它倡导和鼓励一般老百姓或者其他教派的信徒接受它的信仰，并且要在生活方式上做出巨大的改变。

改良型社会运动

不是所有的社会运动都只针对特定的个体或人群。有一些社会运动的目标，是让全社会都关注他们的事业。**改良型社会运动**的目的是改变整个社会的观念和行为模式，但它的手段和措施是温和的。这种社会运动可以是**进取性**的，即支持或者促进某种变革；也可以是**保守性**的，即希望维持现状，抵制任何改变。进取性的改良型社会运动要求社会接受一种全新的东西作为社会秩序的组成部分。例如，环保团体会发起号召，呼吁全社会行动起来参与或支持环境保护事业，比如废物回收、为净化空气立法，或者资助替代性能源的开发和研究。这种运动在近几年实现了跨越式的发展，因为环境保护已经成了全球共同关注的一个议题。记者保罗·霍肯在其《上帝保佑的动乱》一书中指出，"当代的环境保护运动正在经历一个快速发展期"，小到个体、社区，大到公司和各种组织，都在积极行动，为这项事业出一份力。

拯救型社会运动：同样针对某些个特定的个体，不同的是，它想达到的改变程度更为激进一些。

改良型社会运动：社会运动的目的是改变整个社会的观念和行为模式，但它采取的手段和措施是温和的。

进取性：这类改良型社会运动支持或者促进某种变革。

保守性：这类改良型社会运动则希望维持现状，抵制任何改变。

革命型社会运动

抱负和野心最大的，是**革命型社会运动**，有时候人们又把它叫做改造型（transformative）社会运动。这种社会运动的目标，是以一种极端的、激进的方式来改变整个社会的观念和行为模式。它们试图彻底推翻原有制度，重新建构一个全新的社会结构。一旦发起这种社会运动的组织开始行动起来，实现它们的理想，革命就发生了。

1953年7月26日，菲德尔·卡斯特罗带领一支军队，袭击了古巴圣地亚哥的孟卡达兵营，从而发起了古巴革命。这场革命的目的，是领导人民起义，反抗巴蒂斯塔（Fulgencio Batista）的统治。起义失败，未能摧毁现任政府，卡斯特罗转战墨西哥，组织古巴流亡军团，成立了一个叫做726运动的革命组织。通过不懈的政治宣传，该组织渐渐赢得民心，在无数古巴人民的支持下，该组织的游击队打败了当时的政府军队，卡斯特罗也于1960年被选举为总统。这场革命运动号召全古巴人民改变政治信仰和意识形态观念，支持建立新政府，以实现完全的公民和政治自由，一旦革命成功，将进行温和的渐进式改革。但卡斯特罗就任后改变了政策，革命的最初目标始终没有得到实现（Encyclopedia Britannica Onlion，2008）。

社会学思考：社会运动背后隐藏着哪些理论解释？

◎ 冲突论

在冲突论看来，只要存在不平等，就会出现社会运动，不管这种不平等

革命型社会运动：又叫做改造型社会运动，目标是以一种极端的、激进的方式来改变整个社会的观念和行为模式。

是实际存在的，还是人们的一种主观认知。马克思就认为，不平等是社会变迁的一个充要条件。原因在哪里？因为不管怎样，人们最终总会意识到自己的困境，寻求合理的解释，并采取行动去改变现状。社会学家查尔斯·梯利认为，不满和怨愤情绪总是存在的，因为不管在哪个社会，资源分配都是不均等的，总有人得到了，有人没有，或者有人得到的多一些，有人得到的少一些（Charles Tilly，1978）。这个道理同样适用于社会运动。

资源总是有限的，所以各个社会运动之间总是存在竞争。资源动员理论认为，那些获取资源（比如资金、媒体、支持者）能力较强的社会运动，更有可能取得成功。资源的有限性导致各个社会运动相互竞争，争取更多的资源。态度积极、措施有效的，生存几率更大（David A.Locher，2002）。

◎ 功能论

功能论不认为社会运动仅仅是一种社会性的活动。社会运动的意义远远不止这些，它是社会成员就某个特定的议题表达、发泄自己的沮丧感和其他情绪的一个渠道。通过这种方式，社会均衡被打破，变革由此产生。

社会学家帕克（Park）和伯吉斯（Burgess）合作进行了一项研究，分析了成功的社会运动是如何逐渐组织起来，组织化程度越来越高，最后形成了一系列制度化的体系和框架的（Robert E.Park and Ernest W.Burgess，1921/1969）。一开始，人们聚集在一起，共同抗议他们反对的某个对象，或者一些令他们焦躁不安、给他们带来不确定影响的东西。在这个群体里，慢慢地会涌现出一些领袖人物，承担起领导整个团体实现共同目标的任务。这样，人们就把自己置于领袖的领导之下，慢慢地，组织就开始形成。在某种意识形态的号召下，组织会吸引越来越多的人加入。最后，主流社会接纳了该组织的意识形态，于是制度化过程就开始了。

举个例子来说，有一次，由于觉得市区给自行车留出来的专用道路太少，我们组织了一群人到市政厅投诉，要求召开听证会讨论一下这个问题。会上，我们遇到其他一些与我们有同感的市民，再后来，意见领袖开始出现。我们成立了一个专门的组织，来鼓励人们采用自行车作为代步工具。现在，我们的组织会定期在公园广场和市政厅聚会，讨论增加新的自行车专用道的问题。

威廉·科姆豪瑟（William Komhauser）赞成帕克和伯吉斯的观点。他还进一步指出，社会运动的作用不仅在于把志同道合的人聚集在一起，还能降低人们的孤独感，一旦与同伴并肩而战，人们就会发现自己的价值。人们喜欢那种成为某个更宏大实体一份子的感觉，只要参与其中，人生的价值就能得到满足和实现。所以说，社会运动具有一种个体性的人格特征，能够满足那些有强烈孤独感的人的需要（William Kornhauser，1959）。

◎ 符号互动论

符号互动论者坚信，社会运动更多的是一种对相对剥夺感的反应，而不仅仅是一种把分散的独立个体联合起来的力量。**相对剥夺**说的是人们期望自己得到的回报和实际获得的回报之间的差距。例如，你现在开一辆很廉价的车，但你觉得自己应该拥有一辆更好的车。这样，一旦看见更好的车，你就会产生一种剥夺感。你不会想还有一部分人开的车比你的还要差，甚至有些人还买不起车。你的脑袋里只有跟比你富有的人比较而产生的嫉妒和羡慕（Denton E.Morrison，1971 etc）。

戴维斯用符号互动论来分析社会运动，他的解释是，理想和期望得到实现的人是不会组织起来走上街头要求改变某个制度的（James Chowning Davis，1974 etc）。这些人对于自己的现状很满意，不可能产生不满情绪。所以，人们很自然地就会做出这样的假设：不幸福的人更有可能起来反抗，因为他们的期望得不到满足和实现。当人们的期望值上升了一段时间之后，实际情况突然急转直下，那么，爆发集体暴力事件的可能性就很大；相反，财富的增加则会提高人们的幸福感和满意度。

特德·格尔（Ted Gurr）认为，剥夺会激发怨恨和不满，这些负面情绪

> **相对剥夺**：指的是人们希望自己得到的回报和实际获得的回报之间的差距。

又进一步会导致民事纠纷的产生和升级。如果一个社会的制度体系可以部分消化、吸收这些东西，或者把人们的负面情况引导到其他一些东西上去，那么暴力革命就不会发生。非暴力冲突包括一些混乱情况，如骚乱和示威游行。暴力冲突则表现为革命或者恐怖主义（Ted Robert Gurr，1970）。

框架过程

社会运动研究从欧文·戈夫曼那里借用了框架这个概念（Erving Goffman，1974）。框架为个体提供了发现、理解和命名社会事件的参照标准。框架就像一块模板，在公共场合中，我们就是以这个模板为参照系来进行集体行动的。这并不是说像相框限制照片的大小那样，我们只能完全按照既定的条条框框来理解社会事件；恰恰相反，框架就像建筑大厦的砖块一样，是我们理解周围这个世界的基础。框架先于个体而存在，在一些日常的社会过程中，比如穿着打扮和与人沟通交流，我们就已经身处其中，成为框架的一个部分了（David A.Snow，E.Burke Rochford，Jr.，Steven K.Worden，and Robert D.Benford，1986）。举个例子，你一般不会在电梯里和陌生人搭话。而观看一场体育比赛，激动的时候，你或许会拥抱身边的一个陌生人。每个事件的背后都有一个框架，这些框架是我们理解特定事件过程中人与人之间互动模式的参照标准。

成功的社会运动会利用各种框架来推进自己的事业。如果一个社会运动希望推进一项改革，它就必须很好地把自己的观点和思想整合到一个框架体系里。框架建构过程有三项核心任务。

1 诊断：创建一个框架，清晰明了地阐述该运动试图解决的社会问题。具体包括，这个问题是否确实存在？导致这个问题的原因是什么？例如，一个致力于让美国经济摆脱对石油的高度依赖的社会运动就必须准确、有效地告诉公众，美国现在的经济发展正越来越多地依靠从其他国家进口石油，这会带来一系列的问题（Robert D.Benford and David A.Snow，2000）。

2 预测：即给出解决问题的方案。一般而言，在当今社会，一个问题往往有很多种解决方案，这些方案之间存在相互竞争的关系。用什么来替代石油？天然气、太阳能、风力发电、核能，还是生物燃料？每一种方案都互相攻击，认为自己才是最佳选项，每个团体都在向公众描绘如果采用该方案，未来的图景会多美好（Robert D.Benford and David A.Snow，2000）。

3 动员：即号召人们行动起来，参与到某项社会运动中去。换句话说，不能光耍嘴皮子功夫，最重要的，是行动起来。如果有人鼓动你购买混合燃料汽车或者在家里安装风车来提供家庭动力，那么他们就是在动员你（Robert D.Benford and David A.Snow，2000）。

当然，在这种背景下，全国都在关注能源问题，于是就有一些原本相互竞争的团体联合起来，共同来解决一个问题，这一点都不奇怪。这称为**框架联盟过程**，即一个社会运动把自己的目标和其他社会运动的目标结合在一起的做法。这个过程又包括四个阶段：联合（bridging）、宣传（amplification）、扩展（extension）和变迁（transformation）（David A.Snow，E.Burke Rochford，Jr.，Steven K.Worden，and Robert D.Benford，1986）。

联合指的是两个或更多原本相互竞争的组织合并起来。例如，在关于摆脱石油依赖经济体系的辩论中，主张用太阳能和天然气来替代石油的组织慢慢地达成了一致，认为这两种能源都是可再生的清洁能源，两个组织应该共同努力，改变整个国家的观念，一起来寻找新的家庭和汽车能源（David A.Snow，E.Burke Rochford，Jr.，Steven K.Worden，and Robert D.Benford，1986）。

宣传指的是一种思想或主张得到详尽的阐述、发展，甚至夸大。社会运动团体总是试图通过宣传和阐述某个社会问题来唤醒公众的意识，吸引人们加入到解决该问题的努力中来。与现有的价值观或文化理念越接近，宣传就越有可能取得成功（David A.Snow，E.Burke Rochford，Jr.，Steven K.Worden，and Robert D.Benford，1986）。举例而言，20 世纪 80 年代，我是一个倡导风力发电的社会运动的支持者。但是，我们没有取得什么效果，因为那个时候的石油还很廉价，能源似乎是取之不尽用之不竭的。随着时间的推移，美国人开始慢慢接受风力发电，只要这么做可以让他们继续用得起空调。

框架联盟过程：指的是一个社会运动根据其他组织的情况调整自己的目标。
联合：指的是两个或多个原本相互竞争的社会团体联合起来一致行动的情况。
宣传：指的是思想和观念被加以精心修饰、阐述，甚至夸张的情况。

理论沉思

功能论

功能论者关注的是一个系统如何实现平衡。一般来说，他们认为社会运动会打破原有的平衡，但这仅仅是就短期而言的。例如，塔尔科特·帕森斯就认为，社会运动一般都遵循一些可预测的固定模式，最后都会与社会的其他要素达成和谐。以环保运动为例，与25年前相比，社会对它的接受程度已经大大增加。据霍肯的说法，现在全世界大约有超过200万个环保组织，这些组织都不满足于现状。

符号互动论

有些人认为，社会运动是由相对剥夺感导致的。一旦期望得不到实现，人们就会不满意。如果总是失望，人们就会发起或参加社会运动。例如，一些国家缺乏环保立法，所以环境安全问题严重，这就会刺激当地的居民寻求改变。对问题的认知是关键：什么是不公平？除此之外，不同的框架建构会导致不同的行动反应。面对不同的框架和问题，一个组织的应对手段有四种：联合、宣传、扩展和变迁。

社会运动会导致什么结果？

冲突论

冲突论者坚信，社会运动的起因是社会结构的不合理。不平等导致怨愤和不满，不满情绪又会促使人们从内部或者外部努力寻求改变。不同的利益群体互相竞争，争夺资源，从这个角度来看，社会运动就是一个动员及获取权力和资源的过程。动员能力越强，"获胜"的可能性越大。气候变化运动是一个特例。一般来说，在创建过程中，环保组织都是有机组织，关注生态恶化。

扩展说的是一个社会运动组织把自己的利益和其他团体挂靠起来，甚至提出一些与原来的框架并不十分相符的新主张。例如，在公共辩论中，倡导用太阳能的组织就经常和主张用生物能源的团体站在一起。这种联盟会导致社会运动发生转型（David A.Snow，E.Burke Rochford，Jr.，Steven K.Worden，and Robert D.Benford，1986）。

变迁指的是改变原有对某个社会问题的理解和其意义体系，发展出一套全新的话语。还是接着上面的例子来说，主张能源多样化的组织原本的目标是寻找可再生的清洁能源来替代石油，不过现在也开始关注煤炭、核能（David A.Snow，E.Burke Rochford，Jr.，Steven K.Worden，and Robert D.Benford，1986）。

总结

社会变迁的动力是什么？

- 突发事件和新机会造成的反应

社会运动背后隐藏着哪些理论解释？

- 功能论：社会运动对社会均衡形成挑战，人们借此发泄自己对某个特定问题的不满情绪

- 冲突论：社会不平等导致一部分人产生怨恨和不满，进而引发社会运动

- 符号互动论：期望无法实现、需要得不到满足是人们走上街头示威抗议的起因

扩展：指的是一个社会运动组织寻求其他相关团体的帮助，把自己的利益和其他团体结合起来，有时甚至不惜改变原则，接受原本不属于自己的观念。

变迁：指的是改变问题原有的意义和解释体系，创造新的表述方式和理解框架。

译后记

大概从2000年之后，社会学在中国似乎逐渐变为显学，这不仅是因为在国家层面伴随经济改革而日益增多的社会问题，也是因为社会学学科建设本身的日益成熟，形成了包括社会工作等在内的一群以社会学为背景的知识群体，以及伴随公众知识水平普遍提高之后，社会各界对社会现象的自觉思考而产生的对社会学知识的深层需求。应该说，《社会学与我们》的出版适逢其时。

初次接受《社会学与我们》的翻译任务还是在2008年年底。当时我刚刚从中国人民大学社会学系毕业，到中央编译局当代马克思主义研究所（现为世界发展研究部）从事社会发展领域的研究工作。当中国人民大学出版社向我介绍，要把这本《社会学与我们》定位为20世纪90年代末李强老师牵头翻译的波普诺的《社会学》的姊妹篇时，强烈的续写意识和使命感，让我没有过多考虑翻译中可能遇到的困难。事实上，个人工作变动（从中央编译局这样一个体制内的研究机构，转换到中国民生银行这样一个企业组织从事宣传工作），以及个别译者的变化，使得这本书的翻译历时四年，姗姗来迟。

在此，我真诚感谢参加本书翻译的我的各位朋友：第1、6、10章，秦广强博士，现任教于中央民族大学民族学与社会学学院；第2章，林泽丽和陈建伟，现就读于中国人民大学社会与人口学院；第3章，朱正强博士，现任职于和君咨询集团；第4、17章，王修晓博士，现任教于中央财经大学社会发展学院；第5章，宋臻博士，现任职于中国人力资源与社会保障出版集团；第7、9章，段婷婷博士，现任职于北京市经济与社会发展研究所；第8章，丁开杰博士，现任职于中央编译局世界发展战略研究部；第11、12章，王文卿博士，现任教于北京理工大学人文与社会科学学院；第13章，梁昕博士，现任教于云南民族大学人文学院；第14章，刘铎博士，现任职于中国民生银行党委宣传部；第15章，王宇博士，现就学于美国威斯康星大学麦迪逊分校社会学系；第16章，苗大雷博士，现任教于华中科技大学社会学系。另外，特别感谢我的师弟朱斌，他翻译并统一了文章目录和名词解释，并与王修晓、崔琳共同承担了全书的校对。这些译者、校者，都受过社会学的严格训练，具有良好的英文水平和学术热情，绝大多数拥有社会学博士学位或者为博士在读，正是他们的鼎力支持和参与，才让这本书终能与读者见面。

另外，感谢我的导师李路路教授为本书作序，感谢中国人民大学冯仕政教授和中国人民大学出版社对翻译工作的鼓励和支持，感谢我的家人对我的宽容与爱护。

《社会学与我们》是一本集体翻译成果，译稿难免存在不尽人意之处甚至错误，敬请读者和学界同仁批评指正。

刘铎

2013年9月

Authorized translation from the English language edition, entitled Think Sociology, 1e, 9780131754591 by John D. Carl, published by Pearson Education, Inc., Copyright © 2010 by Pearson Education, Inc., publishing as Prentice Hall.

All rights reserved. No part of this book may be reproduced or transmitted in any form or by any means, electronic or mechanical, including photocopying, recording or by any information storage retrieval system, without permission from Pearson Education, Inc.

CHINESE SIMPLIFIED language edition published by CHINA RENMIN UNIVERSITY PRESS CO., LTD., Copyright © 2020.

本书中文简体字版由培生教育出版公司授权中国人民大学出版社出版，未经出版者书面许可，不得以任何形式复制或抄袭本书的任何部分。

本书封面贴有 Pearson Education（培生教育出版集团）激光防伪标签。无标签者不得销售。

图书在版编目（CIP）数据

社会学与我们 /（美）约翰·D.卡尔（John D. Carl）著；刘铎等译. — 北京：中国人民大学出版社，2020.9
书名原文：Think Sociology
ISBN 978-7-300-28549-8

Ⅰ.①社… Ⅱ.①约… ②刘… Ⅲ.①社会学 – 通俗读物 Ⅳ.①C91-49

中国版本图书馆CIP数据核字（2020）第178678号

社会学与我们
[美] 约翰·D.卡尔（John D.Carl） 著
刘　铎　王文卿　王修晓　等译
朱　斌　崔　琳　译校
Shehuixue yu Women

出版发行	中国人民大学出版社			
社　　址	北京中关村大街31号		邮政编码	100080
电　　话	010-62511242（总编室）		010-62511770（质管部）	
	010-82501766（邮购部）		010-62514148（门市部）	
	010-62515195（发行公司）		010-62515275（盗版举报）	
网　　址	http:www.crup.com.cn			
经　　销	新华书店			
印　　刷	涿州市星河印刷有限公司			
规　　格	170mm×240mm　16开本		版　次	2020年9月第1版
印　　张	26.25插页2		印　次	2020年9月第1次印刷
字　　数	383 000		定　价	79.80元

版权所有　　侵权必究　　印装差错　　负责调换